全国高等院校金融学专业主干课“十二五”规划教材

证券投资理论与实务

李德荃　王　荣　姜月胜　编著

对外经济贸易大学出版社
中国·北京

图书在版编目（CIP）数据

证券投资理论与实务 / 李德荃编著. —北京：对外经济贸易大学出版社，2011
全国高等院校金融学专业主干课“十二五”规划教材
ISBN 978-7-5663-0159-8

Ⅰ.①证… Ⅱ.①李… Ⅲ.①证券投资 - 高等学校 - 教材 Ⅳ.①F830.91

中国版本图书馆 CIP 数据核字（2011）第 187067 号

证券投资理论与实务

李德荃 王 荣 姜月胜 **编著**

责任编辑：朱 洋

对 外 经 济 贸 易 大 学 出 版 社
北京市朝阳区惠新东街 10 号 邮政编码：100029
邮购电话：010 - 64492338 发行部电话：010 - 64492342
网址：http://www.uibep.com E-mail：uibep@126.com

唐山市润丰印务有限公司印装 新华书店北京发行所发行
成品尺寸：185mm × 230mm 26 印张 521 千字
2011 年 10 月北京第 1 版 2011 年 10 月第 1 次印刷

ISBN 978-7-5663-0159-8
印数：0 001 - 5 000 册 定价：45.00 元

前　言

中国证券市场经过三十多年的发展，取得了举世瞩目的成就，已经成为我国社会主义市场经济体系不可或缺的组成部分。与之相应地，证券投资学也就成为财经类本（专）科专业的必修课程之一。

为适应证券市场发展的需要，满足高等院校金融学专业和其他相关专业的教学需求，以及广大投资者学习证券投资理论与技巧的需要，我们在总结既有教学实践经验的基础上，根据证券投资理论研究和证券市场的新变化，借鉴国内同类教材的研究成果和编写经验，组织编写了本教材。

在本教材的编写过程中，我们既注重理论联系实际，坚持内容的连贯性和知识体系的完整性，又突出专业知识的实用性，力求熔理论分析与操作技巧于一炉，并努力展现证券投资理论研究的新成果和证券市场的新发展。

通过本教材的编撰，配合于课堂的学习，我们力图使得学生能够掌握证券投资的基本知识和基本理论，明晰证券市场的基本操作流程，了解当前证券市场的最新趋势。因此，本教材的撰写着力于培养学生发现、分析和解决证券投资问题的基本技能，提高学生的投资分析能力，力争为其成为合格的证券从业者打下坚实的基础。

本教材共分十五章，重点介绍了我国主要证券交易品种的市场结构及其运行环境，并细致阐述了证券投资分析的基本理论与方法。本教材结构新颖、适用性强，适合作为财经类证券投资学课程的本（专）科教材；也可作为经济学、管理学类学生的学习参考书；还可作为各行业从业人员的工具书。

参加本教材编写的有：李德荃、王荣、姜月胜。李德荃负责设计教材的总体结构并总纂。

本教材的编写参阅了大量的著作和文献，并得到了同仁的大力支持，谨此说明，并致以诚挚的谢意！

在本教材编写过程中，我们虽然做了不少努力，但由于作者水平有限，书中难免有错误或疏漏之处，恳请专家、读者批评指正。

目　录

第一章

证券投资导论

本章摘要

本章首先给出了证券的含义及其分类，然后阐述了证券投资的一些基本的原理，以便作为后续各章节进一步学习的基础。

关键词

证券　证券投资　有价证券

第一节　证券与证券投资

一、证券的概念与分类

（一）证券的概念与特征

证券是各类经济权益凭证的总称，是用来证明持有人或第三方有权取得相应权益的凭证。凡根据一国政府有关法律法规发行的证券都具有法律效力。

从证券定义中我们可以看出，证券通常具备两个最基本的特征：法律特征和书面特征。法律特征，是指证券反映的是某种法律行为的结果，同时它所包含的特定内容具有法律效力。作为规范的权益凭证，证券并不是任何人都可以随意制作和发行的，能够得到承认的证券首先必须具有合法性，即它应当是按照合法的程序制作和发行，而其设定和证明的权益也具有法律效力并受到法律保护。书面特征，是指它必须采用书面形式或与书面形式有同等效力的形式，并且必须按照特定的格式进行书写或制作，载明有关法规规定的全部必要事项。

（二）证券的分类

证券可以从多种角度进行划分，仅以“是否标有价值”为标准可将证券划分为无价证券与有价证券两大类，无价证券可细分为凭证证券与证据证券，有价证券可细分为商品证券、货币证券和资本证券。

1. 无价证券

无价证券是一种票面上没有标明金额的证券，一般不具有市场流通性，是单纯证明事实的凭证。

凭证证券，是认定持证人是某种私权的合法权利者，是证明持证人所履行的义务有效的文件。可见，凭证证券也是代表所有权的凭证，但不能转让，如存款单、借据、收据和票证等。存款单就是民法中的消费寄存凭证，它既没有可让渡性，也没有完全代替存款合同的功能。当然这也不是一成不变的，20 世纪 60 年代美国商业银行为阻止存款下降而推出的大额可转让定期存单（即 CDs），已不同于一般的存款单，它实际上可以看作是金融债券的一种，应归入有价证券。另外，在我国 20 世纪 80 年代前的计划经济时代，对某些紧俏商品供应采取定额分配，购买这种商品必须凭票及相应的货币，如粮票、油票、肉票、布票等购物凭证都属于无价证券，不得变相买卖。

证据证券，它是表彰私权的书面凭证，无财产价值，惯称“证书”，如信用证、保险单、身份证、结婚证、公证文书、火车票等。信用证证明发生的一桩交易，交易方在银行有足够的资金，结婚证表彰的是夫妻合法身份。

2. 有价证券

有价证券是指标有一定票面金额，代表财产权或债权的证书，证明持有人有权按期取得一定收入并可自由转让和买卖的所有权或债权凭证。有价证券本身并没有价值，但由于它是某种权利的化身，代表着一定量的财产权利，持有人可以凭该证券直接取得一定量的商品货币或股息利息等收入，因此可以在证券市场上买卖和流通，客观上具有了交易价格。我们通常说的证券就是指的有价证券。

有价证券按所体现的内容或持有人权益的不同可分为三类。

（1）商品证券（财物证券）：为持有人对特定财物的所有权和各种请求权提供证明，持有人可据以占有、提取或支配使用该财物的证券。商品证券总是与特定的实际财物相联系的，即以实际财物为权益标的，诸如提货单、货运单、仓库栈单、房地产证及其他各种财产契约，都属于商品证券范畴。

（2）货币证券：可以在某种程度上发挥货币功能的证券。典型意义上的货币是金银等贵金属，随着商品经济的发展，人们在实际生活中不可能也不必都使用金银来作为交换媒介或支付、贮藏和结算手段，可以使用某些既有可靠信用保障并受到法律保护的纸币、商业或银行票据来代替其发挥各种流通媒介作用。货币证券主要包括两大类：一类是商业票据，主要包括商业汇票和商业本票；另一类是银行票据，主要包括银行汇票、本票、支票及信用卡等。

（3）资本证券：指拥有一定量资本所有权和收益索取权的凭证，在某种程度上发挥资本所具有的价值增值作用的证券，是人们将资本投入或借贷给融资者后所获得的权益证书。典型意义上的资本证券如股票、债券，后来又逐渐发展为基金证券及其衍生品种如股指期货、认股权证、可转换债券等。资本证券是有价证券的主要形式，证券投资学所指的证券主要就是资本证券。

资本证券是伴随着资本的形成过程而被创造出来的，故与实际资本有着密切关系：如实物资产一样给投资人带来增值收益；其发行和流通也在一定程度上代表着实际资本的运动。另一方面，资本证券作为虚拟化的资本，与经济运行过程中的职能资本存在着显著的区别，其虚拟性集中表现在两个方面：一是价值上的虚拟性，资本证券本身没有价值，其价格如同土地投资价格与教育投资价格，并不是其价值的表现，而是资本化了的收入；二是数量上的虚拟性，资本证券的溢价发行使之远高于实际资本数量，资本证券的流通交易价格往往更会显著偏离（即远大于或小于）其所代表的实际资本总量，尤其是在证券流通市场上存在严重投机现象时。正因为如此，我们将证券资本称之为虚拟资本。

另外，按证券发行主体的不同可将有价证券分为政府证券（公债券）、金融证券和公司证券等。政府证券是指由中央政府或地方政府发行的证券，是政府凭借其信誉，采用信用方式，筹措财政资金或建设资金的债务凭证。金融证券通常指银行及非银行金融机构发行的证券，包括金融债券、大额可转让存单等。公司证券是指由公司或企业为筹措资金而发行的有价证券，主要包括股票、债券等。

按上市与否（流通条件）可将有价证券分为上市证券与非上市证券。这种划分一般只适用于股票和债券。上市证券（挂牌证券）是指经证券主管机关核准发行，并经证券交易所依法审核同意，允许在证券交易所内公开买卖的证券。非上市证券是指未申请上市或不符合证券交易所上市条件的证券，但可以在其他证券交易市场交易。凭证式国债和普通开放式基金属于非上市证券。

按照募集方式可将有价证券分为公募证券与私募证券。公募证券是指发行人通过中介机构向社会公众投资者公开发行的证券。私募证券是指向少数特定投资者发行的证券。目前我国信托投资公司发行的集合资金信托计划及商业银行和证券公司发行的理财计划均属于私募基金。

按照证券的经济性质可将有价证券分为基础证券与金融衍生证券。股票、债券和基金都属于基础证券，是证券市场的主要交易对象。金融衍生证券是指由基础证券派生出来的证券交易品种，主要有金融期货与期权、可转换证券、存托凭证、认股权证等。

证券的上述分类只是适应理论研究以及管理、投资实践等方面的需要而作为抽象化大致的概括。实践中，某些证券可能同时兼有多种性质，如房地产契据，一般可看作是商品证券，但将其归入凭据证券也未尝不可。因此，对不同证券性质的理解，不可绝对化。

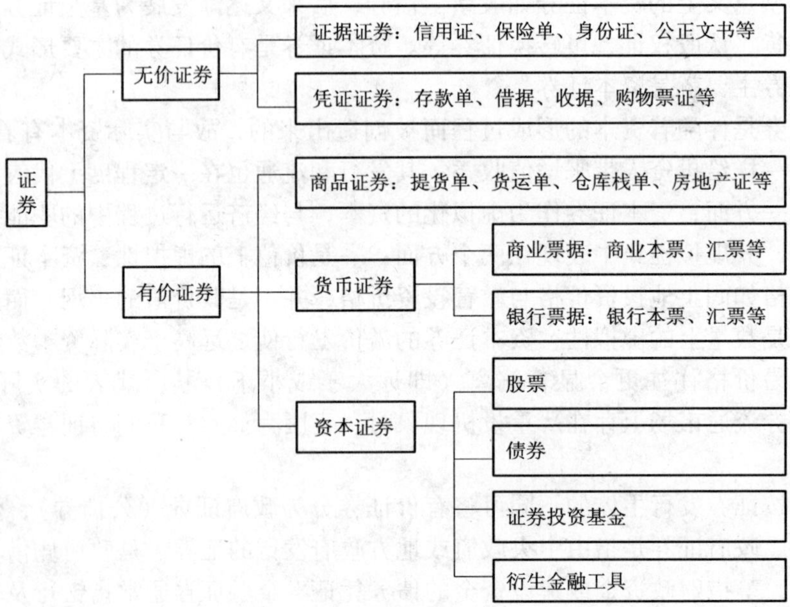

图1-1 证券的分类

二、投资的概念与分类

（一）投资的概念与特点

投资本身是一个复杂的概念，通俗地说就是为了价值增值，为获取收益而垫付一定量货币或实物，以形成实物资产或金融资产的行为。投资本质上是一种以获取未来收益为目的而提前进行的财富预付行为。

从静态的角度来看，投资是牺牲当前消费而预先垫支一定量的资金，从动态的角度而言，投资是为了获得未来的报酬而采取的经济行为。从资金投入到资金收回需要经历一个时间过程，在这期间将会有许多不确定因素，导致收益与本金都充满了不确定性。

（二）投资的分类

根据投资对象的不同，投资可分为实物投资和证券投资两大类。从更广义的角度来看，投资还包括人力资本投资。

1. 实物投资（经济投资）

实物投资，又称经济投资（Economic Investment），就是投资于实物资产，这又分为两种情况：

（1）实物保值。个人为保值增值对房地产、艺术品等实物资产所进行的投资。对房地产、艺术品、古董玉石和黄金制品等实物投资的购买，同样也能在市场上取得高价，获得经济利益。这种实物投资的优势，一是保值性突出；二是其抵押性强，尤其是在政局动荡不稳的年代，珍珠宝玉易隐藏携带；三是美学价值较高，推动了收藏活动的发展。但是其缺陷也显而易见，流通性差，特别是房地产，变现成本很高，不仅要花好几个星期甚至更长时间等待买主，且一旦被迫割舍就要蒙受价值损失。

（2）真实投资。国家、企业、个人投资于机器、厂房、原材料、土地等有形资产及运用这些资源所必需的劳动力，用于建造工业厂房和生产建设项目，扩大生产规模和增加市场份额。真实投资的本质特点是将资本职能与生产过程密切结合，因而扩大生产规模，增加社会物质财富或提供社会所需的劳务。这种“真实投资”是投资的基本形式，也是工业革命发展初期及其以前投资的主要形式。

2. 证券投资

证券投资，就是投资于各种有价证券特别是股票、债券等资本证券，因而被称为间接投资。这种金融投资或间接投资属于一种信用活动。但就金融投资而言，又可以分为两种情况：

（1）间接证券投资。投资者购买有关金融机构本身所发行的证券，包括储蓄、金融机构债券及各种投资基金。

（2）直接证券投资。投资者直接从证券市场上购买股票、企业债券等有价证券。

实物投资与证券投资既密切相联，又存在着一定的区别。

二者的区别在于是否直接增加社会货币供给总量。实物投资是对现实资产的投资，它会直接形成社会总资本存量的增加；而证券投资所形成的资本运动是建立在金融资产之上的，属于一种信用活动，并不会直接增加社会货币供给总量：当投资者在发行市场上购买首次公开发行的证券时，虽并不直接增加社会货币供给总量，但它会使社会上闲置的货币资金转化为长期资本投资，提高社会资金的使用效率和资金的合理配置；但是当投资者在流通市场上从其他投资者手中购买流通中的证券时，只是提高社会资金的流动性。

二者的联系表现在两个方面：一是证券投资和实物投资的互补关系。上市公司在实物投资无法满足其扩大生产规模或建设项目的资金需求时，通常需要借助证券投资尤其是股票、债券等直接融资手段予以满足。证券投资的资金主要来源于社会居民储蓄。居民储蓄是一种不稳定的资金供给，存在着随时兑换现金、进入消费领域、急剧减少投资资金的可能。但是通过证券市场将资金需求方和资金供给方连接起来，不但占用资金使用权，而且排斥资金所有者在这一时期的索回权，如国债、企业债券等。而股票投资形式则更是将投资股票的资金永久地凝固在生产领域并转化为资本。二是证券投资和实物投资的替代关系。在社会资本存量既定的前提下，二者间存在着一定的此消彼长关系。实体经济增长较快时，社会资本投资办厂上新项目的热情较高；反之股市增长较快，人们从股市中获得的报酬较高时，就会吸引更多的资金进入证券市场。如 1979 ~ 1982 年期间美国经历了高通胀率，人们倾向买房子保值而不愿买股票等其他金融资产。

证券投资在很多发达国家已经有很重要的地位，股票市值占国内生产总值（GDP）的比重已经超过 100%，发展中国家平均也为 67.51%，而我国只有 50%。可见我国证券市场还有很大的发展空间，但是我们也应看到实物资产才是证券投资存在和发展的基础。金融资产的最终受益来源只能是实物资产在社会生产过程中创造的价值。因此，证券投资并不能脱离实物经济，否则就会出现金融泡沫或泡沫经济，最终导致金融危机的爆发。

3. 人力资本投资（自我投资）：体能投资、智力投资和技能投资等

投资从更广义的概念上讲，还包括自我投资，投资于专业学位、教育、培训及体能，即人力资本投资。为了获取更高的报酬和更好的职业发展机会，要对自身的体力智力进行投资。花钱健身增强体质是对自身的体力和健康进行投资；教育是对自身的智力和全面素质进行投资；职业培训和再教育是对自身的业务技能等进行投资。

可见，宏观经济学中的一个重要课题就是研究劳动市场、实物市场以及证券市场间的均衡关系。投资学就是研究实物投资当然也包括证券投资获取更高报酬的学科。证券投资学就是研究投资于各种有价证券获取更高报酬的学科。

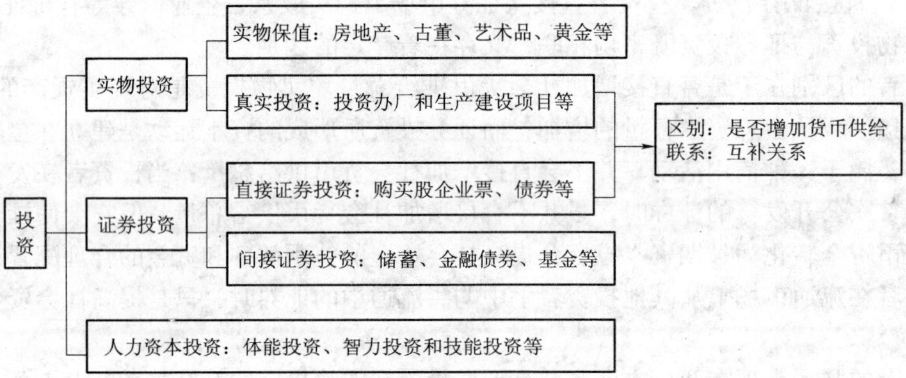

图 1-2 投资的分类

三、证券投资的动机

（一）投资与投机

不同的投资者买卖证券的具体动机和目的不尽相同，但不管是为了投资、投机，还

是为了控股权或其他目的，归根结底都是为了获得投资收益。任何投资都是有风险的，投资者总是希望收益越高越好、风险越小越好，但事实上收益和风险是并存的，高收益必然伴随着高风险。因此证券投资收益大小即收益度量和证券投资风险的大小即风险度量就成了所有投资者最为关注的焦点。

1. 获取稳定的投资收益（股息与利息收入）

许多投资者参与证券投资活动最主要的动机就是获取利息和股息等收入。特别是那些稳健的、着眼于长期投资的人更为注重比较各种证券收益的差别，进行细致的计算和选择，尽量把资金投放在市场价格比较稳定且收益较高的证券上，因此，大多选择债券、优先股和那些盈利能力强的公司股票长期持有，以期获得较稳定的利息和股息收入。

2. 获取投机收益（买卖差价，资本利得）

获取投机收益的投资者往往属于激进的投资者，他们认为在市场上进行短期低买高卖炒作所获得的差价收益远高于长期持有者获得股利或股息收入。因此，他们在选择股票时，并不重视证券品质，而是重视证券价格的变动情况，将资金投放于价格波动幅度大的证券品类，强热门股票和投机股票并且频繁买卖，通过承担较高风险获取较高收益。

（二）投资与投机的区别与联系

根据以往的习惯，投资与投机是两个截然不同的概念，投资是正常行为，投机则是不正当甚至是非法行为。但从经济学意义上讲，二者几乎是同义反复。投机是寻找和掌握投资的机会，从而形成市场的均衡价格和社会平均利润。投资者为了获得更高的预期收益，卖出自已认为企业效益低或风险大或未来行情下跌的股票，买入效益好或风险小或未来行情上升的股票。通过证券买卖，企业效益好的股票得到了社会肯定和承认，股价上升，反之股价下跌。另外，通过证券交易，证券市场的社会集资功能得到充分发挥，资金向效益好的企业方向流动。因此，可以说，投机是投资的一种手段和方式。

在使用投资与投机概念时，人们通常还是通过以下方式将二者区别开来：

1. 二者关注的重点不同

投资行为多选择长线投资，目的是准备长期持有，享受股东权益或固定收益，因此，更多关注公司历史、现状和发展前景，包括资金投向、生产情况、财务状况、产品开发能力、管理人员素质及盈利派息情况等，具有清晰的产权意识，市场价位波动不大时，一般不会参与证券交易，只有当发行主体财务状况发生较大改变时或证券市场出现较大震荡时，投资者才会抛售股票以保证资金安全。

投机行为多选择短线投资，目的是为卖而买，获取差价收益，因此，更关心证券市场的公开、公正、公平及运行效益，关心证券市场的价格变化趋势及可能发生的逆转，故而产权意识不强，但市场意识很强，只有当证券市场进入较大调整期时，才会被迫较长时期地持有。

2. 二者承担的风险不同

长线投资者重视对持有优质股票或债券的反复筛选，因此这类发行主体的经营或财务状况较稳定，证券价格也较稳定，投资风险较小，本金安全性较高，其潜在的风险为经济周期风险、企业的经营风险和通货膨胀风险。

短线投机者选择的证券发行主体财务状况往往不稳定或处于开发期，其产品市场竞争较激烈，盈利水平变动幅度较大，或其证券价格易于炒作。因此，除了面临长线投资者面临的一般风险外，还面临着买卖时机决策的风险、市场欺诈风险及市场信息失灵的风险。正因为这种高风险的存在，使投资者运用智慧和合法操作在短期内获取高额利润成为可能。

3. 二者的交易方式及持有期限不同

长线投资者以持有证券数量为限进行投资，交易次数少，交易频率较低，因而交易量不大。而短期投机者不放过任何一次价格波动机会，在有利可图情况下，会利用银行贷款或灵活交易方式尽量扩大交易量，交易次数多，交易频率高，因而交易量很大；同时采用现货、期货、期权、套期等方式或组合方式，并在运作过程中不断创新出能够分散风险、高度灵活、有利可图的交易方式。

4. 二者的资本金来源及对社会资本金运动影响不同

长线投资者资本金主要来自自有资本，其投资过程促进了社会资金向生产领域的转化及社会资源的优化配置，推动社会财富的增加。而短期投机者除少有本金外，大量借用银行资本或将购入证券做抵押取得贷款，再购买证券，如此循环往复进行来扩大证券交易规模。其结果使证券市场充满生机和活力，吸引更多人入市，解决长线投资者变现后顾之忧，扩大发行主体规模，同时也促进金融证券业务等相关行业的发展。

实际上我们很难将投资与投机区别开来，区别二者的关键在于投资具有时间和收益的可预测性，而投机则带有很大的不确定性。但如果投机风气旺盛，会加剧证券市场的波动和虚假繁荣。另外，我们要把投机与各种非法及不道德行为区别开来。尽管一些短线投机者确会采取各种不正当手段获取非法收益，但欺诈性投机与合法性投机是根本不同的，前者利用某种特权地位超出法律规定或市场规则允许的范围，进行内幕交易，散布欺诈性信息等，扰乱证券市场信息。因此，各国都有一系列法规条文，在维护和鼓励合法性投机行为的同时，严厉打击各种欺诈性投机活动。

而赌博则与投资、投机完全不同，投资与投机一般说来对未来可能出现的情况是可以判断的，而赌博则往往很难判断；投机是有风险的，投资则规避风险，赌博则是在一个不确定的结果上赌一把。因此，从整体上来说，赌博承担的风险是负的，但投资与投机承担的风险平均来说是正的。

（三）参与公司经营决策（企业控股权）

有些投资者参与证券投资，主要是为了参与发行公司的经营决策，通过参与公司股东大会来行使股票表决权；少数资金雄厚的投资者特别是机构投资者，往往会通过大量购买某一公司的股票来达到控制这家上市公司的目的。随着股权的不断分散，股份公司尤其是规模巨大的股份公司，股东众多，不可能都参与公司经营决策，只有极少数大股东才能拥有公司决策的实际权利，购买上市公司股票往往与上市公司的并购重组相结合。

（四）其他动机（安全、避税、表现、情绪、习惯）

其他动机包括分散风险，为降低资产风险，实现资产分散化，投资者将资金投放在房地产、证券、黄金等多种资产上，当市场行情发生变化时，各种资产有升有降，可以互相抵消，投资者可以避免或减少损失；合理避税，有些投资者参与证券投资，是因为可以不交或少交个人所得税，目的是为了合理增加综合收益；表现欲望，有些投资者参与证券投资是为了显示自己的财富或精明，以获得心理上的满足；情绪动机，有些人是因为喜欢、好奇、好胜、嫉妒等情绪方面的原因而从事证券投资；习惯动机，有些投资者因为长期从事证券投资活动，已经形成习惯，证券投资已经成为他们生活中不可缺少的内容。

第二节　证券投资学的研究对象、性质与方法

一、证券投资学的研究对象

当你有了闲置资金打算进行证券投资时，你将面临什么问题呢？首先要考虑的是买什么或哪些证券？有这么多种类的证券，如股票、债券、基金、外汇、期货、期权等，到底买哪一种呢？各种证券之间有什么不同或利弊得失？第二，如果你打算买股票，花多少钱买合适呢？即对证券进行合理估价，同种证券价格低的不一定更便宜，这要与其分红、净值等方面做过比较后方能得出结论。第三，到哪里去买呢？到证券公司柜台营业部委托买卖或是自助委托，亦或是在家里自助？不同的买法，成本不同。第四，什么时间买？证券市场价格瞬息万变，怎样才能捕捉到最佳的买进或卖出时机，直接关系到投资的收益空间大小。第五，怎样的投资品种组合获利最高？实际上不管你是家庭或是公司，都必须按照有价证券的不同用途合理地分配在不同的有价证券上，以达到收益最大、风险最小的目的。投资组合实际上也是一个持续地动态调整过程。

证券投资学就是要试图回答上述五个问题，那么什么是证券投资学？它以什么为研究对象呢？

（一）证券投资学的概念

证券投资学，简言之，就是研究投资者如何将节省下来的钱投资于不同的有价证券以期获得未来更大收益的学科。

（二）证券投资学的研究对象

作为经济活动过程，证券投资行为极为复杂且具有极强的投机性和风险性。要想投资获得成功，一方面必须充分认识这一过程中存在的各种客观规律，另一方面，则必须尊重顺应和驾驭规律。前面曾通俗地说过，证券投资学就是要全面系统深入地解答证券投资是什么，以及怎样、什么时机投资以期风险最小、收获最大等问题。由此我们可以将证券投资学的研究对象概括为研究证券投资过程中客观存在的各种经济现象和客观规律，研究这一行为过程的内在机理，了解证券投资中各种范畴的内涵，基于证券投资的收益目的，认识证券投资中存在的各种复杂经济关系的实质，把握其处理准则并为最大限度地获取证券投资收益，防止证券投资风险提供理论指导和具体的分析操作方法。

可见，证券投资学就是研究证券投资活动及其规律的学科。具体而言，就是投资者如何正确地选择证券投资工具，如何规范地参与证券市场运作，如何科学地进行证券投资决策分析，如何成功地使用证券投资方法和技巧；国家如何有效地监管证券投资活动等等。

（三）证券投资学的研究内容

我们将证券投资面对的上述五个问题归纳为三个方面：一是投资环境，包括有价证券的种类、证券市场以及证券交易；二是投资过程，包括投资决策的步骤、投资的价格评估分析、投资时间、投资种类的结合等；三是投资的基本理论问题。

1. 证券投资的基本理论

证券投资的基本理论主要包括三个方面：第一，证券投资过程中涉及的证券、投资、股票、债券等一系列基本概念和主要范畴；第二，投资时间价值理论，包括利率、复利、现值系数的计算等；第三，投资内部收益率和投资净现值计算等。

2. 投资环境

投资环境主要包括三个方面：第一，证券种类，如：股票、债券、基金、衍生品等投资工具种类及其特点；第二，证券市场发育程度；第三，证券交易的运行过程与机制。

3. 投资过程

投资的行为过程主要主要包括五个方面：一是投资政策的确定，包括投资目标、投资的数额、期限与税收规避等；二是投资信息系统的建立，信息的获取是在成本、时间、质量间所做的权衡；三是证券分析，包括以宏观经济、中观产业与微观公司分析为主要分析基础的基本分析，以技术图形（理论）分析与主要技术指标分析为重点分析基础的技术分析两大类；四是包括证券选择、证券购买时机及证券投资组合的多样性；五是投资效果评价，使投资组合处于最优状态。

二、证券投资学的学科性质

（一）证券投资学是一门以众多学科为基础的综合性学科

证券投资学主要反映在它以众多学科为基础和它涉及的范围的广泛性，既涉及宏观经济学中的资本、利润、利息等范畴，与宏观经济形势、经济政策及产业发展等密切相关；也涉及到货币银行学中的货币供给、市场利率等问题；微观公司分析与财务会计学内容相关；大量的定量分析方法与价值估值、投资组合与技术分析离不开多种数学方法的应用；此外，还涉及心理学、统计学、财政学、经济法等相关知识内容。

（二）证券投资学是一门培养应用型人才的应用性学科

证券投资学更多地注重对经济事实、现象及经验的分析和归纳，不太注重概念、范畴和推理；研究的主要内容是证券投资所需要掌握的具体方法和技巧。可见，证券投资学是一门培养应用型专业人才的科学。

（三）证券投资学是一门追求财富保值增值的主动进攻性学科

与会计、统计、财务管理、理财等更为注重“守业”的学科相比，证券投资学更多地讲究“创业”，对节约持家、管理出效益等内涵增长方式不注重，更多地是关注如何使财富保值增值，创造更多财富，把财富馅饼做大，追求外延扩大再生产，从而有助于培养人的创造力和创新精神。

三、证券投资学的研究方法与要求

（一）实证分析与规范分析相结合

证券投资学是一个十分复杂、实践性很强的学科，影响投资过程的因素也是多种多样的。证券投资学要解决繁杂的理论命题并得出科学的结论，不仅要运用逻辑分析，进行各种理论抽象和规范分析，还必须高度关注证券投资的实践，做大量的个案考察，进行广泛的实证分析。只有从实践案例中进行规律性总结，并通过这种实证分析来对理论结论进行更有说服力的诠释，或对存在着适应范围限制的理论进行修正和完善，才能得出更为准确的结论，用以指导实践才更可靠。

（二）定性分析与定量分析相结合

证券投资中涉及大量的技术问题，分析决策过程中不仅要考虑可能的制约因素，还必须尽可能弄清这些因素对证券投资的影响程度。而这些因素本身所具有的量化状态，又可能决定证券投资收益和风险程度的差别。因此，证券投资学的各种结论的得出都应当建立在定性与定量分析结合运用基础上的，否则就缺乏说服力。

（三）趋势分析与特性分析相结合

证券投资的情况十分复杂，变数很多，市场趋势往往受到偶然的、投机的及其他某些人为因素的影响。因此，证券投资学所给出的观点和结论，有其特定的适用范围，如技术分析中出现了相同或相近的图形、指标，但在不同的宏观经济背景和市场氛围下，也会预示着不同甚至相反的市场演变趋势。因此，证券投资学所给出的结论与观点有其特定的适用范围，我们在学习和运用证券投资学的某些结论或观点时不能过于机械和片面。

（四）分析方法的多样性和综合运用

不同的证券投资分析方法，其优缺点与适用性及局限性也各不相同，运用多种方法得出的结论越趋于一致，结论的可靠性就越高。为克服证券投资分析方法的局限性，证券投资分析方法不断推陈出新，证券投资分析研究内容不断丰富。因此，我们只有通过综合运用多种分析方法才能消除其局限性，从而使分析结论或观点更准确或更趋近事实。

在证券投资过程中，较高的专业知识和丰富的投资经验固然重要，但如果没有坚强的意志品质和良好的心理素质作基础，即使研究方法再先进灵活，其投资行为仍难以成功。因此，投资成功的关键还取决于意志品质与心理素质。

复习思考题

1. 什么是证券？请列举你熟悉的一些证券品种，并说明其类别。

2. 如何理解有价证券的含义？为什么说证券投资的对象通常只能是有价证券，特别是有价资本证券？

3. 什么是投资？请列举你熟悉的投资对象，并说明证券投资与真实投资的区别与联系。

4. 请简述证券投资学的主要内容与范围。

第二章

我国证券市场的主要交易品种

本章摘要

本章首先给出了我国证券市场产生与发展的历程，然后介绍了我国证券市场的基本结构及其主要交易品种，以便为深入、具体地学习提供总括的框架。

关 键 词

股权分置改革　证券市场发展历程

所谓证券投资，是指投资者购买股票、债券、基金等有价证券，借以赚取资本利得或持有期间收益的行为。其中的资本利得指的是投资者低价买进、高价卖出某种证券所获得的买卖价差收益；持有期间收益指的是投资者在持有证券期间所获得的股息、利息或基金分红收益等。

为降低投资风险，避免不必要的损失，在实际涉足证券市场之前，投资者必须对证券投资的基本知识、基本原理有所了解。这也就是我们设置本章内容的主要目的。

第一节　我国证券市场的主要演化历程

按照一般的理解，证券指的是那些有效（到期）期限超过一年的（可交易）有价证券。由此，证券市场实际上就是资本市场的另一种说法。

就证券交易的品种而言，我国证券市场主要包括股票市场、债券市场、基金市场和权证市场等。就证券市场的具体交易场所而言，我国证券市场通常专指上海证券交易所和深圳证券交易所这两家专门从事证券交易的（场内）市场。

另外，作为场外证券交易市场，开放式基金的销售及赎回通常也被归入证券市场的范畴。

目前，沪深两市挂牌交易的证券品种主要包括 A 股、B 股、债券、基金以及权证等。这些证券在挂牌交易的时候都以一定的规律取得各自的代码及简称，以方便投资者使用交易所及代理券商提供的交易系统实施买卖交易。

一、沪深两市交易品种的衍化历程

在建国以后很长的一段时间里，我国不存在证券的发行及交易。

1981 年，中国政府开始发行国库券。国库券是国家财政当局为弥补特定财政年度里国库收支的不平衡而发行的政府债券。因为国库券的债务人是政府，政府的财政收入是其还款的保证，所以它几乎不存在信用风险。再加上国库券的期限短、流动性强，从而被视为零风险债券或“金边债券”。

依照国际惯例，国库券的期限通常短于一年。但我国这一时期所发行的国库券的期限都超过一年，所以其实质上相当于现今所谓的中长期国债。

1984 年 7 月，北京天桥股份有限公司和上海飞乐音响股份有限公司经中国人民银行批准向社会公开发行股票。这应该是 1979 年改革开放以来我国股票证券市场发展的肇始。

1986 年 5 月，沈阳信托投资公司率先开展了债券买卖和抵押业务。截至 1988 年，全国有 61 个大中城市开放了国库券流通市场。

1986 年 9 月，上海工商银行信托投资公司静安业务部开办股票柜台交易，主要交易飞乐音响和延中实业两家公司的股票。1988 年，海通、万国、振兴三家证券公司在上海成立，从而初步形成了场外证券交易市场。

截至 1990 年，共有延中实业、真空电子、飞乐音响、爱使电子、申华电工、飞乐股份、豫园商场、凤凰化工等 8 只股票在上海场外证券交易市场交易。

（一）沪深证券交易所的创办

1990 年和 1991 年，我国先后创办沪深两个证券场内交易市场，A 股和债券相继上市交易。

上海证券交易所（于 1990 年 12 月 19 日）和深圳证券交易所（于 1991 年 7 月 3 日）的相继开业标志着中国大陆（场内）证券市场的形成。同时，逐步清理了股票的场外交易。

在初始阶段，沪深两家证券交易所挂牌交易的人民币普通股票（即 A 股）大约有 10 多只。

1991 年 11 月 1 日，首只债券“盐田港重点建设债券”在深圳证券交易所挂牌上市。

（二）各类证券品类品种的上市交易

1. 1992年至1996年，B股、封闭式投资基金、权证和国债回购相继上市交易。

我国在1990年初设立了B股市场。1992年2月，我国第一支人民币特种股票（即B股）“上海真空电子器件股份有限公司B股”在上海证券交易所挂牌交易。自1992年到1997年6年间，B股市场每年以十几只的速度增长。其间的1993年，上市的B股达到了22只的历史最高纪录。到了1997年年底，在沪深两地上市的B股已达到了101只。但自2000年7月凌云B上市之后，再也没有B股上市。

1992年6月，第一家公司型封闭式投资基金“淄博乡镇企业投资基金”成立。

1992年10月，首只权证“深圳宝安企业（集团）股份有限公司认购权证”发行，并于同年11月上市交易。

1992年10月，国务院证券委员会和中国证监会成立。国务院证券委员会是对证券市场进行统一宏观管理的主管机构。中国证监会是国务院证券委员会的执行机构。1997年8月，上海、深圳证券交易所统一划归中国证监会监管。当年11月，中国政府召开全国金融工作会议，决定对全国证券管理体制进行改革，原由中国人民银行监管的证券经营机构划归中国证监会统一监管。1998年4月，中国证监会与国务院证券委合并，中国证监会成为正部级事业单位，专司全国证券、期货市场的监管职能。

截至1992年底，在上交所上市的A股有29只，B股9只；在深交所上市的A股有23只，B股9只。

1993年8月，淄博基金在上海证券交易所公开上市，标志着我国基金进入了公开上市交易的阶段。

1993年，沪深两市曾推出国债期货交易业务。但在1995年，中国证监会关闭了内地的国债期货交易。

1996年，（质押式）国债回购在上海证券交易所上市交易。

所谓债券回购交易，是指债券持有人（正回购方，即资金融入方）在卖出（或质押出）一笔债券、融入资金的同时，与买方（逆回购方，即资金融出方）协议约定于某一到期日再以事先约定的价格将该笔债券购回（或赎回）的交易方式。可见，一笔回购交易涉及两个交易主体（资金融入方和资金融出方）、两次交易契约行为（初始交易和回购期满时的回购交易）和相应的两次清算。

1997年，国务院证券委（中国证监会的前身）颁布了《可转换公司债券管理暂行办法》（于2006年废止）。

可转换债券兼具债券和股票的特性，含有以下三个特点：（1）债权性，与其他债券一样，可转换债券也有规定的利率和期限，投资者可以选择持有债券到期，收取本金和利息。（2）股权性，可转换债券在转换成股票之前是纯粹的债券，但在转换成股票之后，原债券持有人就由债权人变成了公司的股东，可参与企业的经营决策和红利分配。(3) 可选择性，债券持有者可以按约定的条件将债券转换成股票，但也可以不行使该权利。

为解决企业的融资问题，从1991年8月起，先后有琼能源、成都工益、深宝安、中纺机、深南玻等企业在境内外发行了可转换公司债券。

1992年11月19日至12月31日，深圳宝安公司发行了总额5亿元、年利率3%、期限3年、初始转换价格25元的可转换公司债券，该可转换公司债券于1993年2月10日在深交所挂牌上市交易。宝安可转换公司债券是我国第一家A股上市公司可转换公司债券。

1996年12月，股票交易实行涨跌停制度。

2. 1997年至2003年，金融债券、金融债券回购和公司可转换债券相继上市交易，并开始筹备中小企业板。

1997年，违规进入股市的银行资金被勒令退出交易所市场，并要求商业银行将托管在交易所的债券（金融债券）全部转托管到中央结算公司。6月16日，开始通过全国银行间同业拆借中心提供的交易系统办理银行间债券回购和现券交易。

1998年9月2日，南宁化工股份有限公司发行的可转换公司债券在上海证券交易所正式上市交易。

2000年4月，中国风险投资公司成立，这是国内最早以风险投资为业务的公司。

2000年开始，深交所暂停了新股上市申请，专门筹备创业板。

创业板市场也称二板市场或第二交易系统，是与现有证券市场即第一板或主板市场相对应的概念。其创立目的主要就是为扶持中小企业、高新技术企业和成长型企业的发展而提供融资服务。

2004年5月，作为创业板的过渡，证监会同意深交所开设中小企业板。2004年6月，深市恢复发行新股。

这样一来，我国沪深两个证券交易所第一次有了相对明确的功能定位的区隔。即上海证券交易所侧重于为大型企业的融资提供服务；而深圳证券交易所侧重于为中小企业、高科技企业的融资提供服务。这一相对分工有利于我国多层次资本市场体系的建立和完善。

2001年9月21日，中国内地第一只开放式证券投资基金“华安创新”正式成立。

开放型基金与封闭型基金的主要区别是：

(1) 基金规模的可变性不同。封闭型基金均有明确的存续期限（我国为不得少于5年），在此期限内已发行的基金单位不能被赎回，其扩募应在严格的法定条件下实施。因此，在正常情况下，基金规模是固定不变的。

而开放型基金所发行的基金单位是可赎回（即退回）的，投资者在基金的存续期间内也可随意申购基金单位，因此开放型基金的基金单位总量每日均可变化。换言之，其基金单位总量始终处于“开放”的状态。这是封闭型基金与开放型基金的根本差别。

（2）基金单位的买卖方式不同。封闭型基金发起设立时，投资者可以向基金管理公司或销售机构认购；当封闭型基金上市交易时，投资者可委托券商在证券交易所按市价买卖。

而投资者可以随时向基金管理公司或销售机构申购或赎回开放型基金。

（3）基金单位的买卖价格形成方式不同。封闭型基金因在交易所上市，其买卖价格受市场供求关系影响较大。当市场供小于求时，基金单位的买卖价格可能高于每份基金单位的资产净值；当市场供大于求时，基金单位的买卖价格则可能低于每份基金单位的资产净值。

而开放型基金的买卖价格则以基金单位的资产净值为基础，与基金单位资产净值的高低完全正相关。

实际上，封闭型基金单位的价格是随行就市的结果；而开放型基金单位的价格是基金管理公司在基金单位资产净值的基础上加减手续费确定出来的结果。

（4）基金的投资策略不同。封闭型基金不存在随时被赎回的可能性，其所募集到的资金便可用于较长期间的投资。而开放型基金则必须保留一部分现金，以便应付投资者随时赎回的需要。开放型基金也不能将所募集的资金尽数用于长期投资，而是相对偏好于变现能力强的资产。因此一般说来，开放型基金的投资风格相对比较稳健。

2003 年，我国颁布《证券投资基金法》，规定证券投资基金应当为契约型基金。

公司型基金与契约型基金的主要区别有以下几点：

（1）法律依据不同。公司型基金组建的依据是公司法；而契约型基金的组建依照基金契约，信托法是其设立的法律依据。

（2）基金财产的法律性质不同。公司型基金具有法人资格；而契约型基金没有法人资格。

（3）发行的凭证不同。公司型基金发行的是股票；契约型基金发行的是受益凭证（基金单位）。

（4）投资者的地位不同。公司型基金的投资者作为公司的股东有权对公司的重大决策发表自己的意见，可以参加股东大会，行使股东权利；而契约型基金的投资者购买受益凭证后，即成为契约关系的当事人（即受益人），对资金的运用通常没有发言权。

（5）基金资产运用依据不同。公司型基金依据公司章程的规定运营基金资产；而契约型基金依据基金契约来运营基金资产。

（6）融资渠道不同。公司型基金具有法人资格，在一定条件下可以向银行借款；

而契约型基金一般不能向银行借款。

（7）基金运营方式不同。公司型基金像一般的股份公司一样，除非依据公司法的规定进入破产、清算阶段，否则公司一般都具有永久性；契约型基金则依据基金契约建立、运作，契约期满，基金运营相应终止。

3. 2004 年至 2005 年，金融债券买断式回购、LOF（上市型开放式基金）、ETF（交易型开放式指数基金）、国债买断式回购和资产支持证券相继上市交易。同时，我国在这期间开始实施股权分置改革。

2004 年 4 月，上证所正式申请开发 ETF。5 月，中国人民银行在银行间债券市场推出债券买断式回购业务。

2004 年 10 月第一只 LOF“南方积极配置基金”成立。

2004 年 12 月第一只 ETF“华夏上证 50ETF”成立。

2004 年底，上海证券交易所在大宗交易系统上进行国债买断式回购的试点，并于 2005 年 3 月 21 日起在公开竞价交易系统上进行国债买断式回购。

质押式回购和买断式回购是债券回购交易的两种具体类型。我国最初的回购交易基本属于质押式回购。

在质押式回购交易中，资金融入方（正回购方）将债券出质给资金融出方（逆回购方），藉以融入资金。同时，双方约定在将来某一日期由正回购方向逆回购方返还本金和按约定回购利率计算的利息，逆回购方向正回购方返还原出质债券。

买断式回购则是正回购方以出售债券现券的方式，向逆回购方融入资金，并按照约定利率和期限，以债券回购方式赎回债券现券。

自从 2005 年 8 月 22 日宝钢 JTB1 上市以来，权证市场开始吸引风险偏好投资者的关注，交易趋于活跃。

2005 年，我国的资产证券化业务发展迅速。

资产证券化是指将缺乏流动性的资产转换为在金融市场上可以自由买卖的证券的行为。其是通过在资本市场和货币市场发行证券筹资的一种直接融资方式。例如，信贷资产证券化是指把欠流动性但有未来现金流的信贷资产（如银行的贷款、企业的应收账款等）经过重组形成资产池，并以此为基础发行证券。

我国的房地产证券化探索起始于 1992 年海南省三亚市推出的“地产投资券”。2005 年 4 月，中国人民银行正式批准中国建设银行开展住房抵押贷款证券化业务，从而迈出我国进行大规模房地产证券化的关键性一步。

2005 年 4 月 29 日，经过国务院批准，中国证监会发布了《关于上市公司股权分置改革试点有关问题的通知》，宣布启动股权分置改革试点工作。三一重工、紫江企业、清华同方、金牛能源 4 家上市公司被确定为首批股权改革试点企业，这意味着股权分置试点工作已进入实质操作阶段。

2005 年 6 月，中小板第 50 只股票上市交易。此后沪深股市停发新股，以便全力实施股权分置改革。消除各类股权分置、权责迥异的状况是股权分置改革（简称“股改”）的基本目标。

4. 2006 年至今，新质押式国债回购、分离债券和地方政府债券相继上市交易。

2006 年 5 月 8 日，上交所根据《上海证券交易所债券交易实施细则》推出新质押式国债回购。5 月 8 日后，新质押式回购与原有质押式回购并行，但两个品种在证券代码和证券账户两个环节上相互隔离。

新质押式回购与原有质押式回购的主要区别如下：

（1）原有质押式回购标准券以证券公司为核算单位；而新质押式回购交易必须按账户申报，并且按证券账户核算标准券库存。

（2）新质押式回购的融资方在进行回购申报前必须申报质押券，作为质押券的现券将被实行“转移占有”。即投资者必须指明哪些现券作为质押券，这些债券被过户到质押库中，作为质押券的债券不可以卖出。

（3）交易系统进行前端检查。在新质押式回购交易时，交易系统按证券账户对回购交易进行前端检查。只有在标准券足额的情况下，融资回购申报才有效。但融券方的资金检查仍由证券公司系统实行前端控制。

2006 年 10 月 9 日起，原先在股改已经完成的股票名称前面加字母 G 作为标记的做法取消，转而在未完成股改的股票名称前面加上 S 标记。这标志着大陆 A 股的股改工作基本完成。

2006 年 11 月 13 日，马鞍山钢铁股份有限责任公司首次发行可分离债券，并且于 2007 年 1 月 29 日在上证所上市交易。

可分离债券，又称附认股权证公司债，是上市公司公开发行的认股权证和债券分离交易的可转换公司债券。可见，可分离债券是普通公司债券与认股权证的组合产品，但具有债券和认股权证可分离交易的特性。

2008 年，中国证监会发布了《上市公司股东发行可交换公司债券的规定》，准许上市公司股东发行可交换公司债券。

可交换公司债券是指上市公司的股东依法发行的、在一定期限内依据约定的条件可以交换成该股东所持有的特定公司股份的公司债券。可交换债券一般发生在母公司和控股的上市子公司之间，即母公司发行可转换债券，在转换期间，可转换为上市子公司的股票。

可交换债券与可转换公司债券相类似，其构成要素也包括票面利率、期限、换股价格、换股比率、换股期等。对投资者来说，与持有标的上市公司的可转换债券相同，投资价值与上市公司业绩相关，且在约定期限内可以按约定的价格交换为标的股票。

可交换债券与可转换公司债券的不同之处在于：（1）发债主体和偿债主体不同；可交换债券的发债主体是上市公司的股东，可转换公司债券的发债主体是上市公司本身。（2）所换股份的来源不同；用于可交换债券的股份来源于发行人持有的其他公司的股份，而用于可转换债券的股份是发行人本身（未来将发行）的新股。（3）可转换债券的转股成功会使发行人的总股本扩大，从而摊薄每股收益；但可交换公司债券的换股成功不会导致发行公司的总股本发生变化。

2009 年 7 月，健康元董事会决议发行 7 亿元以丽珠集团股票做交换的可交换债券，期限不超过 6 年。

20 世纪 80 年代末至 90 年代初，许多地方政府为了筹集资金修路建桥，都曾经发行过地方债券。但到了 1993 年，这一行为被国务院制止。此后，1995 年颁布的《中华人民共和国预算法》第 28 条明确规定，除法律和国务院另有规定外，地方政府不得发行地方政府债券。

但在 2009 年，我国恢复发行地方政府债券。首只地方政府债券"新疆维吾尔自治区政府债券（一期）"于 2009 年 3 月 30 日至 2009 年 4 月 1 日在上证所发行，并在 4 月 3 日上市。

2009 年 3 月 31 日，中国证监会发布《首次公开发行股票并在创业板上市管理暂行办法》。该办法对拟到创业板上市企业的发行条件、发行程序、信息披露、监督管理和法律责任等进行了明确规定，从而确立了创业板的总体制度框架。6 月 5 日，经证监会批准，深圳证券交易所发布《深圳证券交易所创业板股票上市规则》，明确了创业板的上市制度。7 月 15 日，中国证监会发布的《创业板市场投资者适当性管理暂行规定》正式实施。

创业板与主板的区别主要表现在三个方面：一是创业板的财务门槛低；二是创业板对发行规模要求低；三是创业板对投资人要求高。创业板要求建立与投资者风险承受能力相适应的投资者准入制度，向投资者充分提示风险，在投资者资金门槛和涨跌停板的限制方面也要比主板更加严格。由于创业板上市公司盘子小，为避免成为投机炒作的场所，创业板必须制定严格信息披露和退市机制。

2009 年 10 月 30 日，深圳证券交易所创业板正式开盘交易。

2006 年 9 月 8 日，经国务院同意，中国证监会批准，由上海期货交易所、郑州商品交易所、大连商品交易所、上海证券交易所和深圳证券交易所共同发起设立的中国金融期货交易所在上海成立。

随着我国证券市场的迅速发展，市场规模不断扩大，投资者结构也发生了显著的变化，突出表现为机构投资者比例日益提高，逐渐成为市场交易的主体。为了提高市场对机构投资者的吸引力，满足机构投资者多样化的交易需求，解决机构投资者大额交易所遇到的成本高、流动性差等问题，深圳证券交易所于 1993 年 8 月公布了《深圳证券交易所 B 股对敲交易暂行规则》，并于 2002 年 2 月和 2003 年 8 月先后制定和修改了《深圳证券交易所大宗交易实施细则》，初步奠定了深圳证券市场建立多层次交易机制、构建多样化交易平台的基础。2003 年 1 月，上海证券交易所也推出大宗交易制度。

所谓大宗交易，又叫对敲交易，是指单笔交易规模远大于市场平均单笔交易规模的交易。其中，特定的买方和卖方以议价的方式成交。

根据《深圳证券交易所大宗交易实施细则》，大宗交易制度适用于在深圳证券交易所上市的 A 股、基金、债券（债券回购除外）的交易。A 股、基金每笔大宗交易申报数量不得低于 500 000 股（份），债券每笔申报数量不得低于 5 000 手。买卖双方就价格和数量达成一致后通过同一证券商席位，以大宗交易申报的形式在交易日 14:55 分前输入交易系统，由交易系统确认后成交。交易价格由买卖双方在当日已成交的最高价和最低价之间确定，当日无成交的，以前收盘价为交易价。大宗交易的成交量和成交金额纳入每只证券当日总成交量和总成交金额的统计，但不纳入实时行情和指数的计算。每笔大宗交易的证券名称、成交量、成交价、证券商席位名称以及买卖双方的姓名或名称将以公开信息披露的形式向市场公告。

2006 年 7 月发布的《深圳证券交易所交易规则》在交易价格、交易时间和交易方式等方面对大宗交易制度进行了完善，并将原《大宗交易细则》纳入到新《交易规则》。

2005 年 10 月 27 日，新《证券法》提出，“证券公司为客户买卖证券提供融资融券服务，应当按照国务院的规定并经国务院证券监督管理机构批准。”2006 年 6 月 30 日，证监会发布《证券公司融资融券试点管理办法》。2008 年 4 月 25 日，国务院正式出台《证券公司监督管理条例》、《证券公司风险处置条例》，对证券公司的融资融券业务进行了具体的规定。2010 年 3 月 31 日，沪深两个交易所正式启动融资融券交易。

所谓融资融券，又称证券信用交易，或称买空卖空，是指投资者向金融机构提供担保物，借入资金买证券或借入证券卖出融资的行为。具体包括券商对投资者的融资、融券和金融机构对券商的融资、融券两种形式。其中，融资是借钱买证券，证券公司借款给客户购买证券，客户到期偿还本息；客户向证券公司融资买进证券称为买空。融券是借证券来卖，然后以证券归还，证券公司出借证券给客户出售，客户到期返还相同种类和数量的证券并支付利息；客户向证券公司融券卖出称为卖空。

2010 年 4 月 16 日，中国金融期货交易所正式推出沪深 300 指数期货交易。

自 2005 年央行推出无担保的短期融资券，2007 年银监会取消商业银行为企业债担保以来，中国银行间信用债券市场发展迅猛，目前已经成为亚洲最大的信用债券市场。

但在信用债的发行速度快速增长，交易、投资两旺的同时，信用风险也在迅速聚集。2010 年 10 月，中国银行间市场交易商协会发布《信用风险缓释工具试点业务指引》和《金融衍生产品交易主协议（凭证特别版）》，此举标志着中国版 CDS（信用违约互换）、CRM（信用风险缓释工具）的正式推出。

信用违约掉期（CDS，Credit Default Swap）是 1995 年由摩根大通首创，由信用卡贷款所衍生出来的一种金融衍生产品。具体地说，CDS 作为一种信用衍生品，是在两个交易对方之间建立的信用衍生品合同。买方向卖方定期支付保费，如果合同中指定的第三方参照实体在合同有效期内发生信用事件，买方将获得来自卖方的赔付。

可见，CDS 可以被看作是一种金融资产的违约保险。如果金融资产没有出现违约情况，则 CDS 买家向卖家定期支付保险费；而一旦发生违约，则卖方承担买方的资产损失。通过 CDS 交易，企业能够有效地规避风险，进行套期保值，从而降低企业风险资产的比例。同时，CDS 还为金融市场参与者提供了一种有效的投资工具，只要投资者能对参照实体违约概率变化做出准确判断，适时买入或卖出 CDS 合同，就能从中获利。

2010 年 11 月 5 日，中国光大银行与中债增敲定国内第一笔 CDS 交易。光大银行和中债增经过协商选取 09 清控 MTN1（0982117）与 10 北国资 MTN1（1082003）两只券作为标的债务，采用信用保护条约对敲的形式，双方互为信用保护的买方和卖方同时完成了两笔交易，分别挂钩不同的标的债券。

2002 年 11 月，中国证监会发布《合格境外机构投资者境内证券投资管理暂行办法》。2003 年 7 月，QFII 正式登陆中国内地证券市场。

所谓 QFII（Qualified Foreign Institutional Investor），是合格的境外机构投资者的简称。QFII 机制是指外国专业投资机构到境内投资的资格认定制度。

2006 年，为推动我国资本市场国际化、增加投资者的投资渠道，我国推出 QDII。

QDII 是 Qualified Domestic Institutional Investor（合格的境内机构投资者）的首字缩写。它是在一国境内设立、经该国有关部门批准从事境外证券市场的股票、债券等有价证券业务的证券投资基金。和 QFII 一样，它也是在货币没有实现完全可自由兑换、资本项目尚未开放的情况下，有限度地允许境内投资者投资境外证券市场的一项过渡性的制度安排。

总之，从股权分置改革、中小板和创业板的建设到融资融券、股指期货的推出；从大宗交易机制的建立到做空机制的引入；从第一只国债期货、ETF（交易所交易基金）到第一个中国版的 CDS（信用违约互换）、QDII 产品，正是这些持续不断的创新变革，让中国在短短 20 年间走过别人百年的历程。

二、我国资本市场的结构或层次

目前，我国内地已经建立起一个多层次的资本市场结构：

（一）沪深主板

主板市场又称为一级市场，是指传统意义上的证券市场（通常指股票市场），是一个国家或地区证券发行、上市及交易的主要场所。

主板市场先于创业板市场产生，二者既相互区别又相互联系，是多层次市场的重要组成部分。相对创业板市场而言，主板市场是资本市场中最重要的组成部分，很大程度上能够反映经济发展状况，有“晴雨表”之称。主板市场对发行人的营业期限、股本大小、盈利水平、最低市值等方面的要求标准较高，上市企业多为大型成熟企业，具有较大的资本规模以及稳定的盈利能力。我国的主板市场包括上交所和深交所两个市场。

目前，A 股市场有 1 300 多家企业上市交易，大多属于大盘/蓝筹企业，像中石油、中石化、工行、建行、中行、交通银行、联通、神华集团等。

（二）深市的创业板和中小企业板

中小企业板和创业板又称二板市场，即第二股票交易市场，是指主板之外的专为暂时无法上市的中小企业和新兴公司提供融资途径和成长空间的证券交易市场，是对主板市场的有效补给。

目前，深市的中小板聚集了一批发行规模在一亿股以下、发展相对成熟的中小企业；而深市的创业板将聚集一批成长性预期较好的中小企业和高新企业。

与创业板相比，中小企业板块的进入门槛较高，上市条件较为严格，接近于现有主板市场。同时，中小企业板块的运作采取非独立的附属市场模式，也称一所两板平行制。即中小企业板块附属于深交所，与深交所组合在一起共同运作，拥有共同的组织管理系统和交易系统，甚至采用相同的监管标准。所不同的主要是上市标准的差别。而创业板的运作将采取独立模式，即创业板与主板市场分别独立运作，拥有独立的组织管理系统和交易系统，采用不同的上市标准和监管标准。

就我国创立中小企业板和创业板的思路而言，可以把中小企业板块看作创业板市场的低级形态和初期模式，而把创业板市场看作中小企业板的高级形态和目标模式。

（三）代办股份转让系统（非上市公司的股份转让，主要是中关村园区企业）

三板市场即代办股份转让业务（老三版），是证券公司以其自有或租用的业务设施，为非上市股份公司提供股份转让服务的市场。代办股份转让是独立于证券交易所之外的一个系统，投资者在进行股份委托转让前，需要开立非上市股份有限公司股份转让账户。

1992 年 7 月，国家体改委批准全国证券交易自动报价系统 STAQ 为指定的法人股流通市场。1993 年 4 月 28 日，NET 法人股市场正式在北京开通，该市场是央行联合五家银行、人保公司以及华夏、国泰、南方三大证券公司共同出资组建的。由此，STAQ 与 NET 系统一起构成了当时中国的场外交易市场（被称为“两网”）。1999 年 9 月 9 日，“两网”正式停止运行。

为妥善解决原 STAQ、NET 系统挂牌公司流通股的转让问题，2001 年 6 月 12 日，经中国证监会批准，中国证券业协会发布《证券公司代办股份转让服务业务试点办法》，代办股份转让工作正式启动，7 月 16 日第一家股份转让公司挂牌。

2002 年 8 月 29 日起，为解决退市公司股份转让问题，退市公司纳入代办股份转让试点范围。

中国证券业协会委托深圳证券交易所对股份转让行为进行实时监控。中国证券业协会履行自律性管理职责，对证券公司代办股份转让业务实施监督管理。

在代办股份转让系统，股份转让以集合竞价的方式配对撮合，并实行 5% 的涨跌幅限制。股东权益为正值或净利润为正值的，股份每周转让五次；二者均为负值的，股份每周转让三次；未与主办券商签订委托代办股份转让协议，或不履行基本信息披露义务的，股份每周转让一次。

股份每周转让五次的公司，信息披露参照上市公司标准执行；股份每周转让三次的公司，在会计年度结束后的四个月内，必须公布经具有证券从业资格会计师事务所审计的年度报告。

代办股份转让系统试行可能成交价格预揭示制度，即在集合竞价规则的基础上，分别于转让日的 10:30、11:30、14:00 揭示一次可能的成交价格，最后一个小时即 14:00 后每十分钟揭示一次可能的成交价格，最后十分钟即 14:50 后每分钟揭示一次可能的成交价格。所谓可能成交价格，即在最终撮合成交前若干既定的时间点，对每一时间点前输入的所有买卖委托按照集合竞价规则虚拟撮合所形成的价格。

2006 年 1 月，中关村园区非上市股份有限公司进入证券公司代办股份转让系统进行股份报价转让试点（又称股份报价转让系统，新三版）。2009 年 6 月 12 日，经中国证监会批准，中国证券业协会对中关村科技园区非上市股份有限公司股份报价转让试点的相关制度进行调整与完善，调整之后的代办股份转让系统将只允许机构投资者参与。

目前，我国代办股份转让的报价券商有：中信证券、光大证券、国信证券、招商证券、长江证券、国泰君安证券、华泰证券、海通证券、申银万国证券、银河证券、广发证券等。三板市场的证券名称后的数字代表的是该证券每周的交易次数。如后面是 5，表示每周交易 5 次；后面是 3，每周交易 3 次（星期一、三、五）；后面是 1，表示每周转让一次。转让委托申报时间为上午 9:30 至 11:30、下午 1:00 至 3:00，之后以集合竞价方式进行集中配对成交。

不过，经历了 5 年的发展，“新三板”仍然只集中于北京中关村，其他国家级高新技术园区尚无法开展“新三板”业务。2010 年 11 月 30 日，证监会副主席姚刚在金融与战略性新兴产业论坛上表示，证监会将加快推动场外交易市场建设，积极推动新三板扩容，积极支持符合条件的创新型企业和战略性新兴产业的企业发行上市和再融资，积极推动创业投资和私募股权投资的发展，完善相关各项制度。至此，“新三板”扩容在即。以武汉东湖高新区为例，“新三板”落户中关村之后不久，“武汉光谷”即启动了试点申报工作。目前，区内“新三板”储备企业近 200 家。其中，武大有机硅、海创电子、科益药业、蓝星科技等 4 家的申报材料已获中国证券业协会预备案受理，东湖新技术创业中心等 4 家已通过券商内核。

“新三板”作为多层次资本市场的基础，不仅能为这些企业提供良好的融资支持，也能成为其改制、实现规范化经营的最好平台。目前全国共有 54 家国家级高新技术园区，预期较大的高新园区将首先进入“新三板”，因此，我国三板市场的前景广阔。

（四）三个市场板块之间的关系图

截至 2011 年 8 月，我国沪深两市上市公司总数为 2 273 家（包括 B 股 108 家）。其中，沪市上市公司数 921 个，上市股票数 965 个。深市主版 A 股共有 472 家上市公司，中小版共有 610 家上市公司，创业版共有 258 家上市公司，主版 B 股共有 54 家上市公司。

2007 年 7 月，证监会推出了三板账户与深交所账户合并的政策。7 月 30 日，在三

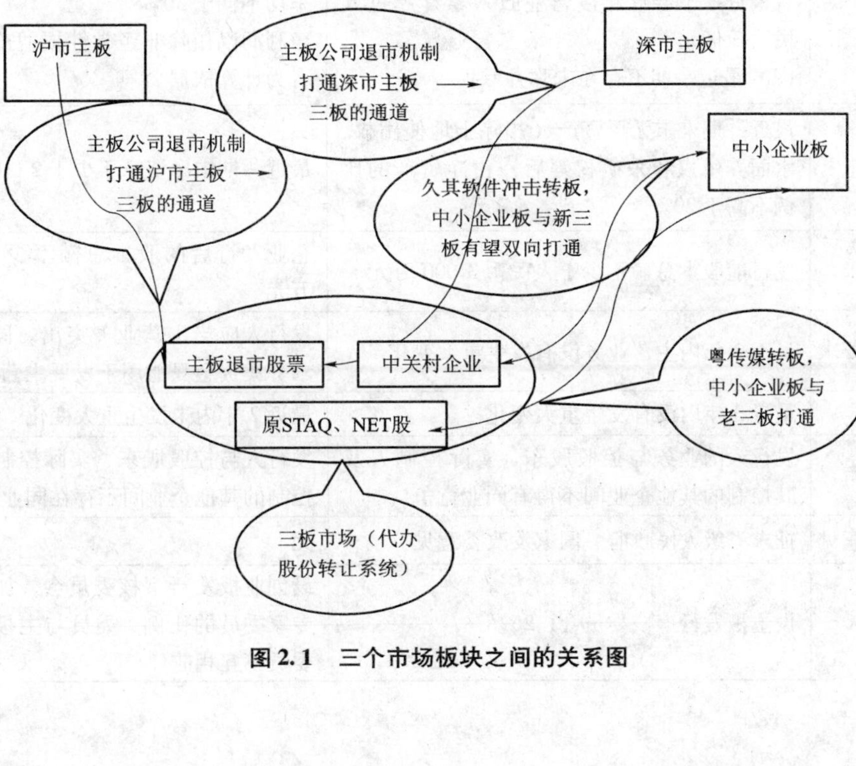

图 2.1　三个市场板块之间的关系图

板挂牌交易的九州阳光传媒股份有限公司（证券简称：粤传媒）的首发申请获得证监会发审委审核通过，以IPO方式登陆深圳中小企业板块。粤传媒的成功发行，开启了三板公司转向主板的先河。

三、创业板交易规则与主板交易规则的区别

（一）上市条件（以A股为例）不同

创业板与主板的上市条件见表2.1。

表2.1 主板交易规则与创业板交易规则关于上市条件的差异

条件	A股主板	创业板IPO办法
主体资格	依法设立且合法存续的股份有限公司	依法设立且持续经营三年以上的股份有限公司
盈利要求	（1）最近3个会计年度净利润均为正数且累计超过人民币3 000万元，净利润以扣除非经常性损益前后较低者为计算依据 （2）最近3个会计年度经营活动产生的现金流量净额累计超过人民币5 000万元；或者最近3个会计年度营业收入累计超过人民币3亿元 （3）最近一期不存在未弥补亏损	最近两年连续盈利，最近两年净利润累计不少于1 000万元，且持续增长；或者最近一年盈利，且净利润不少于500万元，最近一年营业收入不少于5 000万元，最近两年营业收入增长率均不低于30% 净利润以扣除非经常性损益前后孰低者为计算依据
资产要求	最近一期末末无形资产（扣除土地使用权、水面养殖权和采矿权等后）占净资产的比例不高于20%	最近一期末净资产不少于2 000万元
股本要求	发行前股本总额不少于人民币3 000万元	企业发行后的股本总额不少于3 000万元
主营业务要求	最近3年内主营业务没有发生重大变化	发行人应当主营业务突出。同时，要求募集资金只能用于发展主营业务
管理层	最近3年内没有发生重大变化	最近2年内未发生重大变化
同业竞争	发行人的业务与控股股东、实际控制人及其控制的其他企业间不得有同业竞争	发行人与控股股东、实际控制人及其控制的其他企业间不存在同业竞争
初审征求意见	征求省级人民政府、国家发改委意见	无
发审委	设主板发行审核委员会，25人	设创业板发行审核委员会，加大行业专家委员的比例，委员与主板发审委委员不互相兼任

（二）涨跌幅度不同

深交所对创业板证券实行价格涨跌幅限制，涨跌幅限制比例为20%。证券在上市首日证券不设涨跌限制，上市首日集合竞价的有效范围为发行价的上下150元，连续竞价的有效竞价范围是最近成交价的上下15元。上交所规定开盘后每次成交价格的涨跌幅度不超过15%，集合竞价时的申报价格无限定；深交所规定开盘后每次成交价格的涨跌幅度不超过500个档位（每个档位为0.01元），开盘价相对于发行价的波动幅度不超过1 500档。

（三）每笔申报的数量有最高限制不同

创业板每笔申报数量不得超过100万股。主板在这一方面没有明确的限制。

（四）停市规定不同

创业板条例规定：在交易日上午10:45、下午2:15之前较前一交易日收盘指数下跌幅度大于10%，创业板临时停市30分钟。一个交易日内临时停市措施只执行一次。创业板指数较前一交易日收盘指数下跌幅度达15%，创业板当日将停市。主板规定：在市场发生大幅下跌情况下，交易所借鉴国际经验实施停市制度。

（五）交易所公开信息制度不同

创业板规定：每日涨跌幅比例超过10%的前5只证券，公布其成交金额最大的5家会员营业部或席位的名称及成交金额。主板规定：每日涨跌幅比例超过7%的前5只证券，公布其成交金额最大的5家会员营业部或席位的名称及成交金额。

（六）创业板开盘前将揭示可能出现的开盘价

根据规定，创业板每个交易日上午开盘集合竞价期间，自确定开盘价前10分钟起，每分钟揭示一次可能的开盘价。可能开盘价是指对截止揭示时所有申报按照集合竞价规则形成的价格。这点使投资者在参与集合竞价的过程当中得到了更多的被披露的信息。

四、我国证券市场的管理架构

证券市场的管理对于每个所在国的金融和国民经济的发展都是至关重要的。证券市场作为直接融资的通道，其总市值在全球金融市场总量中大约占三分之一的比重。证券市场在我国国民经济发展中的重要地位可见一斑。因此，证券市场的管理已经成为我国政府宏观调控中的关键一环。

我国证券市场的管理已融合了政府机构行政管理和行业协会自律管理，确保健康的市场秩序、合理维护证券投资者的利益。此管理机构是由证监会、证券业协会、证券交易所、自律性行业组织、证券服务机构、上市公司、证券经营机构和证券投资者组成。

（一）中国证券监督管理委员会

中国证券监督管理委员会简称证监会，是国务院直属机构，是全国证券期货市场的主管部门，按照国务院授权履行行政管理职能，依照法律、法规对全国证券、期货业进行集中统一监管，维护证券市场秩序，保障其合法运行。证监会监管证券市场，维持证券市场正常秩序；为证券市场正常运行制定的相关法律、法规；让证券市场正常、有序运行和发展。证监会在地方上的管理机构名称是某某地区“证监局”。

（二）证券业协会

证券业协会是证券业的自律性组织，其会员分为团体会员和个人会员，团体会员是接受证券投资者委托代理关系的证券公司。《证券法》规定，证券公司应当加入证券业协会。个人会员只限于证券市场管理部门有关领导以及从事证券研究及业务工作的专家，由协会根据需要吸收。证券业协会履行下列职责：（1）协助证券监督管理机构教育和组织会员执行法律、行政法规；（2）依法维护会员的合法权益，向证券监督管理机构反映会员的建议和要求；（3）收集整理信息，为会员提供服务；（4）制定会员应遵守的规则，组织会员单位从业人员的业务培训，开展会员间的业务交流；（5）调解会员之间、会员与客户之间发生的纠纷；（6）组织会员就证券业的发展、运作及有关内容进行研究；（7）监督、检查会员行为，对违反法律、行政法规或者协会章程的，按规定给予纪律处分；（8）国务院证券监督管理机构赋予的其他职责。

（三）证券交易服务机构

证券交易服务机构是指专门从事证券投资咨询业务、证券资信评级业务、证券发行与交易的会计、审计及法律业务的机构。在证券的发行市场上，它们能为投资者提供准确的投资信息，帮助投资者作出正确的投资决策，使证券的发行工作得以顺利进行；在证券的交易市场中，它们能够协助上市公司及时而准确地披露经营、财务和资产状况，为政府的监督管理提供依据，从而使投资者的权益得到切实的维护。

（四）证券经营机构

证券经营机构又称证券商，在我国是指依法设立可经营证券业务的、具有法人资格的金融企业法人，主要指证券公司。证券经营机构不仅是证券市场上最重要的中介机构，而且也是证券市场的主要参加者。它承担着证券的代理发行、自营买卖、代理买卖、基金管理及出任企业财务顾问等重要职能。

（五）证券交易所

证券交易所是依据国家有关法律，经政府证券主管机关批准设立的集中进行证券交易的有形场所。证券交易所应当创造公开、公平的市场环境，提供便利条件从而保证股票交易的正常运行。证券交易所的职责主要包括：提供股票交易的场所和设施；制定证券交易所的业务规则；审核批准股票的上市申请；组织、监督股票交易活动；提供和管理证券交易所的股票市场信息等。

证券投资者打交道的主要对象是证券公司。如果投资者比较专业，有法制和专业方面的意识及知识并且愿意花成本去实行，那么上市公司也可以是投资者打交道的对象。当权益受到非法侵犯的时候，自己又不能解决问题，投资者可以首先求助于证券业协会，再解决不了则可以求助于当地证监局。这样，市场秩序也会比较有序的。因此，对于投资者来说，了解并善用证券市场的治理架构，熟悉必要的证券法律常识是非常有意义的。图 2.2 为中国证券市场管理机构。

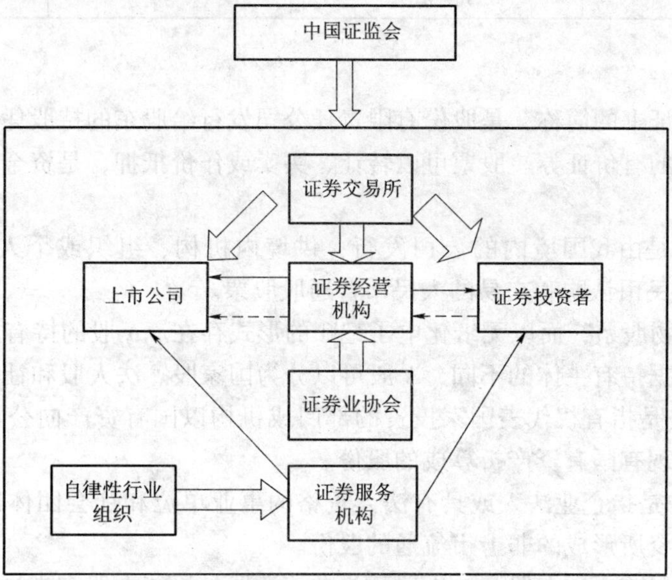

图 2.2　中国证券市场管理机构

第二节　我国证券市场的主要交易品种及其常用术语

一、我国证券市场的主要交易品种

综合上一节的叙述，我国证券市场的主要交易品种如表 2.2 所示。

表 2.1　我国证券市场的主要交易品种

股　票	债　券	基　金	其他交易
人民币普通股票（A 股）	国债/地方政府债券	封闭式基金	权证
人民币特种股票（B 股）	企业债券	开放式基金	质押式回购

续表

股　票	债　券	基　金	其他交易
	金融债券	LOF	买断式回购
	可转换债券/可交换债券	ETF	新质押式回购
	分离债券		

（一）股票

股票是股份证书的简称，是股份有限责任公司发行给股东的持股凭证；是股东借以取得股息或红利的有价证券。股票可以转让、买卖或作价抵押，是资金市场的主要长期融资工具。

（1）A股：是由我国境内的公司发行，供境内机构、组织或个人（不含台、港、澳投资者）以人民币认购和交易的人民币普通股股票。

A股不是实物股票，而以无纸化电子记账的形式存在。A股的持有者为中国大陆的机构或个人。根据持有主体的不同，A股可以分为国家股、法人股和社会公众股。

① 国有股：是指有权代表国家投资的部门或机构以国有资产向公司投资形成的股份，包括以公司现有国有资产折算成的股份。

② 法人股：是指企业法人或具有法人资格的事业单位和社会团体以其依法可支配的资产向公司投资所形成的非上市流通的股份。

在股改完成以前，国有股和法人股均为非流通股，不能在股市交易。

③ 社会公众股：是指我国境内个人和机构，以其合法财产向股份公司投资所形成的可上市流通的股份。

（2）B股：即人民币特种股票。它是由我国境内公司发行，以人民币标明面值，以外币认购和买卖，在境内（上海、深圳）证券交易所上市交易的股票（上海以美元交易，深圳以港币交易）。

B股市场于1992年建立，最初仅限外国投资者买卖交易。自2001年2月19日开始，B股市场对国内投资者开放。

B股也不是实物股票，而以无纸化电子记账的形式存在。与A股市场的“T+1交割”制度不同，B股实行“T+1回转交易”、“T+3交割”制度，即当日成交的B股可在第二日卖出，但是需在第三日交割；B股也有涨跌幅（10%）限制。

（二）债券

债券是由合法发行主体依据法定程序向公众投资者发行、并承诺按约定条件偿还本金和支付利息的债权债务凭证。

1. 根据发行主体的差异，债券可分为国债、金融债券、企业债券和地方政府债券，亦可分为纸质实物债券、凭证式和电子记账式等类型。

企业债券和金融债券的发行须经中国人民银行的审批，如果要在证券市场上市(一般是电子记账式的)，则还要经中国证监会批准。

2. 可转换公司债券：是指按照预定的条件与价格转化为一定数量普通股的公司债券。这类债券通常在证券市场融资不是很顺利的时候发行，票面利息率往往比一般公司债券要低很多。其利益在于将来当该公司股票价格高涨的时候可以转换成股票。

3. 可分离债券，(Bond with Attached Warrant 或 Equity Warrant Bonds，简称 WBs)，在日本和我国香港、台湾地区被译为附认股权公司债。它是公司债券与认股权证的组合产品。

(三) 证券投资基金

证券投资基金是基金发起人（基金管理公司）通过发行基金单位，集中投资者的资金，形成独立资产，交由基金托管人托管，由基金管理人管理和运营，从事股票、债券等金融工具投资，由基金委托人共担投资风险、分享证券投资收益的集合投资方式。

1. 封闭式基金：是指基金发起人在设立基金时，事先限定了基金单位的发行总额，筹足总额后，基金即宣告成立，并进行封闭，在一定时期内不再接受新的申购。封闭式基金通常在证券交易所挂牌交易。

2. 开放式基金：是指基金发起人在设立基金时，基金单位的发行总规模不固定，可根据投资者的需求，随时向投资者出售基金单位，并可应投资者要求赎回发行在外的基金单位的一种基金运作方式。

3. 创新型封闭式基金：是对封闭式基金的改良类型，例如结合开放式基金的一些特性等。创新型封闭式基金的具体产品设计主要交由基金公司自行研发，监管部门不会主动参与。

目前，创新型封闭式基金的创新主要体现在两个方面：

首先，在基金存续期内，若上市交易后的折价率（市价减净值再除以净值）连续50个交易日超过20%，则基金可通过召开基金份额持有人大会转换运作方式，成为开放式基金（LOF），接受投资者赎回申请。该内容被称为“救生艇条款”。大成优选混合型证券投资基金即采用这一应对长期高折价率的措施。

其次，将基金结构化分级，即整个基金由优先级份额和普通级份额两级份额组成。两级份额分别募集和计价，但资产合并运作，在法律主体上是同一基金。

例如，瑞福结构化股票型封闭式投资基金将基金份额分成优先级基金份额（称为“瑞福优先”）和普通级基金份额（称为“瑞福杠杆”）两个级别。两个级别的份额分开募集、合并运作。两个级别份额交易方式不同，瑞福杠杆与普通封闭式基金类似，在深市上市交易，存续期内规模不变。瑞福优先不上市交易，每年开放一次，进行集中申购、赎回。当业绩低于基准收益率时，瑞福进取的收益要完全划给瑞福优先；超过基准收益率的部分，瑞福优先和瑞福进取按1:9进行分配。

另外，创新型封闭式基金的持股比例最高可达100%，投资风格要比传统封闭式基金激进得多。

4. LOF基金：是Listed Open-Ended Fund的英文缩写，中译称为“上市型开放式基金”。上市型开放式基金发行结束后，投资者既可以在指定网点申购与赎回基金份额，也可以在交易所买卖该基金。不过投资者如果是在指定网点申购的基金份额，想要在指定的网点上抛出，须办理一定的转托管手续；同样，如果是在交易所网上买进的基金份额，想要在指定网点赎回，也要办理一定的转托管手续。

5. ETF基金：是Exchange Traded Fund的英文缩写，中译为“交易型开放式指数基金”，又称交易所交易基金。ETF的基金资产为一揽子股票组合，组合中的股票种类与某一特定指数（如上证50指数）包含的成分股票相同，其股票数量比例与该指数的成分股构成比例亦保持一致。这样一来，投资人可以通过下达单一的交易指令，一次性完成一个投资组合（例如某个指数的所有成分股股票）的买卖。

投资人可以直接向基金公司申购和赎回交易所交易基金，但这通常有最低数量的限制。而且基金份额的申购可以采用现金或股票两种方式，但在卖出或赎回时，投资者得到的是一揽子股票而非现金。

交易所交易基金也可以在交易所挂牌上市交易，以现金方式进行。

（四）债券回购

债券回购是指资金融入方（正回购方）首先将债券销售（或质押）给资金融出方（逆回购方），以融入资金；同时约定在将来某一日期按约定回购利率向逆回购方买回相等数量的同品种债券的交易行为。债券回购的最长期限为1年，利率由双方协商确定。根据债券回购标的债券所有权转移情况不同，债券回购可以划分为债券质押式回购与债券买断式回购。

（五）权证

我国的权证及其交易市场是股权分置改革的产物。

权证反映的是权证发行人与权证持有人之间的一种契约关系。权证持有人向权证发行人支付一定数量的价金之后，就从发行人那里获取了一个权利，这种权利使得持有人可以在未来某一特定日期或在特定期间内，以约定的价格向权证发行人购买或出售一定数量的既定资产。

我国证券市场现有权证所对应的资产主要是特定上市公司的股票。发行人主要是上市公司的非流通股股东。

根据权证持有人拥有买或卖的不同权利，可以把权证区分为认购权证（类似于看涨期权）和认沽权证（类似与看跌期权）两种类型。所谓认购权证即权证持有人在一定条件下有从权证发行人那里购买股票的权利；所谓认沽权证即权证持有人在一定条件下有向权证发行人售出股票的权利。

根据权证持有人行权的期限约定，可以把权证区分为欧式权证和美式权证两种类型。所谓欧式权证是指权证持有人只能在到期日行权的权证；所谓美式权证是指权证持有人在到期日之前随时都可以行权的权证。

除了欧式权证和美式权证两种类型之外，目前还存在介于二者之间的第三种类型的权证，俗称百慕大权证。这种类型的权证通常在权证上市日与到期日之间设置了多个行权日。因此，百慕大权证的持有价值会低于美式权证，但要高于欧式权证。

另外，根据发行主体的不同，权证可分为股本权证和备兑权证两种类型。其中，股本权证的发行主体是上市公司，即在权证执行的时候由上市公司以约定价格向权证持有人发行新股。可见，股本权证只能是认购权证。而备兑权证则由上市公司之外的机构（例如非流通股股东）发行，它不是以上市公司发行新股来实现，而是以其他资产为标的证券（例如以非流通股股东持有的上市公司股票）。因此，备兑权证具有认购权、认沽权等类型。

目前，权证可以做“T+0”交易，即允许权证在当日进行多次买卖。

权证持有人获取的是一个权利而不是责任，其有权决定是否履行契约，而发行者仅有配合执行权证权利的义务。

权证的标的证券俗称“正股”，是指权证发行人承诺按约定条件向权证持有人购买或出售的证券。行权，即权证持有人要求发行人按照约定时间、价格和方式履行权证约定的义务。行权价格，即发行人发行权证时所约定的、权证持有人向发行人购买或出售标的证券的价格。行权比例，即一份权证可以购买或出售的标的证券数量。例如，假定某认购权证的行权比例为0.1，则10份权证可以买入1股股票。

显然，随着正股股价的上升，认购权证的价格会上升，认沽权证的价格会下跌。反之，随着正股股价的下跌，认购权证的价格会下跌，认沽权证的价格会上升。

若权证交易价格高于其当前执行的实际价值，则称该权证处于溢价状态：

认购权证溢价＝认购权证成交价－（正股股价－行权价格）×行权比例

认沽权证溢价＝认沽权证成交价－（行权价格－正股价格）×行权比例

可见，权证的溢价相当于它的时间价值，即在权证到期之前可能给持有人带来的潜在利益。也就是说，权证的价值应该等于权证被立即执行的价值与继续持有的时间价值之和。

但一般来说，溢价越高，持有权证的潜在风险越大。这是因为溢价越高，其时间价值高于溢价的可能性越小。所以，溢价率也是量度权证投资风险高低的一个指标。

① 认购权证溢价率：即衡量在权证到期前，正股价格需要上升多少个百分点才可让权证投资者在到期日能够收支相抵。

$$认购权证溢价率=\left(\frac{行权价格+\dfrac{认购权证价格}{行权比例}}{正股价格}-1\right)\times 100\%$$

② 认沽权证溢价率：即衡量在权证到期前，正股价格需要下跌多少个百分点才可让权证投资者在到期日能够收支相抵。

$$认沽权证溢价率=\left(1-\frac{行权价格-\dfrac{认沽权证价格}{行权比例}}{正股价格}\right)\times 100\%$$

二、股权分置改革

所谓股权分置，指的是我国内地上市公司的股本施行分类设置，同股不同权的状况。

20 世纪八九十年代，国家担心在国有企业股份制改革的过程中因为股权的稀释而丧失对国有企业的控制权，就人为地将股票分成了法人股（或者说是非流通股）和个人股（或者说是流通股，可以在股市上自由买卖的）。其中，流通股只占大约总股本的三分之一。

但是，股权分置存在很多的问题：

首先，在股权分置格局下，股票定价除包含公司基本面因素外，还包括三分之二股份暂不上市流通的预期。客观上缩小了股票供给，使得股票定价偏高，增加了股市的投机性。

其次，由于非流通股股东不能在二级市场上得到资本变价收入，所以他们最关心的是资产净值的增减、分红的多少。而流通股股东则更关注股票在二级市场的价格波动。由于资产净值的变动与股价的变动并不总是互为因果，所以非流通股股东与流通股股东利益并不一致，这就造成公司治理的困难。

第三，实现资产增值，为股东增加财富是企业所追求的目标。而国家则经常还要考虑到利用企业实现某种社会公共目标（例如就业等）。在非流通股中，国家股占绝对或较大比例，其委托人代表的是国家利益；而作为流通股股东的个人投资者和机构投资者则考虑的是实现企业的市场增值。这就进一步地扭曲了公司的行为。

第四，非流通股与流通股共存的局面不利于上市公司的购并重组。以国有股份为主的非流通股转让市场是一个参与者有限的协议定价市场，交易价格往往不能真实反映市场价格，这样会严重影响国有资产的转让和估值。

可见，解决股权分置问题有利于进一步发挥好股票市场的价格发现功能；有利于强化对上市公司行为的市场约束功能；有利于国有资产的保值增值以及国有资产管理体制改革的深化；有利于稳定证券市场。

同时，在股权分置改革过程中，上市公司推出的认购、认沽权证等各种对价方案也推进了资本市场创新。

实际上，为了解决股权分置问题，我国最开始设想的是实施国有股减持，后来又提出实施股份全流通，最后才提出了所谓股权分置改革的方案。

所谓股权分置改革，就是经由公正合理的制度安排，由相关各方协商，将以前不可以上市流通的国有股（还包括其他各种形式不能流通的股票）拿到市场上流通。

2004 年 1 月 31 日，国务院发布《国务院关于推进资本市场改革开放和稳定发展的若干意见》，明确提出“积极稳妥解决股权分置问题”。2005 年 5 月，股权分置改革开始启动。

截至 2006 年底，沪深两市共 1 301 家上市公司已完成或者进入股改程序，占应股改公司的 97%，未进入股改程序的上市公司仅 40 家。2007 年 12 月 31 日，沪深两市共 1 298 家已完成或进入股改程序。这些上市公司的市值占应改革上市公司总市值的比重达到 98%，股权分置改革基本完成。

三、资产证券化

资产证券化通常涉及下列当事人：

（1）发起人。也称原始权益人，通常是证券化基础资产的原始所有者。

（2）特定目的机构。也称特定目的受托人（SPY），指的是接受发起人转让的资产或受发起人委托持有资产，并以该资产为基础发行证券化产品的机构。该特定目的机构通常需要满足所谓“破产隔离”条件，即发起人的破产对其不会产生影响。

（3）资金和资产存管机构。为保证资金和基础资产的安全，特定目的机构通常聘请信誉良好的金融机构进行资金和资产的托管。

（4）信用增级机构。此类机构负责提升证券化产品的信用等级，为此要向特定目的机构收取相应费用，并在证券违约时承担赔偿责任。当然，有些证券化产品并不需要外部增级机构，而是采用超额抵押等方法进行内部增级。

（5）信用评级机构。如果发行的证券化产品属于债券，发行前必须经过评级机构进行信用评级。

（6）承销人。是指负责证券设计和发行承销的投资银行，如果证券化交易涉及金额较大，则需要组成承销团。

（7）证券化产品的投资者。即证券化产品发行后的持有人。

除上述当事人外，证券化交易还可能需要金融机构充当服务人。服务人负责对资产池中的现金流进行日常管理，通常可由发起人兼任。

1992年，海南首次推出“地产投资券”的资产证券化项目。1996～2002年，我国又间断性发生了几起离岸资产证券化的案例。2000年，中国建设银行和中国工商银行相继获准实行住房抵押贷款证券化的试点，但由于诸多原因，一直没有得以实施。2003和2004年分别有少量准证券化的案例。

2005年3月，国家开发银行和中国建设银行获准进行信贷资产证券化和住房抵押贷款证券化的试点。2005年年底，国开行41.772 7亿元的信贷资产支持证券和建行30.19亿元的个人住房抵押贷款支持证券在银行间市场顺利发行。这是我国首批政策规范下的资产支持证券，标志着我国信贷资产证券化试点工作取得了阶段性成果。

我国资产证券化产品，主要在沪深两地交易所市场和银行间市场上发行，从产品数量和发行规模上来看，沪深两市的企业资产证券产品比银行间市场的资产支持证券略胜一筹。

2005年9月和12月，“中国联通CDMA网络租赁费收益计划”和中金公司管理的“联通收益计划05”分别在上证所大宗交易市场挂牌交易。

2005年12月，深市首只资产证券化产品“莞深收益计划”上市交易。

我国资产证券化产品，主要在沪深两地交易所市场和银行间市场上发行，从产品数量和发行规模上来看，沪深两市的企业资产证券产品比银行间市场的资产支持证券略胜一筹。截止2006年10月末，我国资产证券化产品市场总规模约为405亿元。其中，由8家券商发起的9只资产证券化产品约263.45亿元；大连万达集团联合迈格里银行9月发行的CMBS跨国资产证券化产品11.52亿元；深国投10月发行的准ABS信托产品0.8亿元；建行和国开行发行信贷资产证券化产品129.241 5亿元。产品种类包括专项管理计划、跨国资产证券化、信贷资产证券化以及准证券化信托产品。

四、我国证券市场主要交易品种的代码设置

随着我国证券市场的繁荣壮大，目前在沪深两市挂牌交易的品种愈来愈多。其主要交易品种挂牌交易代码的设置规律大致归纳如下：

（一）上海证券交易所证券交易代码

上海证券交易所各交易品种的设置代码是六位数。其最左侧的三位数作为证券种类标识码（如图2.3所示）；其中的首位数字标识证券大类，其余的两位数字标识该大

类下的衍生证券，而证券代码的后三位为顺序编码。

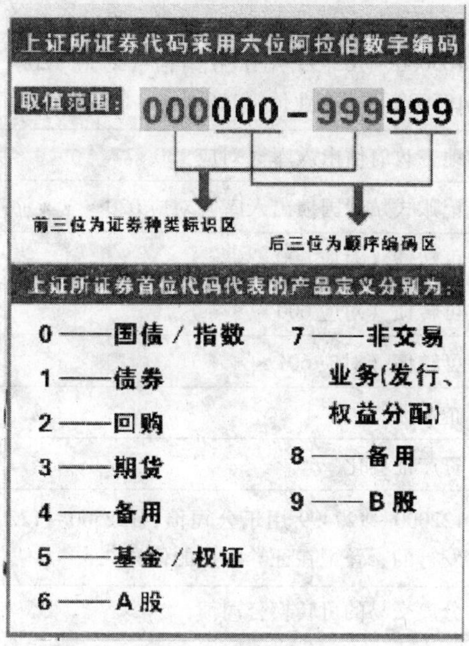

图 2.3　上海证券交易所证券设计编码

表 2.3　上海证券交易所交易品种代码

第1位	第2~3位	业务定义
0	00	上证指数、沪深300指数、中证指数
	09	国债（2000年前发行）
	10	国债（2000年~2009年发行）
	19	固定收益电子平台交易国债
	20	记账式贴现国债
	90	新国债质押式回购质押券出入库（对应010＊＊＊国债）
	99	新国债质押式回购质押券出入库（对应009＊＊＊国债）
1	00	可转债（对应600＊＊＊），其中1009＊＊用于转债回售
	04	公司债及国家发改委等核准发行的、登记在证券账户的债券（对应122＊＊＊）出入库

续表

第1位	第2~3位	业务定义
1	05	105000~105899 用于分离债（对应 126＊＊＊）出入库，105900－105999 用于企业债（120＊＊＊、129＊＊＊）出入库
	06	地方政府债出入库（对应 130＊＊＊）
	07	记账式贴现国债出入库（对应 020＊＊＊）
	10	可转债（对应 600＊＊＊）
	12	可转债（对应 600＊＊＊）
	13	可转债（对应 601＊＊＊）
	20	企业债
	21	资产证券化
	22	122000~122499 用于公司债，122500~122999 用于国家发改委等核准发行的、登记在证券账户的债券
	26	分离交易的可转换公司债
	28	可交换公司债
	29	企业债
	30	地方政府债
	81	可转债转股（对应 600＊＊＊），已不再增用
	90	可转债转股（对应 600＊＊＊）
	91	可转债转股（对应 601＊＊＊）
	92	可交换公司债转股（对应 128＊＊＊）
2	01	国债回购（席位托管方式）
	02	企业债回购
	03	国债买断式回购
	04	债券质押式回购（账户托管方式）
	05	债券质押式报价回购
3	10	国债期货（暂停交易）

续表

第1位	第2~3位	业务定义
5	00	契约型封闭式基金
	10	交易型开放式指数证券投资基金
	19	开放式基金申赎
	21	开放式基金认购
	22	开放式基金跨市场转托管
	23	开放式基金分红
	24	开放式基金基金转换
	80	权证（含股改权证、公司权证）
	82	权证行权
6	00	A股证券
	01	A股证券
7	00	配股（对应600＊＊＊）
	02	职工股配股（对应600＊＊＊）
	04	持股配债
	05	基金扩募
	06	要约收购
	30	申购、增发（对应600＊＊＊）
	31	持股增发（对应600＊＊＊）
	33	可转债申购（对应600＊＊＊）
	35	基金申购
	38	网上投票（对应600＊＊＊）
	40	申购款或增发款（对应600＊＊＊）
	41	申购或增发配号（对应600＊＊＊）
	43	可转债发债款（对应600＊＊＊）
	44	可转债配号（对应600＊＊＊）
	45	基金申购款
	46	基金申购配号

续表

第1位	第2~3位	业务定义
7	51	751000~751199 用于国债分销，751900~751969 用于地方政府债（对应 130＊＊＊）分销，751970~751999 用于公司债及国家发改委等核准发行的、登记在证券账户的债券（对应 122＊＊＊）分销
	60	配股（对应 601＊＊＊）
	62	职工股配股（对应 601＊＊＊）
	80	申购、增发（对应 601＊＊＊）
	81	持股增发（对应 601＊＊＊）
	83	可转债申购（对应 601＊＊＊）
	88	网络投票（对应 601＊＊＊）
	90	申购款或增发款（对应 601＊＊＊）
	91	申购或增发配号（对应 601＊＊＊）
	93	可转债申购款（对应 601＊＊＊）
	94	可转债配号（对应 601＊＊＊）
	99	指定交易（含指定交易、撤销指定、回购指定撤销、A 股密码服务等）
9	00	B 股证券
	38	网上投票（B 股）
	39	B 股网络投票密码服务（现仅用 939988）

（二）深圳证券交易所的代码

深圳证券交易所各交易品种的代码也是六位数。其最左侧的两位数作为证券种类标识码（如表 2.4 所示）；其中的首位数字标识证券大类，第二位数字标识该大类下的衍生证券。而证券代码的后四位为顺序码。

表 2.4　深圳证券交易所交易品种的代码

第一位	第二位	定义
0	0	A 股证券
	3	A 股认购或认沽权证（注 1）
	7	A 股增发
	8	A 股配股权证

续表

第一位	第二位	定　义
1	0	国债现货
	1	债券（注2）
	2	可转换债券
	3	债券回购
	5	开放式基金（注3）
	6	开放式基金（注3）
	8	证券投资基金
2	0	B股证券
	8	B股配股权证
3	0	创业板证券
	6	网络投票证券（注4）
	7	创业板增发
	8	创业板配股权证
	9	综合或成份指数/成交量统计指标（注5）

注1：其中，【030000，032999】是认购权证代码区间；【038000，039999】是A股认沽权证代码区间；证券代码【037001，037999】为上市公司股权激励计划涉及的员工认股权的证券代码区间；【033000，036999】为权证业务预留的代码区间。

注2：其中，【112000，112999】是公司债的证券代码区间；【115000，115999】是分离交易型可转债的证券代码区间；【119000，119999】是资产证券化产品的证券代码区间；国债回购：13180＊～1318＊＊；企业债券回购：131900、131901、131910、131911。

注3：其中，ETF基金代码区间为【159900，159999】；创新式基金：150＊＊＊；LOF基金：16＊＊＊＊；封闭式基金：18＊＊＊＊。

注4：其中，369999为用于投资者服务密码激活/挂失处理的专用证券；创业板网络投票的证券代码使用【365000，368999】区间，根据创业板股票的交易代码顺序编码，如300001证券的网络投票代码为365001、301001的网络投票代码为366001，依此类推。

注5：其中，代码以395开头的证券用于揭示成交量统计指标。

另外，2004年起的中小企业板代码为002＊＊＊。

自2001年开始，深交所将国债的证券代码作了相应调整，具体方法是："1019＋年号（1位数）＋当年国债发行期数"，之后以三四位为年份，末两位为期数。原代码中最后一位数是用来表示国债期限的，现用来表示当年国债发行的期数（顺序号）。

最后专门说一下权证简称的设置规律：权证简称为“XYBbKs”的结构，其中“XY”为标的证券的两个汉字，是发行人的简称；Bb为两个拼音字母，为发行人编码；K为权证类别，其中：“B、C”表示为认购权证（上海证券交易所为B（Buy Warrant），深圳证券交易所为C（Call Warrant）），P表示为认沽权证（Put Warrant）；s为同一发行人对同一标的证券发行权证的发行批次，取值为[0，9]，[A，Z]，[a，z]。

例如：“宝钢JTB1”中，“宝钢”表示该权证的标的证券为宝钢股份，“JT”表示该权证的发行人是宝钢集团，“B”表示该权证是上海证券交易所的认购权证，“1”表示该权证是以宝钢股份为标的证券的第一只权证。

五、证券市场的一些常用术语

（一）S股、SST股、S＊ST股、XD股、XR股、DR股

（1）XD股，表示当日是这只股票的除息日，XD是英语Exclude（除去）Dividend（股息）的简写。在除息日的当天，股价的基准价比前一个交易日的收盘价要低，因为要从中扣除股息。

（2）N股，表示这是只当日新上市的股票，字母N是英语New（新）的缩写。新股上市当日的股价不受涨跌幅限制，即涨幅可以高于10%，跌幅也可低于10%。

（3）XR股，表明当日是这只股票的除权日。XR是英语Exclude（除去）Right（权利）的简写。在除权日当天，股价也会由于股本规模的增大而摊薄、降低。

（4）DR股，表示当天是这只股票的除息、除权日。DR是Dividend（股息）Right（权利）的缩写。有些上市公司分配时不仅派息而且送、转红股或配股，所以出现同时除息又除权的现象。

（5）S股，表示该股票没有完成股权分置改革，在2006年国庆节以前，凡是已经完成股权分置改革的股票前面都加上一个“G”，以区别没有股改的股票；而在这以后，“G”字去掉了，股票恢复原来的名称，对那些没有完成股权分置改革的股票名称前加上“S”。

（6）SST股，表示该股票是没有完成股权分置改革的、已经连续两年亏损的、目前处于警示存在终止上市风险阶段的股票。

（7）S＊ST股，公司经营连续三年亏损，退市预警，且还没有完成股改。

（二）ST股、＊ST股

1. ST股

沪深交易所在1998年4月22日宣布，对财务状况或其它状况出现异常的上市公司股票交易进行特别处理（Special Treatment，缩写“ST”）。

特别处理并不是对上市公司的处罚，而只是对上市公司目前所处状况的一种客观揭示，其目的在于向投资者提示市场风险，引导投资者进行理性投资，如果公司异常状况消除，就可以恢复正常交易。

所谓“财务状况异常”是指以下几种情况：

（1）最近两个会计年度的审计结果显示净利润为负值；

（2）最近一个会计年度的审计结果显示其股东权益低于注册资本（亦即每股净资产低于股票面值）；

（3）注册会计师对最近一个会计年度的财产报告出具无法表示意见或否定意见的审计报告。

所谓“其他状况异常”是指自然灾害、重大事故等导致生产经营活动基本终止，公司涉及可能赔偿金额超过公司净资产的诉讼等情况。

在上市公司的股票交易被实行特别处理期间，其股票交易应遵循下列规则：（1）股票报价日涨跌幅限制为5%；（2）在原股票名前加“ST”；（3）上市公司的中期报告必须经过审计。

截至2009年8月17日，沪深市场中ST股票共有117只，占两市股票总数的7.4%。

2. ＊ST股

2003年5月8日开始，警示具有退市风险的股票而启用了新标记＊ST。适用于连续亏损三年的股票。对于标有此标志的股票报价的日涨跌幅限制为5%。

（三）暂停上市公司、停止上市公司

1. 暂停上市公司

如果上市公司有以下情形：（1）公司股本总额、股权分布等发生变化不再具备上市条件；（2）公司不按规定公开其财务状况，或者对财务会计报告作虚假记载；（3）公司有重大违法行为；（4）公司最近三年连续亏损；则证券交易所自上市公司公布年度报告之日起十个工作日内做出暂停其股票上市的决定。

暂停上市的公司在暂停上市期间，证券交易所不为其股票提供特别转让服务（即暂停上市公司的股票在暂停上市期间是不能转让的）。公司在其股票暂停上市期间，每月至少披露一次为恢复上市所采取的具体措施，如公司未采取任何重大措施，也应予以披露。

因第（1）、（2）、（3）项的情形，股票被暂停上市的公司申请恢复上市的，交易所依据中国证监会的有关决定恢复该公司股票上市。因第（4）项情形股票被暂停上市的，在股票暂停上市期间，上市公司在法定期限内披露暂停上市后的第一个半年度报告；且经审计的半年度财务报告显示公司已经盈利，上市公司可以向交易所提出恢复上市申请。

公司在其股票恢复上市交易后至其披露恢复上市后的第一个年度报告期间，证券交易所对其股票交易实行特别处理。

没有达到恢复上市条件的，以及恢复上市后的第一个年度财务报告再次亏损的，证券交易所对其做出“终止上市”的决定，股票终止上市的公司依照有关规定与中国证券业协会批准的证券公司鉴定协议，委托证券公司办理股份转让。

2. 终止上市公司

终止上市又称“退市”或“摘牌”。根据我国《证券法》、《公司法》的有关规定，上市公司出现下列情形之一的，就会丧失法定的上市条件，经国务院证券管理部门决定其股票终止上市：

（1）未能在法定期限内披露其暂停上市后第一个半年度报告的；（2）在法定期限内披露了暂停上市后第一个半年度报告，虽盈利但未在披露后五个工作日内提出恢复上市申请的；（3）恢复上市申请未被受理的；（4）恢复上市申请未被核准的；（5）未能在法定期限内披露恢复上市后的第一个年度报告的；（6）在法定期限内披露了恢复上市后的第一个年度报告，但公司出现亏损的。

终止上市后，公司的融资渠道受到较大限制。一方面，公司失去了公开发行或配售发行股票资金的条件；另一方面，公司的市场信誉和财务信用度会有一定降低，公司在其他融资方面、经营方面也会受到较大影响；公司的整体经营将面临较大压力。对持有该公司股票的投资者来说，股票的转让受到一定的限制，不能在证券交易所集中竞价交易。

复习思考题

1. 简述我国证券市场的发展历程。
2. 简述当前我国资本市场的基本结构。
3. 简述我国的股权分置改革。

第三章

证券发行制度

本章摘要

本章详细讲解了证券发行的一般原理及其基本制度。特别是重点阐述了股票发行的询价制度与流程。

关键词

股票发行　询价发行

第一节　证券发行制度概述

一、股票发行与股票一级市场的含义

股票发行，是指符合条件的发行人依照法定程序向投资者募集股份或增配股份的行为。

证券的发行市场，指的是证券从规划、创制到实现销售的全过程，又叫做证券的初级市场或一级市场。在这个过程中，证券的发行人实现了融资的目的。

证券的发行市场无固定场所，属于无形市场。通常借用已发行证券的交易市场（亦即证券的二级市场）的交易网络系统、交易方式完成新证券的发行工作，这叫“网上发行”。相应地，除此以外的其他证券发行方式就叫做“网下发行”。在我国，个人投资者通常只能参与网上发行证券的申购。

股票发行者、股票承销商和股票投资者是证券发行市场的基本参与主体。

二、股票发行的目的

股票发行的目的比较复杂，除了筹集资金，满足企业发展需要这一主要目的以外，

其他一些目的如调整公司的财务结构、进行资产重组、维护股东利益等都可引起股票发行。

概括起来，股票发行的目的主要有以下几个方面：

（一）新建股份有限公司筹集资金，满足企业经营需要

股份有限公司的成立有两种形式，一种是发起设立，即由公司发起人认购全部股票。发起设立程序简单，发起人出资后公司设立即告完成，但这类公司规模较小。另一种是募集设立，即除发起人本身出资外，还需向社会公开发行股票募集资金。按照我国《公司法》的规定，以募集设立方式设立股份有限公司的发起人认购的股份不得少于股份总额的35% 。这类公司的规模一般较大。

（二）现有股份有限公司改善经营的需要

现有股份有限公司为扩大经营规模或范围，提高公司的竞争能力而投资新的项目时，需增加发行股票筹集资金，人们通常称之为增资发行。

（三）改善公司财务结构，保持适当的资产负债比例

当公司负债率过高时，通过发行股票增加公司资本，可以有效地降低负债比例，改善公司财务结构。

（四）满足证券上市标准的需要

股票在证券交易所上市需要满足的条件很多，其中一个重要的方面就是股本总额。我国《公司法》规定，股份有限公司的股票要在证券交易所上市，其股本总额不得少于人民币5 000 万元，且须向社会公众发行股票。因而有些公司为了争取股票在证券交易所挂牌上市，就要通过发行新的股票的方式来增加股本总额，满足上市标准。

（五）公积金转增股本及股票派息

当股份有限公司的公积金累计到一定水平时，在留足了法律规定的比例以后，可以将其余的公积金转为资本金，向公司现有股东按比例无偿增发新股。另外，当公司需要资金用于扩大投资时，会选择用股票而不是现金来分红派息。

（六）其他目的

1. 转换证券。指当公司需要将发行在外的可转换债券或其他类型的证券转换成公司股票时，要向债权人发行股票。

2. 股份的分割与合并。股份的分割又称为拆股，股份的合并又称为缩股。拆股或缩股时须向原股票持有人换发新股票。

3. 公司兼并。公司可以向目标企业发行本公司的股票，目标企业以其资产作为出资缴纳股款，由此完成对目标企业的兼并。

三、证券发行应遵循的基本原则

依据《证券法》，证券的发行、交易活动，必须实行公开、公平、公正的原则。

证券发行、交易活动的当事人具有平等的法律地位，应当遵守自愿、有偿、诚实信用的原则。

证券的发行、交易活动必须遵守法律、行政法规，禁止欺诈、内幕交易和操纵证券市场的行为。

四、证券发行的方式

（一）公开发行和私募发行

1. 公开发行也称公募发行，是指面向市场上广泛的不特定的投资公众发售证券的方式。在证券公开募集发行情况下，社会所有合法的投资者均可认购证券。

依据《证券法》，公开发行证券必须符合法律、行政法规规定的条件，并依法报经国务院证券监督管理机构或者国务院授权的部门核准；未经依法核准，任何单位和个人不得公开发行证券。

依据《证券法》，有下列情形之一的，为公开发行：

（1）向不特定对象发行证券的；

（2）向特定对象发行证券累计超过200人的；

（3）法律、行政法规规定的其他发行行为。

2. 私募发行也称私下发行，是指仅面向少数特定的投资者发行证券的方式。

依据《证券法》，非公开发行证券，不得采用广告、公开劝诱和变相公开方式。

（二）直接发行和间接发行

直接发行是指发行人直接向投资者出售证券，自己承办证券发行的具体事务。

间接发行是指发行人委托证券发行中介机构即承销商向投资者发售证券，由承销商承办证券发行的具体事务。

根据《证券法》第二十八条的规定，发行人向不特定对象发行的证券，法律、行政法规规定应当由证券公司承销的，发行人应当同证券公司签订承销协议。证券承销业务采取代销或者包销方式。

根据《证券法》第三十二条，向不特定对象发行的证券票面总值超过人民币5 000万元的，应当由承销团承销。承销团应当由主承销和参与承销的证券公司组成。

（三）溢价发行、平价发行和折价发行

溢价发行是指按高于票面金额的价格发行证券。

平价发行也称为面额发行，即以票面金额作为发行价格发行证券。

折价发行是指按票面金额打一定折扣后的价格发行证券。

（四）网上发行与网下发行

所谓证券的网上发行，是指利用证券交易所的交易系统，证券发行主承销商在证券交易所挂牌销售，投资者通过证券营业部交易系统进行申购的发行方式。

经济、高效、普通投资者有机会参与认购新证券是网上发行的主要优点。

所谓网下发行，就是不借用证券交易所的二级市场交易系统发行证券。目前在我国主要指的就是网下向询价对象询价配售新股的过程。沪深两市都设有公开发行股票网下发行电子化业务，亦即分别通过上海证券交易所（深圳证券交易所）网下申购电子化平台及中国证券登记结算有限责任公司上海分公司（深圳分公司）登记结算平台完成首次公开发行股票的初步询价、累计投标询价、资金代收付及股份初始登记业务的过程。

（五）定价发行与竞价发行

定价发行就是以固定的价格发行证券。目前，网上定价发行是我国最普遍采用的新股发行方式。

所谓竞价发行，就是发行价格由投资者自行申报，根据价格优先、时间优先的原则来确定最后的发行价格。

竞价发行无疑是一种真正市场化的证券发行方式。

五、证券承销的方式

（一）全额包销、代销和余额包销

全额包销（包销）、代销和余额包销是三种不同的承销方式。

当采取包销方式时，发行人与承销商之间即确定了买卖关系，而并非委托代理关系。承销商（或承销团的主承销商或牵头承销商）购买了拟发行的全部证券，并作出了按承销协议规定的时间将价款一次付给发行人的承诺。这样，承销商必须承担发行的全部风险，发行人通常要对承销商支付高于采用其他承销方式所付出的承销费，或者给予承销商较大的承销折扣。

采用代销方式，发行人与承销商之间则表现为纯粹的委托代理关系。承销商只接受发行人的委托，作为证券销售代理人，按照规定的发行条件代为向投资者出售证券，并不承担发行风险，因此所获得的承销佣金较低。

余额包销方式，即在特定时间内先代销、然后再就余额包销。因此在余额包销方式下，发行人与承销商之间既有委托代理又有买卖的关系。这种承销方式可以保证发行人按发行计划如数筹措资金，但所筹资金须在承销期届满才能获得。其证券发行风险由发行人和承销商共同承担，相应地，承销商获得的承销费也比代销的佣金高。

根据《证券法》第三十三条，证券的代销、包销期限最长不得超过 90 日。证券公司在代销、包销期内，对所代销、包销的证券应当保证先行出售给认购人，证券公司不得为本公司预留所代销的证券和预先购入并留存所包销的证券。

根据《证券法》第三十五条，股票发行采用代销方式，代销期限届满，向投资者出售的股票数量未达到拟公开发行股票数量 70% 的，为发行失败。发行人应当按照发行价并加算银行同期存款利息返还股票认购人。

（二）辛迪加承销

单个投资银行往往无力承担或者不愿意独自承担全部发行风险，而是联合其他承销机构组成承销辛迪加，由承销团的成员共同包销证券，并以各自承销的部分为限分摊相应的风险。

（三）竞价（投标）承销

竞价（投标）承销方式通常被称为招标方式或拍卖法，主要包括价格招标（用于贴现债券的发行）和收益率招标（用于附息债券的发行）方式。

六、证券的认购者

证券的认购者，又叫做证券投资者，主要包括个人投资者、机构投资者与战略投资者三种类型。

根据 2003 年最高人民法院《关于审理证券市场因虚假陈述引发的民事赔偿案件的若干规定》的定义，投资者是指在证券市场上从事证券认购和交易的自然人、法人或者其他组织。

机构投资者是与个人投资者相对的一个概念。即按投资者的性质进行分类，当证券持有人是自然人时，称该投资者为个人投资者；当证券持有人是机构时，称该投资者为机构投资者。

目前，国内资本市场的机构投资者主要包括：证券公司、保险公司、证券投资基金、社会保险基金、合格的境外机构投资者（QFII），以及其他一般法人机构。机构投资者投资行为较为规范，具有较强的资金实力，可以进行组合投资，分散风险，并实行专业化管理。

战略投资者是指具有资金、技术、管理、市场、人才优势，能够促进产业结构升级，增强企业核心竞争力和创新能力，拓展企业产品市场占有率，致力于长期投资合作，谋求获得长期利益回报和企业可持续发展的境内外大企业、大集团。战略投资者应具有较好的资质条件，拥有比较雄厚的资金、核心的技术、先进的管理等，有较好的实业基础和较强的投融资能力。

从国外风险投资机构对战略投资者的定义来看，一般认为战略投资者是能够通过帮助公司融资以及提供营销与销售支持的业务或个人关系，增加投资价值的公司或个人投资者。

《证券发行与承销管理办法》规定，首次公开发行股票数量在4亿股以上的，可以向战略投资者配售股票。发行人应当与战略投资者事先签署配售协议，并报中国证监会备案。

从上述机构投资者和战略投资者的有关定义来看，两者最大的区别就在于与发行人之间的关系。战略投资者长期持有发行人股票，并与发行人签订有关协议，承诺向其提供一定的业务支持；而机构投资者则为一般投资性质，与发行人没有直接联系，也没有明确的长期持有安排。

国内战略投资者一般指法人投资者，没有个人投资者；而国外对此没有限制。

七、投资银行的股票发行准备工作

（一）制定股票发行计划与承销方案

投资银行要根据公司的营运状况、未来的发展规划和筹资需要，协助公司制定股票发行计划。

当投资银行取得对发行公司的股票承销权（即成为承销商）后，投资银行还要制定股票发行承销方案。

（二）尽职调查

尽职调查指承销商在股票承销前，以本行业公认的业务标准和道德规范，对股票发行人和市场的有关情况及有关文件的真实性、准确性、完整性进行核查、验证等专业调查。

（三）编制招股说明书

招股说明书是股份有限公司发行股票时就发行中的有关事项向公众作出披露，并向特定或非特定投资人提出购买或销售其股票的要约或要约邀请的法律文件。

股票发行人和主承销商必须对其提交的招股说明书中的一切虚假陈述和重大遗漏承担法律责任。

（四）协助申请股票发行

股票的发行必须符合国家有关法律法规规定的条件和要求，必须向证券监督管理机构申请注册或者获得核准。

股票发行的管理制度有注册制和核准制两种。

注册制是指发行人在准备公开发行股票时必须将依法应公开的各种资料完全、准确地向证券主管机构呈报并申请注册。证券主管机构的职责是依据信息公开原则，对申报文件资料的全面性、真实性、准确性和及时性作形式审查。

核准制是指发行人在发行股票时，不仅要充分公开其真实情况，而且必须符合公司法及证券管理法律法规规定的必备条件，证券主管机关有权否决不符合规定条件的股票发行申请。

我国自 2001 年 3 月起对股票发行实行核准制。

（五）巡回推介

巡回推介也称路演（Road Show），是指首次公开发行股票前（通常是在向证券管理部门提交发行股票申请的同时进行），承销商和发行人安排的营销调研、推介活动。是在投融资双方充分交流的条件下促进股票成功发行的重要推介、宣传手段。

巡回推介对首次公开发行股票具有重要的作用：

1. 可以使发行人与投资银行比较客观地对股票的发行价格、发行规模及发行时机等作出恰当的决定。

2. 刺激投资者对新股票的需求。

股票发行人和承销商要根据路演的情况来实现以下目的：

（1）查明战略投资者的需求情况，由此决定发行量、发行价和发行时机，保证重点销售。

（2）使战略投资者了解发行人的情况，作出价格判断；利用销售计划，形成投资者之间的竞争，最大限度的提高价格评估。

（3）为发行人与战略投资者保持关系打下基础。

3. 路演的主要形式：举行推介会。

在传统的地面路演方式下，发行人要在全国各地巡回召开推介会，才能让大多数人了解到自己。在推介会上，公司向投资者就公司的业绩、产品、发展方向等作详细介绍，充分阐述上市公司的投资价值，让准投资者们深入了解具体情况，并回答机构投资者关心的问题。

随着网络技术的发展，这种传统的路演同时搬到了互联网上，出现了网上路演，即借助互联网的力量来推广。具体地说，网上路演（Net Road Show），是指证券发行人和网民通过互联网进行互动交流的活动。通过实时、开放、交互的网上交流，一方面可以使证券发行人进一步展示所发行证券的价值，加深投资者的认知程度，并从中了解投资人的投资意向，对投资者进行答疑解惑，另一方面使各类投资者了解企业的内在价值和市场定位，了解企业高管人员的素质，从而更加准确地判断公司的投资价值。

4. 与传统的地面路演方式相比，网上路演的优点在于：

（1）网上路演是实现新股发行公司和中小投资者进行沟通的有效途径，并将起到舆论监督、强化信息披露、增加新股发行透明度的作用。

(2) 在传统地面路演中，发行人和承销商要根据巡回路演后的结果来决定发行价和发行规模，由于人工计算评估的准确度低、速度较慢，所以地面路演的耗时较长。而在网上路演中，可以利用网上调查系统，设计调查表格让投资者填写，通过自动统计调查结果，供发行人和承销商进行及时科学评估、判断。

(3) 在传统地面路演中，发行人要在全国各地巡回路演，才能让大多数人了解。股票发行人一天要安排很多场推介会，期间工作量很大，效率低下；通过网络路演，利用一次性的路演活动就可全方位展现自己，在很大程度上降低了发行人的时间成本。

(4) 在传统地面路演中，证券发行商发放大量纸质材料，不便携带和保存，而且每次路演的时间较短，不利于大众深入了解商家的情况；网上路演中，商家可将大量公司资料存放在数据库中，供人们随时查阅，便于公众反复浏览、研读，加深了解。

目前，网上路演现已成为上市公司展示自我的重要平台，推广股票发行的重要方式。

第二节 证券发行的条件

一、股票公开发行的条件

(一) *初次发行的条件*

初次发行包括以募集方式新建股份有限公司时公开发行股票和原有企业改组为股份有限公司首次公开发行股票两种情况。

初次发行应当向中国证监会递交募股申请，经批准后方可发行。

1. 以募集方式新建股份有限公司，发行人申请公开发行股票时，应当符合下列条件：

(1) 其生产经营符合国家产业政策。

(2) 其发行的普通股限于一种，同股同权。

(3) 发起人认购的股本数额不少于公司拟发行股本总额的35%，其认购部分不少于人民币3 000万元（国家另有规定的除外）。

(4) 公司股本总额不少于人民币5 000万元。

(5) 向社会公众发行的部分不少于公司拟发行股本总额的25%，拟发行股本超过4亿元的，可酌情降低向社会公众发行部分的比例，但最低不得少于公司拟发行股本总额的15%。

(6) 发起人在近3年内没有重大违法行为。

2. 原有企业改组设立的股份有限公司初次发行股票，除应符合上述条件外，还应具备下列条件：

（1）发行前一年年末，净资产在总资产中所占比例不低于30%，无形资产在净资产中所占比例不高于20%，但国家另有规定的除外。

（2）近3年连续盈利等。

（二）增发新股的条件

增发新股是上市公司在获得有关部门的批准后，以证券市场的全体投资者为发售对象再次发行股票筹资。

根据中国证监会的规定，增发新股的上市公司原则上限于以下范围：

1. 符合上市公司重大资产重组有关规定的公司。

2. 具有自主开发核心技术能力、在行业中具有竞争优势、未来发展有潜力的公司。

3. 向社会公开发行股份的比例小于总股本25%或15%（总股本为4亿以上时）的公司。

4. 既发行境内上市内资股，又发行境内或境外上市外资股的公司。

增发新股必须具备下列条件：

1. 前一次公开发行的股份已募足，且募集资金的使用与其招股说明书所述用途相符，资金使用效益良好。

2. 上市公司必须与控股股东在人员、资产、财务上分开，公司不存在资金、资产被控股股东占用，或有明显损害公司利益的重大关联交易。

3. 公司在最近3年内连续盈利，本次发行完成当年的净资产收益率不低于同期银行存款利率水平；且预测本次发行当年加权计算的净资产收益率不低于配股规定的净资产收益率平均水平，或与增发前基本相当。

4. 公司在最近3年内财务会计文件无虚假记载。

（三）配股的条件

配股发行是指上市公司在获得有关部门的批准后，向其现有股东提出配股建议，使现有股东可按其所持股份的比例认购配售股份的行为。

配股集资具有实施时间短、操作较简单、成本较低等优点。同时配股还是上市公司改善资本结构的一种手段。

根据中国证监会的有关规定，上市公司向股东配股必须符合的基本条件主要包括：

1. 上市公司必须与控股股东在人员、资产、财务上分开。

2. 前一次发行的股份已经募足，募集资金使用效果良好，本次配股距前次发行间隔一个完整的会计年度。

3. 公司在最近3个完整会计年度的净资产收益率平均在10%以上；属于农业、能源、原材料、基础设施、高科技类的公司可以略低，但不低于9%；上述指标计算期内任何一年的净资产收益率不得低于6%。

4. 公司一次配股发行股份总数，不得超过该公司前一次发行并募足股份后其普通股股份总数的30%。但公司将本次配股募集资金用于国家重点建设项目和技改项目的，可不受30%比例的限制。

上市公司如有下列情况，公司1年以内不得再次提出配股申请：

近3年有重大违法、违规行为；擅自改变《招股说明书》或《配股说明书》中所列资金用途而未作纠正，或者未经股东大会认可；申报材料存在虚假陈述等，使得配股申请在中国证监会的审查中未能通过的。

凡年度报告的利润实现数低于盈利预测数20%以上的，发行公司除要向投资者公开解释和致歉外，将停止发行公司两年内的配股资格。

发行境内上市外资股的股份有限公司配股时，同样应遵守上述规定。

（四）股票发行的核准

根据《证券法》的规定，国务院证券监督管理机构设发行审核委员会，依法审核股票发行申请。

发行审核委员会由国务院证券监督管理机构的专业人员和所聘请的该机构外的有关专家组成，以投票方式对股票发行申请进行表决，提出审核意见。

发行审核委员会的具体组成办法、组成人员任期、工作程序，由国务院证券监督管理机构规定。

国务院证券监督管理机构依照法定条件负责核准股票发行申请。核准程序应当公开，依法接受监督。

参与审核和核准股票发行申请的人员，不得与发行申请人有利害关系，不得直接或者间接接受发行申请人的馈赠，不得持有所核准的发行申请的股票，不得私下与发行申请人进行接触。

国务院证券监督管理机构或者国务院授权的部门应当自受理证券发行申请文件之日起三个月内，依照法定条件和法定程序作出予以核准或者不予核准的决定，发行人根据要求补充、修改发行申请文件的时间不计算在内；不予核准的，应当说明理由。

证券发行申请经核准，发行人应当依照法律、行政法规的规定，在证券公开发行前，公告公开发行募集文件，并将该文件置备于指定场所供公众查阅。

国务院证券监督管理机构或者国务院授权的部门对已作出的核准证券发行的决定，发现不符合法定条件或者法定程序，尚未发行证券的，应当予以撤销，停止发行。已经发行尚未上市的，撤销发行核准决定，发行人应当按照发行价并加算银行同期存款利息返还证券持有人；保荐人应当与发行人承担连带责任，但是能够证明自己没有过错的除外；发行人的控股股东、实际控制人有过错的，应当与发行人承担连带责任。

国务院授权的部门对公司债券发行申请的核准，参照上述规定执行。

二、公司债券的发行条件

根据《证券法》第 16 条，公开发行公司债券，应当符合下列条件：

（1）股份有限公司的净资产不低于人民币 3 000 万元，有限责任公司的净资产不低于人民币 6 000 万元；

（2）累计债券余额不超过公司净资产的 40%；

（3）最近三年平均可分配利润足以支付公司债券一年的利息；

（4）筹集的资金投向符合国家产业政策；

（5）债券的利率不超过国务院限定的利率水平；

（6）国务院规定的其他条件。

公开发行公司债券筹集的资金，必须用于核准的用途，不得用于弥补亏损和非生产性支出。

上市公司发行可转换为股票的公司债券，除应当符合上述企业发行公司债券的规定条件外，还应当符合《证券法》关于公开发行股票的条件，并报国务院证券监督管理机构核准。

根据《证券法》第 18 条，有下列情形之一的，不得再次公开发行公司债券：

（1）前一次公开发行的公司债券尚未募足。

（2）对已公开发行的公司债券或者其他债务有违约或者延迟支付本息的事实，仍处于继续状态。

（3）违反《证券法》的规定，改变公开发行公司债券所募资金的用途。

三、决定股票发行价格的主要因素

一般地说，询价对象考虑发行人投资价值的主要因素有：发行人过去三年的业绩、发行市盈率；发行人拟投资项目所需要的资金量；发行人业绩的成长性、发行人所属行业的发展前景；二级市场上可比公司的股价定位以及适当的一、二级市场间价格折扣等。

1. 公司业绩及预期增长表现。用以衡量公司业绩和股票投资价值的重要指标主要有每股净资产（值）、每股税后利润和净资产收益率。每股净资产反映了每一股份代表的公司净资产价值。这一指标数值越大，说明每一股份所代表的财富（价值）越多，其创造利润和抵御风险的能力越强。每股税后利润反映每一股份所获得的税后净收益数额。指标数值越大，表明公司经营业绩越好，盈利能力越强。净资产收益率反映资本的单位获利能力，可衡量公司利用股东的投资所获得的收益水平。此指标值的高低直接影响该公司的股票价格。

2. 行业特征。行业按不同的标准划分可有不同的归类，不同行业有不同的特征和发展前景。对经济周期的敏感程度不同，使得不同行业的收益的稳定性存在差异。要着重分析发行公司在本行业的地位和占有的市场份额，与同行业上市公司比较的优劣程度，将同行业上市公司的股票价格的市场表现作为发行定价的重要参照物。

3. 股票市场状况。股票发行定价与当前股市环境有关，即股票发行时二级市场的股票价格水平直接影响股票的发行定价。

4. 本次股票的发行数量。

四、新股估值定价的方法

一般地说，新股估值定价的方法为：现金流量折现法、可比公司定价法。

（一）可比公司定价法

可比公司定价法是以二级市场上交易的同类公司股票市场价值作为参照物，将拟发行股票公司与之比较，从而估算出拟发行股票公司的市场价值，据以确定新股的发行价格或定价区间。例如净资产倍数法、市盈率倍数法等。

（二）现金流量折现法

现金流量折现法是用公司未来一段时间内预测的自由现金流量的贴现值来估算公司市场价值的方法。

五、网上发行证券的类型

网上发行主要包括网上竞价发行和网上定价发行两种类型。我国通常采取网上定价发行的方式。

（一）网上竞价发行

这是国际证券业发行证券的通行做法，又叫做招标购买方式。

在我国，新股网上竞价发行是指主承销商利用证券交易所的交易系统，以自己作为唯一的“卖方”，按照发行人确定的底价将公开发行股票的数量输入其在证券交易所的股票发行专户；投资者则作为“买方”，在指定时间通过证券交易所会员交易柜台，以不低于发行底价的价格及限购数量，进行竞价认购的一种发行方式。

网上竞价发行的优点：

（1）市场性。即通过市场竞争最终决定较为合理的发行价格。

（2）连续性。即保证了发行市场与交易市场价格的平稳对接。

但其缺点是股价容易被机构大资金操纵，从而增加了中小投资者的投资风险。

（二）网上定价发行

即主承销商利用证券交易所的交易系统，按已确定的发行价格向投资者发售股票。

网上定价发行与网上竞价发行的区别主要有两点：

1. 发行价格的确定方式不同。定价发行方式事先确定价格；而竞价发行是事先确定发行底价，由发行时竞价决定发行价。

2. 认购成功者的确认方式不同。定价发行通常采取抽签的方式；而竞价发行则依据价格优先，时间优先的原则确认成交。

（三）网上累计投标询价发行和网上定价市值配售

网上累计投标询价发行和网上定价市值配售也都属于网上定价发行模式。

网上累计投标询价发行与一般网上定价发行的不同之处是发行价格的确定办法。一般网上定价发行的发行价格是在发行之前就预先确定的；网上累计投标询价发行的价格是在发行之前确定的价格区间内通过询价后确定的。可见，尽管网上累计投标询价发行属于定价发行的类型，但在一定程度上也带有竞价发行的特征。

网上定价市值配售就是在网上发行时，将发行总量中的一定比例的新股（也可能是全部新股）向二级投资者配售。投资者根据其持有上市流通证券的市值和折算的申购限量，自愿申购新股。

目前，我国规定市值配售只是网上定价发行的一部分（目前规定为网上发行总量的50%），因而市值配售与网上定价发行应同时进行。

六、股票上网发行的资金申购程序

我们以沪市为例说明股票上网发行的资金申购程序。2009 年 6 月，上海证券交易所发布《沪市股票上网发行资金申购实施办法》，对股票上网发行做出详细的规范。

（一）上网资金申购的基本规定

1. 申购时间

沪市投资者可以使用其所持有的上海证券账户在申购日（简称 T 日）向上证所申购在上证所发行的新股，申购时间为 T 日上午 9:30～11:30，下午 1:00～3:00。

2. 申购单位及上限

每一申购单位为 1 000 股，申购数量不少于 1 000 股，超过 1 000 股的必须是 1 000 股的整数倍，但最高不得超过当次社会公众股上网发行数量或者 9 999.9 万股。除法规规定的证券账户外，每一个证券账户只能申购一次，重复申购和资金不实的申购一律视为无效申购。重复申购除第一次申购为有效申购外，其余申购由上证所交易系统自动剔除。

3. 申购配号

申购委托前，投资者应把申购款全额存入与上证所联网的证券营业部指定的资金账户。上网申购期内，投资者按委托买入股票的方式，以发行价格填写委托单。一经申报，不得撤单。申购配号根据实际有效申购进行，每一有效申购单位配一个号，对所有有效申购单位按时间顺序连续配号。

4. 资金交收及透支申购的处理

中国证券登记结算有限责任公司上海分公司负责申购资金的结算。结算参与人应使用其资金交收账户（即结算备付金账户）完成新股申购的资金交收，并应保证其资金交收账户在最终交收时点有足额资金用于新股申购的资金交收。如结算参与人发生透支申购（即申购总额超过结算备付金余额）的情况，则透支部分确认为无效申购不予配号。具体办法如下：

会员单位在T+1日下午四点前将资金不实的申购账号及其对应席位号告知上证所，且上报的资金不实申购总额须与透支总额相等。由上证所逐一确认上述账号的申购为无效申购。如果会员单位未在规定时间内将资金不实的账号告知上证所，T+2日，上证所根据会计师事务所的验资情况，选取该会员单位所属席位中资金申购量最大的席位，按照申购时间的先后顺序，从最晚申购的账号开始，依次确认无效申购，直至该会员的申购总量与结算备付金余额相符。如果该会员透支额超过该席位申购总量，则该席位所有申购均确认为无效申购。然后按照资金申购量从大到小的顺序选择该会员所属席位，按前述方法确认无效申购。由此产生的一切法律责任，由会员单位承担。

（二）上网发行资金申购流程

1. 投资者申购

申购当日（T+0日），投资者在申购时间内通过与上证所联网的证券营业部，根据发行人发行公告规定的发行价格和申购数量缴足申购款，进行申购委托。

已开立资金账户但没有足够资金的投资者，必须在申购日之前（含该日），根据自己的申购量存入足额的申购资金；尚未开立资金账户的投资者，必须在申购日之前（含该日）在与上证所联网的证券营业部开立资金账户，并根据申购量存入足额的申购资金。

2. 资金冻结

申购日后的第一天（T+1日），由中国结算上海分公司将申购资金冻结。确因银行汇划原因而造成申购资金不能及时入账的，应在T+1日提供划款银行的划款凭证，并确保T+2日上午申购资金入账，同时缴纳一天申购资金应冻结利息。

3. 验资及配号

申购日后的第二天（T+2日），中国结算上海分公司配合上证所指定的具备资格的会计师事务所对申购资金进行验资，并由会计师事务所出具验资报告，以实际到位资金作为有效申购。发行人应当向负责申购资金验资的会计师事务所支付验资费用。

无效申购确认完毕后，上证所将根据最终的有效申购总量，按以下办法配售新股：

（1）当有效申购总量等于该次股票上网发行量时，投资者按其有效申购量认购股票。

（2）当有效申购总量小于该次股票上网发行量时，投资者按其有效申购量认购股票后，余额部分按承销协议办理。

（3）当有效申购总量大于该次股票发行量时，则上证所按照每1 000股配一个号的规则，由交易主机自动对有效申购进行统一连续配号，并通过卫星网络公布中签率。

4. 摇号抽签

主承销商于申购日后的第三天（T+3日）公布中签率，并根据总配号量和中签率组织摇号抽签，于次日公布中签结果。每一个中签号可认购1 000股新股。证券营业部应于抽签次日在显著位置公布摇号中签结果。

5. 中签处理

中国结算上海分公司于T+3日根据中签结果进行新股认购中签清算，并于当日收市后向各参与申购的证券公司发送中签数据。

6. 资金解冻

申购日后的第四天（T+4日），对未中签部分的申购款予以解冻。新股认购款集中由中国结算上海分公司划付给主承销商。

中国结算上海分公司将申购期内集中冻结的所有投资者申购资金的利息，划入中国结算上海分公司专用账户，由中国结算上海分公司按相关规定办理划转事宜。

7. 发行结束

申购日的第四天后（T+4日后），主承销商在收到中国结算上海分公司划转的认购资金后，依据承销协议将该款项扣除承销费用后，划转到发行人指定的银行账户。

（三）网上发行与网下发行的衔接

1. 发行公告的刊登

发行人和主承销商应在网上发行申购日的一个交易日之前刊登网上发行公告，可以将网上发行公告与网下发行公告合并刊登。

2. 网上发行与网下发行的回拨

所谓网下发行，就是对参与了初步询价报价，且其报价不低于本次发行价格的有效报价的配售对象发行的股票。

所谓回拨机制，是指同一次证券发行采取两种发行方式。例如，市值配售和上网定价发行、市值配售和法人投资者配售或者上网定价发行和法人投资者配售同时采用时，为了保证发行成功和公平对待不同类型投资者，先人为设定不同发行方式下的发行数量，然后根据认购结果，按照预先公布的规则在两者之间适当调整发行数量的制度安排。

当同时采用网上发行与网下发行时，发行人可以根据申购情况进行网上发行数量与网下发行数量的回拨，最终确定对机构投资者和对公众投资者的股票分配量。

发行人和主承销商应在网上申购资金验资当日，将网上发行与网下发行之间的回拨数量通知上证所，发行人和主承销商未在规定时间内通知上证所的，发行人和主承销商不得进行回拨处理。发行人和主承销商应在回拨处理后，将网下申购资金予以解冻。

（四）网下股份登记

网下发行结束后，发行人向中国结算上海分公司提交相关材料申请办理股权登记，中国结算上海分公司在其材料齐备的前提下两个交易日内完成登记。

网上与网下股份登记完成后，中国结算上海分公司将新股股东名册交发行人。

第三节　股票的询价发行制度

一、股票询价发行制度的理解

（一）股票询价发行制度的含义

所谓询价制度，指的是在为股票确定发行价的时候，投资银行和发行人根据发行人的融资需求、经营前景以及市场对其股票的潜在需求，先确定一个发行价格的区间，然后再根据投资者的反馈，按照大多数投资者能接受的价格水平确定股票发行价格的制度安排。

其程序是：首先，发行人与主承销商根据公司的价值、股票市场走势、同行业上市公司股票市场表现等因素估计新股发行的价格区间；然后，公司管理层及承销商进行路演，以便收集有关公司股票需求定单及价格水平的信息。这样，承销商可以掌握股票的配售情况及销售前景，使其能够根据新股发行的具体情况及时采取措施，对发行价格进行调整。

因此，简洁地说，首次公开发行股票的询价机制包含两个主要的步骤：第一步，发行人及其保荐机构通过初步询价确定出发行价格区间。在这一阶段，保荐机构应向询价对象提供投资价值研究报告。第二步，通过累计投标询价最终确定出发行价格。

（二）我国股票询价发行制度的产生

2004 年 12 月，中国证监会发布了《关于首次公开发行股票试行询价制度若干问题的通知》及其配套文件《股票发行审核标准备忘录第 18 号对首次公开发行股票（IPO）询价对象条件和行为的监管要求》。在《通知》中，中国证监会明确将从 2005 年 1 月 1 日起，所有首次公开发行股票的发行人都要采用询价方式发行。

《通知》规定，询价分为初步询价和累计投标询价两个阶段。参与累计投标询价的机构投资者须全额缴纳申购款，在发行价格以上的申购将会获得比例配售。因此，参与询价的机构必须要准备相对充裕的现金以应对一级市场的投资机会。

按照规定，发行申请经证监会核准后，发行人应公告招股意向书，开始进行推介和询价。询价分为初步询价和累计投标询价两个阶段。发行人及其保荐机构应通过初步询价确定发行价格区间，通过累计投标询价确定发行价格。

《通知》规定，发行人及其保荐机构应向参与累计投标询价的询价对象配售股票：公开发行数量在4亿股以下的，配售数量应不超过本次发行总量的20%；公开发行数量在4亿股以上（含4亿股）的，配售数量应不超过本次发行总量的50%。

《通知》规定，询价对象应承诺将参与累计投标询价获配的股票锁定3个月以上，锁定期自向社会公众投资者公开发行的股票上市之日起计算。

《备忘录》则详细规定了对首次公开发行股票询价对象条件和行为的监管要求。如询价对象应包括三类以上的机构投资者；基金管理公司和QFII应占询价对象总数的50%以上；询价对象的报价区间的上限不得高出下限的20%；发行人及其保荐机构根据询价结果确定发行价格区间（询价区间），询价区间的上限不得高出区间下限的20%等。

询价制度的实施标志着我国股票发行制度的市场化变革已迈出坚实的一步。这是继保荐人制度后我国新股发行方式的又一次重大改革。

（三）世界各国首次公开发行股票的发售机制简介

世界各国的IPO发售机制主要有三种：累计定单询价机制（Book-Building），固定价格机制（Fixed Price）和拍卖机制（Auction）。其中，固定价格机制主要被英联邦国家、德国、意大利等一些欧洲国家采用；法国、以色列等国采用拍卖机制；而累计定单询价机制主要被美国采用。除上述三种主要定价机制外，一些国家及地区采取混合定价模式。如我国香港，根据本地区股票市场中个人投资者所占比例较高的特点，结合国际惯例，采用累计定单询价和公开认购的混合方式。从发展趋势看，累计定单询价机制已逐渐成为一种在全世界范围内广泛采用的股票发行机制。

国际上的IPO询价发行制度，是企业发起人股东与承销机构向股票市场投资者询问认同本企业股份的价格，并且投资者愿意同价同股来入股组建股份制社会公众公司的发行方式。“询价”的本质是先“询”企业发起人股东自己股份的“价值多少”，后“询”愿意以此价格入股的投资者“认购多少股”。

而之所以主要向市场中的机构投资者询价，是因为他们拥有市场中的主要资金实力和专业的投资研究力量。所以国际上IPO新股发行市场化询价发行，体现的是发起人股东与承销机构对市场投资者的尊重与敬畏，是对市场投资者最恭敬的征询，以便获得最佳的、最体现本企业价值的股票市场价格。

累计定单询价机制与其他两种机制的主要差别在于发行价格的确认时间和投资银行对股票的分配权不同。

累计定单询价机制是承销商先向潜在的购买者推介股票，然后据此制定发行价格的定价机制。在此机制中，承销商拥有完全的股票分配权。

累计定单询价机制的优点是，通过询价的方式可以比较准确掌握影响股票发售价格的信息，但承销商为了鼓励机构投资者能够持续报出真实价格而不得不以折价销售股票，并且还要保证这些投资者的股票需求。

累计定单询价机制的实施对投资者的素质要求较高，投资者需要熟悉证券市场操作规范，所以适用于机构投资者占投资者比重较高的国家及地区。

中国证券发行制度从指标制到核准制，又从核准制到保荐制，但承销流程中的“销”字始终在交易所。中国的投资银行业务和资本市场成熟的国家相比，最重要的差别就是“承而不销”。换言之，中国的证券发行是“承难销易”，而发达国家的发行制度是“承易销难”。因此，发达国家实行询价制度的目的是为了顺利销售，而我国实行询价制度的目的是为了实现合理定价、市场化销售。

与美国相比，中国的询价制度有三点区别：

首先，中国的询价制度要求现金投标，而且是在定价估值报告所确定的发行价格区间内进行累计询价投标。而美国则要根据订购率在开盘前 48 小时内最终定价，订购人可在开盘后 7 日内支付现金。因此，中国的询价制度具有更确定的定价机制和发行保障。

其次，中国的询价制度是机构投资者间在建议发行价格区间内协议定价成交。这类似于美国纳斯达克市场上的做市商间协议定价，它弱化了交易所在新股定价过程中的功能。

最后，中国的询价制度以现金投标确定价格，并以发行后的市盈率为定价基准。这就延续了中国证券市场以市盈率为主要基本面标准的价值取向。

二、新股询价发行操作流程

（一）所有新股的发行都须采用询价制度

自 2005 年 1 月 1 日起，所有首次公开发行股票的发行人都要采用询价方式发行。发行人及其保荐机构根据询价结果确定发行价格区间（询价区间），询价区间的上限不得高于区间下限的 20%。

（二）机构参与询价与配售

询价对象包括符合中国证监会规定条件的基金管理公司、证券公司、信托投资公司、财务公司、保险机构投资者以及合格境外机构投资者（QFII）等六类机构投资者。

询价对象应以其自营业务或其管理的证券投资产品分别独立参与累计投标询价和股

票配售。

询价分为初步询价和累计投标询价两个阶段。但根据 2010 年 10 月证监会发布的《关于修改〈证券发行与承销管理办法〉的决定》，首次发行的股票在中小企业板、创业板上市的，发行人及其主承销商可以根据初步询价结果确定发行价格，不再进行累计投标询价。

所谓初步询价，是指发行人及其保荐机构向询价对象进行询价，并根据询价对象的报价结果确定发行价格区间及相应的市盈率区间。具体地，企业和主承销商向询价对象推介和发出询价函，以反馈回来的有效报价上下限确定的区间为初步询价区间，并在证监会指定的网站上披露初步询价结果（即初步询价公告）。

累计投标询价是指如果投资者的有效申购总量大于本次股票发行量，但超额认购倍数小于 5 倍时，以询价下限为发行价；如果超额认购倍数大于 5 倍时，则从申购价格最高的有效申购开始逐笔向下累计计算，直至超额认购倍数首次超过 5 倍为止，以此时的价格为发行价。

初步询价和累计投标询价的区别主要有以下几个方面：

1. 参与的询价对象数量可能不同。初步询价的对象为发行人和保荐机构选择的符合询价对象条件的机构投资者（至少 20 家），而不是所有符合条件的机构投资者。而可参与累计投标询价的对象为所有符合条件的机构投资者。

2. 参与询价的方式不同。在初步询价阶段，一个机构投资者只能以一个询价对象的身份参与初步询价；在累计投标询价阶段，参与询价和配售的可以是机构投资者本身（自营账户），也可以是其管理的投资产品账户，但询价对象必须事先将相关账户报监管部门备案。

3. 是否缴纳申购款。参与初步询价的机构投资者无须缴款，如果其不参与累计投标询价，也不会获得股票配售；参与累计投标询价的机构投资者须全额缴纳申购款，在发行价格以上的申购将会获得比例配售。

（三）社会公众网上市值配售

累计投标询价完成后，除向机构投资者配售部分外，其余股份以相同价格按照发行公告规定的原则和程序向社会公众投资者公开发行，已获得询价配售的机构也可参与。

另外，《通知》中为网上网下回拨机制提供了操作空间。

第四节 《证券发行与承销管理办法》的基本内容

新修订的《证券发行与承销管理办法》自 2010 年 11 月起实施。发行人在境内发行股票或者可转换公司债券、证券公司在境内承销证券以及投资者认购境内发行的证券，适用本办法。

一、关于询价与定价的规定

根据《证券发行与承销管理办法》，首次公开发行股票，应当通过向特定机构投资者（亦即所谓的询价对象）询价的方式确定股票发行价格。

询价对象是指符合本办法规定条件的证券投资基金管理公司、证券公司、信托投资公司、财务公司、保险机构投资者、合格境外机构投资者、主承销商自主推荐的具有较高定价能力和长期投资取向的机构投资者，以及经中国证监会认可的其他机构投资者。

主承销商自主推荐机构投资者的，应当制订明确的推荐标准，建立透明的推荐决策机制，并报中国证券业协会登记备案。

询价对象及其管理的证券投资产品应当在中国证券业协会登记备案，接受中国证券业协会的自律管理。

询价对象应当符合下列条件：

（1）依法设立，最近 12 个月未因重大违法违规行为被相关监管部门给予行政处罚、采取监管措施或者受到刑事处罚；

（2）依法可以进行股票投资；

（3）信用记录良好，具有独立从事证券投资所必需的机构和人员；

（4）具有健全的内部风险评估和控制系统并能够有效执行，风险控制指标符合有关规定；

（5）按照本办法的规定被中国证券业协会从询价对象名单中去除的，自去除之日起已满 12 个月。

下列机构投资者作为询价对象除应当符合上述五条规定的条件外，还应当符合下列条件：

（1）证券公司经批准可以经营证券自营或者证券资产管理业务；

（2）信托投资公司经相关监管部门重新登记已满两年，注册资本不低于 4 亿元，最近 12 个月有活跃的证券市场投资记录；

（3）财务公司成立两年以上，注册资本不低于 3 亿元，最近 12 个月有活跃的证券市场投资记录。

主承销商应当在询价时向询价对象提供投资价值研究报告。发行人、主承销商和询价对象不得以任何形式公开披露投资价值研究报告的内容，但中国证监会另有规定的除外。

投资价值研究报告应当由承销商的研究人员独立撰写并署名，承销商不得提供承销团以外的机构撰写的投资价值研究报告。出具投资价值研究报告的承销商应当建立完善的投资价值研究报告质量控制制度，撰写投资价值研究报告的人员应当遵守证券公司内部控制制度。

撰写投资价值研究报告应当遵守下列要求：

（1）独立、审慎、客观；

（2）引用的资料真实、准确、完整、权威并须注明来源；

（3）对发行人所在行业的评估具有一致性和连贯性；

（4）无虚假记载、误导性陈述或者重大遗漏。

投资价值研究报告应当对影响发行人投资价值的因素进行全面分析，至少包括下列内容：

（1）发行人的行业分类、行业政策，发行人与主要竞争者的比较及其在行业中的地位；

（2）发行人经营状况和发展前景分析；

（3）发行人盈利能力和财务状况分析；

（4）发行人募集资金投资项目分析；

（5）发行人与同行业可比上市公司的投资价值比较；

（6）宏观经济走势、股票市场走势以及其他对发行人投资价值有重要影响的因素。

投资价值研究报告应当在上述分析的基础上，运用行业公认的估值方法对发行人股票的合理投资价值进行预测。

发行人及其主承销商应当在刊登首次公开发行股票招股意向书和发行公告后向询价对象进行推介和询价，并通过互联网向公众投资者进行推介。

询价分为初步询价和累计投标询价。发行人及其主承销商应当通过初步询价确定发行价格区间，在发行价格区间内通过累计投标询价确定发行价格。

首次发行的股票在中小企业板、创业板上市的，发行人及其主承销商可以根据初步询价结果确定发行价格，不再进行累计投标询价。

询价对象可以自主决定是否参与初步询价，询价对象申请参与初步询价的，主承销商无正当理由不得拒绝。未参与初步询价或者参与初步询价但未有效报价的询价对象，不得参与累计投标询价和网下配售。

询价对象应当遵循独立、客观、诚信的原则合理报价，不得协商报价或者故意压低或抬高价格。

主承销商的证券自营账户不得参与本次发行股票的询价、网下配售和网上发行。

与发行人或其主承销商具有实际控制关系的询价对象，不得参与本次发行股票的询价、网下配售，可以参与网上发行。

发行人及其主承销商在发行价格区间和发行价格确定后，应当分别报中国证监会备案，并予以公告。

发行人及其主承销商在推介过程中不得误导投资者，不得干扰询价对象正常报价和申购，不得披露招股意向书等公开信息以外的发行人其他信息；推介资料不得有虚假记载、误导性陈述或者重大遗漏。

询价对象应当在年度结束后一个月内对上年度参与询价的情况进行总结，并就其是否持续符合本办法规定的条件以及是否遵守本办法对询价对象的监管要求进行说明。总结报告应当报中国证券业协会备案。

上市公司发行证券，可以通过询价的方式确定发行价格，也可以与主承销商协商确定发行价格。

上市公司发行证券的定价，应当符合中国证监会关于上市公司证券发行的有关规定。

二、证券的发售

首次公开发行股票数量在4亿股以上的，可以向战略投资者配售股票。发行人应当与战略投资者事先签署配售协议，并报中国证监会备案。

发行人及其主承销商应当在发行公告中披露战略投资者的选择标准、向战略投资者配售的股票总量、占本次发行股票的比例以及持有期限制等。

战略投资者不得参与首次公开发行股票的初步询价和累计投标询价，并应当承诺获得本次配售的股票持有期限不少于12个月，持有期自本次公开发行的股票上市之日起计算。

发行人及其主承销商应当向参与网下配售的询价对象配售股票。公开发行股票数量少于4亿股的，配售数量不超过本次发行总量的20%；公开发行股票数量在4亿股以上的，配售数量不超过向战略投资者配售后剩余发行数量的50%。询价对象应当承诺获得本次网下配售的股票持有期限不少于3个月，持有期自本次公开发行的股票上市之日起计算。

本次发行的股票向战略投资者配售的，发行完成后无持有期限制的股票数量不得低于本次发行股票数量的25%。

股票配售对象限于下列类别：

（1）经批准募集的证券投资基金；

（2）全国社会保障基金；

（3）证券公司证券自营账户；

（4）经批准设立的证券公司集合资产管理计划；

（5）信托投资公司证券自营账户；

（6）信托投资公司设立并已向相关监管部门履行报告程序的集合信托计划；

（7）财务公司证券自营账户；

（8）经批准的保险公司或者保险资产管理公司证券投资账户；

（9）合格境外机构投资者管理的证券投资账户；

（10）在相关监管部门备案的企业年金基金；

（11）主承销商自主推荐机构投资者管理的证券投资账户；

（12）经中国证监会认可的其他证券投资产品。

询价对象应当为其管理的股票配售对象分别指定资金账户和证券账户，专门用于累计投标询价和网下配售。指定账户应当在中国证监会、中国证券业协会和证券登记结算机构登记备案。

股票配售对象参与累计投标询价和网下配售应当全额缴付申购资金，单一指定证券账户的累计申购数量不得超过本次向询价对象配售的股票总量。

发行人及其主承销商通过累计投标询价确定发行价格的，当发行价格以上的有效申购总量大于网下配售数量时，应当对发行价格以上的全部有效申购进行同比例配售。

承销商应当对询价对象和股票配售对象的登记备案情况进行核查。对有下列情形之一的询价对象不得配售股票：

（1）未参与初步询价；

（2）询价对象或者股票配售对象的名称、账户资料与中国证券业协会登记的不一致；

（3）未在规定时间内报价或者足额划拨申购资金；

（4）有证据表明在询价过程中有违法违规或者违反诚信原则的情形。

发行人及其主承销商网下配售股票，应当与网上发行同时进行。

网上发行时发行价格尚未确定的，参与网上发行的投资者应当按价格区间上限申购，如最终确定的发行价格低于价格区间上限，差价部分应当退还给投资者。

投资者参与网上发行应当遵守证券交易所和证券登记结算机构的相关规定。

首次公开发行股票达到一定规模的，发行人及其主承销商应当在网下配售和网上发行之间建立回拨机制，根据申购情况调整网下配售和网上发行的比例。

网上申购不足时，可以向网下回拨，由参与网下的机构投资者申购，仍然申购不足的，可以由承销团推荐其他投资者参与网下申购。

初步询价结束后，公开发行股票数量在4亿股以下，提供有效报价的询价对象不足20家的，或者公开发行股票数量在4亿股以上，提供有效报价的询价对象不足50家的，发行人及其主承销商不得确定发行价格，并应当中止发行。

网下机构投资者在既定的网下发售比例内有效申购不足，不得向网上回拨，可以中止发行。网下报价情况未及发行人和主承销商预期、网上申购不足、网上申购不足向网下回拨后仍然申购不足的，可以中止发行。中止发行的具体情形可以由发行人和承销商约定，并予以披露。

中止发行后，在核准文件有效期内，经向中国证监会备案，可重新启动发行。

上市公司发行证券，存在利润分配方案、公积金转增股本方案尚未提交股东大会表决或者虽经股东大会表决通过但未实施的，应当在方案实施后发行。相关方案实施前，主承销商不得承销上市公司发行的证券。

上市公司向原股东配售股票，应当向股权登记日登记在册的股东配售，且配售比例应当相同。

上市公司向不特定对象公开募集股份或者发行可转换公司债券，主承销商可以对参与网下配售的机构投资者进行分类，对不同类别的机构投资者设定不同的配售比例，对同一类别的机构投资者应当按相同的比例进行配售。主承销商应当在发行公告中明确机构投资者的分类标准。

主承销商未对机构投资者进行分类的，应当在网下配售和网上发行之间建立回拨机制，回拨后两者的获配比例应当一致。

上市公司增发股票或者发行可转换公司债券，可以全部或者部分向原股东优先配售，优先配售比例应当在发行公告中披露。

上市公司非公开发行证券的，发行对象及其数量的选择应当符合中国证监会关于上市公司证券发行的相关规定。

三、证券的承销

证券公司实施证券承销前，应当向中国证监会报送发行与承销方案。

证券公司承销证券，应当依照《中华人民共和国证券法》第二十八条的规定采用包销或者代销方式。上市公司非公开发行股票未采用自行销售方式或者上市公司配股的，应当采用代销方式。

股票发行采用代销方式的，应当在发行公告中披露发行失败后的处理措施。股票发行失败后，主承销商应当协助发行人按照发行价并加算银行同期存款利息返还股票认购人。

证券发行依照法律、行政法规的规定应当由承销团承销的，组成承销团的承销商应当签订承销团协议，由主承销商负责组织承销工作。

证券发行由两家以上证券公司联合主承销的，所有担任主承销商的证券公司应当共同承担主承销责任，履行相关义务。承销团由 3 家以上承销商组成的，可以设副主承销商，协助主承销商组织承销活动。

承销团成员应当按照承销团协议及承销协议的规定进行承销活动，不得进行虚假承销。

承销协议和承销团协议可以在发行价格确定后签订。

主承销商应当设立专门的部门或者机构，协调公司投资银行、研究、销售等部门共同完成信息披露、推介、簿记、定价、配售和资金清算等工作。

证券公司在承销过程中，不得以提供透支、回扣或者中国证监会认定的其他不正当手段诱使他人申购股票。

上市公司发行证券期间相关证券的停复牌安排，应当遵守证券交易所的相关规则。

主承销商应当按有关规定及时划付申购资金冻结利息。

投资者申购缴款结束后，主承销商应当聘请具有证券相关业务资格的会计师事务所（以下简称会计师事务所）对申购资金进行验证，并出具验资报告；首次公开发行股票的，还应当聘请律师事务所对向战略投资者、询价对象的询价和配售行为是否符合法律、行政法规及本办法的规定等进行见证，并出具专项法律意见书。

首次公开发行股票数量在4亿股以上的，发行人及其主承销商可以在发行方案中采用超额配售选择权。超额配售选择权的实施应当遵守中国证监会、证券交易所和证券登记结算机构的规定。

公开发行证券的，主承销商应当在证券上市后10日内向中国证监会报备承销总结报告，总结说明发行期间的基本情况及新股上市后的表现，并提供下列文件：

（1）募集说明书单行本；

（2）承销协议及承销团协议；

（3）律师见证意见（限于首次公开发行）；

（4）会计师事务所验资报告；

（5）中国证监会要求的其他文件。

上市公司非公开发行股票的，发行人及其主承销商应当在发行完成后向中国证监会报送下列文件：

（1）发行情况报告书；

（2）主承销商关于本次发行过程和认购对象合规性的报告；

（3）发行人律师关于本次发行过程和认购对象合规性的见证意见；

（4）会计师事务所的验资报告；

（5）中国证监会要求的其他文件。

四、证券发行与承销过程中的信息披露

发行人和主承销商在发行过程中，应当按照中国证监会规定的程序、内容和格式，

编制信息披露文件，履行信息披露义务。

发行人和主承销商在发行过程中披露的信息，应当真实、准确、完整，不得有虚假记载、误导性陈述或者重大遗漏。

发行人及其主承销商应当将发行过程中披露的信息刊登在至少一种中国证监会指定的报刊上，同时将其刊登在中国证监会指定的互联网网站，并置备于中国证监会指定的场所，供公众查阅。

发行人披露的招股意向书除不含发行价格、筹资金额以外，其内容与格式应当与招股说明书一致，并与招股说明书具有同等法律效力。

发行人及其主承销商应当在刊登招股意向书或者招股说明书摘要的同时刊登发行公告，对发行方案进行详细说明。

发行人及其主承销商应当在发行价格确定后，披露网下申购情况、网下具体报价情况。

发行人及其主承销商公告发行价格和发行市盈率时，每股收益应当按发行前一年经会计师事务所审计的、扣除非经常性损益前后孰低的净利润除以发行后总股本计算。

提供盈利预测的发行人还应当补充披露基于盈利预测的发行市盈率。每股收益按发行当年经会计师事务所审核的、扣除非经常性损益前后孰低的净利润预测数除以发行后总股本计算。

发行人还可以同时披露市净率等反映发行人所在行业特点的发行价格指标。

首次公开发行股票向战略投资者配售股票的，发行人及其主承销商应当在网下配售结果公告中披露战略投资者的名称、认购数量及承诺持有期等情况。

上市公司非公开发行新股后，应当按中国证监会的要求编制并披露发行情况报告书。

本次发行的证券上市前，发行人及其主承销商应当按证券交易所的要求编制信息披露文件并公告。

第五节　首次公开发行股票网下发行电子化业务

2009 年 6 月，上海证券交易所和深圳证券交易所分别发布《首次公开发行股票网下发行电子化实施细则》，对股票网下发行做出详细的规范。下面我们只介绍《上海市场首次公开发行股票网下发行电子化实施细则》的基本内容。

一、基本规定

所谓首次公开发行股票网下发行电子化业务，是指通过上海证券交易所网下申购电子化平台及中国证券登记结算有限责任公司上海分公司登记结算平台，完成首次公开发行股票的初步询价、累计投标询价、资金代收付及股份初始登记业务的过程。

根据主承销商的书面委托，上交所向符合条件的询价对象提供申购平台进行初步询价及累计投标询价。

根据主承销商的书面委托，中国结算上海分公司提供登记结算平台，代理主承销商申购资金的收付以及网下发行募集款的收取。

经发行人书面委托，中国结算上海分公司根据主承销商提供的网下配售结果数据办理股份初始登记。

根据主承销商通过申购平台向登记结算平台提供，并由登记结算平台向结算银行转发的配售对象名称、证券账户、银行收付款账户以及股票代码等相关信息，结算银行负责对配售对象申购资金收付款银行账户的合规性进行检查。

中国证券业协会向上交所提供询价对象及配售对象的相关数据。

参与首次公开发行股票网下电子化发行业务的询价对象及主承销商，应向上交所申请获得申购平台 CA 证书，同时具有询价对象和主承销商双重身份的机构应分别申请。该 CA 证书经申请获得后可重复使用。

询价对象及配售对象使用该 CA 证书方可登录申购平台，参与初步询价及累计投标询价。主承销商使用该 CA 证书方可登录申购平台进行数据交换。

主承销商及结算银行通过中国结算上海分公司参与人远程操作平台（以下简称“PROP”）与登记结算平台完成相关数据交换。

二、询价与申购

初步询价开始日前 2 个交易日内，发行人应当向上交所申请股票代码。发行人及主承销商在获得股票代码后，刊登招股意向书、发行安排及初步询价公告。

参与初步询价的询价对象及参与累计投标、申购的股票配售对象，应在初步询价开始日前一个交易日的 12 时前完成在中国证券业协会的登记备案工作。未在上述期间前完成登记备案的，不得参与网下发行。

初步询价期间，每一个询价对象可以为其管理的每一配售对象填报多个拟申购价格，每个拟申购价格对应一个拟申购数量。申购平台记录本次发行的每一个报价情况，由主承销商在发行价格区间报备文件后向中国证监会报送。

初步询价报价期间，主承销商可实时查询有关报价情况。在初步询价截止后，主承销商从申购平台获取初步询价报价情况。

配售对象在初步询价阶段填写的多个“拟申购价格”，如全部落在主承销商确定的发行价格区间下限之下，该配售对象不得进入累计投标询价阶段进行新股申购；配售对象在初步询价阶段填写的多个“拟申购价格”，如其中有一个或一个以上报价落在主承销商确定的发行价格区间之内或区间上限之上，该配售对象可以进入累计投标询价阶段申购新股。主承销商据此确认可以进入累计投标询价阶段申购新股的配售对象信息，并于累计投标询价开始前一个交易日 15 时前，按本细则第七条的要求将这些询价对象所管理的配售对象信息通过申购平台发送至登记结算平台。

登记结算平台自动核查申购平台转发的配售对象证券账户的代码有效性，将核查结果反馈给主承销商，然后将证券账户代码有效的配售对象信息提供结算银行。

在累计投标询价报价阶段，询价对象管理的每个配售对象可以多次申报，一经申报不得撤销或者修改。每个配售对象多次申报的累计申购股数不得少于落在发行价格区间之内及区间上限之上的初步询价报价所对应的“拟申购数量”总和，不得超过主承销商确定的申购数量上限，且不得超过网下发行股票总量。

在累计投标询价阶段，主承销商可通过申购平台实时查询申报情况，并于 T 日（累计投标询价截止日）15 时后，查询并下载申报结果。

主承销商确认累计投标询价申报结果数据，并将确认后的数据于 T 日 15 时 30 分前通过申购平台发送至登记结算平台。

对于每一只股票发行，已参与网下发行的配售对象不得再通过网上申购新股。

参加网下发行的配售对象再通过网上申购新股的，有关部门可依据具体情况暂停或取消其网下配售对象资格。

三、资金的收取与划付

中国结算上海分公司在结算银行开立网下发行专户用于网下申购资金的收付；在结算系统内开立网下申购资金核算总账户，为各配售对象设立认购资金核算明细账户，用于核算配售对象网下申购资金。

累计投标询价开始前一个交易日，主承销商按本细则第七条及第十四条的要求向结算银行提供配售对象的相关信息，作为结算银行审核配售对象银行收付款账户合规性的依据。

各配售对象在累计投标询价报价阶段办理申购资金划入时，须将网下发行申购款划付至中国结算上海分公司在结算银行开立的网下发行专户，并在付款凭证备注栏中注明申购所对应的证券账户及股票代码，若没有注明或备注信息错误将导致划款失败。

发行人及主承销商在发行公告中应对上述申购资金划付要求予以明确。

T 日登记结算平台收到上交所发送的累计投标询价申报数据后，核算每个配售对象应付申购款金额，并将该核算结果通过 PROP 发送给主承销商。

T 日 16 时为网下申购资金入账的截止时点。配售对象须在 16 时前将申购资金划入中国结算上海分公司开立在结算银行的网下发行专户，汇款时须在汇款凭证备注栏中注明其申购证券账户及申购证券的股票代码，一个配售对象只能通过一家结算银行办理申购资金的划入，配售对象须通过其在中国证券业协会报备的银行收付款账户办理申购资金的划出、划入。

结算银行根据主承销商提供的各配售对象银行收付款账户信息，对各配售对象收付款银行账户进行合规性检查。通过检查的，根据配售对象的划款指令将申购款计入中国结算上海分公司在结算银行开立的网下发行专户，并向中国结算上海分公司发送电子入账通知，该入账通知须明确中国结算上海分公司网下申购资金核算总账户、配售对象申购证券账户及申购证券股票代码，并留存相关划款凭证。

如未通过检查，结算银行将该笔付款予以退回，并按约定方式通知中国结算上海分公司，由中国结算上海分公司汇总后通知主承销商。

中国结算上海分公司根据结算银行电子入账通知，实时核算各配售对象申购款金额，主承销商可通过 PROP 综合业务终端实时查询各配售对象申购款到账情况；询价对象可以通过 PROP 综合业务终端实时查询其所管理的配售对象申购款到账情况。

主承销商于 T 日 17 时 30 分后通过其 PROP 信箱，获取各配售对象截至 T 日 16 时的申购资金到账情况。

主承销商根据其获取的 T 日 16 时资金到账情况以及结算银行提供的网下发行专户截至 T 日 16 时的资金余额，按照证监会相关规定组织验资。

主承销商于 T+2 日 7 时前将确定的配售结果数据，包括：发行价格、获配股数、配售款、证券账户、获配股份限售期限、配售对象证件代码等通过 PROP 发送至登记结算平台。

登记结算平台根据主承销商提供的上述配售结果数据，将各配售对象的应缴款金额和应退款金额，以及主承销商承销证券网下发行募集款总金额，于 T+2 日 9 时前以各配售对象申购款缴款银行为单位，形成相应的配售对象退款金额数据及主承销商承销证券网下发行募集款金额数据，通过 PROP 提供给相关结算银行。

主承销商未能在规定时间前通过登记结算平台提供上述配售结果数据的，中国结算上海分公司的退款时间将顺延，由此给配售对象造成的损失由主承销商承担。

结算银行于 T+2 日根据主承销商通过登记结算平台提供的电子退款明细数据，按照原留存的配售对象汇款凭证，办理配售对象的退款；根据主承销商于初步询价截止日前，通过登记结算平台提供的主承销商网下发行募集款收款银行账户办理募集款的划付。

主承销商应按本细则的规定向登记结算平台发送网下配售结果数据，并保证发送的网下配售结果数据真实、准确、完整。登记结算平台据此办理网下发行股份初始登记。

由于主承销商发送的网下配售结果数据有误所致的一切法律责任由该主承销商承担。

复习思考题

1. 简述发行股票的主要目的。
2. 简述发行股票的主要方式。
3. 简述询价发行的基本原理。

第四章

证券上市制度

本章摘要

本章以深圳证券交易所为例，详细阐述了股票场内上市交易的基本制度及其应遵循的基本规则。其中重点阐述了相关的信息披露制度以及证券上市交易的基本条件等。

关 键 词

股票上市　信息披露　股权激励

第一节　股票上市相关各方应承担的义务

一、信息披露的基本方式及其应遵循的基本准则

上市公司应当披露的信息包括定期报告和临时报告两种类型。

上市公司及相关信息披露义务人应当根据法律、行政法规、部门规章、规范性文件、交易所规则、细则、指引和通知等相关规定，及时、公平地披露信息，并保证所披露的信息真实、准确、完整，不得有虚假记载、误导性陈述或重大遗漏。

上市公司董事、监事、高级管理人员应当保证公司所披露的信息真实、准确、完整，不能保证披露的信息内容真实、准确、完整的，应当在公告中作出相应声明并说明理由。

上市公司股东、实际控制人、收购人等相关信息披露义务人，应当按照有关规定履行信息披露义务，积极配合上市公司做好信息披露工作，及时告知上市公司已发生或拟发生的重大事件，并严格履行其所作出的承诺。

所谓真实，是指上市公司及相关信息披露义务人披露的信息应当以客观事实或具有事实基础的判断和意见为依据，如实反映客观情况，不得有虚假记载和不实陈述。

所谓准确，是指上市公司及相关信息披露义务人披露的信息应当使用明确、贴切的语言和简明扼要、通俗易懂的文字，不得含有任何宣传、广告、恭维或者夸大等性质的词句，不得有误导性陈述。公司披露预测性信息及其他涉及公司未来经营和财务状况等信息时，应当合理、谨慎、客观。

所谓完整，是指上市公司及相关信息披露义务人披露的信息应当内容完整、文件齐备，格式符合规定要求，不得有重大遗漏。

所谓及时，是指上市公司及相关信息披露义务人应当在相关法规规定的期限内披露所有对公司股票及其衍生品种交易价格可能产生较大影响的信息。

所谓公平，是指上市公司及相关信息披露义务人应当同时向所有投资者公开披露重大信息，确保所有投资者可以平等地获取同一信息，不得私下提前向特定对象单独披露、透露或泄露。公司向公司股东、实际控制人或其他第三方报送文件和传递信息涉及未公开重大信息的，应当及时向交易所等监管机构报告，并依据相关规定履行信息披露义务。上市公司及其董事、监事、高级管理人员、相关信息披露义务人和其他知情人在信息披露前，应当将该信息的知情者控制在最小范围内，不得泄漏未公开重大信息，不得进行内幕交易或配合他人操纵股票及其衍生品种交易价格。上市公司及相关信息披露义务人在其他公共媒体发布重大信息的时间不得先于指定媒体，在指定媒体上公告之前不得以新闻发布或答记者问等任何其他方式透露、泄漏未公开重大信息。

为确保上述信息披露基本准则的实现，上市公司应当按照有关规定制定并严格执行信息披露事务管理制度。上市公司应当将经董事会审议的信息披露事务管理制度及时报送交易所等监管机构备案并在指定网站披露。

二、公司董事、监事和高级管理人员应承担的信息披露责任

上市公司的董事、监事和高级管理人员应当在公司股票首次上市前，新任董事、监事应当在股东大会或职工代表大会通过其任命后一个月内，新任高级管理人员应当在董事会通过其任命后一个月内，签署一式三份《董事（监事、高级管理人员）声明及承诺书》，并报交易所和公司董事会备案。

董事、监事和高级管理人员签署《董事（监事、高级管理人员）声明及承诺书》时，应当由律师见证，并由律师解释该文件的内容。董事、监事和高级管理人员在充分理解后签字。

董事会秘书应当督促董事、监事和高级管理人员及时签署《董事（监事、高级管理人员）声明及承诺书》，并按交易所规定的途径和方式提交《董事（监事、高级管理人员）声明及承诺书》的书面文件和电子文件。

上市公司董事、监事和高级管理人员应当在《董事（监事、高级管理人员）声明

及承诺书》中声明：

（1）持有本公司股票的情况；

（2）有无因违反法律、行政法规、部门规章、规范性文件、本规则或交易所其他相关规定受查处的情况；

（3）参加证券业务培训的情况；

（4）其他任职情况和最近五年的工作经历；

（5）拥有其他国家或地区的国籍、长期居留权的情况；

（6）本所认为应当说明的其他情况。

上市公司董事、监事和高级管理人员在任职（含续任）期间出现声明事项发生变化的，董事、监事和高级管理人员应当自该等事项发生变化之日起五个交易日内向交易所和公司董事会提交有关该等事项的最新资料。

高级管理人员还应当承诺及时向董事会报告有关公司经营或者财务方面出现的，可能对公司股票及其衍生品种交易价格产生较大影响的事项。

上市公司董事应当履行忠实义务和勤勉义务，具体包括：

（1）原则上应当亲自出席董事会，以正常合理的谨慎态度勤勉行事并对所议事项表达明确意见；因故不能亲自出席董事会的，应当审慎地选择受托人。

（2）认真阅读上市公司的各项商务、财务报告和公共媒体有关公司的报道，及时了解并持续关注公司业务经营管理状况和公司已发生或可能发生的重大事件及其影响，及时向董事会报告公司经营活动中存在的问题，不得以不直接从事经营管理或者不知悉为由推卸责任。

（3）《证券法》、《公司法》规定的及社会公认的其他忠实和勤勉义务。

上市公司董事、监事和高级管理人员应当在公司股票上市前、任命生效时及新增持有公司股份时，按照交易所的有关规定申报并申请锁定其所持的本公司股份。

公司董事、监事、高级管理人员和证券事务代表所持本公司股份发生变动的（因公司派发股票股利和资本公积转增股本导致的变动除外），应当及时向公司报告并由公司在交易所指定网站公告。

上市公司董事、监事、高级管理人员和公司股东买卖本公司股份，应当遵守《公司法》、《证券法》、中国证监会和交易所相关规定及公司章程。

上市公司董事、监事、高级管理人员自公司股票上市之日起一年内和离职后半年内，不得转让其所持本公司股份，拟在任职期间买卖本公司股份的，应当按有关规定提前报交易所备案。

上市公司董事、监事、高级管理人员、持有公司股份5%以上的股东，将其持有的该公司的股票在买入后六个月内卖出，或者在卖出后六个月内又买入，由此所得收益归该公司所有，公司董事会应当收回其所得收益，并及时披露相关情况。

上市公司应当设立董事会秘书，作为公司与交易所之间的指定联络人。

上市公司应当在首次公开发行股票上市后三个月内，或原任董事会秘书离职后三个月内聘任董事会秘书。

董事会秘书应当具备履行职责所必需的财务、管理、法律专业知识，具有良好的职业道德和个人品德，并取得交易所颁发的董事会秘书资格证书。有下列情形之一的人士不得担任上市公司董事会秘书：

（1）有《公司法》第147条规定情形之一的；

（2）自受到中国证监会最近一次行政处罚未满三年的；

（3）最近三年受到证券交易所公开谴责或三次以上通报批评的；

（4）本公司现任监事；

（5）交易所认定不适合担任董事会秘书的其他情形。

上市公司在聘任董事会秘书的同时，还应当聘任证券事务代表，协助董事会秘书履行职责。

证券事务代表应当参加交易所组织的董事会秘书资格培训，并取得董事会秘书资格证书。

三、上市股票保荐人应承担的义务

依据《证券法》和2008年修订的《证券发行上市保荐业务管理办法》，我国证券的发行和上市实行保荐制度。

所谓证券发行或上市的保荐制度，是指公司公开发行证券及证券上市时，必须由具有保荐机构资格的保荐人推荐；保荐人应当勤勉尽责，对发行人进行充分的尽职调查；保荐人应当督导其推荐的发行人或上市公司持续规范运作。

交易所实行股票、可转换公司债券、分离交易的可转换公司债券上市保荐制度。

发行人向交易所申请其首次公开发行的股票和上市后发行的新股、可转换公司债券和分离交易的可转换公司债券在交易所上市，以及股票被暂停上市后公司申请其股票恢复上市的，应当由保荐人保荐。

保荐人应当为经中国证监会注册登记并列入保荐人名单，同时具有交易所会员资格的证券经营机构；推荐股票恢复上市的保荐人还应当具有中国证券业协会《证券公司从事代办股份转让主办券商业务资格管理办法（试行）》中规定的从事代办股份转让主办券商业务资格。

保荐人应当与发行人签订保荐协议，明确双方在公司申请上市期间、申请恢复上市期间和持续督导期间的权利和义务。保荐协议应当约定保荐人审阅发行人信息披露文件的时点。

首次公开发行股票的，持续督导期间为股票上市当年剩余时间及其后两个完整会计年度；上市后发行新股、可转换公司债券和分离交易的可转换公司债券的，持续督导期间为股票、可转换公司债券或者分离交易的可转换公司债券上市当年剩余时间及其后一个完整会计年度；申请恢复上市的，持续督导期间为股票恢复上市当年剩余时间及其后一个完整会计年度。持续督导期间自股票、可转换公司债券或者分离交易的可转换公司债券上市之日起计算。

保荐人应当在签订保荐协议时指定两名保荐代表人具体负责保荐工作，作为保荐人与交易所之间的指定联络人。

保荐代表人应当为经中国证监会注册登记并列入保荐代表人名单的自然人。

保荐人保荐股票、可转换公司债券或分离交易的可转换公司债券上市（恢复上市除外）时，应当向交易所提交上市保荐书、保荐协议、保荐人和相关保荐代表人已经中国证监会注册登记，并列入保荐人和保荐代表人名单的证明文件和授权委托书，以及与上市保荐工作有关的其他文件。

上市保荐书应当包括以下内容：

（1）发行股票、可转换公司债券或者分离交易的可转换公司债券的公司概况；

（2）申请上市的股票、可转换公司债券或者分离交易的可转换公司债券的发行情况；

（3）保荐人是否存在可能影响公正履行保荐职责情形的说明；

（4）保荐人按照有关规定应当承诺的事项；

（5）对公司持续督导期间的工作安排；

（6）保荐人和相关保荐代表人的联系地址、电话和其他通讯方式；

（7）保荐人认为应当说明的其他事项；

（8）交易所要求的其他内容。

上市保荐书应当由保荐人的法定代表人（或者授权代表）和相关保荐代表人签字，注明日期并加盖保荐人公章。

保荐人应当督导发行人按照交易所的规定履行信息披露及其他相关义务，审阅信息披露文件及其他相关文件，并保证向交易所提交的与保荐工作相关的文件真实、准确、完整，没有虚假记载、误导性陈述或重大遗漏。

保荐人和保荐代表人应当同时督导发行人的董事、监事、高级管理人员、控股股东和实际控制人遵守交易所的规定，并履行向交易所作出的承诺。

保荐人应当在发行人向交易所报送信息披露文件及其他文件之前，或者履行信息披露义务后五个交易日内，完成对有关文件的审阅工作，对存在问题的信息披露文件应当及时督促发行人更正或补充，并同时向交易所报告。

保荐人履行保荐职责发表的意见应当及时告知发行人，记录于保荐工作档案。

保荐人在履行保荐职责期间有充分理由确信发行人可能存在违反本规则规定的行为的，应当督促发行人作出说明并限期纠正；情节严重的，应当向交易所报告。

保荐人按照有关规定对发行人违法违规事项公开发表声明的，应当于披露前向交易所报告，经本所审核后在指定媒体上公告。本所对上述公告进行形式审核，对其内容的真实性不承担责任。

保荐人有充分理由确信中介机构及其签名人员按交易所规定出具的专业意见可能存在虚假记载、误导性陈述或重大遗漏等违法违规情形或者其他不当情形的，应当及时发表意见；情节严重的，应当向交易所报告。

保荐人和发行人终止保荐协议的，应当自终止之日起五个交易日内向交易所报告，说明原因并由发行人发布公告。

保荐人应当自持续督导工作结束后十个交易日内向交易所报送保荐总结报告书。

保荐人、相关保荐代表人和保荐工作其他参与人员不得利用从事保荐工作期间获得的发行人尚未披露的信息进行内幕交易，为自己或者他人谋取利益。

第二节　证券上市的条件

一、首次公开发行股票在主板上市的条件

发行人首次公开发行股票后申请其股票在交易所上市的，应当符合下列条件：

(1) 股票已公开发行；

(2) 公司股本总额不少于人民币 5 000 万元；

(3) 公开发行的股份达到公司股份总数的 25% 以上；公司股本总额超过人民币 4 亿元的，公开发行股份的比例为 10% 以上；

(4) 公司最近三年无重大违法行为，财务会计报告无虚假记载；

(5) 交易所要求的其他条件。

发行人向交易所申请其首次公开发行的股票上市时，应当按照有关规定编制上市公告书。

发行人公开发行股票前已发行的股份，自发行人股票上市之日起一年内不得转让。

发行人向交易所提出其首次公开发行股票的上市申请时，控股股东和实际控制人应当承诺自发行人股票上市之日起 36 个月内，不转让或者委托他人管理其直接或间接持有的发行人公开发行股票前已发行的股份，也不由发行人回购其直接或间接持有的发行

人公开发行股票前已发行的股份。

自发行人股票上市之日起一年后，出现下列情形之一的，经控股股东或实际控制人申请并经本所同意，可豁免遵守上述承诺：

（1）转让双方存在实际控制关系，或均受同一控制人所控制；

（2）因上市公司陷入危机或者面临严重财务困难，受让人提出的挽救公司的重组方案获得该公司股东大会审议通过和有关部门批准，且受让人承诺继续遵守上述承诺；

（3）交易所认定的其他情形。

交易所在收到全套上市申请文件后七个交易日内，作出是否同意上市的决定。

二、首次公开发行股票在创业板上市的条件

发行人申请股票在深圳证券交易所创业板上市，应当符合下列条件：

（1）股票已公开发行；

（2）公司股本总额不少于3 000万元；

（3）公开发行的股份达到公司股份总数的25%以上；公司股本总额超过人民币4亿元的，公开发行股份的比例为10%以上；

（4）公司股东人数不少于200人；

（5）公司最近三年无重大违法行为，财务会计报告无虚假记载；

（6）本所要求的其他条件。

三、可转换公司债券在主板上市的条件

上市公司申请可转换公司债券在本所上市，应当符合下列条件：

（1）可转换公司债券的期限为一年以上；

（2）可转换公司债券实际发行额不少于人民币5 000万元；

（3）申请可转换公司债券上市时仍符合法定的公司债券发行条件。

四、分离交易的可转换公司债券中公司债券和认股权证的上市条件

分离交易可转换公司债券，是指公司发行债券时，按比例向债券认购人附送一定数量的认股权证，约定在未来某一时间，认股权证持有人有权按照事先约定的价格认购公司股份。其中“分离交易”，就是指公司债券和认股权证分别上市交易。

上市公司申请分离交易的可转换公司债券中公司债券和认股权证在交易所上市，应当符合下列条件：

（1）公司最近一期期末经审计的净资产不低于人民币15亿元；

（2）分离交易的可转换公司债券中公司债券的期限为一年以上；

（3）分离交易的可转换公司债券中公司债券的实际发行额不少于人民币 5 000 万元；

（4）分离交易的可转换公司债券中的认股权证自上市之日起存续时间不少于六个月；

（5）申请分离交易的可转换公司债券中公司债券和认股权证上市时公司仍符合法定的分离交易的可转换公司债券发行条件。

五、限制交易的证券

限制交易的证券，见表 4. 1。

表 4. 1　　限制交易的证券

<table>
<tr><th colspan="2">限定的主体</th><th>股份转让的法律规定</th></tr>
<tr><td colspan="2">发起人</td><td>自公司成立之日起 1 年内不得转让；公司公开发行股份前已发行的股份，自公司股票在证券交易所上市交易之日起 1 年内不得转让</td></tr>
<tr><td colspan="2">董事、监事、高级管理人员</td><td>在任职期间，每年转让的股份不得超过所持有本公司股份总数的 25%；所持本公司股份自公司股票上市交易之日起 1 年内不得转让。上述人员离职后半年内，不得转让其所持有的本公司股份；将其持有的股份在买入后 6 个月内卖出，或者卖出后 6 个月内买入，由此所得收益归该公司所有，公司董事会应当收回该股东所得收益</td></tr>
<tr><td rowspan="2">中介机构</td><td>为“股票发行”出具审计报告、资产评估报告或法律意见书等的专业机构和人员</td><td>在该股票承销期内和期满后 6 个月内不得买卖该种股票</td></tr>
<tr><td>为“上市公司”出具审计报告、资产评估报告或法律意见书等的专业机构和人员</td><td>自接受上市公司委托之日起至上述文件公开后 5 日内，不得买卖该股票</td></tr>
<tr><td colspan="2">证券业从业人员</td><td>在任职期间或法定期限内，不得直接或者以化名、借他人名义持有、买卖股票，也不得接受他人赠送的股票</td></tr>
</table>

续表

限定的主体	股份转让的法律规定
持有一个股份有限公司已发行的股份 5% 的股东	① 在该事实发生之日起 3 日内，不得再行买卖该上市公司的股票 ② 以后其所持该上市公司的股份比例每增加或者减少 5%，在报告期内和作出报告、公告之日起 2 日内，不得再行买卖该上市公司的股票 ③ 在买入后 6 个月内卖出或者卖出后 6 个月内买入，由此所得收益归该公司所有，公司董事会应当收回该股东所得收益
证券内幕信息的知情人和非法获取内幕信息的人	在内幕信息公开前，不得买卖该公司的股票
因包销购入售后剩余股票而持有 5% 以上股份的证券公司	卖出该股票时不受 6 个月的时间限制
收购人持有的被收购的上市公司的股票	在收购行为完成后的 12 个月内不得转让

第三节　上市公司的定期报告制度

上市公司的定期报告制度指的是上市公司的年度报告制度、中期报告制度和季度报告制度。

上市公司不得披露未经董事会审议通过的定期报告。

公司经理、财务负责人、董事会秘书等高级管理人员应当及时编制定期报告，并提交董事会审议；公司董事、高级管理人员应当依法对公司定期报告是否真实、准确、完整签署书面确认意见；公司监事会应当依法对董事会编制的公司定期报告进行审核，并提出书面审核意见。

上市公司的董事、监事、高级管理人员不得以任何理由拒绝对公司定期报告签署书面意见，影响定期报告的按时披露。

公司董事会不得以任何理由影响公司定期报告的按时披露。

负责公司定期报告审计工作的会计师事务所，不得无故拖延审计工作，影响公司定期报告的按时披露。

上市公司和公司债券上市交易的公司应当在每个会计年度结束之日起 4 个月内，编制并披露年度报告，向证监会和证券交易所报送年度报告，并予公告。

上市公司年度报告中的财务会计报告必须经具有执行证券、期货相关业务资格的会计师事务所审计。

上市公司和公司债券上市交易的公司，应当在每一会计年度的上半年结束之日起2个月内，向国务院证券监督管理机构和证券交易所报送中期报告，并予公告。

公司中期报告中的财务会计报告可以不经审计，但有下列情形之一的，公司应当审计：

（1）拟在下半年进行利润分配、公积金转增股本或弥补亏损的；

（2）中国证监会或交易所认为应当进行审计的其他情形。

公司季度报告中的财务资料无须审计，但中国证监会或本所另有规定的除外。

上市公司应在每个会计年度的前三个月、九个月结束后的一个月内披露季度报告。公司第一季度季度报告的披露时间不得早于公司上一年度的年度报告披露时间。

在公司定期报告披露前出现业绩泄漏，或者因业绩传闻导致公司股票及其衍生品种交易异常波动的，上市公司应当及时披露本报告期相关财务数据（无论是否已经审计），包括营业收入、营业利润、利润总额、净利润、总资产和净资产等。

按照中国证监会《公开发行证券的公司信息披露编报规则第14号－非标准无保留审计意见及其涉及事项的处理》的规定，上市公司的财务会计报告被注册会计师出具非标准无保留审计意见的，公司在报送定期报告的同时应当向交易所提交下列文件：

（1）董事会针对该审计意见涉及事项所做的专项说明，审议此专项说明的董事会决议以及决议所依据的材料；

（2）独立董事对审计意见涉及事项的意见；

（3）监事会对董事会有关说明的意见和相关的决议；

（4）负责审计的会计师事务所及注册会计师出具的专项说明；

（5）中国证监会和交易所要求的其他文件。

发行可转换公司债券的上市公司按照交易所规定所编制的年度报告和中期报告还应当包括以下内容：

（1）转股价格历次调整的情况，经调整后的最新转股价格；

（2）可转换公司债券发行后累计转股的情况；

（3）前十名可转换公司债券持有人的名单和持有量；

（4）担保人盈利能力、资产状况和信用状况发生重大变化的情况；

（5）公司的负债情况、资信变化情况以及在未来年度还债的现金安排；

（6）中国证监会和交易所规定的其他内容。

第四节 上市公司的临时报告制度

临时报告是指上市公司按照法律、行政法规、部门规章、规范性文件、本规则和本所的其他相关规定发布的除定期报告以外的公告。

发生可能对上市公司股票交易价格产生较大影响而投资者尚未得知的重大事件时，上市公司应当立即将有关该重大事件的情况向国务院证券监督管理机构和证券交易所报送临时报告。这里所称的“重大事件”主要包括：

(1) 公司的经营方针和经营范围的重大变化；

(2) 公司的重大投资行为和重大的购置财产的决定；

(3) 公司订立重要合同，可能对公司的资产、负债、权益和经营成果产生重要影响；

(4) 公司发生重大债务和未能清偿到期重大债务的违约情况；

(5) 公司发生重大亏损或者重大损失；

(6) 公司生产经营的外部条件发生的重大变化；

(7) 公司的董事、1/3 以上监事或者经理发生变动；

(8) 持有公司 5% 以上股份的股东或者实际控制人，其持有股份或者控制公司的情况发生较大变化；

(9) 公司减资、合并、分立、解散及申请破产的决定；

(10) 涉及公司的重大诉讼，股东大会、董事会决议被依法撤销或者宣告无效；

(11) 公司涉嫌犯罪被司法机关立案调查，公司董事、监事、高级管理人员涉嫌犯罪被司法机关采取强制措施。

临时报告（监事会公告除外）应当加盖董事会公章并由公司董事会发布。

上市公司应当及时向本所报送并披露临时报告，临时报告涉及的相关备查文件应当同时在本所指定网站上披露（如中介机构报告等文件）。

上市公司应当在临时报告所涉及的重大事件最先触及下列任一时点后，及时履行首次披露义务：

(1) 董事会或监事会作出决议时；

(2) 签署意向书或协议（无论是否附加条件或期限）时；

(3) 公司（含任一董事、监事或高级管理人员）知悉或理应知悉重大事件发生时。

对上市公司股票及其衍生品种交易价格可能产生较大影响的重大事件正处于筹划阶段，虽然尚未触及上述规定的时点，但出现下列情形之一的，公司应当及时披露相关筹划情况和既有事实：

（1）该事件难以保密；

（2）该事件已经泄漏或市场出现有关该事件的传闻；

（3）公司股票及其衍生品种交易已发生异常波动。

上市公司按照规定履行首次披露义务后，还应当按照以下规定持续披露有关重大事件的进展情况：

（1）董事会、监事会或股东大会就已披露的重大事件作出决议的，应当及时披露决议情况。

（2）公司就已披露的重大事件与有关当事人签署意向书或协议的，应当及时披露意向书或协议的主要内容。

上述意向书或协议的内容或履行情况发生重大变更，或者被解除、终止的，公司应当及时披露变更、解除或者终止的情况和原因。

（3）已披露的重大事件获得有关部门批准或被否决的，应当及时披露批准或否决情况。

（4）已披露的重大事件出现逾期付款情形的，应当及时披露逾期付款的原因和相关付款安排。

（5）已披露的重大事件涉及主要标的尚待交付或过户的，应当及时披露有关交付或过户事宜。

超过约定交付或者过户期限三个月仍未完成交付或者过户的，应当及时披露未如期完成的原因、进展情况和预计完成的时间，并在此后每隔三十日公告一次进展情况，直至完成交付或过户。

已披露的重大事件出现可能对上市公司股票及其衍生品种交易价格产生较大影响的其他进展或变化的，应当及时披露事件的进展或变化情况。

第五节 关联交易

上市公司的关联交易，是指上市公司或其控股子公司与上市公司关联人之间发生的转移资源或义务的事项。

上市公司的关联人包括关联法人和关联自然人。

具有下列情形之一的法人或其他组织，为上市公司的关联法人：

（1）直接或间接地控制上市公司的法人或其他组织；

（2）由前项所述法人直接或间接控制的除上市公司及其控股子公司以外的法人或其他组织；

（3）由上市公司的关联自然人直接或间接控制的，或担任董事、高级管理人员的，除上市公司及其控股子公司以外的法人或其他组织；

（4）持有上市公司5%以上股份的法人或其他组织及其一致行动人；

（5）中国证监会、本所或上市公司根据实质重于形式的原则认定的其他与上市公司有特殊关系，可能或者已经造成上市公司对其利益倾斜的法人或其他组织。

具有下列情形之一的自然人，为上市公司的关联自然人：

（1）直接或间接持有上市公司5%以上股份的自然人；

（2）上市公司董事、监事及高级管理人员；

（3）直接或间接地控制上市公司的法人或其他组织的董事、监事及高级管理人员；

（4）第1、2项所述人士的关系密切的家庭成员，包括配偶、父母及配偶的父母、兄弟姐妹及其配偶、年满18周岁的子女及其配偶、配偶的兄弟姐妹和子女配偶的父母；

（5）中国证监会、本所或上市公司根据实质重于形式的原则认定的其他与上市公司有特殊关系，可能造成上市公司对其利益倾斜的自然人。

上市公司董事会审议关联交易事项时，关联董事应当回避表决，也不得代理其他董事行使表决权。该董事会会议由过半数的非关联董事出席即可举行，董事会会议所做决议须经非关联董事过半数通过。出席董事会的非关联董事人数不足三人的，上市公司应当将该交易提交股东大会审议。

股东大会审议关联交易事项时，下列股东应当回避表决：

（1）交易对方；

（2）拥有交易对方直接或间接控制权的；

（3）被交易对方直接或间接控制的；

（4）与交易对方受同一法人或自然人直接或间接控制的；

（5）在交易对方任职，或在能直接或间接控制该交易对方的法人单位或者该交易对方直接或间接控制的法人单位任职的（适用于股东为自然人的）；

（6）因与交易对方或者其关联人存在尚未履行完毕的股权转让协议或者其他协议而使其表决权受到限制或影响的；

（7）中国证监会或本所认定的可能造成上市公司对其利益倾斜的法人或自然人。

上市公司与关联自然人发生的交易金额在30万元人民币以上的关联交易，应当及时披露。

公司不得直接或者通过子公司向董事、监事、高级管理人员提供借款。

上市公司与关联法人发生的交易金额在300万元人民币以上，且占上市公司最近一期经审计净资产绝对值0.5%以上的关联交易，应当及时披露。

上市公司为关联人提供担保的，不论数额大小，均应当在董事会审议通过后提交股东大会审议。

第六节 股权激励机制

一、股权激励机制的产生背景

股份公司的所有权与经营权分离，实行委托 - 代理经营制。两权分离的公司组织形式虽然能够兼得资本聚集和专业化管理所带来的效益，但也伴生出股东与经理之间由其委托—代理关系所带来的代理成本问题。

在股份公司这一所谓的现代企业制度下，公司股东的所有权主要表现为资产或收益的索取权，其所有权的其他内容则被大大地弱化了。而对企业资产的控制权则由其代理经营者（即董事会）凭借自身能力和专业知识所体现出的稀缺性牢牢地掌握着。

在经济人假设下，所有者和经营者的利益偏好通常不会一致。所有者追求公司价值或股东利益的最大化，而经营者则凭借信息不对称和处于实际经营地位的谈判优势，通常会谋求以股东利益和公司发展为代价的经理人私人控制权收益的最大化。这种由经营者的行为偏离了股东利益最大化的要求而对股东所带来的损害，就是所谓的股份公司的代理成本问题。只要股份公司这种委托代理关系存在，代理人就会有偏离委托人利益最大化的动机，代理成本就会存在。

传统的薪酬制度在一定程度上也可以激励管理层为提高公司业绩而努力工作，但这种努力被局限于对短期业绩的追求而非对公司长远发展的探索，由此造成公司经营的成败与高管人员的收益弱相关。如果要激励管理层为公司价值最大化而努力，最好的办法是将高管人员的薪酬同公司的长远利益有机地结合起来。通过赋予经理人员参与剩余收益的索取权，把对经营者的外部激励和约束转化为高管人员的自我激励和约束，就是一个可行的办法。特别是上市公司，由于资本市场连续不断自动地对公司的价值进行着评估，这更使得采取直接与公司价值挂钩的激励机制成为可能。

科斯认为，企业是一个人力资本与非人力资本共同订立的特殊的市场契约。股东拥有企业经营所必需的物质资本。而企业高管或其他核心人员的知识、经验、技能则为企业所不可或缺的人力资本。长期以来，人力资本在企业价值创造过程中的作用被忽视。这被认为是造成企业成长乏力的重要原因。通过经营者股权激励这一制度性安排，使得经营者对企业资产拥有一定的收益索取权和剩余索取权，既是对经营者人力资本价值的承认，也能调动人力资本借助物质资本发挥其生产力的积极性。

为此，50 年前，股权激励机制在美国应运而生。

所谓股权激励，是指股份公司在特定条件下向本公司的高管人员或其他核心人员授予本公司股票或者其他股权性权益，以产权为约束，借以促进相关人员的个人利益同公司股东的利益相结合，进而改善公司治理，推动公司长远发展的利益驱动机制。具体地，在股权激励机制下，公司授予高管人员在未来的一定时期内（行权期），按照授予时（授予期）规定的价格（行权价）和数量（额度）购买公司股票或者其他股权性权益（行权）的权利，并有权在持有一定时期后（锁定期），可以将购入的股票在市场上出售获利（在市价高于行权价时）。

可见，股权激励作为一种分配制度和产权制度的创新，是随着现代企业制度的建立而发展起来的。旨在解决委托代理企业经营机制下所产生的道德风险和逆向选择行为。它力图在经营者与所有者或公司之间建立一种基于股权的激励约束机制，使得经营者通过其潜在持有的股权与公司形成以产权为纽带的利益共同体，分享公司经营成果，并承担经营风险。其核心目的是将管理层的个人利益与广大股东的利益统一起来，从而使股东价值或公司价值的最大化在管理层的决策过程中成为其自觉践行的准则。

二、股权激励机制在我国的实践

长期以来，我国国有上市公司高管人员的薪酬无法与市场经济的发展要求相适应。表现在：国有上市公司高管人员的薪酬仍以固定收入为主，缺乏与公司未来发展相关的长期激励机制，很难激励高管人员为长期持续地提高公司价值而努力工作。这使得国有上市公司的经营普遍短期化，既不利于公司的长远发展，也不利于保护股东的权益和投资的积极性，影响了证券市场的健康发展。

为此，2005 年，国资委发布了《关于上市公司股权分置改革中国有股股权管理有关问题的通知》。2006 年，中国证监会发布《上市公司股权激励管理办法》；同年，国资委、财政部颁布了《国有控股上市公司（境内）实施股权激励试行办法》。这些文件都明确表示对完成股权分置改革的国有控股上市公司，可以探索实施管理层股权激励。

根据《上市公司股权激励管理办法》，上市公司董事会下设的薪酬与考核委员会负责拟定股权激励计划草案。薪酬与考核委员会应当建立完善的议事规则，其拟订的股权激励计划草案应当提交董事会审议。独立董事应当就股权激励计划是否有利于上市公司的持续发展，是否存在明显损害上市公司及全体股东利益发表独立意见。上市公司应当在董事会审议通过股权激励计划草案后的 2 个交易日内，公告董事会决议、股权激励计划草案摘要、独立董事意见。上市公司应当聘请律师对股权激励计划出具法律意见书。上市公司董事会下设的薪酬与考核委员会认为必要时，可以要求上市公司聘请独立财务顾问，对股权激励计划的可行性、是否有利于上市公司的持续发展、是否损害上市公司利益以及对股东利益的影响发表专业意见。

根据《上市公司股权激励管理办法》，限制性股票与股票期权是上市公司实施股权激励的两种主要方式。这两种方式均是将企业股票未来价格的上涨作为被激励对象收入函数的重要变量，两者均为股东对经理阶层实施长期激励的制度安排。

限制性股票激励一般不需要激励对象用现金投资或者需要其直接投资的金额很小，公司会设立激励基金用于购买股票。只要激励对象满足接受限制性股票的条件，即可获得全值股票。在被激励对象为企业连续服务到限制性股票所注明的锁定时间段之后或者是完成预定目标之后，该激励对象即可获得股票，从而拥有企业的部分财产权，享受企业的分红。

限制性股票在授予时规定有严格的解锁条件（如净利润、净资产收益率等财务指标或为该企业连续服务达一定年限等要求），激励对象获得股票后存在一定时期的禁售期，然后进入解锁期。符合严格的解锁条件后每年才可将限定数量的股票上市流通。

对于限制性股票激励方式，激励对象从企业取得的股票，属于该个人因受雇而取得的工资、薪金所得，应在雇员实际认购股票等有价证券时，按照《中华人民共和国个人所得税法》、《中华人民共和国税收征收管理法》等规定计算缴纳个人所得税。股票出售时，对股票转让所得暂不征收个人所得税。

可见，限制性股票奖励属于实值股票赠予，风险较小，即使股价在限售期内下跌，但只要不跌至零，员工手中的股票仍然是有价值的。

股票期权激励，是指公司授予激励对象在未来一定期限内，以预先确定的价格（执行价格）和条件，购买本公司一定数量的股票的权利。被激励对象可以行权，从而获得市场价格和执行价格之间的价差收益；当然，如果在行权期内，股票的市场价总是低于行权价，则激励对象有权放弃该权利，不予行权。

一般地，股票期权在授予后存在等待期，然后进入可行权期。一般设计为分次行权（可为匀速或加速行权）。一旦激励对象行权认购股票后，其股票的出售则不再受到限制，只需符合《公司法》、《证券法》对高管出售股票等的有关规定即可。

另外，股票期权的激励对象一般没有分红权，其收益来自股票未来股价的上涨，收益实现与否取决于未来股价的波动。

可见，股票期权本身并不是股票，它只是授予激励对象购买企业股票的一种权力。在满足购买本企业股票的条件后，激励对象还需要直接投资购买股票。根据《个人所得税法》及其实施条例和其他有关规定，授予激励对象股票期权时，不需要征税。激励对象行权购买股票时，其从企业取得股票的实际购买价（执行价格）低于购买日公平市场价的差额，应按“工资、薪金所得”适用的规定计算缴纳个人所得税。员工在出售股票时，对股票转让所得暂不征收个人所得税。

根据《上市公司股权激励管理办法》，董事会审议通过股权激励计划后，上市公司应将有关材料报中国证监会备案，同时抄报证券交易所及公司所在地证监局。中国证监会自收到完整的股权激励计划备案申请材料之日起20个工作日内未提出异议的，上市公司可以发出召开股东大会的通知，审议并实施股权激励计划。在上述期限内，中国证监会提出异议的，上市公司不得发出召开股东大会的通知审议及实施该计划。

拟实行股权激励计划的上市公司，可以根据本公司实际情况，通过以下方式解决标的股票来源：

（1）向激励对象发行股份；

（2）回购本公司股份；

（3）法律、行政法规允许的其他方式。

上市公司全部有效的股权激励计划所涉及的标的股票总数累计不得超过公司股本总额的10%。

非经股东大会特别决议批准，任何一名激励对象通过全部有效的股权激励计划获授的本公司股票累计不得超过公司股本总额的1%。

在限制性股票激励机制下，激励对象按照股权激励计划规定的条件，从上市公司获得一定数量的本公司股票。但应当在股权激励计划中规定激励对象获授股票的业绩条件、禁售期限。

上市公司以股票市价为基准确定限制性股票授予价格的，在下列期间内不得向激励对象授予股票：

（1）定期报告公布前30日；

（2）重大交易或重大事项决定过程中至该事项公告后2个交易日；

（3）其他可能影响股价的重大事件发生之日起至公告后2个交易日。

在股票期权激励机制下，上市公司授予激励对象在未来一定期限内以预先确定的价格和条件购买本公司一定数量股份的权利。激励对象可以其获授的股票期权在规定的期间内以预先确定的价格和条件购买上市公司一定数量的股份，也可以放弃该种权利。

上市公司在授予激励对象股票期权时，应当确定行权价格或行权价格的确定方法。行权价格不应低于下列价格较高者：

（1）股权激励计划草案摘要公布前一个交易日的公司标的股票收盘价；

（2）股权激励计划草案摘要公布前30个交易日内的公司标的股票平均收盘价。

上市公司因标的股票除权、除息或其他原因需要调整行权价格或股票期权数量的，可以按照股票期权计划规定的原则和方式进行调整。上市公司须调整行权价格或股票期权数量的，应当由董事会做出决议并经股东大会审议批准，或者由股东大会授权董事会决定。律师应当就上述调整是否符合《上市公司股权激励管理办法》、公司章程和股票期权计划的规定向董事会出具专业意见。

股票期权授权日与获授股票期权首次可以行权日之间的间隔不得少于1年。股票期权的有效期从授权日计算不得超过10年。在股票期权有效期内，上市公司应当规定激励对象分期行权。股票期权有效期过后，已授出但尚未行权的股票期权不得行权。

激励对象获授的股票期权不得转让、用于担保或偿还债务。上市公司董事会可以根据股东大会审议批准的股票期权计划，决定一次性授出或分次授出股票期权，但累计授出的股票期权涉及的标的股票总额不得超过股票期权计划所涉及的标的股票总额。

上市公司在下列期间内不得向激励对象授予股票期权：

（1）定期报告公布前30日；

（2）重大交易或重大事项决定过程中至该事项公告后2个交易日；

（3）其他可能影响股价的重大事件发生之日起至公告后2个交易日。

激励对象应当在上市公司定期报告公布后第2个交易日，至下一次定期报告公布前10个交易日内行权，但不得在下列期间内行权：

（1）重大交易或重大事项决定过程中至该事项公告后2个交易日；

（2）其他可能影响股价的重大事件发生之日起至公告后2个交易日。

三、上市公司激励机制的信息披露

董事会审议股权激励计划时，本次激励计划中成为激励对象的关联董事应当回避表决。

上市公司应当在董事会审议通过股权激励计划后，及时按交易所的要求提交材料，并对外发布股权激励计划公告。

上市公司应当在刊登股权激励计划公告的同时，在交易所指定网站详细披露激励对象姓名、拟授予限制性股票或股票期权的数量、占股权激励计划拟授予总量的比例等情况。

激励对象或拟授予的权益数量发生变化的，公司应当自董事会审议通过相关议案后两个交易日内在交易所指定网站更新相应资料。

上市公司在披露股权激励计划方案后，应当按照有关规定及时报中国证监会备案，并同时抄报公司所在地证监局。

中国证监会对上市公司股权激励计划备案无异议后，公司应当及时对外公告，发布召开股东大会的通知。

上市公司召开股东大会审议股权激励计划的，除现场会议外，还应当向股东提供网络形式的投票平台。

公司应当在股东大会审议股权激励计划后，及时向交易所报送相关材料并对外公告。

上市公司应当在股权激励计划授予条件成就后，及时召开董事会审议相关授予事项，并按监管机构关于股权激励的相关规定披露董事会对授予条件是否成就等事项的审议结果及授予安排情况。

上市公司应当按规定及时办理限制性股票或股票期权的授予登记，并在授予登记后及时披露限制性股票或股票期权授予完成情况。

上市公司应当在股权激励计划设定的限制性股票解除限售、股票期权行权条件得到满足后，及时召开董事会审议相关实施方案，并按监管机构关于股权激励的相关规定，披露董事会对限制性股票解除限售或股票期权行权条件是否成就等事项的审议结果及具体实施安排。

复习思考题

1. 简述股票上市交易应满足的基本条件。
2. 简述我国沪深两市的定期信息披露制度。
3. 简述股权激励机制的基本原理。
4. 什么叫做关联交易？

第五章

上市公司的收购

本章摘要

本章详细阐述了上市公司收购的基本原理与主要方法。特别是重点讲解了要约收购的原理与方法。

关 键 词

上市公司收购　要约收购　资产重组

第一节　上市公司收购概述

一、上市公司收购的概念及特征

（一）上市公司收购的含义

上市公司收购是指收购人通过法定方式，取得上市公司一定比例的发行在外的股份，以实现对该上市公司的控股或者合并目的的行为。

在公司收购过程中，主动实施收购操作的一方称为收购人，而被收购的上市公司则称为目标公司。

对上市公司的收购是实现公司间兼并、控制的重要手段。也是各国证券市场发展过程中必然出现的现象，因此尽管各国对上市公司收购的态度与政策取向并不完全相同，其上市公司收购制度的内容亦有很大的差异，但各国对收购行为立法规范的宗旨却基本相同，即引导、规范大于围堵；追求公正、透明和效率；反对市场垄断，保护投资者（特别是中小投资者）的利益，维护公平竞争的市场环境；促进资源的有效配置。

2002 年底，中国证监会发布了《上市公司收购管理办法》和《上市公司股东持股变动信息披露管理办法》。结合 2005 年底《公司法》、《证券法》的修订，2006 年 8 月，中国证监会又对收购办法进行了完善和调整，将前述两个办法合并为新的《上市公司收购管理办法》。这些部门规章与《证券法》第四章“上市公司收购”一并构成有关上市公司收购的基本法律框架。标志着我国以信息的充分披露和公正为基础，保障投资者权益与降低收购成本、促进上市公司收购发展并重的上市公司收购法规体系的基本形成。

（二）上市公司收购的特点

上市公司收购具有以下特点：

（1）上市公司收购的收购主体既可以是法人，也可以是自然人。这些投资者既可以通过取得股份的方式成为上市公司的控股股东，也可以通过投资关系、协议、其他安排的途径成为上市公司的实际控制人。

（2）上市公司收购无需经过目标公司经营者的同意。上市公司收购的行为主体是收购人和目标公司股东。目标公司的经营者不是收购的当事人。收购人进行收购，只需与目标公司股东达成协议即可，无需征得目标公司经营者的同意。

（3）上市公司收购的标的是目标公司发行在外的股份。上市公司收购是在企业资产完全证券化的条件下，通过收购目标公司流通在外的股份来获取目标公司的控制权。公司预留的股票或未出售的股票，以及公司以自己的名义持有的本公司发行在外的股票，不属于收购的对象。公司债券亦不属于公司收购的对象。

（4）上市公司收购的目的就是获得对上市公司的控制权或对其实施兼并。上市公司收购实质上也是一种证券买卖行为，但与一般证券交易谋求买卖差价不同，其目的在于通过购买上市公司股份以取得上市公司的控制权。但关于法定控股比例，各国、各地区的规定不尽相同，我国香港规定为35%、英国是30%、美国是5%。依我国《证券法》第81条规定，我国确定对目标公司控制权的标准是30%。

（5）上市公司的收购必须依法进行。与一般交易行为相比，上市公司的收购行为受到更为严格的法规制约。只要达到法律所界定的收购行为，其行为就必须完全按照上市公司的收购规范进行。

二、上市公司收购的分类

（1）按照收购方式，可分为要约收购、协议收购、间接收购和集中竞价收购。

要约收购是指收购人通过向目标公司股东发出收购要约的方式进行的收购。要约收购依据法律的强制性程度高低，又可分为自愿要约收购和强制要约收购两种类型。

协议收购是指收购人通过与目标公司的股份持有人达成收购协议的方式进行的收购。

间接收购是指收购人通过投资关系、协议、其他安排的途径，使其拥有权益的股份达到上市公司已发行股份的一定比例，从而成为上市公司实际控制人的收购。

集中竞价收购是收购人通过证券交易所集中竞价交易的方式对目标公司进行的收购。

我国《证券法》规定，投资者可以采取要约收购、协议收购及其他合法方式收购上市公司。

(2) 按照收购人与目标公司是否合作，可分为敌意收购和友好收购。

敌意收购是指收购人在收购开始前未与目标公司沟通，在目标公司毫无准备并予以抵制的情况下实施的收购。因此，敌意收购一旦暴露，通常会遭到目标公司的反收购，即目标公司为抵制收购人的收购将采取各种反收购措施。

友好收购是收购人与目标公司在收购开始前已相互沟通过，收购人在得到目标公司同意的情况下实施的收购。友好收购一般通过协议收购的方式来进行。

(3) 按照收购是否迫于法律义务，可分为自愿收购与强制收购。

强制收购是指收购人在持有某公司的股份达到一定比例时，迫于法律所施加的强制性义务，而向该公司所有股东发出收购要约的行为。

强制收购以外的收购，即为自愿收购。

(4) 依据收购目标公司股份的比例高低，分为部分收购和全部收购，或称控股收购和合并收购。

部分收购也称控股收购，是指收购人只收购上市公司发行在外的一定比例的股票，以获得对上市公司的相对控制权为目的的收购。

全部收购也称合并收购，是指收购人收购上市公司全部发行在外的股票，以获得对上市公司的绝对控制权为目的的收购。全部收购以持有上市公司全部股票为标志，目标公司一般最终为收购公司所兼并或合并。

(5) 以收购主体的数量为标准，可分为单独收购和共同收购等。

三、上市公司收购应遵循的基本原则

我国《证券法》等法规关于上市公司收购的规定，体现出鼓励上市公司收购的立法精神，以求在维护证券市场公平、防范虚假收购和恶意收购、保护社会公众投资者合法权益的基础上，提高市场效率。

总的说来，依据《上市公司收购管理办法》，上市公司的收购及相关股份权益变动活动，必须遵循公开、公平、公正的原则。具体体现为如下几个方面：

(一) 目标公司股东待遇平等原则

目标公司股东待遇平等原则是指在上市公司收购中，目标公司的所有股东均应获得平等的待遇，即所有股东，不论大小，也不论持股的先后，在收购中，他们在信息的获得、条件的适用、价格的高低以及出售股份的机会等方面均应被一视同仁。这又具体包括两方面的内容：

1. 目标公司股东有平等参与收购的权利，即“全体持有规则”与“按比例接纳规则”

所谓全体持有规则，是指在公开要约收购的情况下，收购人必须向所有持有其要约所欲购买股份的股东发出收购要约。所谓按比例接纳规则，是指收购人采取部分收购的情况下，目标公司股东承诺出售的股票数量超过其计划购买的数量时，收购人必须按比例购买所有同意出卖股份的股东的股票，而不论目标公司股东作出同意出卖其股份的意思表示的时间先后。

我国《证券法》第92条规定：“收购要约中提出的各项收购条件，适用于被收购公司所有的股东。”这一规定应视为全体持有人规则。《证券法》第88条第2款规定：“收购上市公司部分股份的收购要约应当约定，被收购公司股东承诺出售的股份数额超过预定收购的股份数额的，收购人按比例进行收购。”则是对按比例接纳规则的法律确认。

2. 目标公司股东有权获得平等的收购条件，即“最好价格规则”

目标公司股东在收购中平等地享有收购人向任何股东提出的最高价要约，亦即如果收购人在要约期间内提高收购价格，那么该价格必须适用于所有的受要约人。

（二）充分披露原则

又称透明原则，即与收购有关的重要信息均应充分披露，使面临收购的目标公司股东能够自行作出有根据的决定，以避免上市公司收购中的信息不对称问题，防止内幕交易和证券欺诈行为的发生，从而保护所有投资者的合法权益。它又具体包含以下规则：

1. 大股东持股信息披露

所谓大股东持股信息披露，也称大额持股信息披露，是指股东在持股达到一定比例时，有报告并披露其股份增减状况和持股意图的义务，并在持股达法定比例时，有要约收购的义务。

大额持股信息披露制度使得广大投资者对可能引起公司控股变动的情势产生足够的警觉，提醒投资者对所持有股票的真正价值重新加以评估，防止大股东以逐步收购的方式形成事实上的信息垄断和对股价的操纵。

2. 收购人应将收购意图、收购要约以及与收购有关的信息予以充分的披露

收购人收购要约的具体内容和收购意图是目标公司股东作出投资判断（持有或卖出）的主要依据。充分披露这方面的信息，有助于防止某些人利用公司收购内幕信息进行内幕交易。

3. 目标公司管理部门要对要约收购发表意见以供股东参考，目标公司管理部门还应披露存在的利益冲突

上市公司收购会导致目标公司控制权的转移。控制权转移的后果往往意味着公司经

营者的更换和公司经营策略的变化。这对公司经营者的利益是个冲击。实践中，目标公司的董事们为了维护自己或公司的利益，往往利用自己经营公司的权力促成收购，或采取各种措施阻止收购。无论是哪一种情况，都直接影响到目标公司股东的合法权益。

因此对于目标公司股东来说，在作出是否接受收购要约时，目标公司经营者的态度，是一项重要的参考。充分披露原则就是要求目标公司董事会公开其对收购所持的意见和理由，这是防止目标公司董事会成员谋取私利的有效措施，也是对董事会成员的有效监督。

《上市公司收购管理办法》明确规定，上市公司的收购及相关股份权益变动活动中的信息披露义务人，应当充分披露其在上市公司中的权益及变动情况，依法严格履行报告、公告和其他法定义务。在相关信息披露前，负有保密义务。信息披露义务人报告、公告的信息必须真实、准确、完整，不得有虚假记载、误导性陈述或者重大遗漏。

（三）保护中小股东利益原则

在上市公司收购活动中，目标公司的中小股东处于弱者地位，因此各国的收购立法都对中小股东的利益给予了特别的关注。对中小股东利益的保护主要体现在两方面：

1. 强制要约收购

强制要约收购，是指当收购人收购目标公司股份达到法定比例后继续收购时，必须向目标公司的剩余股份持有者发出收购要约。其目的在于防止收购人凭借其控股地位压迫中小股东，从而损害他们的合法权益。法律通过设置强制要约收购，为中小股东提供退出选择的机制。

2. 强制购买剩余股票

强制购买剩余股票，是指当要约期满，要约收购人持有股份达到目标公司股份总数的绝对优势比例时（根据我国《证券法》的规定，达到75%以上），目标公司的其余股东有权以同等条件向收购要约人强制出售其股票。其目的与强制要约收购制度相同，旨在给中小股东以最后选择的权利，以显示法律的公平。

3. 收购慢走规则

《证券法》第86条规定，投资者通过证券交易所的证券交易持有或者通过协议、其他安排与他人共同持有一个上市公司已发行的股份达到5%时，应当在该事实发生之日起三日内，向国务院证券监督管理机构、证券交易所作出书面报告，通知该上市公司，并予公告；在上述期限内，不得再行买卖该上市公司的股票。投资者持有或者通过协议、其他安排与他人共同持有一个上市公司已发行的股份达到5%后，其所持该上市公司已发行的股份比例每增加或者减少5%，应当依照规定进行报告和公告。在报告期限内和作出报告、公告后二日内，不得再行买卖该上市公司的股票。收购人在报告期限内和作出报告、公告后二日内暂停买卖上市公司股票。可见，由于实施收购慢走的规则，社会公众投资者不仅有一定的时间考虑是否买卖被收购公司的股票，而且有一定的时间完成自己的买卖计划。

（四）保护社会公共利益原则

《上市公司收购管理办法》明确规定，上市公司的收购及相关股份权益变动活动不得危害国家安全和社会公共利益。上市公司的收购及相关股份权益变动活动涉及国家产业政策、行业准入、国有股份转让等事项，需要取得国家相关部门批准的，应当在取得批准后进行。外国投资者进行上市公司的收购及相关股份权益变动活动的，应当取得国家相关部门的批准，适用中国法律，服从中国的司法、仲裁管辖。

四、上市公司的收购人

所谓上市公司的收购人，是指意图通过取得股份的方式成为上市公司的控股股东，或通过投资关系、协议、其他安排的途径成为上市公司的实际控制人的投资者及其一致行动人。

所谓控股股东，是指其出资额占有限责任公司资本总额50%以上或者其持有的股份占股份有限公司股本总额50%以上的股东；出资额或者持有股份的比例虽然不足50%，但依其出资额或者持有的股份所享有的表决权已足以对股东会、股东大会的决议产生重大影响的股东。

所谓实际控制人，是指虽不是公司的股东，但通过投资关系、协议或者其他安排，能够实际支配公司行为的人。

所谓一致行动人，是指在上市公司的收购及相关股份权益变动活动中，与欲收购上市公司的特定投资者有一致行动情形的投资者，且互为一致行动人。这里所谓的一致行动，是指投资者通过协议、其他安排，与其他投资者共同扩大其所能够支配的上市公司股份表决权数量的行为或者事实。

根据《上市公司收购管理办法》，投资者有下列情形之一的，为一致行动人：

投资者之间有股权控制关系；投资者受同一主体控制；投资者的董事、监事或者高级管理人员中的主要成员，同时在另一个投资者担任董事、监事或者高级管理人员；投资者参股另一投资者，可以对参股公司的重大决策产生重大影响；银行以外的其他法人、其他组织和自然人为投资者取得相关股份提供融资安排；投资者之间存在合伙、合作、联营等其他经济利益关系；持有投资者30%以上股份的自然人，与投资者持有同一上市公司股份；在投资者任职的董事、监事及高级管理人员，与投资者持有同一上市公司股份；持有投资者30%以上股份的自然人和在投资者任职的董事、监事及高级管理人员，其父母、配偶、子女及其配偶、配偶的父母、兄弟姐妹及其配偶、配偶的兄弟姐妹及其配偶等亲属，与投资者持有同一上市公司股份；在上市公司任职的董事、监事、高级管理人员及其前项所述亲属同时持有本公司股份的，或者与其自己或者其前项所述亲属直接或者间接控制的企业同时持有本公司股份；上市公司董事、监事、高级管理人员和员工与其所控制或者委托的法人或者其他组织持有本公司股份；投资者之间具有其他关联关系。投资者认为其与他人不应被视为一致行动人的，可以向中国证监会提供相反证据。一致行动人应当合并计算其所持有的股份。投资者计算其所持有的股份，应当包括登记在其名下的股份，也包括登记在其一致行动人名下的股份。

根据《上市公司收购管理办法》，有下列情形之一的，不得收购上市公司：

收购人负有数额较大债务，到期未清偿，且处于持续状态。收购人最近 3 年有重大违法行为或者涉嫌有重大违法行为。收购人最近 3 年有严重的证券市场失信行为。收购人为自然人的，存在《公司法》第 147 条规定情形：无民事行为能力或者限制民事行为能力；因贪污、贿赂、侵占财产、挪用财产或者破坏社会主义市场经济秩序，被判处刑罚，执行期满未逾五年，或者因犯罪被剥夺政治权利，执行期满未逾五年；担任破产清算的公司、企业的董事或者厂长、经理，对该公司、企业的破产负有个人责任的，自该公司、企业破产清算完结之日起未逾 3 年；担任因违法被吊销营业执照、责令关闭的公司、企业的法定代表人，并负有个人责任的，自该公司、企业被吊销营业执照之日起未逾 3 年；个人所负数额较大的债务到期未清偿。法律、行政法规规定以及中国证监会认定的不得收购上市公司的其他情形。上述规定有利于防止收购人利用上市公司收购侵害上市公司及其股东的合法权益。

由上述定义不难看出，上市公司的收购人包括投资者和一致行动人两种类型。

五、上市公司的实际控制人

“实际控制人”这一概念最初出现在中国证监会为对上市公司进行监管而制定的相关部门规章和规范性文件中。上海证券交易所和深圳证券交易所均在其《股票上市规则》中规定了上市公司对其实际控制人变更的披露义务。但都没有对实际控制人给出明确的定义。

在中国证监会 2002 年颁布的《上市公司股东持股变动信息披露管理办法》中，首次规定了“股份控制人”的定义。该定义将名义持有股份与实际持有股份予以区分。其“股份控制人”其实就是实际股东。实际控制股份最多的人也就是上市公司的实际控制人。

2002 年 12 月开始实施的《上市公司收购管理办法》，也仅规定了实际控制人对其所控制的上市公司及该公司其他股东负有的诚信义务以及实际控制人在转让其对上市公司的实际控制权时的相关义务，而没有对实际控制人进行定义。

2005 年颁布的《公司法》首次在国家法律的层面引入“实际控制人”的概念并给出了明确的定义。《公司法》第 217 条以及上海证券交易所和深圳证券交易所分别于 2008 年修订的《股票上市规则》第 18 条规定，“实际控制人，是指虽不是公司的股东，但通过投资关系、协议或者其他安排，能够实际支配公司行为的人。”

因此，实际控制人可以是控股股东，也可以是控股股东的股东，甚至是除此之外的其他自然人、法人或其他组织。

六、关于上市公司收购的权益披露

上市公司的收购及相关股份权益变动活动中的信息披露义务人，应当充分披露其在上市公司中的权益及变动情况，依法严格履行报告、公告和其他法定义务。在相关信息披露前，负有保密义务。

（一）持股数量与权益的计算

信息披露义务人涉及计算其持股比例的，应当将其所持有的上市公司已发行的可转换为公司股票的证券中有权转换部分与其所持有的同一上市公司的股份合并计算，并将其持股比例与合并计算非股权类证券转为股份后的比例相比，以二者中的较高者为准；行权期限届满未行权的，或者行权条件不再具备的，无需合并计算。前款所述二者中的较高者，应当按下列公式计算：

投资者持有的股份数量/上市公司已发行股份总数 =

（投资者持有的股份数量 + 投资者持有的可转换为公司股票的非股权类证券所对应的股份数量）/（上市公司已发行股份总数 + 上市公司发行的可转换为公司股票的非股权类证券所对应的股份总数）

投资者在一个上市公司中拥有的权益，包括登记在其名下所持有的股份及虽未登记在其名下但该投资者可实际支配表决权的股份。投资者及其一致行动人在一个上市公司中拥有的权益应当合并计算。

（二）收购人取得被收购公司的股份达到 5% 及之后变动 5% 的权益披露

（1）通过证券交易所的证券交易取得权益的信息披露。

（2）通过协议转让方式取得权益的信息披露。

（3）通过行政划转或变更等取得权益的信息披露。

（4）因上市公司减少股本导致投资者及其一致行动人取得权益变动的信息披露。

（三）收购人取得被收购公司的股份达到 5% 但未达到 20% 的权益披露

投资者及其一致行动人不是上市公司的第一大股东或者实际控制人，其拥有权益的股份达到或者超过该公司已发行股份的5%，但未达到20%的，应当编制简式权益变动报告书。

（四）收购人取得被收购公司的股份达到20%但未超过30%的权益披露

投资者及其一致行动人拥有权益的股份达到或者超过一个上市公司已发行股份的20%但未超过30%的，应当编制详式权益变动报告书。

（五）权益变动报告书披露后股份发生变动的权益披露

已披露权益变动报告书的投资者及其一致行动人在披露之日起6个月内，因拥有权益的股份变动需要再次报告、公告权益变动报告书的，可以仅就与前次报告书不同的部分作出报告、公告。

自前次披露之日起超过6个月的，投资者及其一致行动人应当按照信息披露的有关规定编制权益变动报告书，履行报告、公告义务。

（六）关于媒体披露

上市公司的收购及相关股份权益变动活动中的信息披露义务人应当在至少一家中国证监会指定媒体上依法披露信息；在其他媒体上进行披露的，披露内容应当一致，披露时间不得早于指定媒体的披露时间。

（七）信息披露中的法律责任

上市公司的收购及相关股份权益变动活动中的信息披露义务人采取一致行动的，可以书面形式约定由其中1人作为指定代表，负责统一编制信息披露文件，并同意授权指定代表在信息披露文件上签字、盖章。

各信息披露义务人应当对信息披露文件中涉及其自身的信息承担责任；对信息披露文件中涉及的与多个信息披露义务人相关的信息，各信息披露义务人对相关部分承担连带责任。

七、收购豁免的申请

（一）免于要约收购的条件

根据《上市公司收购管理办法》，有下列情形之一的，收购人可以向中国证监会提出免于以要约方式增持股份的申请：

（1）收购人与出让人能够证明本次转让未导致上市公司的实际控制人发生变化；

（2）上市公司面临严重财务困难，收购人提出的挽救公司的重组方案取得该公司股东大会批准，且收购人承诺3年内不转让其在该公司中所拥有的权益；

（3）经上市公司股东大会非关联股东批准，收购人取得上市公司向其发行的新股，导致其在该公司拥有权益的股份超过该公司已发行股份的30%，收购人承诺3年内不转让其拥有权益的股份，且公司股东大会同意收购人免于发出要约；

（4）中国证监会为适应证券市场发展变化和保护投资者合法权益的需要而认定的其他情形。

收购人报送的豁免申请文件符合规定，并且已经按照《上市公司收购管理办法》的规定履行报告、公告义务的，中国证监会予以受理；不符合规定或者未履行报告、公告义务的，中国证监会不予受理。中国证监会在受理豁免申请后20个工作日内，就收购人所申请的具体事项作出是否予以豁免的决定；取得豁免的，收购人可以继续增持股份。

有下列情形之一的，当事人可以向中国证监会申请以简易程序免除发出要约：

（1）经政府或者国有资产管理部门批准进行国有资产无偿划转、变更、合并，导致投资者在一个上市公司中拥有权益的股份占该公司已发行股份的比例超过30%；

（2）在一个上市公司中拥有权益的股份达到或者超过该公司已发行股份的30%的，自上述事实发生之日起一年后，每12个月内增加其在该公司中拥有权益的股份不超过该公司已发行股份的2%；

（3）在一个上市公司中拥有权益的股份达到或者超过该公司已发行股份的50%的，继续增加其在该公司拥有的权益不影响该公司的上市地位；

（4）因上市公司按照股东大会批准的确定价格向特定股东回购股份而减少股本，导致当事人在该公司中拥有权益的股份超过该公司已发行股份的30%；

（5）证券公司、银行等金融机构在其经营范围内依法从事承销、贷款等业务导致其持有一个上市公司已发行股份超过30%，没有实际控制该公司的行为或者意图，并且提出在合理期限内向非关联方转让相关股份的解决方案；

（6）因继承导致在一个上市公司中拥有权益的股份超过该公司已发行股份的30%；

（7）中国证监会为适应证券市场发展变化和保护投资者合法权益的需要而认定的其他情形。

收购人提出豁免申请的，应当聘请律师事务所等专业机构出具专业意见。

（二）要约收购豁免的内容

符合上述条件的投资者及其一致行动人可以向中国证监会申请下列豁免事项：

（1）免于以要约收购方式增持股份；

（2）存在主体资格、股份种类限制或者法律、行政法规、中国证监会规定的特殊情形的，可以申请免于向被收购公司的所有股东发出收购要约。

未取得豁免的，投资者及其一致行动人应当在收到中国证监会通知之日起30日内，将其或者其控制的股东所持有的被收购公司股份减持到30%或者30%以下；拟以要约以外的方式继续增持股份的，应当发出全面要约。

八、反向收购

反向收购，又称买壳上市、间接上市，是指非上市公司股东通过收购一家壳公司（上市公司）的股份控制该上市公司，再由该上市公司收购非上市公司的资产和业务，使非上市公司成为上市公司的子公司，非上市公司的原股东获得大部分上市公司的控股权，从而直接成为该上市公司的控股股东，达到间接上市的目的。

可见，反向收购最终的目的是非上市公司股东曲线上市，是与直接上市 IPO（首次公开发行）相对应的另一种上市途径。

反向收购的步骤如下：

首先是买壳，即收购或受让股权。这要么通过收购未上市流通的国有股或法人股来实现，要么通过在二级市场上直接购买上市公司的股票来实现。

然后就是换壳，即资产置换。将壳公司原有的不良资产剥离出来，卖给关联公司，再将优质资产注入到壳公司，提高壳公司的业绩，从而达到配股资格，实现融资目的。

最后是价款支付，包括现金支付、资产置换支付、债权支付方式、混合支付方式、零成本收购、股权支付等方式。

九、管理层收购

（一）管理层收购的含义

所谓管理层收购，是指目标公司的管理者或经营层利用借贷所融资本或股权交易收购本公司的股份的行为。

经由管理层收购，将改变公司的所有者结构、控制权结构和资产结构，进而达到重组公司的目的，最终获得预期的收益。

（二）管理层收购的特点

（1）管理层收购的收购人是目标公司的经理和管理人员。他们了解本公司，经营管理能力强。通过管理层收购，他们的身份由单一的经营者角色变为所有者与经营者合一的双重身份。

（2）管理层收购主要通过借贷融资来完成的。

（3）管理层是公司全方位信息的拥有者，公司只有在具有良好的经济效益和经营潜力的情况下，才会成为管理层的收购目标。

（4）管理层收购通常发生在拥有稳定的现金流量的成熟行业的成熟企业。管理层收购属于杠杆收购，管理层必须首先进行债务融资，然后再用被收购企业的现金流量来偿还债务。成熟企业一般现金流量比较稳定，有利于收购的顺利实施以及收购目的的实现。

第二节　上市公司的要约收购

一、收购要约的含义及其特性

（一）要约的含义

所谓要约，是当事人一方向对方发出的希望与对方订立合同的意思表示。发出要约的一方称要约人，接收要约的一方称受要约人。

依据合同法，一项有效的要约应当满足如下条件：

（1）是由具有订约能力的特定人作出的意思表示。要约的提出旨在与他人订立合同，并且唤起相对人的承诺，所以要约人必须是订立合同一方的当事人，应当具有订立合同的行为能力。我国《合同法》第 9 条规定，当事人订立合同，应当具有相应的民事权力能力和民事行为能力。

（2）必须具有订立合同的目的。要约人发出要约的目的在于订立合同，而这种订约的意图必须要由要约人通过其发出的要约充分表达出来，才能在受要约人承诺的情况下产生合同。根据我国《合同法》第 14 条规定，要约是希望和他人订立合同的意思表示，要约中必须表明要约经受要约人承诺，要约人即受该意思表示的拘束。

（3）必须向要约人希望与之订立合同的受约人发出。要约原则上是对特定的相对人来说的，但也有向不特定人发出，此时应具有以下两个条件：一是必须明确表示其作出的建议是一项要约而不是要约邀请；二是必须明确承担向多人发送要约的责任，尤其是要约人发出要约后，必须具有向不特定的相对人作出承诺以后履行合同的能力。

（4）内容必须具体、确定。根据《合同法》第 14 条规定，要约内容必须具体。所谓具体是指要约内容必须具有足以使合同成立的主要条款。所谓确定，是指要约内容必须明确，而不能含糊不清。要约应当使受要约人理解要约人的真实意思表示，否则无法承诺。

（5）要约必须送达到受要约人处。要约人只有在送达受要约人以后才能为受要约人所知悉。我国《合同法》第 16 条规定，要约到达受要约人时生效。

总之，要约不同于要约邀请。要约邀请是当事人订立合同的预备行为，只是引诱他人发出要约，不能因相对人的承诺而成立合同。在发出要约邀请以后，要约邀请人撤回其邀请，只要没给善意相对人造成信赖利益的损失，要约邀请人一般不承担责任。

（二）收购要约的含义

收购要约是收购人向上市公司股东发出的，向其购买所持上市公司股票的单方意思表示。

要约收购是各国证券市场最主要的收购形式。它通过公开向全体股东发出要约，达到控制目标公司的目的。其最大的特点是企业的收购行为在所有股东平等获取信息的基础上发生，并由股东自主作出选择，因此被视为完全市场化的规范的收购模式。有利于防止各种内幕交易，保障全体股东尤其是中小股东的利益。

（三）要约收购的类型

1. 要约收购的种类

（1）根据要约的发出是否基于收购人的意愿，要约收购可分为强制要约收购和自愿要约收购。

所谓自愿要约收购，是指收购人自愿作出收购决定，并根据目标公司总股本确定预计收购的股份比例，在该比例范围内向目标公司所有股东发出收购要约。

根据《上市公司收购管理办法》第23条的规定，投资者自愿选择以要约方式收购上市公司股份的，可以向被收购公司所有股东发出收购其所持有的全部股份的要约（简称全面要约），也可以向被收购公司所有股东发出收购其所持有的部分股份的要约（简称部分要约）。

所谓强制要约收购，是指在收购人持有目标公司已发行股份达到一定比例后，为获得对目标公司的控制权，欲继续增持股份的，法律强制其向目标公司的所有股东发出收购其所持有股份的要约。

（2）根据收购目标股份的比例规模，要约收购分为全面要约收购与部分要约收购。

所谓全面要约，是指收购人向被收购公司所有股东发出收购其所持有的全部股份的要约。所谓部分要约，是指收购人向被收购公司所有股东发出收购其所持有的部分股份的要约。

根据《上市公司收购管理办法》第24条的规定，通过证券交易所的证券交易，收购人持有一个上市公司的股份达到该公司已发行股份的30%时，继续增持股份的，应当采取要约方式进行，发出全面要约或者部分要约。

2. 自愿要约收购与强制要约收购比较

与自愿要约收购相比较，强制要约收购更为看重公平原则，更为强调对中小股东权益的保护。

而与强制要约收购相比较，自愿要约收购则更多地体现了投资者的自由意志与证券市场的效率：其一，在收购要约发出方面，自愿收购的收购人可以在符合法律规定的情况下自愿选择时机发出收购要约。其二，自愿要约收购既可以是部分收购，也可以是全面要约收购，而不必像强制收购要约那样，在某些条件下必须是全面收购。其三，在收购的价格方面，自愿收购的价格完全由投资者自行决定。允许投资者自愿选择收购的价格以及价格支付方式。其四，在自愿收购要约中，收购人可以对要约附有条件。

不过，尽管在自愿要约收购中，收购人拥有较大的自主性，但与强制要约收购一样要遵守证券法律法规对要约收购的总体性规定，如履行信息披露义务，面对目标公司的反收购措施以及制定收购价格的最高价原则与平等原则等。而且自愿要约收购一旦达到强制要约收购触发点，就必须依法发出全面收购要约。

我国在《股票发行与交易管理暂行条例》中首次规定了强制要约收购制度。新的《证券法》和《上市公司收购管理办法》在继续延用强制要约收购制度的同时，进行了相应的修改：

一是增加了“继续收购”的规定，即“投资者持有或者通过协议、其他安排与他人共同持有一个上市公司已发行的股份的30%的，继续收购的，应当依法向该上市公司所有股东发出收购要约”，削弱了其强制性。

二是增加了“一致行动”的规定，强化了要约收购制度的力度。

所谓一致行动，是指在公司收购过程中，两个或者两个以上的民事主体相互合作，以获得或者巩固对目标公司的共同控制权的行为。中国证监会《上市公司持股变动信息披露管理办法》（2002）第9条规定，一致行动人是指通过协议、合作、关联方关系等合法途径扩大其对一个上市公司股份的控制比例，或者巩固其对上市公司的控制地位，在行使上市公司表决权时采取相同意思表示的两个以上的自然人、法人或者其他组织；相同意思表示的情形包括共同提案、共同推荐董事、委托行使未注明投票意向的表决权等情形，但是公开征集投票代理权的除外。《上市公司收购管理办法》（2002）第60条规定，进行上市公司收购的股份持有人、股份控制人、一致行动人，其所持有、控制被收购公司已发行的股份数量应当合并计算。

2006年开始执行的新《证券法》并未明确提出“一致行动人”的概念，而是代之以“投资者持有或者通过协议、其他安排与他人共同持有一个上市公司已发行的股份”这一宽泛的提法，但却是在法律层面上正式确立了这一法律制度。

据此，“一致行动人”的概念包含以下内容：（1）采取“一致行动”的法律依据是协议、合作、关联方关系等合法方式；（2）采取“一致行动”的手段是行使目标公司的表决权；（3）采取“一致行动”的方式是采取相同意思表示；（4）采取“一致行动”的目的是为了扩大其对目标公司股份的控制比例，或者巩固其对目标公司的控制地位。

综观各国证券立法，对于一致行动的基本规定都是将一致行动的人作为一个人对待，其共同持股视为一个人持股，持股达到一定比例就必须在规定时间内履行信息披露义务以及强制要约义务。

三是删除了要约收购中的强制要约义务的豁免的规定，豁免要约收购仅限于协议收购，限制了收购豁免的范围。

修订前的《证券法》第 81 条规定：通过证券交易所的证券交易，投资者持有一个上市公司已发行的股份达到 30% 时，继续进行收购的，应当依法向该上市公司所有股东发出收购上市公司全部或者部分股份的要约。但经国务院证券监督管理机构免除发出要约的除外。新修订的《证券法》第 88 条第一款将“但”字以后的内容删去。这样，要约收购中的强制要约收购义务就不能够再被证监会豁免了。

强制要约收购制度于 1968 年初始于英国。1993 年国务院发布的《股票发行与交易管理暂行条例》第 48 条规定，发起人以外的任何人直接或者间接持有一个上市公司发行在外的普通股份达到 30% 时，应当自该事实发生之日起 45 个工作日内，向该公司所有股票持有人发出收购要约，按照下列价格中较高的一种价格，以货币付款方式购买股票：（1）在收购要约发出前 12 个月内收购要约人购买该种股票所支付的最高价格；（2）在收购要约发出前 30 个工作日内该种股票的平均市场价格。

我国新修订的《证券法》第 88 条第 1 款规定，通过证券交易所的证券交易，投资者持有或者通过协议、其他安排与他人共同持有一个上市公司已发行的股份达到 30% 时，继续进行收购的，应当依法向该上市公司所有股东发出收购上市公司全部或者部分股份的要约。其第 96 条第 1 款规定，采取协议收购方式的，收购人收购或者通过协议、其他安排与他人共同收购一个上市公司已发行的股份达到 30% 时，继续进行收购的，应当向该上市公司所有股东发出收购上市公司全部或者部分股份的要约。但是，经国务院证券监督管理机构免除发出要约的除外。其第 97 条第 1 款规定，收购期限届满，被收购公司股权分布不符合上市条件的，该上市公司的股票应当由证券交易所依法终止上市交易；其余仍持有被收购公司股票的股东，有权向收购人以收购要约的同等条件出售其股票，收购人应当收购。

可见，在新修订的《证券法》中，豁免强制要约收购义务的情况仅限于协议收购中。

（四）要约收购的性质

依据我国的相关法规，收购要约主要包含有如下几个方面的性质：

（1）要约收购是收购人主导的行为。在我国，凡拟持有上市公司发行在外 30% 以上股份的收购人，都必须采取要约收购形式。

（2）要约收购既适用于继续收购场合，也适用于拟一次性持有上市公司发行在外特定股份的收购行为。

所谓继续收购，是指已持有上市公司 30% 以上股票的投资者继续收购上市公司上市股票或非上市股票的行为。

（3）收购要约是收购要约人的单方意思表示行为。依照《证券法》，收购人决定继续收购的，须以收购要约形式向其他股东发出收购意思表示。所谓意思表示，为要约人希望与相对人建立某种民事权利义务关系的意思的外部表示，此项意思一经合法作出，即对收购要约人产生约束力，于要约生效后，收购人必须按照收购要约指定的条件履行收购义务。

（4）要约收购是要式行为。收购要约应采取书面形式，并记载与收购直接关联的各种条件，如收购人名称、住所、被收购上市公司名称、预定收购的股份数量、收购期限和价格等。收购要约发出前，应事先以上市公司收购报告书形式报告证监会和证券交易所，否则不得发出收购要约。

（5）收购要约相对人为上市公司全体股东。收购要约应当向上市公司全体股东发出，不得仅向部分股东作出。

二、要约收购适用条件与要约收购程序

（一）要约收购的适用条件

通过证券交易所的证券交易，投资者持有或者通过协议、其他安排与他人共同持有一个上市公司已发行的股份达到30%时，继续增持股份的，应当依法向该上市公司所有股东发出收购上市公司全部或者部分股份的要约。

采取协议收购方式的，收购人收购或者通过协议、其他安排与他人共同收购一个上市公司已发行的股份达到30%时，继续进行收购的，应当向该上市公司所有股东发出收购上市公司全部或者部分股份的要约。但是，经国务院证券监督管理机构免除发出要约的除外。

（二）要约收购的程序

根据《上市公司收购管理办法》第27条的规定，收购人为终止上市公司的上市地位而发出全面要约的，或者向中国证监会提出申请但未取得豁免而发出全面要约的，应当以现金支付收购价款；以依法可以转让的证券支付收购价款的，应当同时提供现金方式供被收购公司股东选择。

根据《上市公司收购管理办法》第28条，以要约方式收购上市公司股份的，收购人应当编制要约收购报告书，并应当聘请财务顾问向中国证监会、证券交易所提交书面报告，抄报派出机构，通知被收购公司，同时对要约收购报告书摘要作出提示性公告。

根据深圳证券交易所《上市公司要约收购业务指引》，以要约收购方式进行上市公司收购的，收购人应当在拟刊登要约收购报告书摘要前一工作日15:00之前到中国证券登记结算有限责任公司深圳分公司办理相关手续：

1. 收购人以现金支付的，应当委托证券公司将不少于收购总金额20%的履约保证金存入其在中国结算深圳分公司开立的结算备付金账户中，然后将《要约收购履约资金划付申请表》传真给中国结算深圳分公司资金交收部，将该款项由其结算备付金账

户划入收购证券资金结算账户。对于履约保证金，中国结算深圳分公司按照中国人民银行规定的企业活期存款利率计付利息。

在刊登《要约收购报告书摘要》的当日，收购人应当将《要约收购报告书摘要》传真给中国结算深圳分公司资金交收部。

2. 收购人以依法可以转让的证券进行支付的，应当委托证券公司向中国结算深圳分公司申请办理其用于支付的全部证券的保管，但不在中国结算深圳分公司保管范围内的证券除外。

收购人委托的证券公司申请办理用于支付的证券的保管时，应当向中国结算深圳分公司提供以下材料：

（1）《证券保管申请表》；

（2）符合中国结算深圳分公司登记结算系统技术要求的证券支付方案；

（3）收购人证券账户卡原件及复印件；

（4）收购人有效身份证明文件原件及复印件（无法提供原件的，需提供经公证的复印件）、收购人授权委托书；

（5）受托证券公司营业执照复印件（需加盖证券公司印章）、法定代表人证明书、法定代表人授权委托书、经办人有效身份证明文件原件及复印件；

（6）中国结算深圳分公司要求提供的其他材料。

中国结算深圳分公司对上述材料审核通过后，办理用于支付证券的保管，并向收购人委托的证券公司出具《证券保管确认书》。

收购人应当在拟刊登要约收购报告书摘要前一工作日向深圳证券交易所公司管理部提供以下资料：

（1）载明专业机构出具结论性意见的《要约收购报告书摘要》，收购人应当在《要约收购报告书摘要》的显著位置提示本次要约收购是否以终止被收购公司股票上市交易为目的，是否已经提出维持被收购公司上市地位的具体措施；

（2）收购人（包括股份持有人、股份控制人和一致行动人）及其董事、监事和高级管理人员名单和证券账户；

（3）深交所要求提供的其他材料。

经深交所公司部审查无异议后，收购人公告《要约收购报告书摘要》；公告日为交易日的，深交所对被收购公司挂牌交易证券（以下简称被收购公司证券）停牌一天。

收购人应当在收到中国证监会对要约收购报告书无异议的书面通知当日 15:00 之前，向深交所公司部提交经审核无异议的《要约收购报告书》及财务顾问意见、律师法律意见书。深交所公司部将中国结算深圳分公司编制的收购编码通知收购人，由收购人载于《要约收购报告书》上。

收购人应当在收到中国证监会无异议的书面通知次日将上述文件予以公告。如《要约收购报告书》已就有关事项做出修改或者补充，与《要约收购报告书摘要》披露的事实存在重大变化的，收购人应当就修改或者补充部分做出特别提示。

公告日为交易日的，深交所对被收购公司证券停牌一小时。

被收购公司董事会应当在收购人发出收购要约后十日内将《被收购公司董事会报告书》和专业机构意见抄送深交所公司部，并予以公告；公告日为交易日的，深交所对被收购公司证券停牌一小时。未在规定的期限内披露《被收购公司董事会报告书》和专业机构意见的，应当在规定期限届满的次日披露其理由；遇交易日披露的，深交所对被收购公司证券停牌一小时。

被收购公司董事会拒绝披露《被收购公司董事会报告书》和专业机构意见的，深交所将责令其予以披露。

收购人在要约收购有效期限内变更收购要约条件，收购人应当将变更收购要约条件的书面报告在报送中国证监会的同时抄送深交所公司部。获中国证监会批准的，收购人应当在获得批准的当日 15:00 之前，将拟刊登的有关变更收购要约条件的公告报送深交所公司部，并于次日公告。

若因要约收购条件变更导致收购资金数额发生变化的，收购人还应当重新办理相关手续。

公告日为交易日的，深交所对被收购公司证券停牌一小时。

收购人在要约收购有效期限内变更收购要约条件的，被收购公司应当在收购人公告要约条件变更事项后的五日内，将拟刊登的董事会关于要约条件重大变更的补充报告书及独立董事补充意见等报送深交所公司部，一并公告。公告日为交易日的，深交所对被收购公司证券停牌一小时。

要约收购报告书所披露的基本事实发生重大变化的，收购人应当将有关的书面报告报送中国证监会的同时，抄送深交所公司部并公告。公告日为交易日的，深交所对被收购公司证券停牌一小时。

在要约收购期间，拟发出竞争要约的收购人应当将有关的书面报告报送中国证监会的同时，抄送深交所公司部，并根据本指引办理相关手续。获中国证监会批准的，竞争要约收购人应当在获得批准的当日 15:00 之前，将拟刊登的要约收购报告书报送深交所公司部，并于次日公告。

公告日为交易日的，深交所对被收购公司证券停牌一天。

3. 被收购公司非流通股股东申请预受要约或撤回预受要约的，应当在要约有效期内通过收购人委托的证券公司办理有关申报手续。

受托证券公司每个交易日 14:00 前向中国结算深圳分公司客户部申报接受的预受要

约和撤回预受要约，中国结算深圳分公司据以办理相应股份的临时保管和解除临时保管。申报时应当提供以下材料：

（1）《证券保管申请表》；

（2）非流通股东有效身份证明文件原件及复印件（无法提供原件的，需提供经公证的复印件）。股东为法人的，还需提供法定代表人证明书、法定代表人授权委托书；股东为自然人的，委托他人办理，还需提供经公证的授权委托书；

（3）受托证券公司营业执照复印件（需加盖证券公司印章）、法定代表人证明书、法定代表人授权委托书、经办人有效身份证明文件及复印件；

（4）磁盘数据。

被收购公司流通股股东申请预受要约或撤回预受要约的，应当在收购要约有效期的每个交易日的交易时间内，通过深交所交易系统办理有关申报手续。申报指令的内容应当包括：证券代码、会员席位号、证券账户号码、合同序号、预受或者撤回数量、收购编码。

被收购公司证券停牌期间，公司股东仍可通过深交所交易系统办理有关预受要约或撤回预受要约的申报手续。

预受要约或撤回预受要约申报当日可以撤销。

已申报预受要约的流通股当日可以申报卖出，卖出申报未成交部分仍计入预受要约申报。

流通股股东在申报预受要约同一日对同一笔股份所进行的非交易委托申报，其处理的先后顺序为：质押、预受要约、转托管。

预受要约或撤回预受要约申报经中国结算深圳分公司确认后次一交易日生效。中国结算深圳分公司对确认的预受要约股份进行临时保管，对撤回预受要约的股份解除临时保管。

经确认的预受要约流通股不得进行转托管或质押。

收购要约有效期间内，如收购要约发生变更，原预受申报不再有效，中国结算深圳分公司自动解除相应股份的临时保管；被收购公司股东如接受变更后的收购要约，须重新申报。

出现竞争要约时，预受要约股东就初始要约预受的股份进行再次预受之前应当撤回原预受要约。

要约收购期间预受要约的非流通股被司法冻结或强制过户的，相应股份的预受申报无效，中国结算深圳分公司客户部对相应股份解除临时保管。

要约收购期间预受要约的流通股被司法冻结的，证券公司应当在协助执行股份冻结前通过深交所交易系统撤回相应股份的预受申报。

收购要约有效期内的每个交易日开市前，收购人应当在深交所网站上公告上一交易日的预受要约以及撤回预受的有关情况。

要约收购期满，收购人因按同等比例收购预受要约股份出现零碎股份的，应按照中国结算深圳分公司权益分派中零碎股的处理办法处理。

要约收购期满次一交易日，收购人应当委托证券公司将含相关税费的收购资金（以证券支付的，只需相关税费）足额存入其在中国结算深圳分公司的结算备付金账户，然后通过传真《要约收购履约资金划付申请表》方式通知中国结算深圳分公司资金交收部，将该款项由其结算备付金账户划入收购证券资金结算账户。

收购要约期满次一交易日，收购人应当向深交所法律部申请办理股份转让确认手续，并提供相关材料。

深交所法律部在要约期满后两个工作日内完成对预受股份的转让确认手续。

收购人收购资金未足额到账或者未将用于支付的全部证券进行保管的，深交所对股份转让不予确认，中国结算深圳分公司据此解除对预受要约股份的临时保管以及用于支付证券的保管，并将要约收购的履约保证金退还到要约收购人委托的证券公司的结算备付金账户中，由受托证券公司将该资金返还给要约收购人。

收购人应当在收购要约期满的三个工作日内凭深交所出具的股份转让确认书到中国结算深圳分公司办理股份过户手续。

中国结算深圳分公司根据深交所出具的股份转让确认书，按照有关业务规则办理资金结算、证券支付以及预受要约股份的过户登记手续，同时自动解除已过户股份和超过预定收购比例股份的临时保管以及用于支付证券的保管。

要约收购期满后至股份过户前预受要约的非流通股被司法冻结或强制过户的，中国结算深圳分公司在协助执行前解除相应股份的临时保管。

要约收购期满后至股份过户前预受要约的流通股被司法冻结的，证券公司应当在协助执行股份冻结日15:00前将《解除预受股份临时保管申请书》及相关法律文书传真给中国结算深圳分公司客户部，并确认中国结算深圳分公司已收到前述文件。中国结算深圳分公司收到上述资料后，当日解除相应股份的临时保管。

收购人应当在股份过户手续完成当日向深交所公司部提交上市公司收购情况的书面报告，并于次日就收购情况作出公告。

要约收购期满至公告上市公司收购情况报告期间，被收购公司证券停牌。深交所根据收购完成后被收购公司股权分布、收购人提出的维持上市地位方案及其实施情况，决定被收购公司证券复牌。

收购期限届满，发出部分要约的收购人应当按照收购要约约定的条件购买被收购公司股东预受的股份，预受要约股份的数量超过预定收购数量时，收购人应当按照同等比例收购预受要约的股份；以终止被收购公司上市地位为目的的，收购人应当按照收购要约约定的条件购买被收购公司股东预受的全部股份；未取得中国证监会豁免而发出全面要约的收购人应当购买被收购公司股东预受的全部股份。

收购期限届满后3个交易日内，接受委托的证券公司应当向证券登记结算机构申请办理股份转让结算、过户登记手续，解除对超过预定收购比例的股票的临时保管；收购人应当公告本次要约收购的结果。

收购期限届满，被收购公司股权分布不符合上市条件的，该上市公司的股票由证券交易所依法终止上市交易。在收购行为完成前，其余仍持有被收购公司股票的股东，有权在收购报告书规定的合理期限内向收购人以收购要约的同等条件出售其股票，收购人应当收购。

收购期限届满后15日内，收购人应当向中国证监会报送关于收购情况的书面报告，同时抄报派出机构，抄送证券交易所，通知被收购公司。

根据《上市公司收购管理办法》第46条的规定，除要约方式外，投资者不得在证券交易所外公开求购上市公司的股份。

第三节 上市公司的协议收购与间接收购

一、协议收购的含义与特点

（一）协议收购的含义

协议收购是指收购人在证券交易所市场外，与目标公司股东私下达成协议并按协议规定的收购条件、收购价格、收购期限及其他规定事项收购目标公司股份的行为。

2006年9月1日，新修订的《上市公司收购管理办法》正式实施，其中第四章对协议收购进行了具体的规范。

（二）协议收购的特点

与要约收购相比，协议收购具有以下特点：

（1）协议收购的主体具有特定性。协议收购的出让方为被收购公司的特定股东，受让方为收购人。而要约收购方式的出让方是不特定的，实际上是被收购公司的所有股东。

（2）协议收购是在证券交易所竞价交易系统之外进行的。而要约收购只能通过证券交易所的证券交易系统进行。

（3）协议收购的交易程序相对简单，可以迅速取得对被收购公司的控制权。一般情况下只要交易双方达成协议并履行相关公告、报告和审批程序就可以到相关部门办理股权过户手续。而要约收购则一般需要公布要约、要约期等待、交付股票等若干个步骤，耗时较长。

(4) 由其性质所决定，协议收购基本都是友好收购，一般不可能发生恶意收购。而要约收购的对象则是目标公司全体股东持有的股份，不需要征得目标公司的同意，因此要约收购经常属于敌意收购。

(5) 收购对象的股权结构不同。协议收购方大多选择股权集中、存在控股股东的被收购公司，以较少的协议次数、较低的成本获得控制权。而要约收购倾向于选择股权较为分散的公司，以降低收购难度。

(6) 要约收购在收购人持有上市公司发行在外的股份达到 30% 时，若继续收购，须向被收购公司的全体股东发出收购要约，持有上市公司股份达到 90% 以上时，收购人负有强制性要约收购的义务。而协议收购的实施对持有股份的比例无限制。但采取协议收购方式的，收购人收购或者通过协议、其他安排与他人共同收购一个上市公司已发行的股份达到 30% 时，继续进行收购的，应当向该上市公司所有股东发出收购上市公司全部或者部分股份的要约。但是，经国务院证券监督管理机构免除发出要约的除外。

(7) 由于协议收购具有隐蔽性强、不易监管的特点，所以大范围的协议收购对收购人比较有利，其可以利用信息不透明低成本取得目标公司的股份。为此，许多国家排除了协议收购的合法性，或者对协议收购进行严格监管，以防止收购人通过暗箱操作来操纵市场。

二、协议收购的规则

根据《上市公司收购管理办法》，收购人通过协议方式在一个上市公司中拥有权益的股份达到或者超过该公司已发行股份的 5%，但未超过 30% 的，按照本办法第二章关于权益披露的规定办理。

收购人拥有权益的股份达到该公司已发行股份的 30% 时，继续进行收购的，应当依法向该上市公司的股东发出全面要约或者部分要约。符合《上市公司收购管理办法》第六章关于豁免申请规定情形的，收购人可以向中国证监会申请免除发出要约。

收购人拟通过协议方式收购一个上市公司的股份超过 30% 的，超过 30% 的部分，应当改以要约方式进行；但符合《上市公司收购管理办法》第六章关于豁免申请规定情形的，收购人可以向中国证监会申请免除发出要约。收购人在取得中国证监会豁免后，履行其收购协议；未取得中国证监会豁免且拟继续履行其收购协议的，或者不申请豁免的，在履行其收购协议前，应当发出全面要约。

以协议方式收购上市公司股份超过 30%，收购人拟依据《上市公司收购管理办法》

第六章的规定申请豁免的，应当在与上市公司股东达成收购协议之日起3日内编制上市公司收购报告书，提交豁免申请及《上市公司收购管理办法》第50条规定的相关文件，委托财务顾问向中国证监会、证券交易所提交书面报告，同时抄报派出机构，通知被收购公司，并公告上市公司收购报告书摘要。派出机构收到书面报告后通报上市公司所在地省级人民政府。

收购人自取得中国证监会的豁免之日起3日内公告其收购报告书、财务顾问专业意见和律师出具的法律意见书；收购人未取得豁免的，应当自收到中国证监会的决定之日起3日内予以公告，并按照《上市公司收购管理办法》第61条第2款的规定办理。

中国证监会发现收购报告书不符合法律、行政法规及相关规定的，应当及时告知收购人，收购人未纠正的，不得公告收购报告书，在公告前不得履行收购协议。

依据前条规定所作的上市公司收购报告书，须披露《上市公司收购管理办法》第29条第1项至第6项和第9项至第14项规定的内容及收购协议的生效条件和付款安排。

已披露收购报告书的收购人在披露之日起6个月内，因权益变动需要再次报告、公告的，可以仅就与前次报告书不同的部分作出报告、公告；超过6个月的，应当按照《上市公司收购管理办法》第二章的规定履行报告、公告义务。

收购人进行上市公司的收购，应当向中国证监会提交以下文件：

（1）中国公民的身份证明，或者在中国境内登记注册的法人、其他组织的证明文件；

（2）基于收购人的实力和从业经验对上市公司后续发展计划可行性的说明，收购人拟修改公司章程、改选公司董事会、改变或者调整公司主营业务的，还应当补充其具备规范运作上市公司的管理能力的说明；

（3）收购人及其关联方与被收购公司存在同业竞争、关联交易的，应提供避免同业竞争等利益冲突、保持被收购公司经营独立性的说明；

（4）收购人为法人或者其他组织的，自提供其控股股东、实际控制人最近2年未变更的说明；

（5）收购人及其控股股东或实际控制人的核心企业和核心业务、关联企业及主营业务的说明；收购人或其实际控制人为两个或两个以上的上市公司控股股东或实际控制人的，还应当提供其持股5%以上的上市公司以及银行、信托公司、证券公司、保险公司等其他金融机构的情况说明；

（6）财务顾问关于收购人最近3年的诚信记录、收购资金来源合法性、收购人具备履行相关承诺的能力以及相关信息披露内容真实性、准确性、完整性的核查意见；收购人成立未满3年的，财务顾问还应当提供其控股股东或者实际控制人最近3年诚信记录的核查意见。

境外法人或者境外其他组织进行上市公司收购的，除应当提交上述六项规定的文件外，还应当提交以下文件：

(1) 财务顾问出具的收购人符合对上市公司进行战略投资的条件、具有收购上市公司的能力的核查意见；

(2) 收购人接受中国司法、仲裁管辖的声明。

上市公司董事、监事、高级管理人员、员工或者其所控制或者委托的法人或者其他组织，拟对本公司进行收购或者通过《上市公司收购管理办法》第五章规定的方式取得本公司控制权的，该上市公司应当具备健全且运行良好的组织机构以及有效的内部控制制度，公司董事会成员中独立董事的比例应当达到或者超过1/2。公司应当聘请具有证券、期货从业资格的资产评估机构提供公司资产评估报告，本次收购应当经董事会非关联董事作出决议，且取得2/3以上的独立董事同意后，提交公司股东大会审议，经出席股东大会的非关联股东所持表决权过半数通过。独立董事发表意见前，应当聘请独立财务顾问就本次收购出具专业意见，独立董事及独立财务顾问的意见应当一并予以公告。

上市公司董事、监事、高级管理人员存在《公司法》第149条规定情形，或者最近3年有证券市场不良诚信记录的，不得收购本公司。

以协议方式进行上市公司收购的，自签订收购协议起至相关股份完成过户的期间为上市公司收购过渡期。在过渡期内，收购人不得通过控股股东提议改选上市公司董事会，确有充分理由改选董事会的，来自收购人的董事不得超过董事会成员的1/3；被收购公司不得为收购人及其关联方提供担保；被收购公司不得公开发行股份募集资金，不得进行重大购买、出售资产及重大投资行为或者与收购人及其关联方进行其他关联交易，但收购人为挽救陷入危机或者面临严重财务困难的上市公司的情形除外。

上市公司控股股东向收购人协议转让其所持有的上市公司股份的，应当对收购人的主体资格、诚信情况及收购意图进行调查，并在其权益变动报告书中披露有关调查情况。

控股股东及其关联方未清偿其对公司的负债，未解除公司为其负债提供的担保，或者存在损害公司利益的其他情形的，被收购公司董事会应当对前述情形及时予以披露，并采取有效措施维护公司利益。

协议收购的相关当事人应当向证券登记结算机构申请办理拟转让股份的临时保管手续，并可以将用于支付的现金存放于证券登记结算机构指定的银行。

收购报告书公告后，相关当事人应当按照证券交易所和证券登记结算机构的业务规则，在证券交易所就本次股份转让予以确认后，凭全部转让款项存放于双方认可的银行账户的证明，向证券登记结算机构申请解除拟协议转让股票的临时保管，并办理过户登记手续。

收购人未按规定履行报告、公告义务，或者未按规定提出申请的，证券交易所和证券登记结算机构不予办理股份转让和过户登记手续。

收购人在收购报告书公告后30日内仍未完成相关股份过户手续的，应当立即作出公告，说明理由；在未完成相关股份过户期间，应当每隔30日公告相关股份过户办理进展情况。

三、间接收购

（一）间接收购的含义及其分类

1. 间接收购的含义

所谓间接收购，是指收购人不是经由直接取得上市公司的控股股份的途径，也不成为上市公司的股东，而是通过投资关系、协议、其他安排导致其拥有权益的股份达到或者超过一个上市公司已发行股份的法定比例的收购方式。

2. 间接收购的分类

间接收购主要有收购方直接收购上市公司大股东（母公司）股权、向大股东（母公司）增资扩股、出资与大股东成立合资公司、托管大股东股权等几种方式。

直接收购大股东股权是间接收购最普遍的方式。2002年12月，江苏省盐城市国有资产管理委员会与重庆东银实业（集团）有限公司等两家民营企业签订了“并购协议书”。后者收购江淮动力第一大股东江苏江动集团有限公司的全部生产经营性净资产，其中包括江动集团作为控股股东持有的江淮动力62.64%的股权。并购完成后，重庆东银实业（集团）有限公司、重庆东原房地产开发有限公司分别占江苏江动集团有限公司股权的90%、10%，成为江淮动力的实际控制人。江动集团的经济性质由国资变为民营，按照国有股权管理的有关规定，江动集团所持有江苏江淮动力股份有限公司19 180万股的股权性质也由国有法人股变更为社会法人股。

三佳模具的重组模式就是典型的经由对母公司增资扩股实现的间接收购。其重组方通过对上市公司大股东增资扩股获得了上市公司的控制权。北京华商投资有限公司以现金的形式出资1.1亿元人民币，向三佳模具的控股股东三佳电子（集团）有限责任公司增资扩股。完成后，华商投资持有三佳集团52.38%股权，三佳集团原唯一股东铜陵工业国有资产经营有限公司将持有三佳集团47.62%股权。

增资母公司的另一种形式是收购方与上市公司母公司成立新的合资公司，并由其控股上市公司。在新的合资公司中，收购方处于控股地位，从而实现对上市公司的间接控制。2003年3月，南钢股份发布公告，公司控股股东南京钢铁集团有限公司与上海复星高科技（集团）有限公司、上海复星产业投资有限公司、上海广信科技发展有限公司共同签定合同，合资成立了南京钢铁联合有限公司。四方出资比例分别为40%、

30%、20%、10%，后三者均为民营性质，南钢联合的经济性质为民营性质。在获得财政部的批准后，南钢集团以其所持有的南钢股份35 760万股国有股股权及其他部分资产和负债，与另外三家股东共同按比例对南钢联合增资。最终的结果，作为收购方的三家民营企业通过南钢联合实现对上市公司南钢股份的间接控制。其中，来自"复星系"的两家公司占南钢联合50%的股权，使"复星系"成为上市公司的实际控制人。

作为惯例，上市公司的股权转让在获得批复前往往采用托管方式，以便及时引入重组方。2003年5月，威远集团出资人石家庄市国有资产管理委员会办公室与新奥集团股份有限公司、石家庄新奥投资有限公司签定了《股权转让协议》、《委托经营管理协议》，将其持有的威远集团国家股权一次性分别转让给新奥集团和新奥投资。在股权转让行为完成前，市国资办将其在威远集团中的全部权益以及全部资产中除收益权和资产处置权以外的其他权利全部交由新奥集团行使，由新奥集团自行决定威远集团的人员安排，并对威远集团的生产经营决策、运营、调度以及业务等问题行使全面决定权。

（二）间接收购的规则

根据《上市公司收购管理办法》，收购人虽不是上市公司的股东，但通过投资关系、协议、其他安排导致其拥有权益的股份达到或者超过一个上市公司已发行股份的5%未超过30%的，应当按照《上市公司收购管理办法》第二章关于权益披露的规定办理。

收购人拥有权益的股份超过该公司已发行股份的30%的，应当向该公司所有股东发出全面要约；收购人预计无法在事实发生之日起30日内发出全面要约的，应当在前述30日内促使其控制的股东将所持有的上市公司股份减持至30%或者30%以下，并自减持之日起2个工作日内予以公告；其后收购人或者其控制的股东拟继续增持的，应当采取要约方式；拟依据《上市公司收购管理办法》第六章的规定申请豁免的，应当按照《上市公司收购管理办法》第48条的规定办理。

投资者虽不是上市公司的股东，但通过投资关系取得对上市公司股东的控制权，而受其支配的上市公司股东所持股份达到前条规定比例、且对该股东的资产和利润构成重大影响的，应当按照前条规定履行报告、公告义务。

上市公司实际控制人及受其支配的股东，负有配合上市公司真实、准确、完整披露有关实际控制人发生变化的信息的义务；实际控制人及受其支配的股东拒不履行上述配合义务，导致上市公司无法履行法定信息披露义务而承担民事、行政责任的，上市公司有权对其提起诉讼。实际控制人、控股股东指使上市公司及其有关人员不依法履行信息披露义务的，中国证监会依法进行查处。

上市公司实际控制人及受其支配的股东未履行报告、公告义务的，上市公司应当自知悉之日起立即作出报告和公告。上市公司就实际控制人发生变化的情况予以公告后，实际控制人仍未披露的，上市公司董事会应当向实际控制人和受其支配的股东查询，必要时可以聘请财务顾问进行查询，并将查询情况向中国证监会、派出机构和证券交易所报告；中国证监会依法对拒不履行报告、公告义务的实际控制人进行查处。

上市公司知悉实际控制人发生较大变化而未能将有关实际控制人的变化情况及时予以报告和公告的，中国证监会责令改正，情节严重的，认定上市公司负有责任的董事为不适当人选。

上市公司实际控制人及受其支配的股东未履行报告、公告义务，拒不履行《上市公司收购管理办法》第 58 条规定的配合义务，或者实际控制人存在不得收购上市公司情形的，上市公司董事会应当拒绝接受受实际控制人支配的股东向董事会提交的提案或者临时议案，并向中国证监会、派出机构和证券交易所报告。中国证监会责令实际控制人改正，可以认定实际控制人通过受其支配的股东所提名的董事为不适当人选；改正前，受实际控制人支配的股东不得行使其持有股份的表决权。上市公司董事会未拒绝接受实际控制人及受其支配的股东所提出的提案的，中国证监会可以认定负有责任的董事为不适当人选。

第四节　上市公司的资产重组

一、资产重组的含义

所谓资产重组，是指企业资产的拥有者、控制者与企业外部的经济主体之间进行的，对设在企业资产上的权利进行重新配置，并由此导致对企业资产的分布状态进行重新组合或调整配置，借以实现产权结构、产品结构优化，最终提高资源使用效率目标的过程。

或者说，资产重组是指企业资产的拥有者、控制者与企业外部的经济主体进行的，对企业资产的分布状态进行重新组合、调整、配置的过程，或对设在企业资产上的权利进行重新配置的过程。

它包含两个层面的含义：一是股东层面的“产权”重组。这一过程将伴随有新股东的进入。二是企业层面的“资产”重组。这一过程将体现为企业原有存量资产与外来增量资产的重新整合。亦即资产重组同时包含企业股权的调整以及企业资产的重新整合两个层次的含义。并且后一个层次的内容由前一个层次的内容所引起。

可见，依据这个定义，资产重组不包括仅在企业内部发生的资产重新组合以及企业对外进行的产权投资。资产重组仅涉及企业本身所发生的产权变动以及由此所引发的企业与外界之间的资产组合。

另外，对一个上市公司而言，股权转让很频繁，但少量的股权转让不属于资产重组范围。因此，资产重组是一个带有“量”的内涵的概念。亦即只有企业产权与资产的调整和再配置达到一定的程度时，才能被称为资产重组。

二、资产重组的类型

（一）收购兼并

收购兼并，指的是收购其他企业股权或资产、兼并其他企业，或采取定向扩股合并其他企业的行为。这是实施收购兼并行为的企业作为利益主体，进行主动对外扩张的结果。

收购兼并与我国上市公司的大宗股权转让不同。“股权转让”是在上市公司的股东层面上完成的行为，而收购兼并则是在上市公司的股东层面和企业层面同时完成的行为。

（二）股权转让

在我国，股权转让主要是指上市公司的大宗股权转让，包括股权有偿转让、二级市场收购、行政无偿划拨和通过收购控股股东等形式。

在上市公司大宗股权转让以后，通常会发生公司股东甚至董事会和经理层的变动，进而引入新的管理方式，或调整原有公司业务，最终实现公司经营管理与业务的升级。

（三）资产剥离和所拥有股权的出售

这是企业将其本身的一部分资产或股权出售给目标企业而由此获得收益的行为。根据出售标的的差异，可划分为实物资产剥离和股权出售两种类型。

资产剥离或所拥有股权的出售可减少企业的经营负担、改变企业的经营方向，进而有利于企业的长期发展。

（四）资产置换

目前在我国，企业改组上市，需做资产剥离，把不良资产置换出去，把好的资产置换进来。

就我国资本市场而言，所谓资产置换，主要是指上市公司的控股股东以优质资产或现金置换上市公司的存量呆滞资产，或上市公司的控股股东以主营业务资产置换上市公司的非主营业务资产等行为。包括整体资产置换和部分资产置换等形式。

所谓整体资产置换是指，一家企业以其经营活动的全部或其独立核算的分支机构与另一家企业的经营活动的全部或其独立核算的分支机构进行整体交换，资产置换双方企业都不解散。可见，企业整体资产置换实际上是多种非货币性资产的置换。

三、资产重组的基本规则

2008 年 5 月，中国证监会发布实施《上市公司重大资产重组管理办法》。

依据该办法，所谓重大资产重组，指的是上市公司及其控股或者控制的公司在日常经营活动之外购买、出售资产或者通过其他方式进行资产交易达到规定的比例，导致上市公司的主营业务、资产、收入发生重大变化的资产交易行为。

其中，所谓通过其他方式进行资产交易，包括：

（1）与他人新设企业、对已设立的企业增资或者减资；

（2）受托经营、租赁其他企业资产或者将经营性资产委托他人经营、租赁；

（3）接受附义务的资产赠与或者对外捐赠资产；

（4）中国证监会根据审慎监管原则认定的其他情形。

上述资产交易实质上构成购买、出售资产，且按照本办法规定的标准计算的相关比例达到 50% 以上的，应当按照本办法的规定履行信息披露等相关义务并报送申请文件。

上市公司实施重大资产重组，应当符合下列要求：

（1）符合国家产业政策和有关环境保护、土地管理、反垄断等法律和行政法规的规定；

（2）不会导致上市公司不符合股票上市条件；

（3）重大资产重组所涉及的资产定价公允，不存在损害上市公司和股东合法权益的情形；

（4）重大资产重组所涉及的资产权属清晰，资产过户或者转移不存在法律障碍，相关债权债务处理合法；

（5）有利于上市公司增强持续经营能力，不存在可能导致上市公司重组后主要资产为现金或者无具体经营业务的情形；

（6）有利于上市公司在业务、资产、财务、人员、机构等方面与实际控制人及其关联人保持独立，符合中国证监会关于上市公司独立性的相关规定；

（7）有利于上市公司形成或者保持健全有效的法人治理结构。

上市公司及其控股或者控制的公司购买、出售资产，达到下列标准之一的，构成重大资产重组：

（1）购买、出售的资产总额占上市公司最近一个会计年度经审计的合并财务会计报告期末资产总额的比例达到 50% 以上；

（2）购买、出售的资产在最近一个会计年度所产生的营业收入占上市公司同期经审计的合并财务会计报告营业收入的比例达到 50% 以上；

（3）购买、出售的资产净额占上市公司最近一个会计年度经审计的合并财务会计报告期末净资产额的比例达到50%以上，且超过5 000万元人民币。

其中，购买的资产为股权的，其资产总额以被投资企业的资产总额与该项投资所占股权比例的乘积和成交金额二者中的较高者为准，营业收入以被投资企业的营业收入与该项投资所占股权比例的乘积为准，资产净额以被投资企业的净资产额与该项投资所占股权比例的乘积和成交金额二者中的较高者为准；出售的资产为股权的，其资产总额、营业收入以及资产净额分别以被投资企业的资产总额、营业收入以及净资产额与该项投资所占股权比例的乘积为准。

购买股权导致上市公司取得被投资企业控股权的，其资产总额以被投资企业的资产总额和成交金额二者中的较高者为准，营业收入以被投资企业的营业收入为准，资产净额以被投资企业的净资产额和成交金额二者中的较高者为准；出售股权导致上市公司丧失被投资企业控股权的，其资产总额、营业收入以及资产净额分别以被投资企业的资产总额、营业收入以及净资产额为准。

购买的资产为非股权资产的，其资产总额以该资产的账面值和成交金额二者中的较高者为准，资产净额以相关资产与负债的账面值差额和成交金额二者中的较高者为准；出售的资产为非股权资产的，其资产总额、资产净额分别以该资产的账面值、相关资产与负债账面值的差额为准；该非股权资产不涉及负债的，不适用前条第1款第3项规定的资产净额标准。

上市公司同时购买、出售资产的，应当分别计算购买、出售资产的相关比例，并以二者中比例较高者为准。

上市公司在12个月内连续对同一或者相关资产进行购买、出售的，以其累计数分别计算相应数额，但已按照本办法的规定报经中国证监会核准的资产交易行为，无须纳入累计计算的范围。

交易标的资产属于同一交易方所有或者控制，或者属于相同或者相近的业务范围，或者中国证监会认定的其他情形下，可以认定为同一或者相关资产。

购买、出售资产未达到前款规定标准，但中国证监会发现存在可能损害上市公司或者投资者合法权益的重大问题的，可以根据审慎监管原则责令上市公司按照《上市公司重大资产重组管理办法》的规定补充披露相关信息、暂停交易并报送申请文件。

2011年5月，中国证监会发布《关于修改上市公司重大资产重组与配套融资相关规定的决定（征求意见稿）》，拟对重大重组的相关规定作出调整。

复习思考题

1. 简述上市公司收购的概念及特征。

2. 简述上市公司收购的分类。
3. 简述要约收购的性质。
4. 简述上市公司收购的基本原则。
5. 要约收购与协议收购的利弊分析。

第六章

我国证券市场的交易机制

本章摘要

本章详细介绍了我国证券市场的基本交易规则、证券投资账户的开设流程以及搜集证券投资基本信息的主要途径，并阐述了证券投资的收益来源及其蕴含着的风险。

关 键 词

集合竞价　连续竞价　除权价

第一节　证券账户的开设及其相关费用

在正式实施证券交易之前，投资者首先需要开设证券账户和资金账户。

证券账户指的是证券登记结算机构为投资者设立的，用于登记、结算、交割投资者所持证券种类、名称、数量等信息的账户。

资金账户用于存放投资者买卖有价证券的保证金。资金账户通常在投资者的代理券商（证券公司）处开立。

按照我国的现行规定，资金账户里的资金均依照人民银行规定的活期存款利率计息。沪深两市的证券交易实行百分之百的保证金制度，即投资者必须在资金账户内存足证券交易所需要的金额，不能透支。

中国证券登记结算有限责任公司是经中国证监会批准，依据《中华人民共和国证券法》组建的证券登记结算机构，依法承担证券市场的登记、托管、结算业务。公司总部设在北京，上海、深圳各设有一家分公司。

所谓证券托管，即投资者将所持有的证券委托给证券公司保管，并由后者代为处理有关证券权益事务的行为。

而所谓证券存管，即证券公司将投资者交其持有的证券以及自身持有的证券统一送交中央证券存管机构保管，并由后者代为处理有关证券权益事务的行为。

我国证券市场已实行百分之百的证券非实物化发行与交收，由此托管过程已经不再发生实物的转移行为。这就很容易混淆登记与托管两个概念的差异。实际上二者是完全不同的行为：证券登记是一种资产认定过程，其性质类似于公证；而证券托管则是在不同责任主体之间产生的经济合同关系，是一种经济合同的建立和履行过程。

从 1998 年 4 月 1 日起，上海证券交易所开始实行全面指定交易制度。凡在上海证券交易所从事证券交易的投资者，均应事先明确指定一家证券营业部作为其交易、清算的代理机构，并将本人所属的证券账户指定于该机构所属席位号后方能交易。但从事 B 股交易的境外投资者除外，境外投资者采用结算会员制。

沪市投资者如不办理指定交易，上交所将自动拒绝接受申报指令。初入市者一般在开户时便办理指定交易，也可根据需要撤消和变更指定交易。

与沪市的全面指定交易制度不同，深圳证券交易所实行证券托管制度。这一制度可以概括为：自动托管、随处通买、哪买哪卖、转托不限。即深市投资者可以用同一证券账户在多个证券营业部买入证券，但必须在原买入证券的营业部委托卖出该证券。投资者买入证券后可以向原买入证券营业部发出转托管指令。转托管完成后，投资者才可以在转入营业部卖出其证券。

一、开户操作流程

（一）个人投资者 A 股开户流程

投资者可以通过所在地的证券营业部或证券登记机构办理证券账户（或称股东账户、股东账户卡、股东代码卡）。通常需提供本人有效身份证及复印件，委托他人代办的，还需提供代办人身份证及复印件。

设立证券账户以后，投资者可以就便选取某个证券公司的营业部开设资金账户。具体流程如下：

（1）填写开户申请表

客户填写《开户申请表》（一式两份）、《证券交易委托代理协议书》、上海账户的《指定交易协议书》，同时签字确认。

对交易或存取款有代理人的客户开户，除必须填写上述协议外，还要求客户本人和代理人同时临柜签署《授权委托书》（一式三份）。

若证券账户卡本人不能到场的，由开户代理人办理代开户时，开户代理人还须出示经公证机关依法公证的《授权委托书》，账户本人应承诺承担由此代理而产生的一切法律责任。

（2）验证

客户需提供本人身份证、沪深股东账户卡原件及其复印件；对交易或存取款有代理人的客户开户时，除必须提供上述证件外，还应提供代理人的身份证原件及复印件。

（3）开户处理

对符合开户规定的客户，柜台经办人员将客户开户资料输入计算机，并要求客户设定初始交易密码、资金存取密码，打印《客户开户回单》（一式两份）。同时，柜台经办人员按开户流水号为客户开立资金账户号，并为客户配发“证券交易卡”，请客户在《客户开户回单》上签字。

（二）境内居民个人投资者B股开户流程

（1）凭本人有效身份证明文件到其外汇存款银行，将其现汇存款和外币现钞存款划入券商在同城、同行的B股保证金账户。境内商业银行应当向境内居民个人出具进账凭证单，并向券商出具对账单；

（2）凭本人有效身份证明和本人进账凭证单到券商处开设B股资金账户，开设B股资金账户的最低存款金额为等值1 000美元；

（3）凭开设的B股资金账户，在该券商或交易所委托的其他开户代理机构处申请设立B股股票账户。

（三）个人投资者深市创业板的开户流程

（1）携带身份证、股东卡到证券公司营业场所现场提出开通创业板市场交易的申请。

（2）证券公司核查投资者的交易经验年限（需满2年），并详细了解投资者的身份、财产与收入状况、风险偏好等基本信息。

（3）证券公司经办人员应见证投资者签署并签字确认。

（4）证券公司经办人员应见证投资者签署并签字确认，之后还需要证券公司营业部负责人签字确认。

（5）投资者仔细阅读并现场书面签署《创业板市场投资风险揭示书》，尚未具备两年交易经验但仍要求开通创业板市场交易资格的投资者，需就自愿承担市场风险抄录“特别声明”。

（四）个人投资者基金账户的开户流程

投资者开设的A股证券账户亦可用于封闭式基金、上市型开放基金及指数基金等沪深两市基金品种的交易。

投资者投资开放式基金需先到各基金代销机构（通常为各商业银行）的网点办理开户手续。个人投资者申请开立基金账户一般需提供本人身份证、本人在代销网点开设的银行存折或银行卡，并填写《基金账户开户申请表》。

投资者在基金募集期购买基金的行为叫认购；而在基金成立后购买基金的行为叫申购。认购期购买基金的费率相对优惠。

认购期购买的基金一般要经过封闭期才能赎回，而申购的基金在第二个工作日就可以赎回。

在认购期内产生的利息按银行同业存款利率计算，并在基金成立时，自动转换为投资者的基金份额。

二、证券账户种类

目前，我国证券账户的种类有两种划分依据：一是按照交易场所划分；二是按照账户用途划分。

按交易场所划分，证券账户可分为上海证券账户和深圳证券账户；按证券账户的用途划分，证券账户可分为人民币普通股票账户、人民币特种股票账户、证券投资基金账户和其他账户等。

1. 人民币普通股票账户

人民币普通股票账户简称“A 股账户”，其开立仅限于国家法律法规和行政规章允许买卖 A 股的境内投资者。

A 股账户按持有人还可以分为：自然人证券账户（上海为 A 字头账户，深圳一般以 0 开头）、一般机构证券账户（上海为 B 字头账户）、证券公司自营证券账户和基金管理公司的证券投资基金专用证券账户（上海均为 D 字头账户）等。

在实际运用中，A 股账户是我国目前用途最广、数量最多的一种通用型证券账户，既可用于买卖人民币普通股票及其权证，也可用于买卖债券和证券投资基金。

2. 人民币特种股票账户

人民币特种股票账户简称“B 股账户”（上海为 C 字头账户）。B 股账户按持有人可以分为境内投资者证券账户（上海以 C1 打头）、境外个人投资者证券账户（上海以 C90 打头）和境外机构投资者证券账户（上海以 C99 打头）。

3. 证券投资基金账户

证券投资基金账户简称“基金账户”（上海为 F 字头账户），用于买卖上市基金，也可用于买卖上市的国债。

三、证券交易费用

投资者开立证券账户从事证券交易时，需要支付一定的交易费用。交易费用是指投资者在委托买卖证券时支付的各种税收和费用的总和。其内容通常包括印花税、佣金、过户费、其他费用等。

1. 印花税

印花税是按照国家税法规定的税率，分别对买卖股票（包括 A 股和 B 股）并已成交的双方投资者征税的税金。印花税的缴纳是由证券经营机构在同投资者交割中代为扣收，然后在证券经营机构同证券交易所或登记结算机构的清算交割中集中结算，最后由登记结算机构统一向征税机关缴纳。其收费标准是按 A 股成交金额的4‰计收（现在为1‰），基金、债券等均无此项费用。

2. 佣金

佣金指的是投资者委托券商买卖证券并已成交，按照此成交金额的一定比例支付给券商的费用。此项费用一般由券商的经纪佣金、证券交易所交易经手费及管理机构的监管费等构成。

3. 过户费

过户费指的是投资者委托买卖的证券成交后，买卖双方为变更登记所支付的费用。这笔费用属于证券登记清算机构的收入，由证券经营机构在同投资者清算交割时代为扣收。过户费的收费标准为：上海证券交易所 A 股、基金交易的过户费为成交股票数量（以每股为单位）的1‰，起点为1 元，其中0. 5‰由证券经营机构交登记公司；深圳证券交易所免收 A 股、基金、债券的交易过户费。

4. 其他费用

其他费用指的是投资者在委托买卖证券时，向证券营业部缴纳的委托费（通讯费）、撤单费、查询费、开户费、磁卡费以及电话委托、自助委托的刷卡费、超时费等。这些费用主要用于通讯、设备、单证制作等方面的开支。

四、证券交易委托方式

（一）电话委托方式

根据目前证券市场的情况，投资者可以通过证券公司提供的电话进行电话委托。这种委托是指委托人通过电话方式表明委托意向。

1. 电话委托手续

第一步，股民携带本人身份证、证券账户卡，到选定的券商营业部柜台办理开户手续。

第二步，在柜台领取电话委托开户申请表，如实填写个人有关资料，交齐证件，然后在电话委托协议书上签字，工作人员帮助设置完成电话开户操作。

2. 电话委托操作流程

客户拨通电话后可依其声讯提示进行委托。倘若每项输入等待时间超过5 秒，投资者仍无按键反应，系统就按超时处理，结束此次服务。

客户通过电话进行委托时，可以用提前输入功能。系统在每笔委托的最后都要给客户复述整笔委托单，以便客户确认。

系统对确认的委托单将回复给客户一个委托合同号，依据此合同号客户可以进行相关查询。

在委托过程中，如果客户出现输入失误，可以及时挂机，中断此次委托。

（二）网上委托交易方式

网上证券交易是投资者利用互联网资源获取证券的即时报价、市场行情，并通过网上委托下单，实现实时交易。网上委托方式以其方便、便捷必将迅速普及。投资者可以下载各个证券公司的行情分析软件。投资者通过互联网进行网上交易前，须在证券公司开通网上交易委托，才能进行相关的交易和查询。

1. 开通网上交易的手续

第一步，选择一家中国证监会颁布的具有“网上委托交易资格”的券商，并开立股东账户和资金账户。

第二步，签订《网上证券交易协议》和《网上证券委托申请表》，认可风险揭示书。

第三步，证券公司营业部为客户下载SSL安全代理软件、网上股票交易分析软件和《网上证券委托系统操作说明》。安装相关软件后，可以进行网上证券委托了。

2. 登陆设置

以“中信万通”软件为例，投资者点击中信万通软件登陆界面，输入资金账号和交易密码后，进入行情界面和委托界面，如图 6.1 所示。

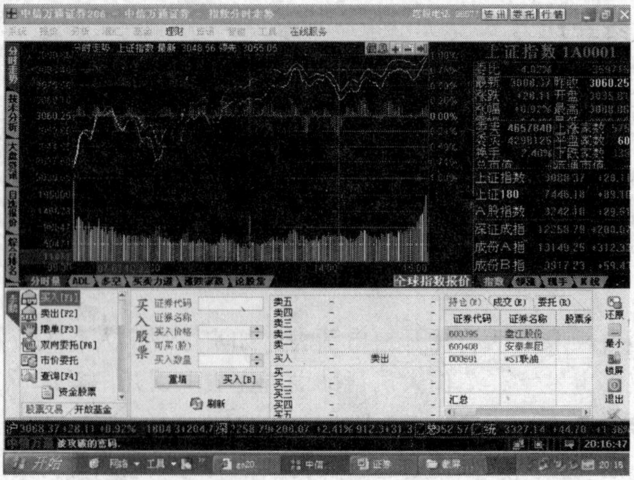

图 6.1　行情界面和委托界面

投资者也可在行情软件主菜单的“理财”选项栏下拉菜单中的“大福星”委托选项，如图 6.2 所示，进入“交易登录”对话框，输入账号和密码，即可登录进入个人账户中。

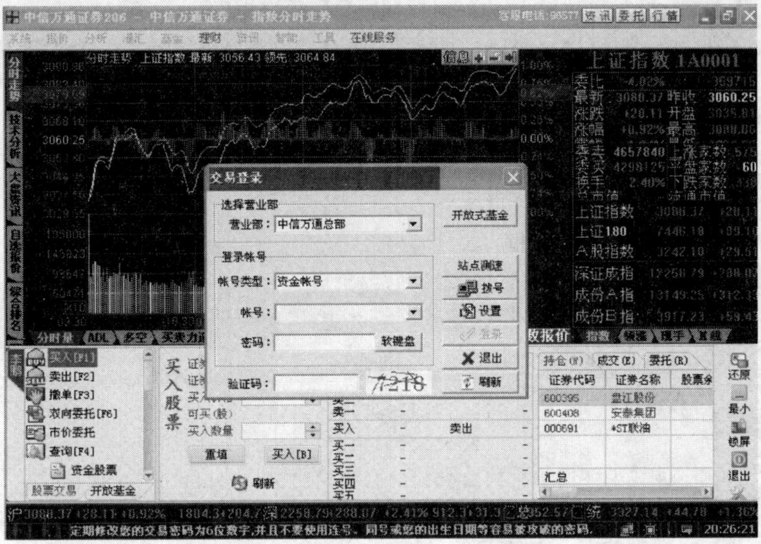

图 6.2　“交易登录”对话框

首次登录时点击“设置”按钮，弹出设置菜单，选择“程序升级”、“代理设置”、“登录设置”等菜单。点击图 6.3 中的“登录设置”按钮，可进入“登录配置”对话框。

3. 账户登录

投资者通过交易系统进行网上交易，首先要选择自己开户的证券营业部。“登录账号”的功能是对投资者进行身份验证，登录方式可选择资金账号登录和股东代码登录两种方式。

点击“账号类型”下面的下拉菜单，客户可以根据自己的需求选择“资金账号”、“上海 A 股”、“深圳 A 股”等选项登录。在登陆时客户可以选择“软键盘”按钮，通过点击鼠标，输入密码。在输入完信息后，点“登录”按钮即可登陆。若身份检查不通过，系统会提示相应的信息，如“资金密码”等，如图 6.4 所示。

4. 锁屏功能

在中信万通系统中，提供了锁屏功能，方便投资者在临时离开一段时间后再次进入系统，如图 6.5 所示。

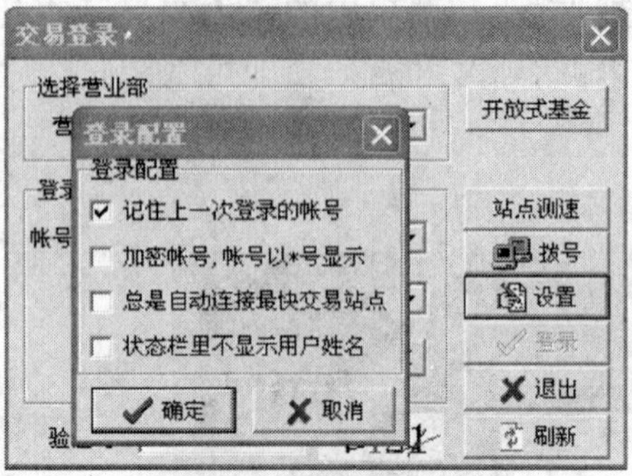

图 6.3 “登录配置”对话框

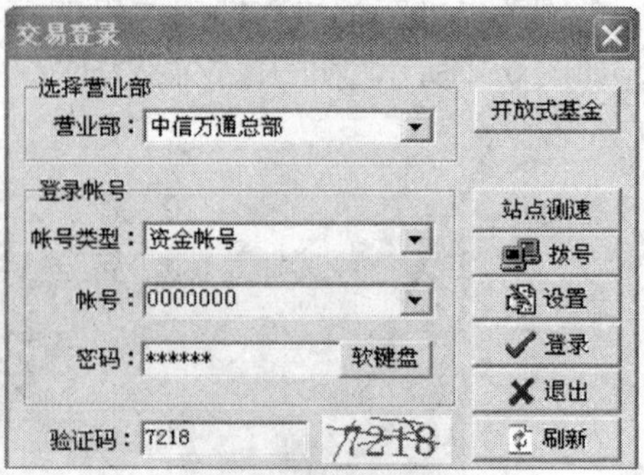

图 6.4 账户登录

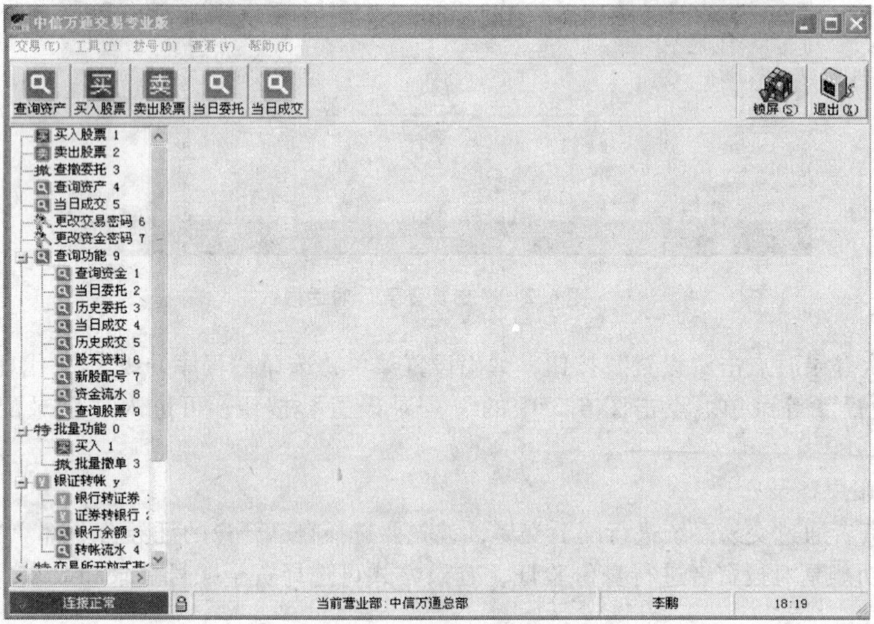

图 6.5 锁屏功能

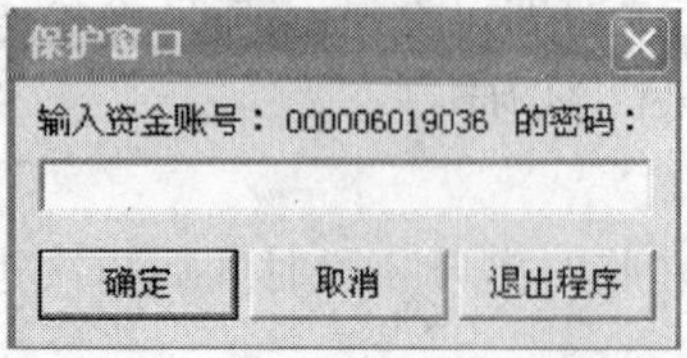

图 6.6 “保护窗口”对话框

投资者点击锁屏功能，系统会最小化，点击还原时，只需输入交易密码就可以了，这样既方便客户不必每次都输入账号，也有效保护了账号的安全，如图 6.6 所示。

此外，如果投资者在进入交易对话框后几分钟内没有任何操作，系统会自动锁屏。点击“配置”

按钮，可出现配置对话框，如图 6.7 所示。系统默认时间为 5 分钟，投资者也可根据需要设置时间长度。

5. 网上委托买卖

投资者登录进入系统后，可以看到系统界面。点击界面左侧的“设置”按钮，如图 6.8 所示，可以对“系统设置”、“交易设置”、“界面设置”选项进行设置。

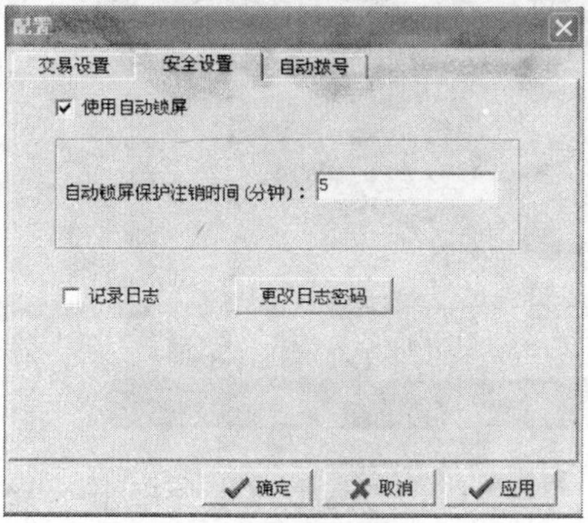

图 6.7　“配置”对话框

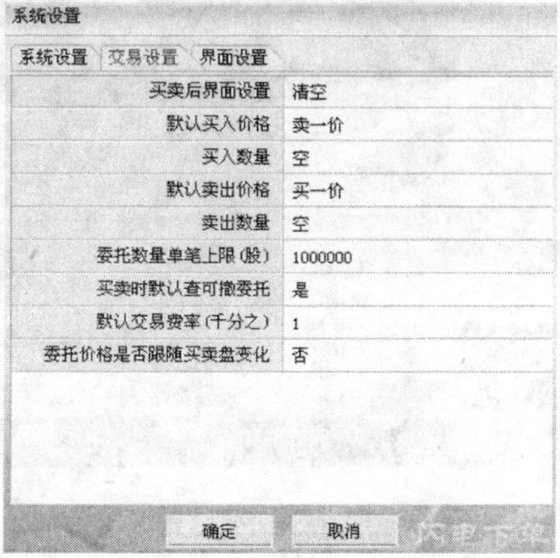

图 6.8　“系统设置”对话框

6. 买入股票

点击买入，系统左侧会出现买入对话框，根据对话框提出的要求输入证券代码、买入价格、买入数量，如图 6.9 所示。

通常情况下，网上委托系统将会按照当前价格自动输入到买入价格一栏，投资者也可以自己确定比这个当前价格高或低的价格，系统会出现买入最多的五个价格。在单击“买入”后，系统将委托通过证券商发往沪、深证券交易所。另外，点击“买入”后，系统会自动查询客户的账户是否有充足的资金，如果资金不足，系统会出现“资金可用数不足”，委托将无法申报，如图 6.10 所示。

7. 限价委托

限价委托是指投资者在执行委托指令时必须按限定的价格或者更优于限价的价格买卖股票。即在买入股票时，限定一个最高价，只允许券商按规定的最高价或低于最高价的价格成交；在卖出股票时，限定一个最低价，只允许券商按其最低价或高于最低价的价格成交。限价委托方式的优点是：投资者能以预期的价格或更优的价格成交，实现最大收益，如图 6.11 所示。

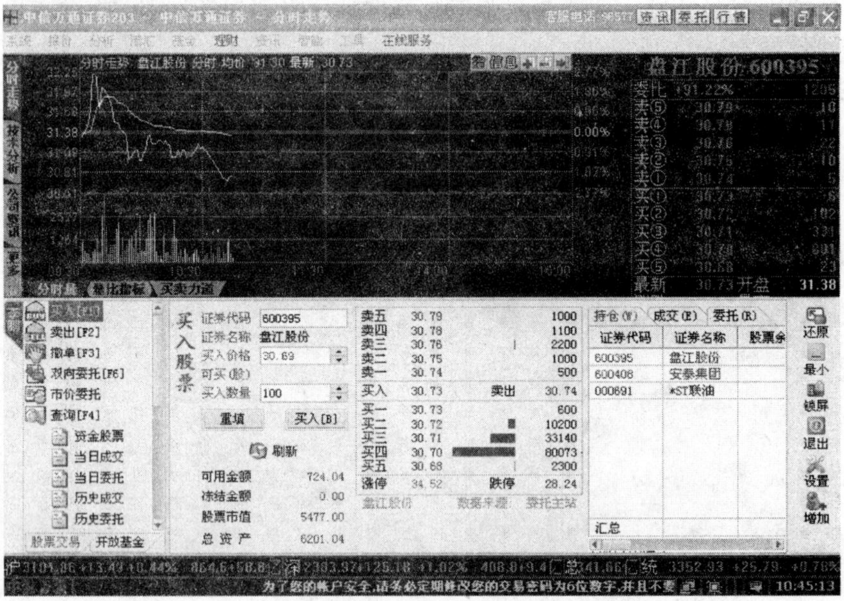

图 6.9 “买入”对话框

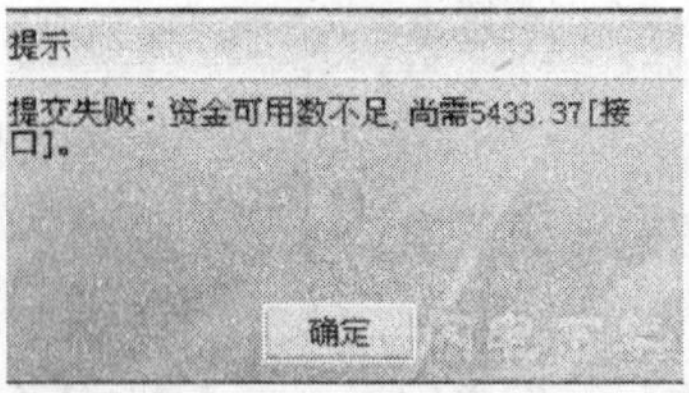

图 6.10 “提示”对话框

8. 市价委托

市价委托是指投资者发出买卖某种证券的委托指令时，要求券商按证券交易所内当时的市场价格买进或卖出证券。市价委托的优点是：没有价格上的限制，成交迅速且成交成功率高，如图 6.12 所示。

9. 卖出股票

点击卖出，系统左侧会出现卖出对话框，根据对话框提出的要求输入证券代码、卖出价格、卖出数量，如图 6.13 所示。

点击卖出后，系统会自动查询客户的账户是否有充足的股票，如果股票不足，系统会出现“股份可用数不足”，委托将无法申报，如图 6.14 所示。

10. 撤销委托

当券商接受投资者买入的委托后，这部分资金当天就必须锁定在该用途上，即使不能成交，也得等到第二天该合同作废后，资金才能解冻出来，卖出股票时也是同样道理。如果投资者当天想动用被冻结的资金或股票，就必须先通过撤单撤销该委托。

撤销委托的范围限于投资者已经申报但还没有成交的委托，点击“撤单”，再点击需要撤单的股票，点击“撤买”或者“撤卖”，就可以完成撤单操作了，如图 6.15 所示。

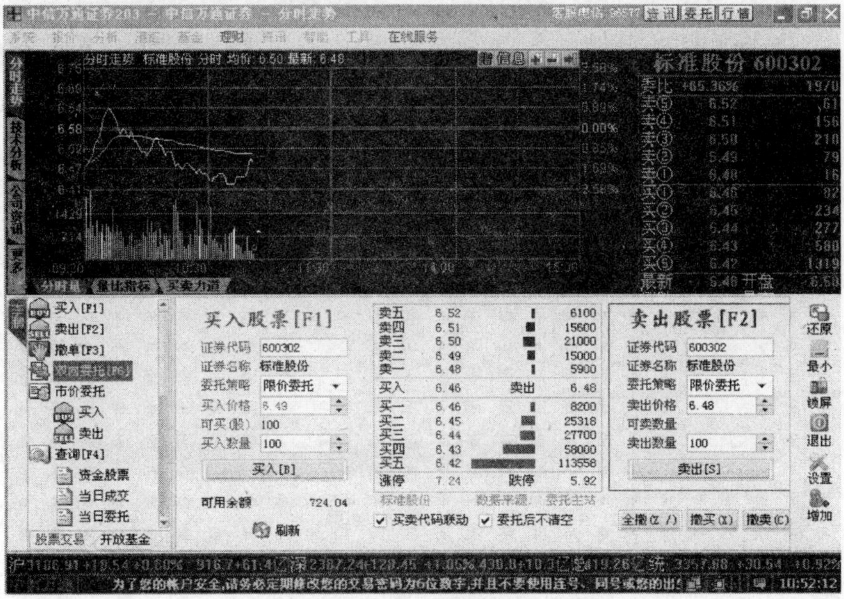

图 6.11　限价委托

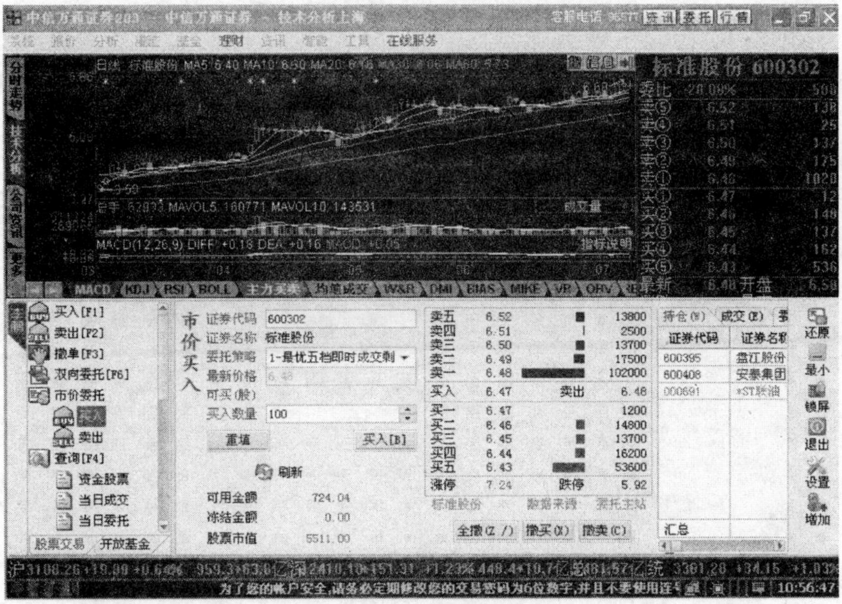

图 6.12　市价委托

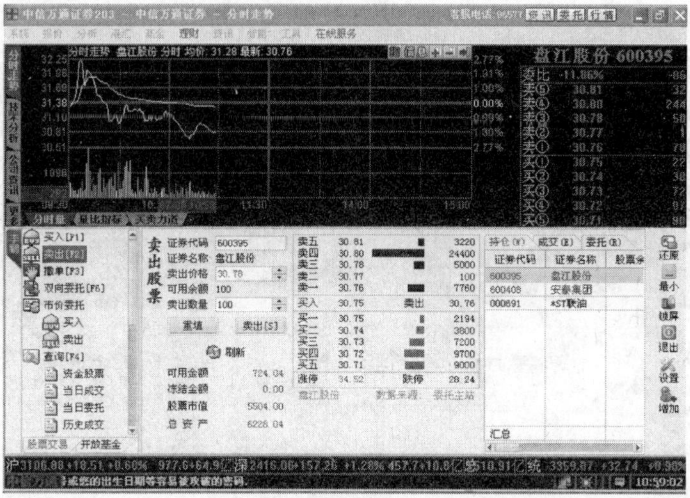

图 6.13 卖出股票

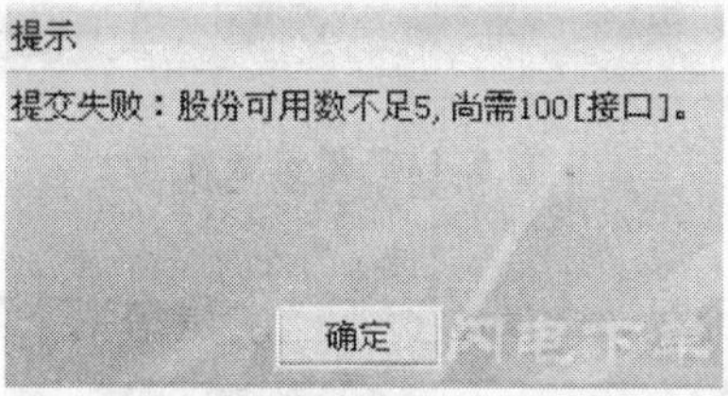

图 6.14 “提示”对话框

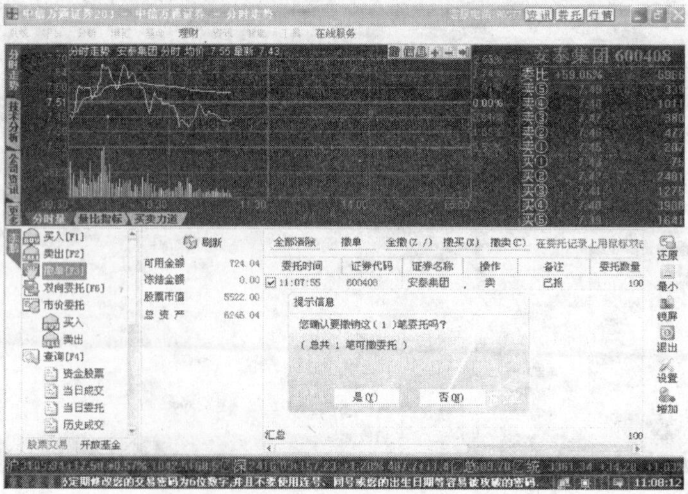

图 6.15 撤销委托

系统还提供一种简单的撤单方法。即点击“当日委托”，系统将弹出对话框，可以查出当日已经委托的全部买入和卖出情况，投资者可以选择需要撤回的委托，然后点击“撤单”即可撤销委托，如图 6.16 所示。

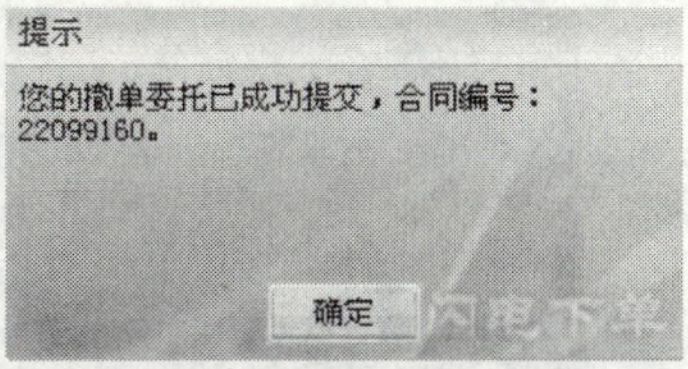

图 6.16 “提示”对话框

11. 相关查询功能

点击“查询 F4”，投资者可以查询“资金股票”、“当日成交”、“当日委托”、“历史成交”、“历史委托”、“资金明细”、“对账单”、“交割单”等项目。点击“股票资金”，投资者可以查询买入股票情况，包括买入股票的证券代码、证券名称、股票余额、可用余额、盈亏、成本价、盈亏比、市值等主要条目，总资产包含账户的资金余额和持仓股票乘以当前市场价格的价值，如图 6.17 所示。

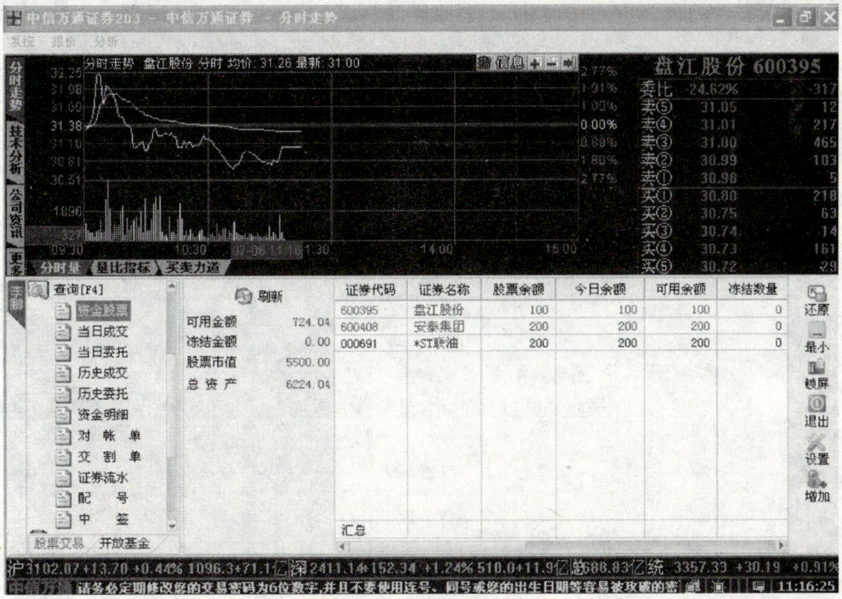

图 6.17 查询功能

点击“资金明细”投资者可以查询某一个时间段成交数量、成交均价、成交金额、交易费用、派息等主要条目，如图 6.18 所示。

单击“当日委托”、“当日成交”，投资者可以查询当日委托和当日成交的相关情况，包括成交或委托的时间、证券代码、证券名称、委托或成交的数量、均价等相关信息；“历史成交”、“历史委托”就是查询历史成交和历史委托的相关信息，如图 6.19、6.20 所示。

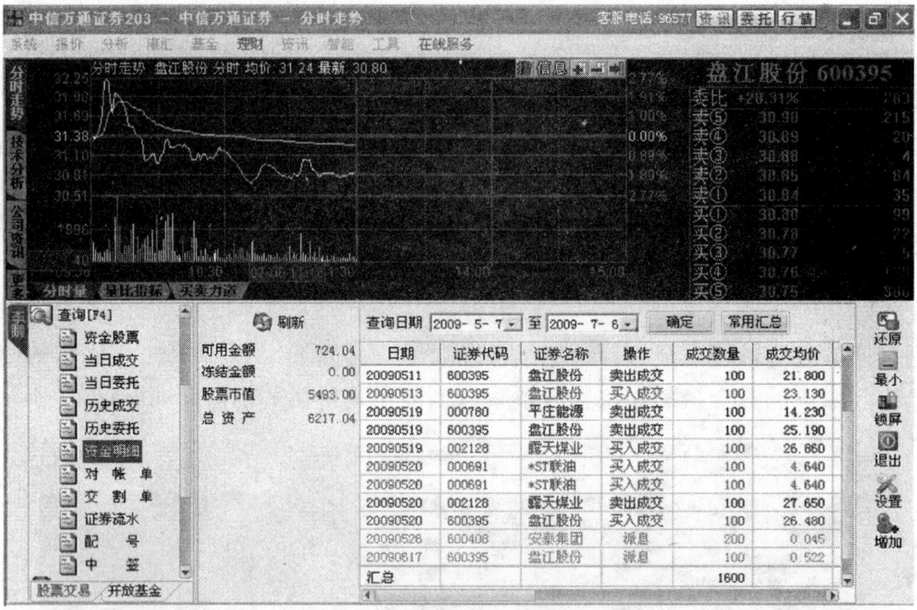

日期	证券代码	证券名称	操作	成交数量	成交均价
20090511	600395	盘江股份	卖出成交	100	21.800
20090513	600395	盘江股份	买入成交	100	23.130
20090519	000780	平庄能源	卖出成交	100	14.230
20090519	600395	盘江股份	卖出成交	100	25.190
20090519	002128	露天煤业	买入成交	100	26.860
20090520	000691	*ST联油	买入成交	100	4.640
20090520	000691	*ST联油	买入成交	100	4.640
20090520	002128	露天煤业	卖出成交	100	27.650
20090520	600395	盘江股份	买入成交	100	26.480
20090526	600408	安泰集团	派息	200	0.045
20090617	600395	盘江股份	派息	100	0.522
汇总				1600	

图 6.18 资金明细

证券代码	证券名称	操作	备注	委托数量	成交数量	业务名称	委托价格
600186	莲花味精	买		100	100	买	3.000
600789	鲁抗医药	买		100	100	买	4.580
601398	工商银行	买		100	100	买	3.750
600081	东风科技	买		100	100	买	4.540
000886	海南高速	买		100	100	买	3.250
601398	工商银行	卖		100	0	卖	4.050
601398	工商银行	卖		100	0	卖	4.050
601398	工商银行	卖		100	100	卖	3.980
600186	莲花味精	卖		100	100	卖	3.280
600789	鲁抗医药	卖		100	100	卖	4.790
601111	中国国航	买		100	100	买	6.430
600240	华业地产	买		100	100	买	5.440
601111	中国国航	卖		100	100	卖	7.380
600240	华业地产	卖		100	0	卖	6.010
000886	海南高速	卖		100	0	卖	3.990
000886	海南高速	卖		100	0	卖	3.760
600240	华业地产	卖		100	100	卖	5.700
600081	东风科技	卖		100	100	卖	5.000
000886	海南高速	卖		100	0	卖	3.760
000886	海南高速	卖		100	100	卖	3.750
600395	盘江股份	买		100	100	买	20.450
600408	安泰集团	买		200	200	买	6.960
000780	平庄能源	买		100	100	买	13.250
				5300	2700		

图 6.19 历史委托

成交日期	成交时间	证券代码	证券名称	操作	成交数量	成交均价	成交金额	合同编号
20090311	09:41:22	600789	鲁抗医药	买入成交	100	4.580	458.000	22005796
20090311	10:36:47	601398	工商银行	买入成交	100	3.750	375.000	22007065
20090327	13:03:37	600789	鲁抗医药	卖出成交	100	4.790	479.000	22108915
20090327	13:24:11	600186	莲花味精	卖出成交	100	3.280	328.000	22108599
20090327	13:24:32	601398	工商银行	卖出成交	100	3.980	398.000	22108301
20090330	10:34:36	601111	中国国航	买入成交	100	6.430	643.000	22059876
20090330	10:47:49	600240	华业地产	买入成交	100	5.440	544.000	22062660
20090420	11:17:05	601111	中国国航	卖出成交	100	7.380	738.000	22082009
20090505	13:58:52	000886	海南高速	卖出成交	100	3.750	375.000	A9031582
20090505	09:37:34	600081	东风科技	卖出成交	100	5.000	500.000	22014301
20090505	09:38:15	600240	华业地产	卖出成交	100	5.700	570.000	22013553
20090507	09:35:00	600395	盘江股份	买入成交	100	20.450	2045.000	22014818
20090508	10:27:35	000780	平庄能源	买入成交	100	13.250	1325.000	A9029678
20090508	10:21:56	600408	安泰集团	买入成交	200	6.960	1392.000	22051018
20090511	10:38:35	600395	盘江股份	卖出成交	100	21.800	2180.000	22071407
20090513	09:25:00	600395	盘江股份	买入成交	100	23.130	2313.000	22003232
20090519	10:39:37	000780	平庄能源	卖出成交	100	14.230	1423.000	A9035317
20090519	10:34:10	600395	盘江股份	卖出成交	100	25.190	2519.000	22062930
20090519	13:31:00	002128	露天煤业	买入成交	100	26.860	2686.000	A9056383
20090520	09:25:00	000691	*ST联油	买入成交	100	4.640	464.000	A9001395
20090520	09:25:00	000691	*ST联油	买入成交	100	4.640	464.000	A9001517
20090520	10:23:25	002128	露天煤业	卖出成交	100	27.650	2765.000	A9028823
20090520	10:53:22	600395	盘江股份	买入成交	100	26.480	2648.000	22068960
汇总					3000		28711.000	

图 6.20 历史成交

第二节 我国证券市场的交易规则

一、证券交易规则简述

为了更好地把握证券交易，需熟悉其交易规则。此规则主要内容如下：

（一）上市制度

股份有限公司公开发行股票后，应选择一家证券交易所申请上市交易，大型公司在上海证券交易所主板上市，中小型有科技创新特征的公司在深圳交易所中小企业板（创业板）上市。

（二）交易时间

证券交易所交易日为每周一至周五，国家法定假日和交易所公告的休市日，交易所市场休市。每个交易日的上午 9:30 ~ 11:30、下午 1:30 ~ 3:00 连续竞价，9:15 ~ 9:25 为集合竞价时间。

（三）交易制度

我国证券交易所实行会员制，只有会员才可以自行买卖证券。只有一些特殊类型的机构投资者，比如基金公司、保险公司、外国合格机构投资者等可以申请成为证券交易所特别会员，才可以在证券交易所自行买卖证券，而一般投资者必须委托专业证券商代理买卖证券。投资者可以通过书面或者电话、自助终端、互联网等委托方式进行委托和传达委托指令，根据证券交易所规定，委托指令中至少包括：证券代码、买卖方向、委托数量、委托价格以及交易所要求的其他内容。在委托尚未成交前，投资者可以撤销委托。被撤销的委托，会员应当在确认后及时向客户返还相应的证券或资金。券商受理客户委托一般先由券商的电脑委托系统进行审查，审查无误后，直接进入交易所内计算机主机进行撮合成交。

（四）最小变动报价单位

不同证券采用不同的计价单位，股票为“每股价格”，基金为“每份基金价格”，债券为“每百元面值的价格”，债券质押式回购为“每百元资金到期年收益”，债券买断式回购为“每百元面值债券到期回购价格”。不同证券申报价格的最小变动单位也各不相同，见表6.1所示。

表6.1 不同证券申报价格最小变动单位

上海证券交易所		深圳证券交易所	
交易品种	最小变动单位	交易品种	最小变动单位
A股、债券、债券买断式回购	0.01元	A股、债券、债券质押式回购	0.01元
基金、权证	0.001元	基金	0.001元
B股	0.001美元	B股	0.01港元
债券质押式回购	0.005元		

（五）申报数量

关于证券的申报数量，同种证券的申报数量在不同证券交易所的规定是不相同的，具体见表6.2和表6.3所示。

表6.2 上海证券交易所关于申报数量的规定

交易品种	最小申报单位	申报数量	单笔申报数量区间	备　注
股票、基金、权证	100股	应为100股或其整数倍，余额不足100股的，应一次性申报卖出	[100股，100万股]	
债券	1手	应为1手或其整数倍	[1手，1万手]	1手=1 000元面值债券

续表

交易品种	最小申报单位	申报数量	单笔申报数量区间	备 注
债券买断式回购	1 000 手	应为 1 000 手或其整数倍	[1 000 手，5 万手]	1 手 = 1 000 元面值债券
债券质押式回购	100 手	应为 100 手或其整数倍	[100 手，1 万手]	1 手 = 1 000 元标准券

表 6.3　深圳证券交易所关于申报数量的规定

交易品种	最小申报单位	申报数量	单笔申报数量区间	备 注
股票、基金、权证	100 股	应为 100 股或其整数倍，余额不足 100 股的，应一次性申报卖出	[100 股，100 万股]	
债券	10 张	应为 10 张或其整数倍，余额不足 10 张的，应一次性申报卖出	[10 张，10 万张]	1 张 = 100 元面值债券
债券质押式回购	10 张	应为 10 张或其整数倍	[10 张，10 万张]	1 张 = 100 元标准券

（六）申请价格

投资者可以采用限价或市价申报的方式委托证券公司营业部买卖证券。

（七）涨跌停板制度

为了防止证券价格一日波动幅度太大，上海证券交易所和深圳证券交易所均对股票、基金交易实行价格涨跌幅度限制。涨跌幅比例为前一交易日收盘价的 ±10%，其中 ST 股票和 * ST 价格涨跌幅比例为前一交易日收盘价的 ±5%。涨跌幅价格的计算公式为：

$$涨跌幅价格 = 前一交易日收盘价 \times (1 \pm 涨跌幅比例)$$

计算结果四舍五入至价格最小变动单位。股票、基金上市首日不受涨跌幅限制。只要属于下列情况之一的都不受价格涨跌幅度的限制。首次公开发行上市公司的股票和封闭式基金；增发上市的股票；暂停上市后恢复上市的股票；证券交易所或证监会认定的其他情形。

权证交易实行价格涨跌幅限制，涨跌幅按下列公式计算：

权证涨幅 = 权证前日收盘价 +（权证标的证券当日涨幅价 − 权证标的证券前日收盘价）×125% ×行权比例

权证跌幅 = 权证前日收盘价 −（权证标的证券前日收盘价 − 权证标的证券当日跌幅价）×125% ×行权比例

当计算结果小于或等于零时，权证跌幅价格为零。

权证上市首日开盘参考价由保存机构计算；无保存机构的，由发行人计算，并将计算结果提交证券交易所。

（八）竞价制度

上海证券交易所和深圳证券交易所的证券竞价均采用连续竞价和集合竞价两种方式。集合竞价是指在规定一段时间内接收到的有效买卖申报一次性集中撮合的竞价方式。连续竞价是指对买卖申报逐笔连续撮合的竞价方式。交易所认为必要时，经证监会批准，可以采用其他交易方式。开始期间停牌并复牌的证券除外。在不同的证券交易所实行相同竞价方式的时间不同，具体见表 6.4。

表 6.4　证券交易所采用竞价方式的规定

	上海证券交易所	深圳证券交易所
集合竞价时间（每个交易日）	开盘集合竞价时间：9:15 ~9:25	开盘集合竞价时间：9:15 ~9:25 收盘集合竞价时间：14:57 ~15:00
连续竞价时间（每个交易日）	9:30 ~11:30 13:00 ~15:00	9:30 ~11:30 13:00 ~14:57

（九）成交原则

证券竞价交易按价格优先、时间优先的原则撮合成交。成交时价格优先原则表现为：较高价格买入申报优先于较低价格买入申报，较低价格卖出申报优先于较高价格卖出申报。成交时时间优先原则变现为：同价位申报，依照申报时序决定优先顺序，即买卖方向、价格相同的，先申报者优先于后申报者。先后顺序按证券交易所交易主机接收申报的时间确定。

除此以外，还有市价优先原则、客户优先原则和数量优先原则。市价优先原则指的是市价申报比限价申报优先满足；客户优先原则指的是客户申报比证券商自营买卖申报优先满足；数量有限原则指的是申报买卖数量大的比数量小的优先满足。

1. 集合竞价时，成交价格的确定原则表现为：

（1）可实现最大成交量的价格；

（2）高于该价格的买入申报与低于该价格的卖出申报全部成交；

（3）与该价格相同的买方或卖方至少有一方全部成交。两个以上价格符合上述条件的，取距前收盘价最近的价格为成交价。集合竞价的所有交易以同一价格成交。

或者说，① 系统对所有买入有效委托按照委托限价由高到低的顺序排列，限价相同者按照进入系统的时间先后排序；系统对所有卖出有效委托按照委托限价由低到高的顺序排序，限价相同者按照进入系统的先后排序。② 系统根据竞价规则自动确定集合竞价的成交价，所有成交均以此价格成交；集合竞价的成交价的确定原则是，以此价格成交，能得到最大成交量。③ 系统依序逐步将排在前者的买入委托和卖出委托配对成交，即按照“价格优先、同等价格下时间优先”的成交顺序依次成交，直到不能成交为止，即所有买委托限价低于卖委托的限价。未成交的委托排队等待成交。

2. 连续竞价时，成交价格的确定原则表现为：

（1）最高买入申报与最低卖出申报价格相同，以该价格为成交价；

（2）买入申报价格高于即时揭示的最低卖出申报价格时，以即时揭示的最低卖出申报价格为成交价；

（3）卖出申报价格低于即时揭示的最高买入申报价格时，以即时揭示的最高买入申报价格为成交价。

或者说，对新进入的一个买入有效委托，若不能成交，则进入买委托队列排队等待成交；若能成交，即：其委托买入限价高于或等于卖委托队列的最低卖出价限价，则与卖委托队列顺序成交，其成交价格取卖方叫价。对新进入的一个卖出有效委托，若不能成交，则进入卖委托队列排队等待成交；若能成交，即：其委托卖出限价低于或等于买委托队列的最高买入限价，则与买委托队列顺序成交，其成交价格取买方叫价。这样循环往来，直到收市。

（十）结算制度

结算是指一笔证券交易成交后，买卖双方结算价款和交收证券的过程。

证券结算包括两个过程：清算和交割、交收。清算指的是在每一营业日中每个结算参与人（证券公司）成交的证券数量与价款分别给予轧抵，对证券和资金的应收或应付净额进行计算的处理过程。交收指的是依据清算的结果实现证券与价款的收付，从而结束证券交易过程。

目前，我国实行 T+0、T+1、T+3 交收制度。其中，资金和权证实行“T+0”交易制度，即当日卖出证券的资金可以马上使用，当日买进（卖出）的权证可以当日卖出（买进）。A 股、基金、债券、回购交易等实行“T+1”交收制度，即当日买进（卖出）的，到下一个交易日才能卖出（买进）。B 股实行“T+3”交收制度，B 股在达成交易后的第四个交易日完成资金和股份的正式交收。

（十一）开盘价和收盘价

证券的开盘价为当日该证券的第一笔成交价。证券的开盘价通过集合竞价方式产生，集合竞价不能产生开盘价的，以连续竞价方式产生。证券的收盘价通过集合竞价的方式产生。深圳证券交易所以收盘前最后三分钟用集合竞价方式产生的价格作为收盘价。上海证券交易所以当日该证券最后一笔交易前一分钟所有交易的成交量加权平均价（含最后一笔交易）为收盘价。当日无成交的，以前收盘价为当日收盘价。

（十二）挂牌、摘牌、停牌与复牌

交易所对上市证券实施挂牌交易。上市首日证券行情显示的前收盘价为其发行价。证券上市期届满或依法不再具备上市条件的，交易所终止其上市交易，予以摘牌。对于连续三天以上（含三天）达到涨跌幅限制的证券，交易所对其实施停牌（暂停交易）半天，并予以公告。根据证监会和交易所业务规则的规定，交易所可以对其他上市证券实施停牌或复牌（恢复交易）。证券停牌时，交易所发布的行情中包括该证券的信息；证券摘牌后，行情信息中无该证券的信息。上交所开市期间停牌的，停牌前的申报参加当日该证券复牌后的交易；停牌期间，不接受申报，但停牌前的申报可以撤销。深交所开市期间停牌的，停牌前的申报参加当日该证券复牌后的交易；停牌期间，可以申报，申报也可以撤销；复牌时对已接受的申报实行集合竞价。

（十三）除权与除息

1. 上市证券分红送配的主要形式：权益分派、公积金转增股本和配股

（1）权益分派是指上市公司将当年的盈利分派给股东。权益分派有两种形式：向股东派发现金（派现或派息）和向股东派发股票（送股）。两者的区别是派现会使上市公司的现金流量减少，而送股不会减少上市公司的现金流量，送股后上市公司的资产、负债、股东权益总额和结构都没有发生变化，但总股本增大，每股净资产值降低，股东持有股数相应增加。

（2）公积金转增股本是指上市公司将资本公积（以前年度盈利中提取出来的资本公积金）折成股票送给股东，其结果与送股相同，但是两者也有区别：公积金转增股本是用以前年度的盈余增加股东的股数，送股是用当年的盈余增加股东的股数。

（3）配股是指上市公司为了获得更多的资金以满足公司发展的需要，而向老股东配售该公司新发行的股票的行为。

2. 除权除息处理

证券交易所在上市证券分红送配的情况下，会在股权（债权）登记日（B 股为最后交易日）次一交易日对该证券作除权除息处理。股权登记日是指在上市证券分红送

配时规定的某一交易日，在这个交易日收盘时仍然持有该上市公司证券的投资者可以获得此次分红送配的权利。对于配股来说，股东获得配股权利或得到配股权证，然后配股权证进行挂牌交易（目前，A股不进行权证交易），交易结束后，拥有此权利的股东在指定的缴款期内在券商处通过交易所按比例购买配股股份。若配股缴款期过后，股东没有进行配股，就视同该股东自动放弃配股权利。除权日（除息日）是在股权登记日后的第一个交易日，在此日和此日后买入该证券的投资者不能获得此次分红送配的权利。当天该证券的开盘价为除权报价，涨跌幅以除权报价为基础。在除权日，上市证券简称前往往加上DR、XD和DR等字样。XR表示当天除权；XD表示当天除息；RD表示当天即除权又除息。

除息价是指登记日收盘价减去每股股票应分得的现金红利，其公式为：

除息价＝登记日的收盘价－每股股票应分得现金红利

对于除权的证券来说，除权报价是指股权登记日的收盘价格除去所含有的股权，其计算公式为：

股权价＝股权登记日的收盘价÷(1＋每股送股率)

若股票在分红时即有现金红利又有红股，则除权除息价为：

除权价＝(股权登记日的收盘价－每股应分的现金红利＋配股率×配股价)÷(1＋每股送股率＋每股配股率)

除权日的开盘价不一定等于除权价，除权价仅是除权日开盘价的一个参考价格。当实际开盘价高于这一理论价格时，就称为填权，在册股东即可获利。反之，实际开盘价低于这一理论价格时，就称为贴权。填权和贴权是股票除权后的两种可能，它与整个市场的状况、上市公司的经营情况、送配的比例等多种因素有关，并没有确定的规律可循，但一般来说，上市公司股票通过送配以后除权，其单位价格下降，流动性进一步加强，上升的空间也相对增加。不过，这并不能让上市公司任意送配，它也要根据企业自身的经营情况和国家有关法规来规范自己的行为。

第三节 证券交易的收益与风险

证券投资者从事证券交易的目的都是为了实现其资产的保值和增值。但是，对于证券投资者来说，在了解从事证券投资有哪些收益的同时，也要知道伴随着哪些投资风险及如何规避投资风险。

一、证券交易收益及收益率

（一）证券交易收益

根据证券投资收益性质的不同，可以分为以下几种：

1. 股息

股息指的是股票持有者依据股票从公司分取的盈利。股息的具体形式：

（1）现金股息：是指上市公司以现金形式向股东支付的股息和红利，是最普通、最基本的股息形式。

（2）股票股息：是指上市公司以股票的方式派发给股东的股息，通常是由公司用新增发的股票或一部分库存股票作为股息，代替现金分派给股东。

2. 债券利息

债券利息是指债券发行人按照约定的时间与利率水平向债券持有人支付的利息。债券的利息收益取决于债券的票面利率和付息方式。

3. 基金分红

基金分红是指证券投资基金按照基金契约规定的时间与分红标准向基金持有人分发的现金分红。

4. 资本利得

资本利得又称资本损益，是指投资者买卖股票、债券、基金等所获得的价差收益。对于不能上市交易的开放式基金来说，资本利得即是其赎回价格与申购价格之间的差额。

（二）投资收益率

由于证券交易的品种多而且收益形式各异，以致证券交易收益率的计算比较复杂，此处仅笼统地介绍以下几种比较常见的投资收益率的计算方法：

1. 股利收益率又称获利率，指股份公司以现金形式派发股息与股票市场价格的比率，其公式为：

$$本期收益率=\frac{年现金股利}{本期股票价格}\times 100\%$$

2. 债券的票面收益率又称名义收益率或票息率，是债券票面上的固定利率，即年利息收入与债券面额之比率。

3. 债券的直接收益率又称本期收益率、当前收益率，指债券的年利息收入与买入债券的实际价格之比率。

4. 持有期收益率是指投资者持有证券期间获得的净收益与总支出之间的比率，其计算公式为：

$$债券持有期收益率=\frac{持有期间净收益}{总支出}\times 100\%$$

$$=\frac{年利息+出售价格-购买价格-买卖时的总交易费用}{购买价格+买入时的交易费用}\times 100\%$$

$$股票持有期收益率=\frac{持有期间净收益}{总支出}\times 100\%$$

$$=\frac{持有期间的股息收入+卖价-买价-买卖时的总交易费用}{买价+买入时交易费用}\times 100\%$$

5. 到期收益率又称最终收益率，是指投资者从持有债券开始到债券期满这段期间获得的净收益（到期净收益）与总支出之间的比率。债券到期收益率包括两种，一是从发行市场上购买新发行的债券。该种债券到期收益率是指从债券发行时购入并持有到期满的收益率，通常又称其为认购者收益率。其公式为：

$$债券到期收益率=\frac{持有到期的净收益}{总支出}\times 100\%$$

$$=\frac{年利息+票面价格-发行价格-买卖时的总交易费用}{发行价格+买入时的交易费用}\times 100\%$$

二是从流通市场上购买的既发债券，此时债券到期收益率是指在流通市场上按债券市场价格购入并持有到期满时的收益率，通常又称最终收益率。其计算公式为：

$$债券到期收益率=\frac{持有到期的净收益}{总支出}\times 100\%$$

$$=\frac{年利息+票面价格-购买价格-买卖时的总交易费用}{发行价格+买入时的交易费用}\times 100\%$$

上面所谈到的证券收益率公式没有考虑到时间价值，如果要考虑时间的价值，其公式应该采用复利法来计算。如果要将证券交易收益率与银行存款收益率相比较时，还需要将上述公式转化为年收益率，方可进行比较。

二、证券交易风险

证券投资是一种风险性投资，一般而言，风险是指对投资者预期收益的背离，或者是指证券收益的不确定性。证券投资风险是指证券的预期收益变动的可能性及变动幅度。与证券投资相关的所有风险称为总风险，总风险可分为系统风险和非系统风险两大类。

（一）系统风险

系统风险是指由于某种全局性的共同因素引起的投资收益的可能变动，这种因素以同样的方式对所有证券的收益产生影响。系统风险包括政策风险、市场风险、利率风险和购买力风险等。

1. 政策风险

政策风险是指政府有关证券市场的政策发生重大变化或是有重要的举措法规出台，引起证券市场的波动，从而给投资者带来的风险。

要减轻政策风险的影响，应加强对国内外政治经济形势的研究，注意金融市场上可能出现的突发事件，加强对政府证券市场政策的理解，应避免证券市场过度投机和过度火爆局面的出现，当出现这种状况时，投资者应分外理智和冷静。

2. 市场风险

市场风险是指证券市场行情周期变动而引起的风险，这种行情变动不是指证券价格的日常波动和中级波动，而是指证券行情长期趋势的改变。

减轻市场风险的影响，有两种方法：一是认清市场变动趋势并顺势而为，选择正确的投资策略；二是选择大企业和业绩优良的企业投资，因为这类企业对客观经济环境变化的承受能力和适应能力较强。

3. 利率风险

利率风险是指市场利率变动引起证券投资收益变动的可能性。一般来说，利率与证券价格成反方向变动。

减轻利率风险影响的办法：投资者在预见利率将要提高时，应减少对证券持有量；反之则相反。

4. 购买力风险

购买力风险又称通货膨胀风险，是由于通货膨胀、货币贬值给投资者带来实际收益水平下降的风险。

$$\text{名义收益率} = \text{实际收益率} + \text{通货膨胀率}$$

购买力风险对不同证券的影响是不相同的，最容易受其损失的是固定收益证券，例如优先股、债券等。因为这类证券的名义收益率是固定的，当通货膨胀率升高时，其实际收益率就会明显下降，所以固定利息率和股息率的证券购买力风险较大。

减轻购买力风险的办法：在通货膨胀期内，应留意市场上价格上涨幅度高的商品，从生产该类商品的企业中挑选出获利水平和能力高的企业来。当通货膨胀率异常高时，应把保值作为首要因素，如果能购买到保值产品的股票（如黄金开采公司、金银器制造公司等股票)，则可避开通货膨胀带来的购买力风险。

（二）非系统风险

非系统风险是指只对某个行业或个别公司的证券产生影响的风险，它通常是由某一特殊的因素引起，与整个证券市场的价格不存在系统、全面的联系，而只对个别或少数证券的收益产生影响。非系统风险是可以抵消回避的，主要是通过分散投资来实现。若投资者持有多样化的不同证券，当某些证券价格下降、收益减少时，另外一些证券价格可能正好价格上升、收益增加，这样就可以使风险相互抵消，因此非系统风险又称为可分散风险或可回避风险。非系统风险包括信用风险、经营风险、财务风险等。

1. 信用风险又称违约风险，是指证券发行人在证券到期时无法还本付息而使投资者遭受损失的风险。

信用风险实际上揭示了发行人在财务状况不佳时出现违约和破产的可能，它主要受到证券发行人的经营能力、盈利水平、事业稳定程度及规模大小等因素影响。债券、优先股、普通股都可能有信用风险，但程度各有不同。对此，投资者要有清醒的认识和判断。

2. 经营风险是指公司的决策人员与管理人员在经营管理过程中出现失误而导致公司盈利水平变化从而产生投资者预期收益下降的可能。

经营风险主要通过盈利变化产生影响，对于不同证券的影响程度也有所不同。经营风险是普通股票面临的主要风险，一般来说，公司盈利变化即会影响股票收入，又会影响股票价格；当公司盈利增加时，股息增加，股票价格上涨；当公司盈利减少时，股息减少，股票价格下降。

3. 财务风险是指公司财务结构不合理、融资不当而导致投资者预期收益下降的风险。

股份公司在营运中所需要的资金一般都是来自发行股票和债券两个方面，其中债券的利息负担是一定的，如果公司负债过大，或是公司的资产利润率低于利息率，就会使股东的可分配盈利减少，股息下降，使股票投资的财务风险增加；发行股票筹集资金的成本虽然不是确定的，但是如果发行股票筹集资金的利润率偏低，导致公司的分红派息政策受到影响，则会影响到投资者的实际收益进而影响到投资者的持股信心。

第四节 证券信息的搜集

投资者在进行证券投资时，最关心的是自己的投资收益，而证券投资收益受到证券价格变动（投资风险）的影响，证券价格又受到多种证券信息的影响，因而投资者要清楚地了解哪些证券信息可能对证券价格产生影响，并知道通过哪些途径来搜集这些证券信息，然后客观地评价其对证券价格的影响（或所带来的投资风险），为自己的投资决策或回避风险提供依据。

一、证券信息种类及其搜集方法概述

证券信息一般可以分为两大类：一是证券价格（行情）信息；另一类是影响证券价格的相关信息。这些证券信息的搜集途径是多种多样的，例如查看证券交易软件、浏览财经网站（证券公司网站）、收听（看）广播电视财经节目、阅读财经报纸杂志等。其中，在信息化和网络化高度发达的今天，上网查询证券信息是最方便、最快捷的途径之一。证券信息种类见表6.5。

表6.5 证券信息种类

证券信息种类		
证券价格（行情）信息	股票价格信息	大盘信息（股价指数）、个股信息
	债券价格信息	债券价格指数、单只债券价格信息
	基金价格（净值）信息	基金指数、单只基金的价格（净值）
	权证价格信息	
	其他信息	
影响证券价格的相关信息	宏观政治、经济信息	
	行业信息	
	上市公司信息	
	基金管理公司信息	
	市场传闻及其他信息	

在上述证券信息中，证券投资者对证券价格（行情）信息及证券自身信息的搜集比较容易简单，例如查询股价指数，可以直接通过证券交易所（上海、深圳证券交易所）网站来查询。对影响证券价格（行情）的有关信息而言，证券投资者在搜集这类信息后，会通过各种方法来分析和判断其对证券价格（行情）的影响，进而作出相应的投资行为，正是证券投资者的这些行为共同影响和决定了证券市场供求，进而决定证券市场价格（行情）。由此可见，这类信息至关重要，是证券信息搜集的重点与关键。

二、证券信息与证券价格的关系

（一）影响证券价格的主要信息

在前面所讲的各种证券中，股票是一种最基本也是最主要的投资工具，因此，以股票为分析对象，来研究哪些是影响股票价格的相关信息。股票的背后是一家家上市公司，这些上市公司的经营状况，上市公司所处的行业和宏观经济、政治的环境都会对上市公司的股票价格产生影响，证券投资者本身也会对股票价格产生影响。

1. 上市公司经营状况。上市公司的经营状况是直接决定上市公司盈利能力和盈利水平的关键信息，这类信息包括：公司资产净值；公司盈利水平；公司股票的分割情况；公司的增资或减资情况；公司的销售收入；公司的派息政策；公司主要原材料、能源的供应及其价格变动；公司主要经营管理者更替情况；公司的合并、重组情况等。

2. 行业信息。上市公司所处的行业及其在行业中的地位也对上市公司的盈利能力和盈利水平产生重要影响，这些信息包括：行业的市场结构、行业所处的生命周期、上市公司在行业中的地位与影响、国家对行业的相关产业政策等。

3. 宏观经济、政治信息。宏观经济、政治信息也会对股票价格产生重要影响，这些宏观经济、政治信息包括：经济周期性波动、经济增长情况、货币政策、财政政策、市场利率水平、通货膨胀情况、汇率变化等。

4. 投资者本身因素——心理因素。证券投资者的心理因素也会对证券市场供求产生巨大的影响，当大多数投资者对股市持有乐观心态时，就会无意地夸大市场有利因素的影响，忽视了许多潜在的不利因素，投资者就会不顾实际地买进股票，促使股价上升；相反，当大多数投资者对股市持有悲观心态时，就会无意地夸大市场不利因素的影响，忽视了许多潜在的有利因素，投资者就会产生不顾实际地卖出股票，促使股价下跌。

（二）如何影响证券价格——通过影响证券市场供求关系

从长期来看，证券价格是由证券的内在价值决定的，但是，从中短期来看，证券价格是由证券市场供求关系决定的。证券投资者在搜集到影响证券价格的有关信息后，通过各种方法来分析和判断这些信息对证券价格（行情）的影响，就会采取相应的投资行为，而这些投资行为会影响和决定证券市场的供求，从而影响到证券市场价格。一般来说，证券供给增加，证券价格下跌，证券供给减少，证券价格上升；证券需求增加，证券价格上升，证券需求减少，证券价格下降。下面通过证券市场的供求关系来说明证券价格的变动情况。

1. 在证券供给保持不变的情况下，市场上出现某些信息影响到证券需求，进而造成证券价格的变动。

投资者在搜集到一些影响证券价格的相关信息后，通过分析这些信息，可以判断这些信息对证券需求产生影响。例如央行采取扩张性的货币政策，降低利息，其对证券市场价格影响的传导机制如下：

（1）通过对企业的影响，降低利息⇒降低投资成本⇒上市公司扩大投资⇒经济增长加速⇒上市公司盈利增加⇒对证券的需求增加⇒证券供给不变，证券价格上升

(2) 通过对个人的影响，降低利息⇒降低储蓄收益⇒减少储蓄，增加消费⇒增加资金流入证券市场⇒对证券的需求增加⇒证券供给不变，证券价格上升

相反，在证券供给保持不变的情况下，央行采取大幅度的升息的紧缩性货币政策，其对证券价格影响的传导机制，与上面的传导机制相反。

2. 在证券需求保持不变的情况下，市场出现某些信息影响到证券供给，从而造成证券价格的变动。

投资者在搜集到一些影响证券价格的相关信息后，通过对这些信息进行分析，可以判断它对证券市场的供给产生影响并作出相应的决策。例如，国家监督管理机关批准某大型集团公司大规模上市融资，或上市公司大规模地增发股票来融资，在股票需求保持不变的情况下，股票供给增加，从而导致股票市场价格下降；相反，如果未来一年内不批准新的上市融资项目，在证券需求保持不变的情况下，会造成证券供给下降，从而导致证券价格上升。

上述分析是建立在许多假设基础之上的，实际情况非常复杂，因此，证券投资者在进行实际投资的过程中，要尽可能多地搜集和分析影响证券价格的有关信息，使自己做出的投资行为尽可能地理性和合理。

三、证券信息搜集

(一) 证券价格（行情）信息搜集

证券价格（行情）信息相对于另一类证券信息来说，它属于证券市场的表面信息，而这类证券信息的绝大部分都可以通过交易软件获得，只有开放式基金的净值信息无法通过交易软件来获得。因此，在这里重点介绍如何在网上获得开放式基金的净值及有关信息。

目前，可以为开放式基金提供净值及有关信息的网站可以分为以下几类：

1. 专业性的基金网站，如中国基金网，在这类网站可以获得所有基金（开放式、封闭式）的净值（价格）及有关信息；

2. 门户网站、综合财经网站的基金专栏，如搜狐的“基金”专栏、新浪的“基金”专栏等，在这类网站同样可以获得所有基金（开放式、封闭式）的净值（价格）及有关信息；

3. 基金管理公司网站，如南方基金管理公司网站、广发基金管理公司网站等，在这类网站可以获得该公司旗下所属各基金的净值（价格）及有关信息。

(二) 影响证券价格（行情）的相关信息的搜集

如前面所述，影响证券价格（行情）的相关信息主要包括宏观政治、经济信息、行业信息、上市公司信息、基金管理公司信息、市场传闻和其他相关信息等。目前，可

以提供这些信息的网站主要有以下几类：

1. 证券监管机构、证券交易所和证券行业协会网站，包括中国证券监督管理委员会网站、中国证券业协会网站、上海证券交易所网站、深圳证券交易所、各地方证券业协会网站等；

2. 证券报纸网站，包括中证网（《中国证券报》主办）、中国证券网（《上海证券报》主办）、全景网（《证券时报》主办）；

3. 证券公司、投资咨询公司网站，包括广发证券、国泰君安、海通证券、新兰德等；

4. 综合性的专业财经网站，如中国基金网、和讯网、中国债券信息网等；

5. 综合性网站、门户类网站的财经专栏等，如搜狐网、网易网、新浪网、新华网、人民网等；

6. 其他网站，如中国宏观经济信息网、中国统计信息网、国研网等。

对于上述的一些网站及其他相关网站，证券投资者不用一一记住其网址，可以通过百度、搜狐等搜索引擎查询。

复习思考题

1. 简述沪深两市集合竞价与连续竞价的基本原理。
2. 简述除权参考价的基本计算方法。
3. 简述证券投资收益与风险的来源。

第七章

证券即时行情分析技巧

本章摘要

本章首先阐述了股价指数的编制原理，然后介绍了经由常用证券行情分析软件观察证券市场即时行情的方法。

关 键 词

股价指数　上证综指　深证指数

第一节　证券行市分析软件的下载与安装

利用证券交易行情分析软件，投资者可及时了解证券市场的行情走势。由代理券商所提供的证券交易行情分析软件均设有委托交易系统，投资者可凭以实施证券买卖的委托。

一、证券交易行情分析软件的下载

尽管证券交易行情分析软件的种类很多，但都大同小异。一般地说，投资者应使用代理券商所提供的软件，以获得委托买卖等特定功能。

目前，国内各证券公司的网站都免费提供证券交易软件的下载服务。投资者可以通过登陆相关的网站，选择并下载适合自己的交易软件。下面，我们以中信万通证券网提供的“核心 2008 版网上系统（同花顺 2008）”为例，介绍如何下载并安装证券交易软件。

第一步，登陆中信万通证券网（http：//www. zxwt. com. cn/），获得如图 7.1 所示的界面。

第二步，点击“投资者园地”/“软件下载”/选择“核新 2008 版网上系统”。

点击“点击下载”，系统会提示用户保存文件，点击“保存”按钮，将软件保存到计算机中的适当位置。具体操作如图 7.1 至 7.4 所示。

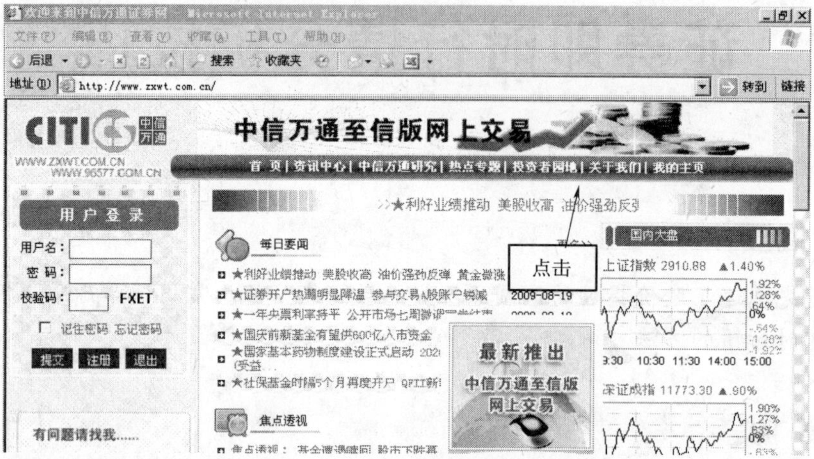

图 7.1 证券交易软件下载示例

图 7.2 证券交易软件下载示例

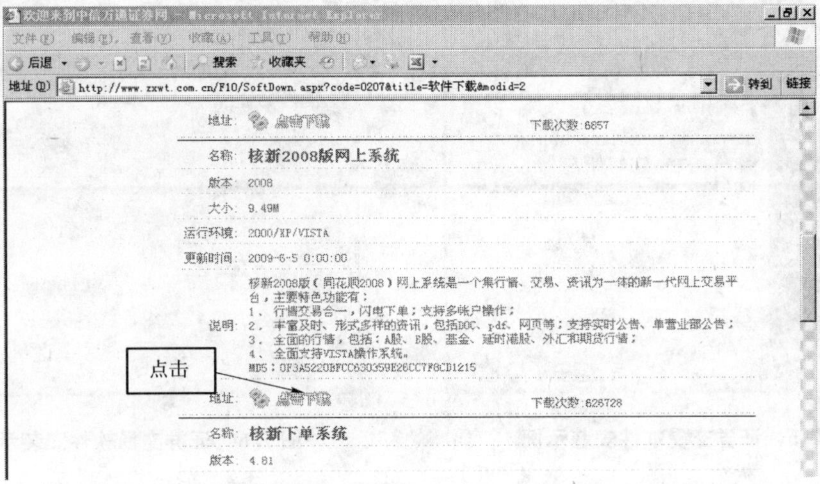

图 7.3　证券交易软件下载示例

需要注意的是，券商会对网上交易软件不定期地进行版本更新，并在网站中声明当前最新软件版本的名称及其更新日期，投资者最好下载、使用券商所提供的最新版本的交易软件。

例如，在图 7.1 所示的界面中，券商提示最新推出了“中信万通至信版网上交易”系统。

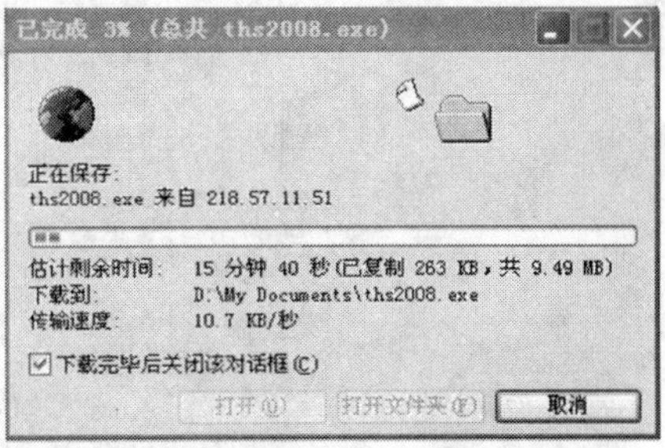

图 7.4　证券交易软件下载示例

二、交易软件的安装与运行

第一步，交易软件的安装。

下载完成后，在您指定保存软件的文件夹中会出现图标

。点击该图标，出现如图 7.5 所示的界面，在安装向导的提示下，一步步地将软件安装到系统的指定位置中，如图 7.5、7.6 所示。

第二步，交易软件的运行。

软件安装成功以后，在电脑操作系统的桌面上会出现软件的快捷图标

。点击该图标即可运行中信万通证券交易系统，出现一个如图 7.7 所示的界面。

当然，在电脑操作系统桌面的左下脚处，点击“开始”→“程序”→“中信万通证券网上交易系统”，亦可运行中信万通证券交易系统，出现图 7.7 所示的界面。

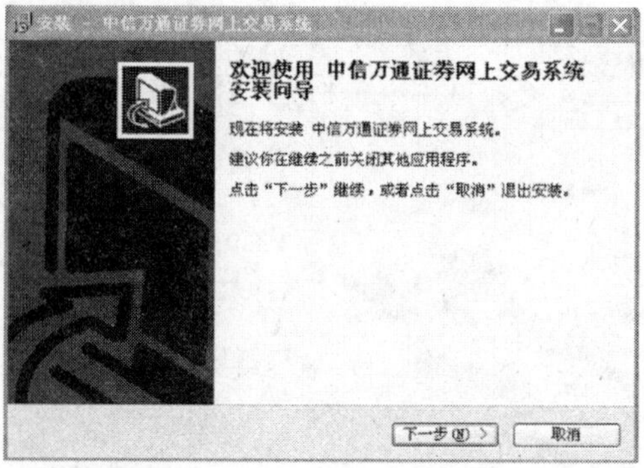

图 7.5 证券交易软件安装示例

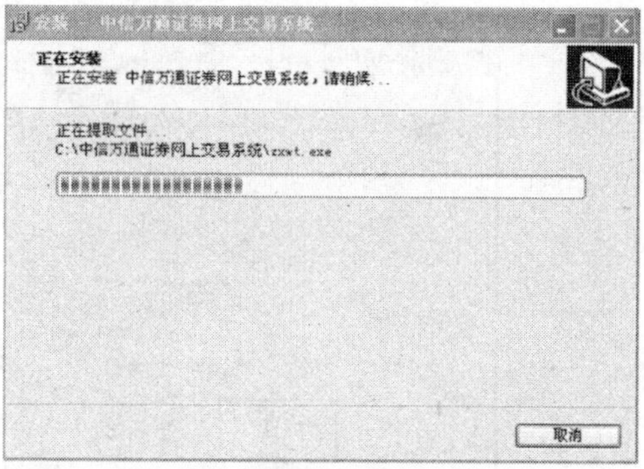

图 7.6 证券交易软件安装示例

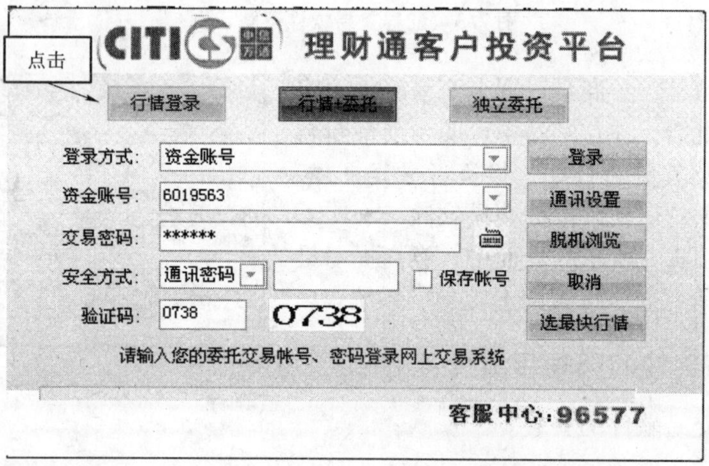

图 7.7 证券交易软件运行示例

在图 7.7 所示的界面下，投资者输入自己在中信万通证券营业部开立的资金账户的账号和交易密码，然后点击“行情 + 委托”→“登录”即可联通中信万通证券公司主站。

如果只是希望了解行情，不准备发布交易委托指令，则可在图 7.7 所示的界面中直接点击“行情登录”，不需要输入自己在中信万通证券营业部开立的资金账户的账号和交易密码，亦可联通中信万通证券公司主站。

一般来说，系统会自动搜索网络负担最小的站点进行登陆。登陆后，通常会出现如图 7.8 所示界面，投资者即可观察行情或实施证券交易的委托。

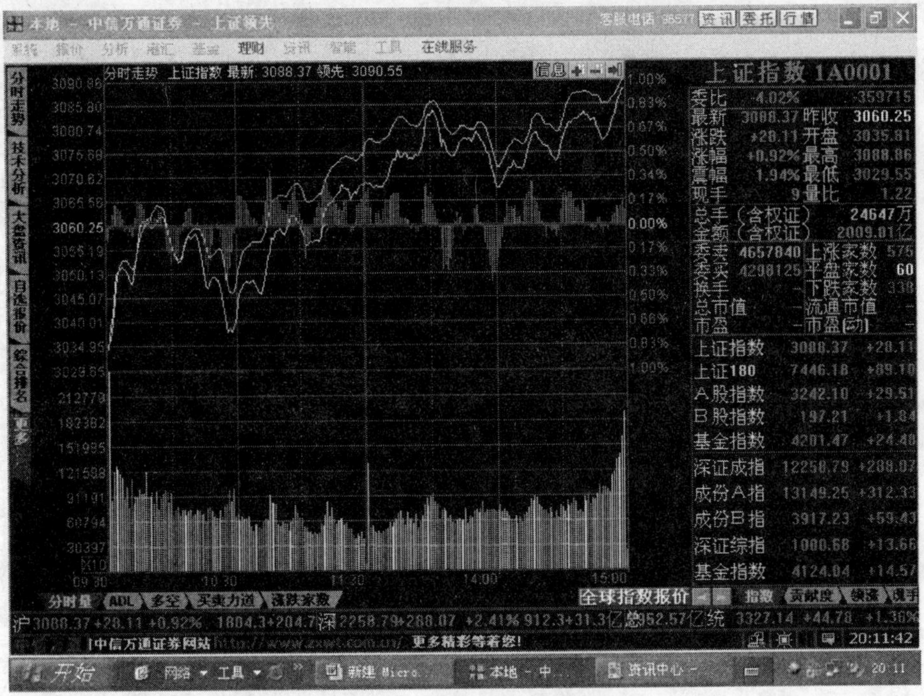

图 7.8　证券交易软件主界面

三、证券交易软件的使用

目前，各券商提供的证券交易软件的操作方法和主要功能基本一致。下面我们继续以中信万通同花顺 2008 版交易软件为例，简单介绍证券交易软件的相关功能和操作方法。

（一）个股主界面的主要内容

图 7.8 所示的界面是交易分析软件默认的主界面。其基本内容我们将在以后的相关章节讲解。这里我们将重点讲解个股主界面的基本内容。

该证券交易软件的个股主界面由个股咨询、菜单栏、主窗口、指数栏、信息栏、滚动栏等组成，具体情况如图 7.9 所示。

菜单栏：汇集了系统的基本操作，帮助投资者快速调用相关资料。

工具栏：上面汇集了一些最常用的功能，以方便投资者使用。

指数栏：实时显示上证和深证指数、涨跌数、成交金额等。

主界面右侧是个股实时资讯，实时显示该股票的买卖力道、最新价、最高价、最低价、换手率等信息。

图 7.9 证券交易软件个股主界面

另外，在任意一个界面中，单击鼠标右键，投资者能够迅速找到在目前状态下可以使用的常用功能。在不同界面所显示出来的右键菜单是不同的，即使在同一界面下，鼠标点击不同的地方按右键所弹出的菜单也有所不同，投资者可以经常地实验性操作，以便逐步达到熟练的目的。

图 7.9 所示的界面当中还有一些重要的内容，这里就不赘述了。

（二）键盘精灵

在任意一个界面中，若投资者在键盘上输入任意一只股票的代码、简称、拼音缩写，或者任意字或大致代码，输入完毕按回车键，都会弹出键盘精灵，它会给出相关股票列表，双击所需查看的股票或用方向键选择股票后按回车，会弹出该股票的行情，如图 7.10 和 7.11 所示。

为了方便投资者的操作，在键盘上输入如下数字时，会弹出相关股票的涨跌排名。

例如输入空格 60，则会出现沪深 A 股涨跌排名。

另外，投资者还可输入行业名称查询证监会行业分类个股的涨跌排名情况，例如：汽车，回车后可查看汽车制造业、汽车运输业个股排名。

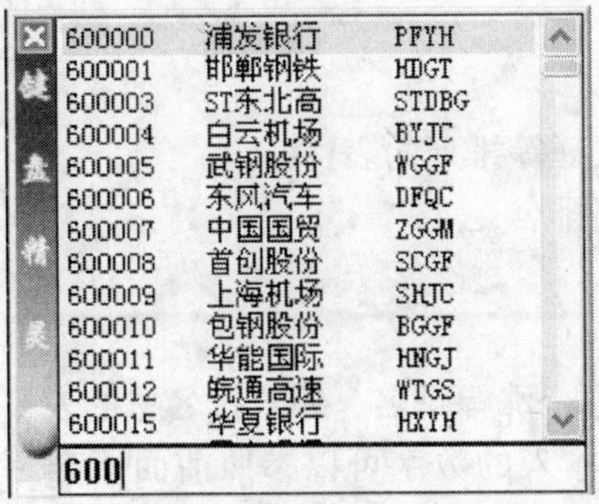

图 7.10　键盘精灵

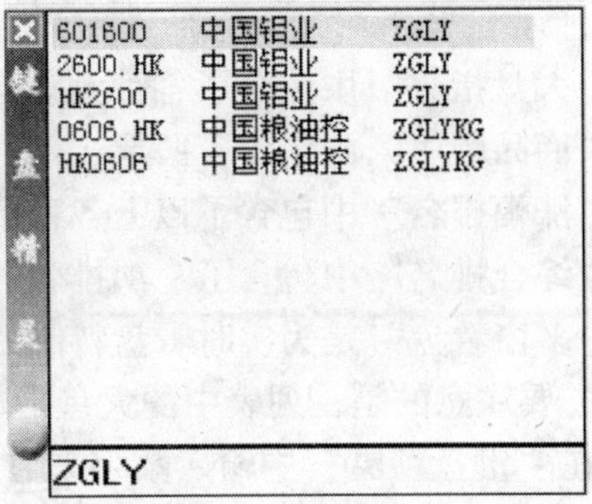

图 7.11　键盘精灵

（三）工具栏设置

投资者右键（或左键）单击工具栏空白处，会弹出工具栏设置菜单，投资者点击“定制工具栏”一项，会弹出快捷菜单，如图 7.12 所示。这样就可以根据自己的需要自定义工具栏，可以添加或删除工具栏按钮，也可以通过上移下移来排列顺序。

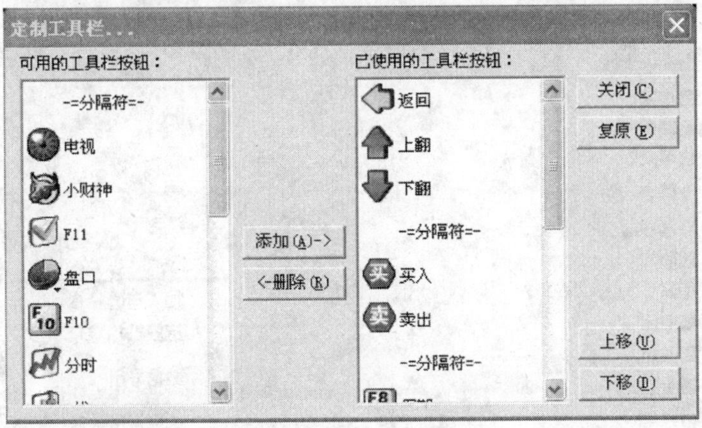

图 7.12　定制工具栏

另外，投资者在工具栏上点击右键，可以打勾选择是否显示文字，还可以选择是否自动隐藏。

选择自动隐藏时，只有当鼠标移至工具栏下方，工具栏才会弹出，平时会自动隐藏以方便投资者查看股票行情。

（四）“报价”菜单及报价表的使用

单击主菜单的“报价”菜单，投资者可以调用各种报价排名及分析的页面（如图

7.13 所示)：

“大盘指数”中包含了各种大盘指数；

“商品顺序”中包含了股票、债券、基金、权证等排列的表格；

“涨幅排名”中包含了以上各种商品的涨跌幅排名；

“综合排名”中包含了9项排名的页面；

“多窗看盘”是为实时看盘特制的页面。

需要注意的是，列表中的大盘指数、商品排序、涨幅排名、综合排名里的表格均能通过在“键盘精灵”中输入数字来方便地调用。输入的数字可以参照前面所介绍的键盘精灵。

报价表是一种显示相关商品各种数据的形式，通过报价表，投资者可以实现同时浏览多种商品，进行商品间的纵向比较。下面以上海A股为例说明报价表的使用。

1. 调整栏目次序

在报价表里，投资者可以用鼠标拖动调整栏目的次序，方便查看。投资者还可以点击鼠标右键，利用弹出的快捷菜单来选择自己需要的功能，具体操作如图7.14所示。

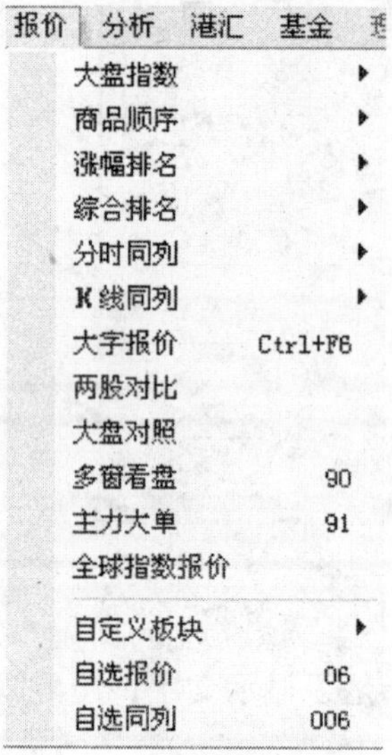

图7.13 报价菜单

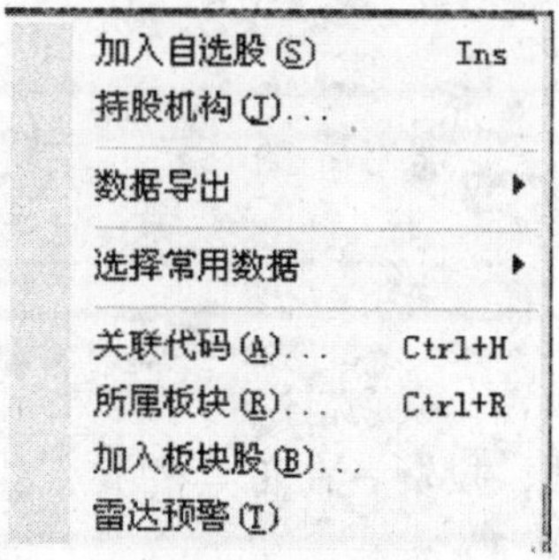

图7.14 快捷菜单

2. 排序

单击表格栏目的名称，表格将按此项目的降序排列表格，再次单击则按升序排列

（在栏目名称旁有箭头表示的状态），具体操作如图 7.15 所示。

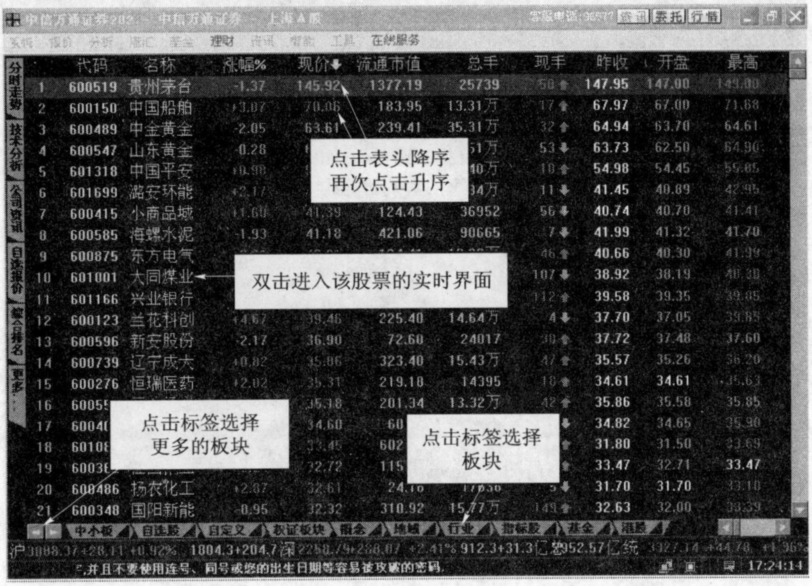

图 7.15　行情报价

3. 加入自选股、板块股

将鼠标指针放在图 7.15 中的某个股票行处，单击鼠标右键，选择加入自选股或板块股选项，就可以将该行所对应的股票加入到自选股或所选择的板块股里。如果该股票已经加入到了自选股中，点击鼠标右键，“加入自选股”选项就会变成“删除自选股”选项。

4. 直接查看商品走势

投资者如果要看某个股票的走势，在图 7.15 中的相应股票处双击鼠标或者直接按“Enter”键，就可以进入该股票的实时走势页面。

5. “分时走势图”的使用及操作

分时走势页面展示某一商品的实时走势图（如图 7.16 所示），从行情报价（图 7.15）中亦可按回车键或双击鼠标进入分时走势图。

分时走势图是证券在一个交易日当中每分钟即时走势的连续显示。

分时走势图中的水平红色直线表示昨日的收盘价位。

白色曲线为每分钟即时成交价的连线；黄色曲线反映本交易日截至当前时刻的成交均价，亦即该时刻之前的成交总金额除以成交总股数的结果。

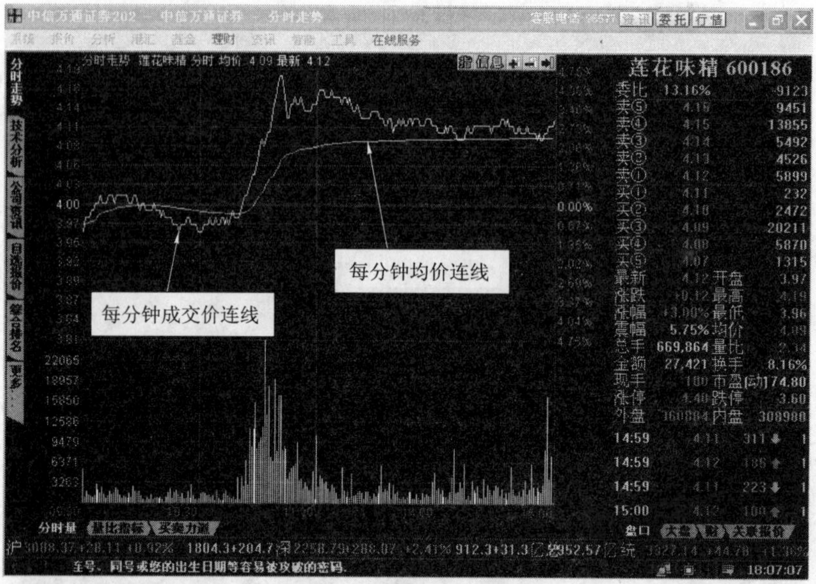

图 7.16　分时走势

若白线在上、黄线在下，则说明实时行市在走强；若白线在下、黄线在上，则说明实时行市在走弱。两条曲线的相对偏离程度可以在一定程度上反映行情的强弱。

分时走势图中还显示分时成交量、量比曲线、个股评论和信息地雷等。

在图 7.16 所示界面的右下角处有一个罗列分时价格、成交手数以及成交笔数等信息的栏目。其中，成交手数后的红色箭头表示这一笔成交为主动性买盘；绿色箭头表示这一笔成交为主动性卖盘；白色箭头表示这一笔碰巧搓合成交，买、卖双方分不清谁主动，谁被动。

投资者按 01/F1 键可以进入该证券的成交明细表，揭示按时间序列排列的每一笔成交的时间、价格、成交量等信息，如图 7.17 所示。

按 02/F2 键可以进入该证券的价量分布表，揭示每个成交价位的成交笔数、占全天成交量的比例及每笔价格等信息，如图 7.18 所示。

庄家资金雄厚，买入股票或卖出股票必在分时成交明细表下留下记录。一般来说，主动性买盘越多，每分钟连续出现 5 万股或 10 万股甚至几十万股成交手数，表明有主力主动买入，股价后市上扬机会大。主动性抛盘越多，每分钟连续出现 5 万或 10 万甚至几十万股成交手数，表明主力在抛售，股价后市下跌机会大。

图 7.17　成交明细

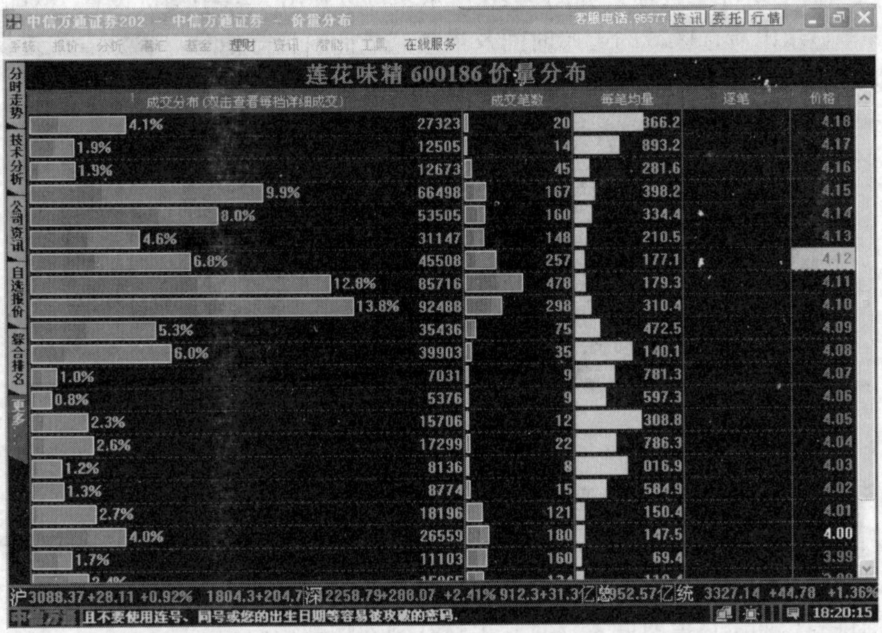

图 7.18　价量分布

另外，投资者在分时走势图界面每按向下光标键“↓”一次，即可在左侧展延追溯显示出前一个交易日的分时走势图，这样投资者就可以方便地查看该证券最近一段时间连续的每日走势情况。

在分时线窗口选择一段区域，拖动鼠标右键，选择“区间统计”选项（如图7.19)，可以弹出“区间统计”窗口，统计出该区域的一些交易信息。

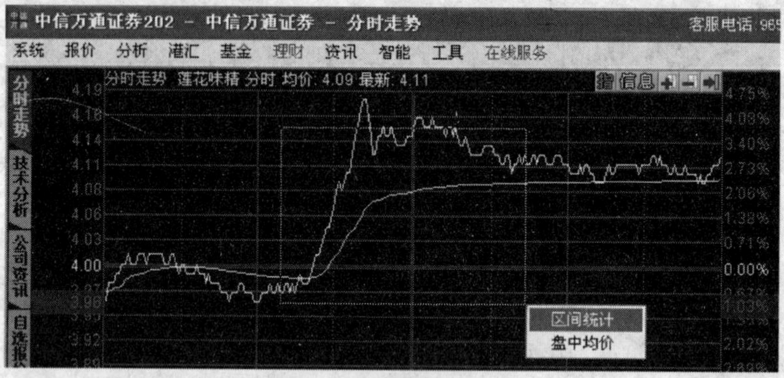

图 7.19 区间统计

选择“盘中均价”选项，如图 7.20 所示，可以弹出“盘中均价设置”对话框（如图 7.21)，显示出所选区域的起始时间及最高、最低限价等信息。投资者通过设置起始时间及限价的数值查看所设置的数值对应的区域，进行投资分析。

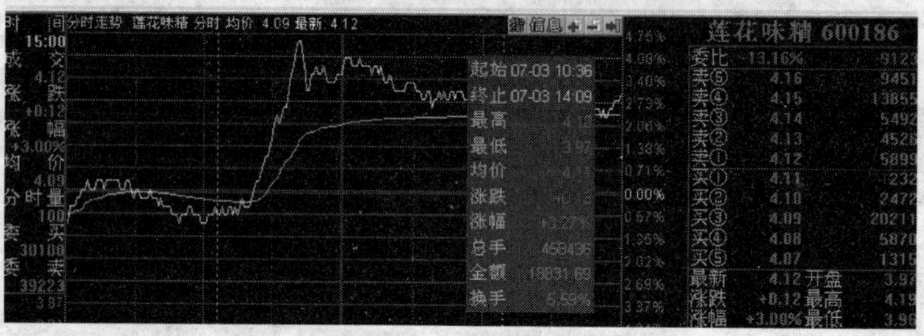

图 7.20 盘中均价

当然，在上述操作中，也可选择活跃统计或贡献统计。

活跃统计（即在大盘分时页面（F3、F4 页面）里面，鼠标右键点住拖动来调用）展示在鼠标选择时间段内所对应市场的个股涨跌幅排名。如果这段时间大盘正在上涨，则为涨幅排名；如果这段时间大盘正在下跌，则为跌幅排名。

贡献统计（即在大盘分时页面（F3、F4 页面）里面，鼠标右键点住拖动来调用）

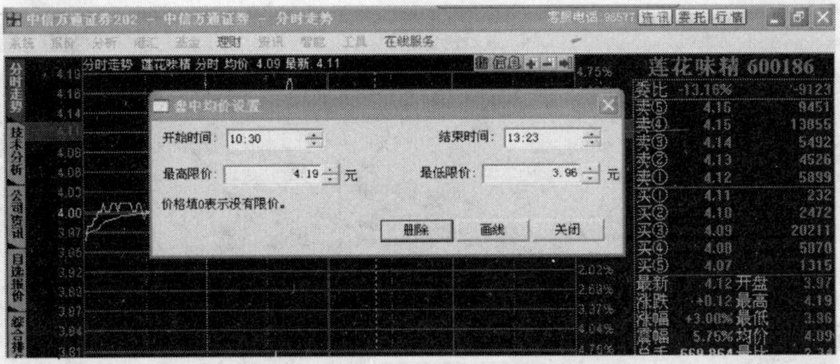

图 7.21 盘中均价设置

展示在鼠标选择时间段内所有个股对实时市场大势形成的贡献度排名。如果这段时间大盘正在上涨，则为涨幅贡献度排名；如果这段时间大盘正在下跌，则为跌幅贡献度排名。

在分时走势窗口中点击右键，其中有一项是“叠加品种”。单击后投资者可以选择想要叠加的品种（如图 7.22 所示），确定后画面就呈现出所选的品种（以选择上证指数为例），从而方便投资者在个股与其选择品种之间进行比较。如图 7.23 所示，紫色线为上证指数的分时走势线。据此我们可以观察莲花味精与上证综指走势的关联性。

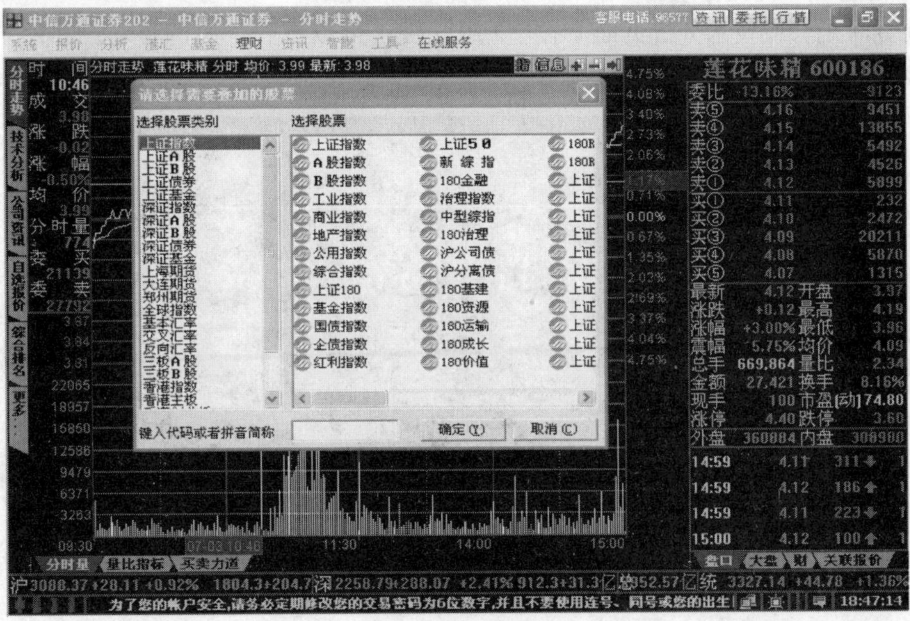

图 7.22 叠加品种

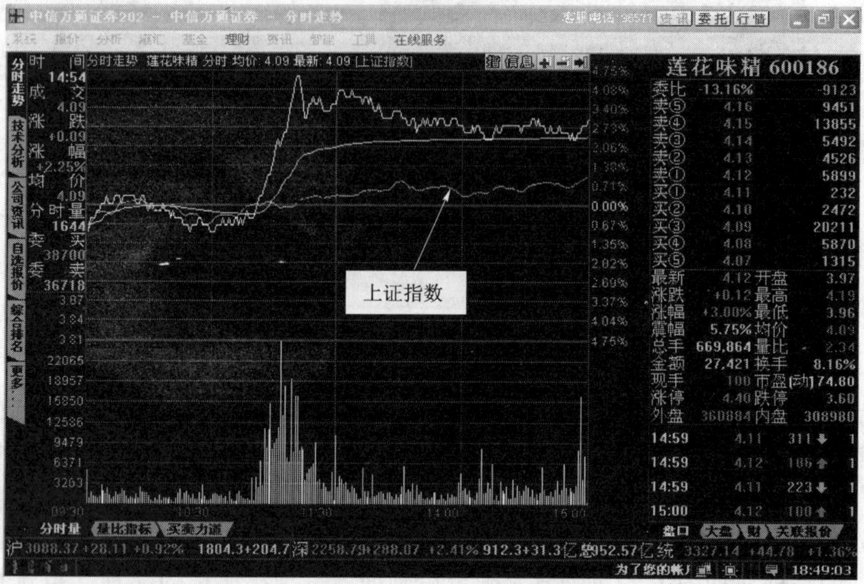

图 7.23　莲花味精与上证综指走势关联性

6. 通过 F10 查询资讯

在分时走势或技术分析页面下按“F10”键，可以查看个股的资料，如图 7.24 所示。该图为莲花味精的个股资料截图。

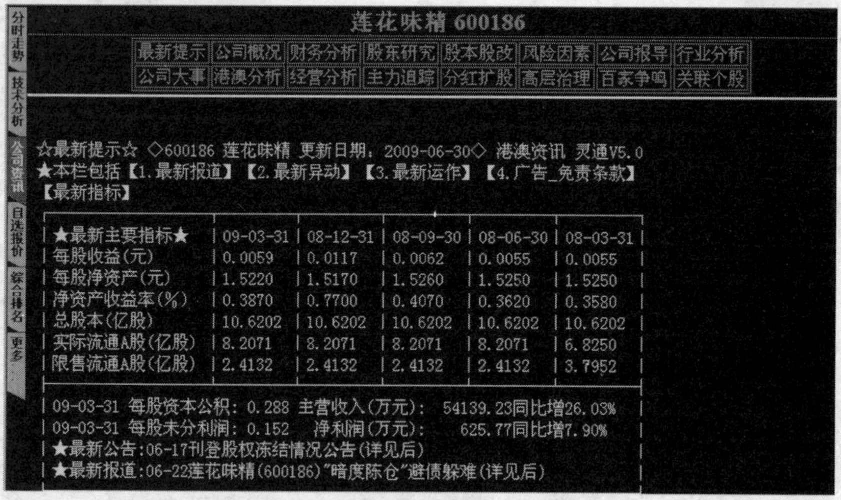

★最新主要指标★	09-03-31	08-12-31	08-09-30	08-06-30	08-03-31
每股收益(元)	0.0059	0.0117	0.0062	0.0055	0.0055
每股净资产(元)	1.5220	1.5170	1.5260	1.5250	1.5250
净资产收益率(%)	0.3870	0.7700	0.4070	0.3620	0.3580
总股本(亿股)	10.6202	10.6202	10.6202	10.6202	10.6202
实际流通A股(亿股)	8.2071	8.2071	8.2071	8.2071	6.8250
限售流通A股(亿股)	2.4132	2.4132	2.4132	2.4132	3.7952

09-03-31 每股资本公积：0.288 主营收入(万元)： 54139.23同比增26.03%
09-03-31 每股未分利润：0.152 净利润(万元)： 625.77同比增7.90%
★最新公告:06-17刊登股权冻结情况公告(详见后)
★最新报道:06-22莲花味精(600186)"暗度陈仓"避债躲难(详见后)

图 7.24　莲花味精个股资料

7. 常用的快捷键

常用快捷键，如表7.1所示。

表7.1　常用快捷键一览

快捷键	调用画面	快捷键	调用画面
0 + Enter	沪深指数报价	80 + Enter	沪深A股综合排名
00 + Enter	沪深领先指数	81 + Enter	上海A股综合排名
03 + Enter（F3）	上证领先	82 + Enter	上海B股综合排名
04 + Enter（F4）	深证领先	83 + Enter	深圳A股综合排名
1 + Enter	上海A股行情报价	84 + Enter	深圳B股综合排名
2 + Enter	上海B股行情报价	85 + Enter	上海债券综合排名
3 + Enter	深圳A股行情报价	86 + Enter	深圳债券综合排名
4 + Enter	深圳B股行情报价	87 + Enter	上海基金综合排名
5 + Enter	上海债券行情报价	88 + Enter	深圳基金综合排名
6 + Enter	深圳债券行情报价	89 + Enter	香港证券综合排名
7 + Enter	上海基金行情报价	06 + Enter（F6）	自选报价
8 + Enter	深圳基金行情报价	006 + Enter	自选同列
9 + Enter	香港证券行情报价	Ctrl + F6	大字报价
002 + Enter	中小企业行情报价	05 + Enter（F5）	技术分析
60 + Enter	沪深A股涨幅排名	01 + Enter（F1）	成交明细
61 + Enter	上海A股涨幅排名	02 + Enter（F2）	价量分布
62 + Enter	上海B股涨幅排名	07 + Enter（F7）	个股全景
63 + Enter	深圳A股涨幅排名	10 + Enter（F10）	公司资讯
64 + Enter	深圳B股涨幅排名	11 + Enter（F11）	基本资料
65 + Enter	上海债券涨幅排名	Ctrl + F8	多周期图
66 + Enter	深圳债券涨幅排名	Ctrl + F11	财务图示
67 + Enter	上海基金涨幅排名	Ctrl + L	两股对比
68 + Enter	深圳基金涨幅排名	↓	缩小K线
69 + Enter	香港证券涨幅排名	↑	放大K线
602 + Enter	中小企业涨幅排名	Enter	行情报价
71 + Enter	上证新闻	Ctrl + Enter	历史分时
72 + Enter	深证新闻	Esc	返回上一画面
73 + Enter	券商信息	Alt + F4	退出程序

(五) 软件常用设置介绍

1. 板块设置

(1) 添加自选股

如图 7.25 所示，点击菜单栏的“工具”按钮，在下拉菜单中，点击“自选股设置”按钮，弹出自选股设置按钮。

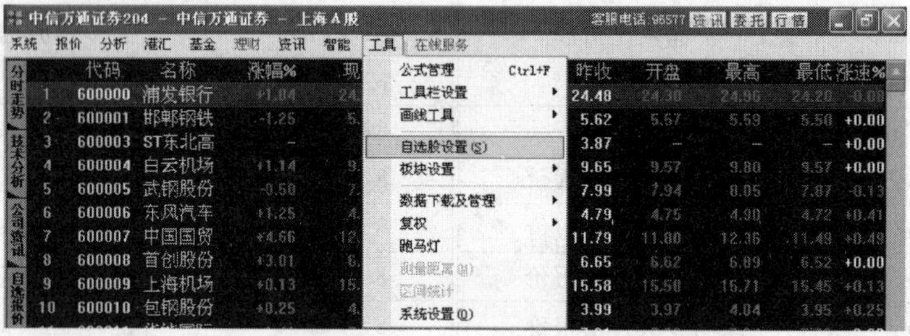

图 7.25 添加自选股

如图 7.26 所示，从左侧添加证券代码到自选股板块中。

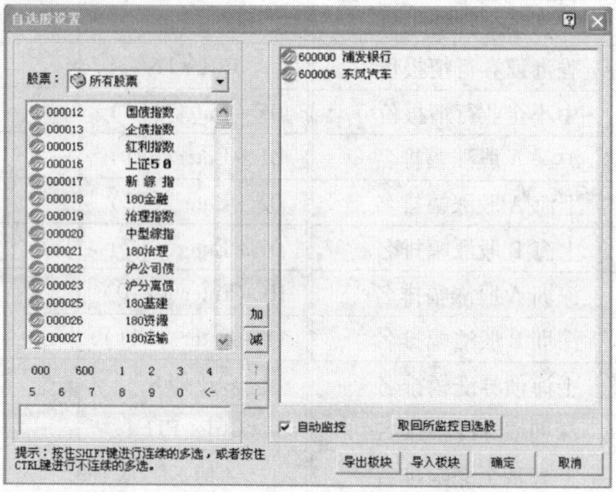

图 7.26 添加自选股

在任意界面中，点击 F6 或输入 06 键可以调出投资者的自选股报价画面，如图 7.27 所示。

(2) 删除自选股

要删除某只自选股，可在自选股报价界面（图 7.27）选中该证券，然后敲击

图 7.27　自选股报价

Delete 键或者右键，选择“删除自选股”即可。也可以从“工具”栏中调出“自选股设置”窗口，从右侧自选股板块中选中并删除，如图 7.28 和图 7.29 所示。

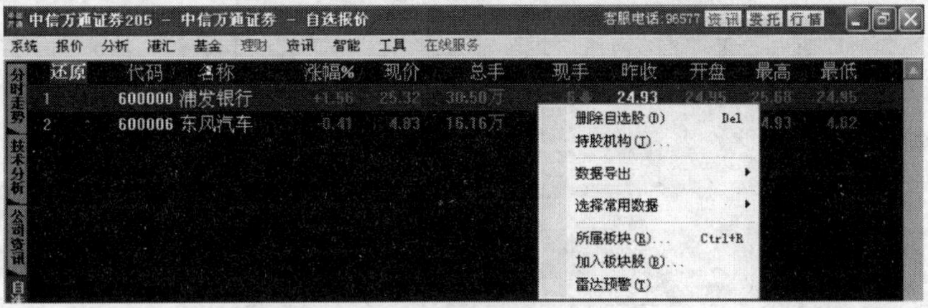

图 7.28　删除自选股

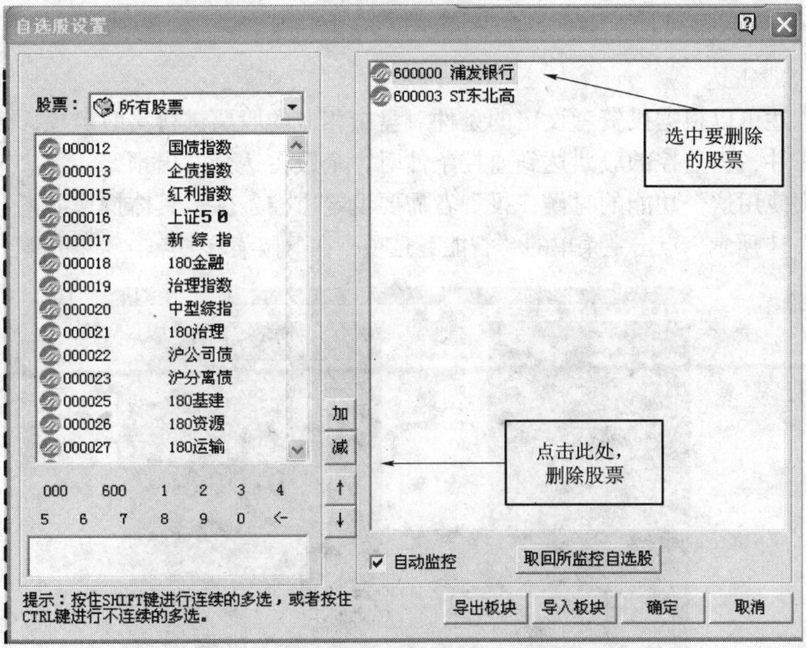

图 7.29　删除自选股

(3) 导出文件

投资者可以通过导出板块将自选股文件保存。如图 7.30 所示，在自选股设置对话框中，点击“导出板块”，系统将会弹出“另存为”对话框，选择保存文件的地址，点击“保存”，即可将自选股信息在软件系统之外的某个指定电脑文件夹中保存下来。

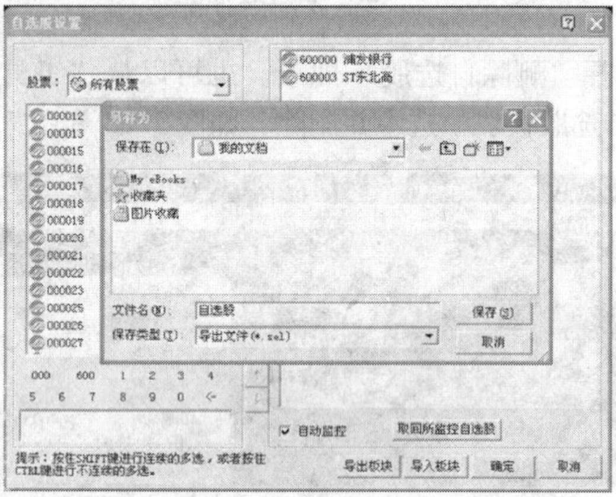

图 7.30 导出并保存文件

2. 预警与选股

(1) 个股雷达

个股雷达可以根据投资者设定的条件对盘中相应的股票进行实时监控，投资者通过设置监控条件，当监控的股票达到监控条件时，个股雷达会发出预警。

在初次使用这个功能的时候，投资者需要设定监控条件。具体操作如下：

如图 7.31 所示，点击主菜单的“智能”选项，在下拉菜单中点击“个股雷达”选项。

图 7.31 个股雷达

在弹出的“结果显示”对话框中点击“设置”选项，如图 7. 32 所示。

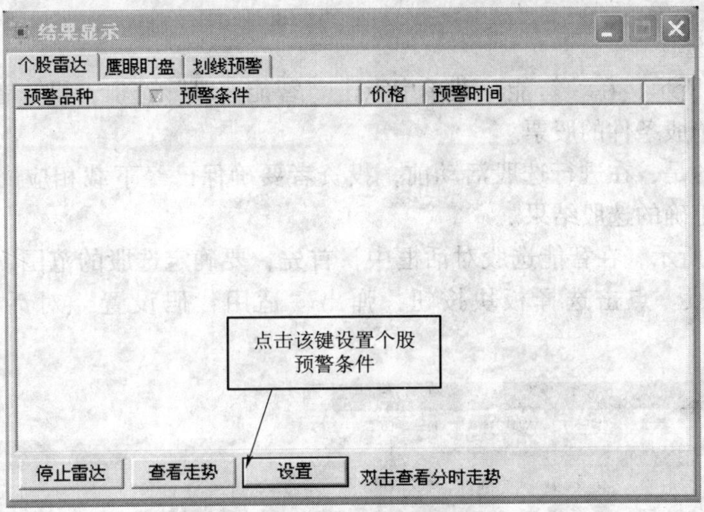

图 7. 32　结果显示

点击后会出现“设置个股预警条件”对话框，如图 7. 33 所示。在对话框左侧输入预警证券代码，以浦发银行为例，就是 600000。然后选择需要预警的条件，如图中的“价格上破 25. 4 元”。同时在预警方式复选框中选择预警方式，最后点击确定。这样就会弹出个股雷达设置对话框，如图 7. 34 所示。

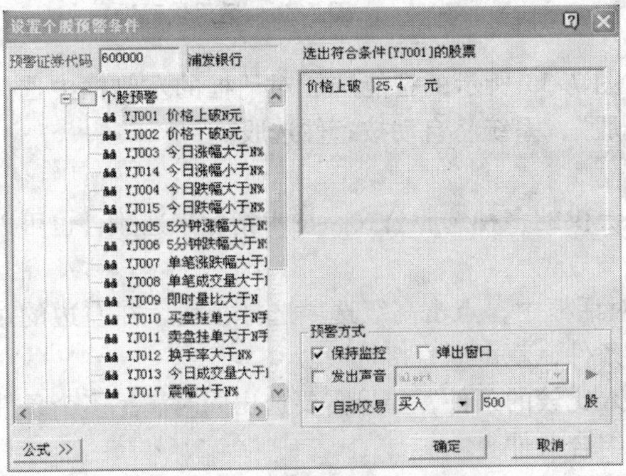

图 7. 33　设置个股预警条件

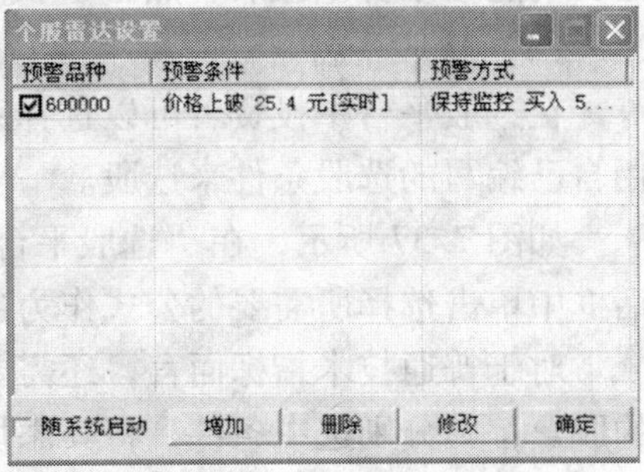

图 7. 34　个股雷达设置

投资者可以根据对话框中的“增加”、“删除”、“修改”等按钮进行个股设置的修改。

(2) 智能选股

如图7.31所示，在“智能”菜单中点击“智能选股”选项，投资者可以通过选股器，选择符合选股条件的股票。

需要注意的是，在进行选股活动前，投资者要确保已经下载相应的行情和财务数据，以便获得正确的选股结果。

如图7.35所示，在智能选股对话框中，首先，要确定选股的范围，即从哪个或哪几个板块中选股。点击选择板块按钮，弹出“适用代码设置”对话框，如图7.36所示。

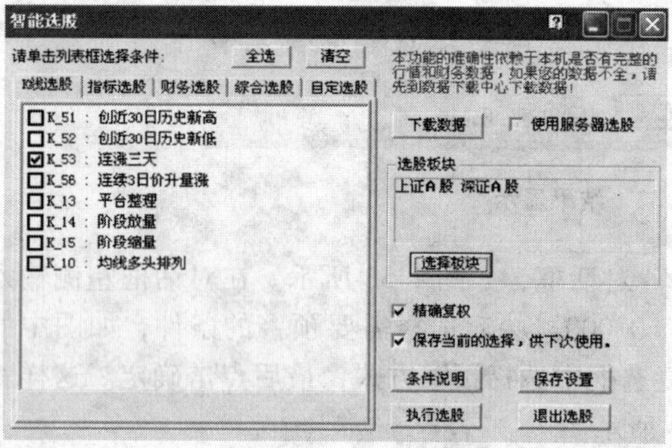

图7.35 智能选股

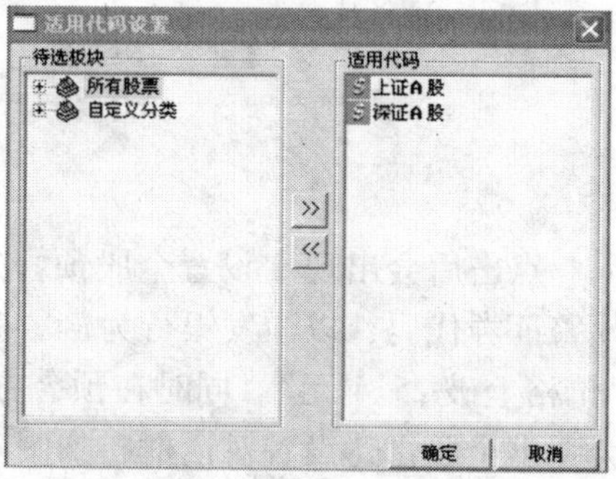

图7.36 适用代码设置

在对话框中选择选股板块，然后在图7.35所示的智能选股对话框的左侧框中选择需要的选股条件。最后，点击“执行选股”，系统将自动按条件选股。

(3) 选股平台

在选股平台中投资者可以选择系统提供的多种选股公式、技术指标来选股，也可以用自己编写的选股条件来选股。

如图7.37所示，在“选股平台”对话框中，点击高级选项选择板块，在左边的对话框中单击选择所需要的公式作为选股条件，就可以直接选股。

对于普通技术指标而言，还需要输入比较的条件，如果需要选出同时满足多个条件的股票，则分别选中条件，将其添加为组合条件。

另外，做好的选股条件可以保存在组合条件目录下，以方便投资者再次选股。

设置好条件后，点击“执行选股”即可以进行选股运算。

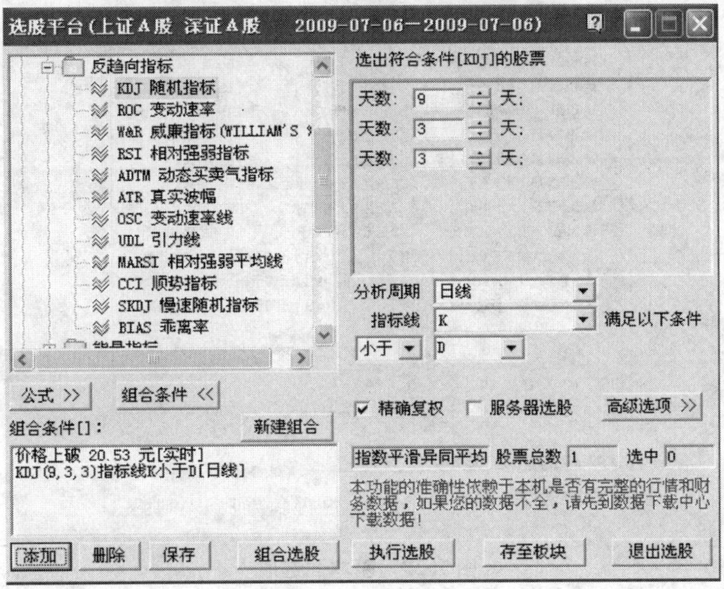

图 7.37 选股平台

如果要将选股得出的结果保存，可以点击“存至板块”，将所选的股票保存到相应的板块以方便查看。图 7.38 是满足选股条件的股票。

选股结果返回表

	代码	名称	涨幅%	现价	总手	现手	昨收	开盘	最高	最低	叫买	叫卖
1	601600	中国铝业	+4.93	13.20	1214487	35	12.58	12.59	13.58	12.39	13.21	13.22
2	601601	中国太保	-1.08	24.62	498463	2	24.89	24.91	25.89	24.33	24.62	24.64
3	000796	宝商集团	+1.72	5.90	149734	1943	5.80	5.80	5.95	5.77	5.89	5.90

图 7.38 选股结果

(4) 基本面选股

基本面选股可以使投资者利用财务数据选出感兴趣的股票。

在图 7.31 的智能菜单中选择“基本面选股”选项，弹出基本面选股对话框，如图 7.39 所示。投资者在选股时在需要的对话框中加上限制条件即可。

另外，投资者还可以通过选择报表时间和板块来缩小选股范围。最后，点击“执行选股”就可以查看符合选股条件的股票了。

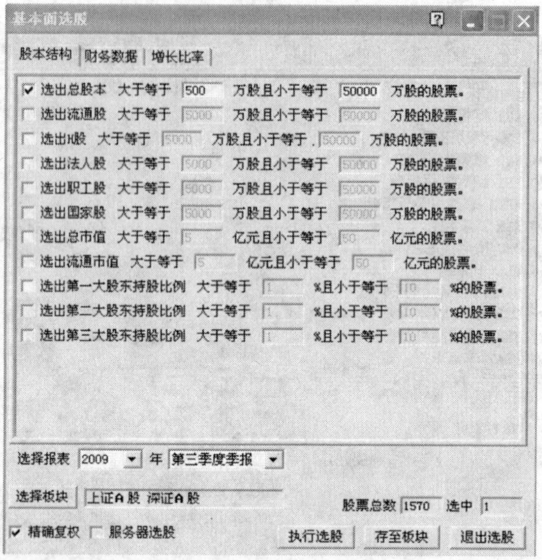

图 7.39　基本面选股

投资者若点击“存至板块”键可以将选股结果保存下来。

第二节　大盘指数及走势分析

一、股票指数的定义及其编制方法

股票价格指数是用以展示大盘或其中特定板块的总体走向及波动幅度的指标。可见，一个好的股票价格指数应该能及时全面地反映大盘或其中特定板块的总体变动方向及其涨跌程度。

作为一个百分率指标，股价指数是将计算期的股价或市值与某一基期的股价或市值相比较的结果，藉以反映大盘或其中特定板块股价的相对变化。

1. 股票价格指数的编制步骤

第一步，选择样本股。即选择一定数量有代表性的上市公司股票作为编制股票价格指数的样本股。

样本股可以设定全部上市股票，也可以选择其中具有代表性的一部分股票。前者称为综合指数；后者称为成分股指数。

样本股的选择主要考虑两个标准：

一是样本股的市价总值要占在交易所上市的全部股票市价总值的相当部分；

二是样本股票价格变动趋势必须能反映股票市场价格变动的总趋势。

第二步，选定某基期，并以一定方法计算基期平均股价或市值。通常选择某一有代表性或股价相对稳定的日期为基期，并按选定的某一种方法计算这一天的样本股平均价格或总市值。

第三步，计算计算期平均股价或市值，并作必要的修正。收集样本股在计算期的价格并按选定的方法计算平均价格。有代表性的价格是样本股收盘平均价。

第四步，指数化。即将计算期的平均股价或市值与基期的平均股价或市值相除，然后再乘以某一常数（通常为 100 或 1 000 等），从而得到报告期的指数值。

2. 股票价格指数的计算方法

（1）简单算术平均法

简单算术平均法分为相对法和综合法。

相对法是先计算各样本股的个别指数，再加总求算术平均数。其计算公式如下：

$$P=(\sum P_{1i}/P_{0i})\times(1/N)\times\text{固定乘数}$$

式中：P——股价指数

N——样本股数

P_{1i}——第 i 种样本股报告期收盘价

P_{0i}——第 i 种样本股基期收盘价

综合法是将样本股票基期价格和计算期价格分别加总，然后再求得股价指数，其计算公式如下：

$$P=(\sum P_{1i}/\sum P_{0i})\times\text{固定乘数}$$

（2）加权平均法

加权法指数是以样本股票发行量或成交量为权数加以计算，分为基期加权平均法和报告期加权平均法两种类型。

基期加权平均法指数又称为拉氏加权指数，采用基期股本发行量或可交易量作为权数，其计算公式为：

$$P=(\sum P_{1i}Q_{0i}/\sum P_{0i}Q_{0i})\times\text{固定乘数}$$

式中：P——股价指数

P_{1i}——第 i 种样本股报告期收盘价

P_{0i}——第 i 种样本股基期收盘价

Q_{0i}——第 i 种样本股基期股本发行量或可交易量

报告期加权股票价格指数又称派氏加权指数，即采用报告期股本发行量或可交易量作为权数。我国的指数计算基本都是采用这种方法。其计算公式如下：

$$P = (\sum P_{1i} Q_{1i} / \sum P_{0i} Q_{1i}) \times 固定乘数$$

式中：Q_{1i}——第 i 种样本股报告期发行量或成交量。

二、A 股市场几种主要的指数介绍

（一）上证指数系列

由上海证券交易所发布的指数，包括综合指数、成分指数、分类指数和其他指数等，如表 7.2 所示。

表 7.2　　上证指数列表（截止日期：2009－7－21）

指数名称	基准日期	基准点数	成分股数量	成分股总股本数（亿股）
成分指数				
上证 180	2002－06－28	3 299.06	180	12 694.42
上证 50	2003－12－31	1 000	50	10 753.72
上证中盘	2003－12－31	1 000	130	1 940.7
上证小盘	2003－12－31	1 000	320	1 754.32
上证中小	2003－12－31	1 000	450	3 695.03
上证全指	2003－12－31	1 000	500	14 448.74
综合指数				
上证指数	1990－12－19	100	897	15 812.42
新综指	2005－12－30	1 000	831	15 519.87
A 股指数	1990－12－19	100	844	15 688.88
B 股指数	1992－02－21	100	53	123.54
工业指数	1993－04－30	1 358.78	567	6 725.66
商业指数	1993－04－30	1 358.78	56	240.67
地产指数	1993－04－30	1 358.78	32	206.11
公用指数	1993－04－30	1 358.78	95	1 820.29
综合指数	1993－04－30	1 358.78	147	6 819.69

续表

指数名称	基准日期	基准点数	成分股数量	成分股总股本数（亿股）
行业指数				
上证能源	2003－12－31	1 000	25	2 815. 15
上证材料	2003－12－31	1 000	49	1 072. 35
上证工业	2003－12－31	1 000	49	1 703. 02
上证可选	2003－12－31	1 000	50	495. 58
上证消费	2003－12－31	1 000	30	196. 36
上证医药	2003－12－31	1 000	30	162. 9
上证金融	2003－12－31	1 000	30	6 203. 66
上证信息	2003－12－31	1 000	25	152. 61
上证电信	2003－12－31	1 000	7	246. 18
上证公用	2003－12－31	1 000	26	522. 42
风格指数				
180 成长	2002－06－28	1000	60	2 108. 22
180 价值	2002－06－28	1000	60	7 983. 54
180R 成长	2002－06－28	1000	145	6 247. 55
180R 价值	2002－06－28	1000	145	12 122. 87
主题指数				
红利指数	2004－12－31	1000	50	1 997. 62
180 金融	2002－06－28	1000	19	6 004. 28
治理指数	2007－06－29	1000	242	11 570. 76
180 治理	2007－06－29	1000	100	10 714. 01
180 基建	2002－06－28	1000	27	1 538. 71
180 资源	2002－06－28	1000	27	3 042. 71
180 交通运输	2002－06－28	1000	16	853. 22
上证央企	2008－12－31	1000	50	9 840. 05
基金指数				
基金指数	2000－05－08	1000	16	439. 91

续表

指数名称	基准日期	基准点数	成分股数量	成分股总股本数（亿股）
债券指数				
国债指数	2002-12-31	100	33	13 923.35
企债指数	2002-12-31	100	44	-
沪公司债	2007-12-31	100	34	972.7
沪分离债	2007-12-31	100	34	831.65
其他指数				
超大盘	2003-12-31	1000	20	6 890.22
中型综指	2007-12-28	1000	427	1 582.19

上证指数系列从总体上和各个不同的角度反映了上海证券交易所上市证券价格的平均变动情况，可以反映不同行业的景气状况及其价格整体变动状况，从而给投资者提供不同的投资组合分析参照系。

1. 上证指数

上证指数是上海证券交易所最早编制的股价指数，也是沪市最具有代表性的指数。其样本股是在上海证券交易所上市的全部股票，其基准日期是 1990 年 12 月 19 日，基点为 100 点。

上证指数是派氏加权指数，以样本股的发行股本数为权数进行加权计算，计算公式为：

$$\text{报告期指数} = (\text{报告期成份股的总市值}/\text{基期成份股的总市值}) \times \text{基期指数设定值(即 100)}$$

其中，总市值 $= \sum$(市价 × 相应股票总股本数量)

2. 上证 180 指数

上证成分指数（简称上证 180 指数）是上海证券交易所对原上证 30 指数进行调整并更名而成。其样本股是在所有 A 股股票中抽取最具市场代表性的 180 种样本股票，自 2002 年 7 月 1 日起正式发布。

作为上证指数系列核心之一的上证 180 指数，其编制目的在于建立一个能够反映上海证券市场的概貌和运行状况、具有可操作性和投资性、能够作为投资评价尺度及金融衍生产品基础的基准指数。

上证 180 指数也是派氏加权指数，以成分股的调整股本数为权数进行加权计算，计

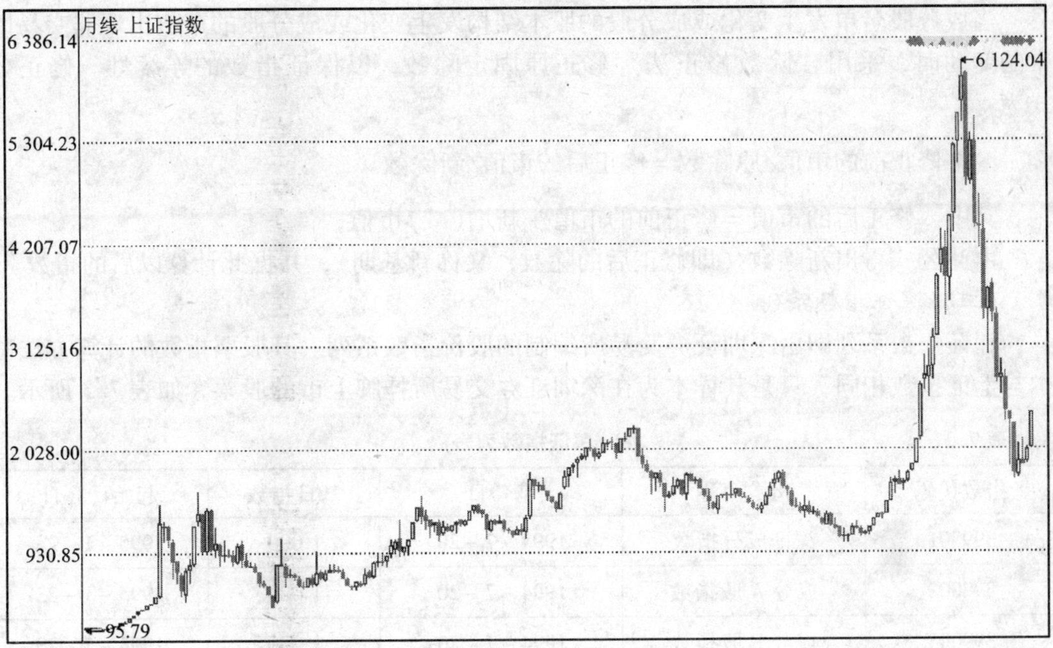

图 7.40 上证指数 K 线走势（1990.12－2009.2）

算公式为：

报告期指数＝(报告期成分股的调整市值/基日成分股的调整市值)×1 000

其中，调整市值＝∑(市价×调整股本数)。

基日成分股的调整市值亦称为除数，调整股本数采用分级靠档的方法对成分股股本进行调整。

3. 红利指数

上证红利指数挑选在上证所上市的现金股息率高、分红比较稳定、具有一定规模及流动性的 50 只股票作为样本，以反映上海证券市场高红利股票的整体状况和走势。

该指数于 2005 年 1 月 4 日发布，是上证所的又一次指数创新。它不仅进一步完善了上证指数体系和指数结构，丰富指数品种，也为指数产品开发和金融工具创新创造了条件。

4. 新上证综指

新上证综指，简称为新综指，指数代码为 000017，于 2006 年第一个交易日正式发布。其以已完成股权分置改革的沪市上市公司为样本股，采用派许加权方法，基日为 2005 年 12 月 30 日，以该日所有样本股票的总市值为基期市值，基点为 1 000 点。

当成分股名单发生变化或成分股的股本结构发生变化或成分股的市值出现非交易因素的变动时，采用“除数修正法”修正原固定除数，以保证指数的连续性。修正公式为：

修正前的市值/原除数 = 修正后的市值/新除数

其中，修正后的市值 = 修正前的市值 + 新增(减)市值；

由此公式得出新除数（即修正后的除数，又称新基期），并据此计算以后的指数。

(二) 深证指数系列

深证指数系列即由深圳证券交易所编制的股价指数系列。其股票指数的计算方法基本与上证指数相同，只是其样本为在深圳证券交易所挂牌上市的股票，如表7.3所示。

表7.3 深证指数列表

指数代码	指数简称	基 日	基日指数	起始计算日
399001	深证成分指数	1994-7-20	1 000	1995-1-23
399002	成分A股指数	1994-7-20	1 000	1995-1-23
399003	成分B股指数	1994-7-20	1 000	1995-1-23
399004	深证100指数	2002-12-31	1 000	2003-1-2
399005	中小板指数P	2005-6-7	1 000	2006-1-24
399100	深证新指数	2005-12-30	1 107	2006-2-16
399101	中小板综指	2005-6-7	1 000	2005-12-1
399106	深证综合指数	1991-4-3	100	1991-4-4
399107	深证A股指数	1991-4-3	100	1992-10-4
399108	深证B股指数	1992-2-28	100	1992-10-6
399110	农林牧渔指数	1991-4-3	1 000	2001-7-2
399120	采掘业指数	1991-4-3	1 000	2001-7-2
399130	制造业指数	1991-4-3	1 000	2001-7-2
399131	食品饮料指数	1991-4-3	1 000	2001-7-2
399132	纺织服装指数	1991-4-3	1 000	2001-7-2
399133	木材家具指数	1991-4-3	1 000	2001-7-2
399134	造纸印刷指数	1991-4-3	1 000	2001-7-2

续表

指数代码	指数简称	基　日	基日指数	起始计算日
399135	石化塑胶指数	1991－4－3	1 000	2001－7－2
399136	电子指数	1991－4－3	1 000	2001－7－2
399137	金属非金属指数	1991－4－3	1 000	2001－7－2
399138	机械设备指数	1991－4－3	1 000	2001－7－2
399139	医药生物指数	1991－4－3	1 000	2001－7－2
399140	水电煤气指数	1991－4－3	1 000	2001－7－2
399150	建筑业指数	1991－4－3	1 000	2001－7－2
399160	运输仓储指数	1991－4－3	1 000	2001－7－2
399170	信息技术指数	1991－4－3	1 000	2001－7－2
399180	批发零售指数	1991－4－3	1 000	2001－7－2
399190	金融保险指数	1991－4－3	1 000	2001－7－2
399200	房地产业指数	1991－4－3	1 000	2001－7－2
399210	社会服务指数	1991－4－3	1 000	2001－7－2
399220	传播文化指数	1991－4－3	1 000	2001－7－2
399230	综合类指数	1991－4－3	1 000	2001－7－2
399300	沪深300指数	2004－12－31	1 000	2005－4－8
399305	深市基金指数	2000－6－30	1 000	2000－7－3
399481	巨潮企债指数	2002－12－31	100	2003－2－17

1. 深证成分指数

深证成分股指数，是深圳证券交易所编制的一种成分股指数，也是深圳证券交易所最具有代表性的指数。

深证成分指数从在深圳证券交易所上市的所有股票中抽取具有市场代表性的40家上市公司的股票作为计算对象，并以流通股为权数计算得出的加权股价指数，综合反映深交所上市A、B股的股价走势。

深圳成分股指数的内容与发布编码：

深圳交易所从于1995年1月23日正式发布，1995年5月5日正式启用。成分股指数（不含分类指数）发布名称、编码，如表7.4所示。

表 7.4 深证成分股指数

名　　称	编　　码	涵　　义
深证成指	9901	深证成份股指数
成分 A 指	9902	成份 A 股指数
成分 B 指	9903	成份 B 股指数

以上指数的发布内容包括前日收市、今日开市、最高指数、最低指数和当前指数。

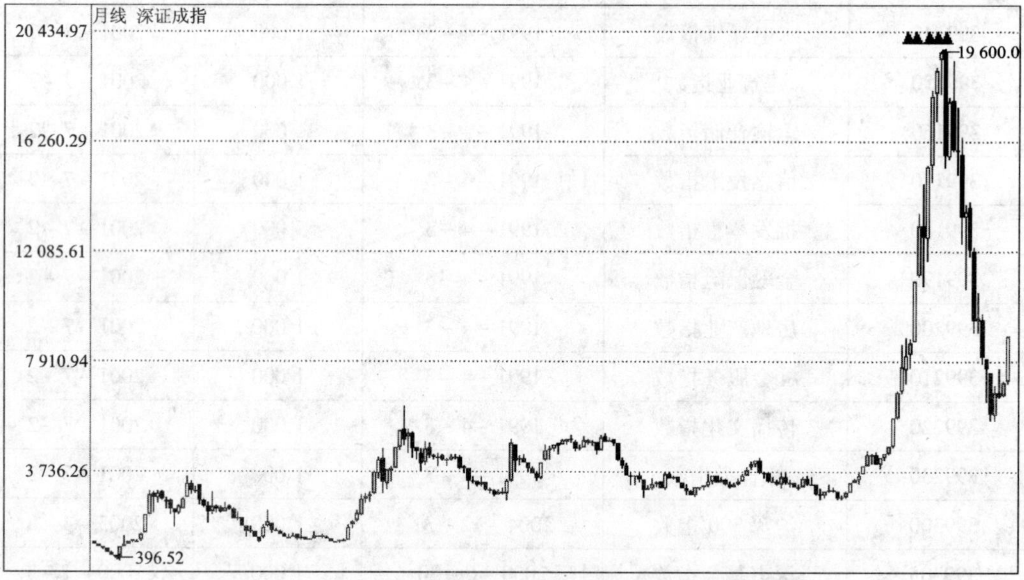

图 7.41 深圳成分指数月 K 线走势（1990.12－2009.2）

2. 深证 100 指数

深证 100 指数是以深圳市场全部正常交易的股票（包括中小企业板）作为选样范围，选取 100 只 A 股作为样本编制而成的成分股指数，并保证中小企业成份股数量不少于 10 只。

深证 100 指数的功能定位主要就是向市场投资者（特别是机构投资者）提供客观的投资业绩基准和指数化投资标的。

3. 深证新指数

深证新指数（代码 399100）由深圳证券交易所委托深圳证券信息有限公司编制、维护和管理，于 2006 年 2 月 16 日起发布。

该指数的样本为完成股权分置改革的、正常交易的各类行业股票的集合。随着股权分置改革进程的深入推进，新指数将逐步涵盖绝大部分的公司和市值，成为新的市场基准指数。

未来新编制的行业指数则从该指数分化产生，形成新的行业指数系列，供投资者进行跟踪投资并开发衍生产品使用，实现在新的市场条件下将市场尺度功能和用于产品创新的投资标的功能有机结合。

表 7.4　　深证新指数

指数代码	指数名称	指数简称	基日	基日点位
399100	深证新指数	新指数	2005 年 12 月 30 日	1107.23

4. 中小企业板指数

中小企业板指数（代码 399101）以全部在中小企业板上市后并正常交易的股票为样本，新股于上市次日起纳入指数计算。

该指数以 2005 年 6 月 7 日为基日，设定基点为 1 000 点，于 2005 年 12 月 1 日起正式对外发布。

5. 深圳综合指数

全称为深圳证券交易所股票价格综合指数，是由深圳证券交易所于 1991 年 4 月开始编制发布。该指数以 1991 年 4 月 3 日为基期，基期值为 100，该股票指数的计算方法基本与上证指数相同，其样本为所有在深圳证券交易所挂牌上市的股票，权数为股票的总股本。用每日各种股票的收盘价格分别乘以其发行量后求和得到市价总值，除以基期市价总值后乘以 100 求得，即：

深圳综合指数 =（报告期股票市价总值/基期股票市价总值）×100

该指数以所有上市股票为样本股，当有新股上市时，在其上市后第二天纳入成分股，当某一股票暂停买卖时，则将其剔除于计算之外。若采样的股本结构有所变动，则改用变动之日为新基期，并以新基数计算。同时用连锁的方法将计算得到的指数追溯原有基期日，以维持指数的连续性。

三、大盘行情解读

大盘行情是指股票市场价格的总体走势。如上所述，我国上海和深圳两个证券交易所分别编制并公布了多个从不同角度反映市场价格总体走势的股票价格指数。其中最具有代表性的分别是上证指数（1A0001）、上证 180（1B0007）指数、深证成指（399001）和深证综指（399106），下面以上证指数为例，简单介绍如何解读和分析大盘行情。

（一）上证指数分时走势图

打开证券交易软件，进入主界面状态（或按 F3 或 03 进入上证指数分时走势图），如图 7.42 所示。

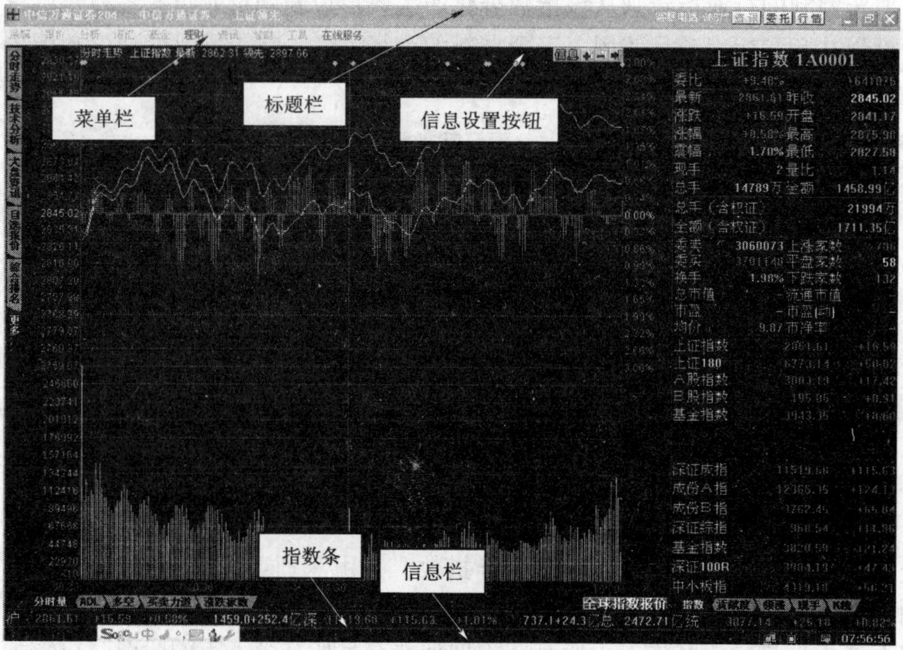

图 7.42 上证指数分时走势

标题栏反映软件程序当前连接的行情主站名称（如果脱机，则显示“本地”）、程序名称和当前页面名称等信息。标题栏的右半部分还设置了委托、行情两个快捷功能按钮。

菜单栏在标题栏的下方，系统的基本操作方法都收罗其中，方便您直观、快捷地调用。

将鼠标指针移动到标题栏或菜单栏上，则会从菜单栏中下弹出工具栏。工具栏上面汇集了一些最常用的功能，以方便您的使用。

指数条用来显示上证指数、深证成指和沪深 300 指数的点位、涨跌的点数和百分比以及成交金额。其中，沪深两市的成交金额分为“股票金额 + 权证金额”两部分；“统”字右边显示的是沪深 300 指数的点数及其涨跌点数和百分比；而“总”字右边显示的则是两市的股票与权证的成交金额之和。

单击指数条中深证成指和沪深 300 指数的点位数据可以进入相应的界面。

信息栏用来显示滚动条、连接状态、预警提示灯、股灵通及系统时间等信息。其中的连接状态有以下几种：若右下角的电脑标志处为红色叉号，则说明未连接到行情主站或连接已断开；若已连接到行情主站，则电脑标志处显示绿色，说明您的电脑及其行情分析软件已连接到行情主站，正在传输数据。

在连接状态标志上双击，如果当前已连接到行情主站，则断开；如果当前未连接到行情主站，则弹出“登录到行情主站”对话框。

预警提示灯只有在启动预警雷达时才显示，平时不显示。

点击资讯中心可查看各类资讯信息。

信息设置按钮在菜单栏的右下侧。点击该信息按钮，可以对个股进行信息地雷设置。其中还设有多日分时按钮，按加号一次则会增加前一天的分时走势，按减号一次则删除前一天的分时走势。

1. 上证领先指标

在上证指数分时图中，0.00% 线（即前日的收盘指数位）的上方有两条曲线：白线和黄线。白线表示大盘加权指数，即证交所每日公布的大盘指数（上证综指）；黄线是不考虑上市股票发行数量的多少、而将所有股票对上证指数的影响等同对待的大盘指数，即不加权的股价指数。

一般认为，黄线更多地反映了小盘股的总体走势；而白线则更多地反映了大盘股的总体走势。

当大盘指数上涨时，若黄线在白线之上，则表示流通盘较小的股票涨幅较大；反之，黄线在白线之下，则说明小盘股的涨幅落后于大盘股。

当大盘指数下跌时，若黄线在白线之上，则表示流通盘较小的股票跌幅小于大盘股的跌幅；反之，则表示小盘股的跌幅大于大盘股的跌幅。

若两条曲线的走向背离，则说明大盘股和小盘股的行情波动方向相反。

当然，大盘股或小盘股只是一种通俗的说法，并没有明确的区分标准。就目前来看，流通盘在一个亿以内的股票都可归类为小盘股。

2. 红绿柱线

在图 7.42 中，0.00% 线上方的柱线为红柱，0.00% 线下方的柱线为绿柱。红柱与绿柱反映了当前大盘所有股票的买盘与卖盘的数量对比情况，红柱表示买盘超过了卖盘，红柱越长，说明买盘超过卖盘越多；绿柱表示卖盘超过买盘，绿柱越长，说明卖盘超过买盘越多。

参照红绿柱线的相对形态，我们可以得出：

一般来说，红柱增长，表示买盘大于卖盘的数量在增加，指数上升的可能性增大；反过来，绿柱增长，表示卖盘大于买盘的数量在增加，指数下跌的可能性增大。

3. 黄蓝白色柱线（即成交量）

在上证走势图的底部，成交量是一条条竖排的直线，表示在这一分钟内上海证券交易所的累计股票成交量，单位是手（每手是100股）。其中黄色柱线表示即时价格正在上涨；蓝色柱线表示即时价格正在下降；白色柱线表示即时价格正在走平。而柱线的高度则代表即时成交量的大小。

4. 行情数据

在上证指数分时走势图中，行情数据包括委比、量比等。我们以图7.42右侧所列有关数据，简单介绍其内涵：

大盘委买：当前本指数所有样本股票的委托买入数量之和；

大盘委卖：当前本指数所有样本股票的委托卖出数量之和；

$$委比=(大盘委买-大盘委卖)\div(大盘委买+大盘委卖)\times100\%$$

委比是用来衡量（较短）一段时间内买盘、卖盘力量对比强弱的指标，大盘委买代表了推动市场总体股价上涨的动力，大盘委卖代表了推动市场总体股价下跌的动力，其取值范围在+100～-100之间。如果委比大于零，表示买盘的力量强于卖盘，股价指数上涨的可能性较大，反之，如果委比小零，表示卖盘的力量强于买盘，股价指数下跌的可能性较大。图7.42中所示的委比为-11.29%，其计算过程为：委比$=(4\ 625\ 486-5\ 802\ 512)\div(4\ 625\ 486+5\ 802\ 512)\times100\%=-11.29\%$。

涨跌：当前上证指数（成交）比昨天收盘点位上涨或下跌的绝对数。图7.42中，涨跌$=3\ 266.92-3\ 189.74=77.18$。

涨幅：当前涨跌与昨天收盘价之比的值。图7.42中，涨幅$=77.18\div3\ 189.74=2.42\%$。

震幅：当前最大涨幅与最大跌幅之间的差距。图7.42中，震幅$=[(3\ 269.18-3\ 189.74)\div3\ 189.74]+[(3\ 192.90-3\ 189.74)\div3\ 189.74]=2.39\%$。

现手：表示上海证券交易所当天最近一笔成交的成交量，一手为100股。

总手：表示上海证券交易所当天从交易开始累计到目前的总成交量。图7.42显示的是收盘以后的大盘分时走势图，故总手为21 198万手，即当天累计成交量。

换手：在一定时间内市场中股票转手买卖的频率，是反映股票流通性强弱的指标之一。其计算公式为：

$$换手率=某一段时期内的成交量/发行总股数\times100\%$$

$$(在我国为成交量/流通总股数\times100\%)$$

昨收：表示前一交易日上证指数的收盘点位；

开盘：表示当天上证指数的开盘点位；

最高：表示上证指数当天曾到达的最高点位；

最低：表示上证指数当天曾到达的最低点位；

量比：量比是一个衡量相对成交量的指标，它是开市后每分钟的平均成交量与过去5个交易日每分钟平均成交量之比。其公式为：量比＝现成交总手÷(过去5日平均每分钟成交量×当日累计开市分钟数)。图7.42中，量比为1.14，表示当前每分钟的平均成交量是过去5日每分钟成交量的1.14倍，这说明当前的成交比较旺盛，成交量有所放大。

金额：表示当上海证券交易所从交易开始累计到目前的总成交金额。图7.42中显示的成交金额是当天上海证券交易所累计成金额。

上涨家数：表示当前上海证券交易所股价高于昨天收盘价的股票家数，图7.42显示的是当天收盘时的上涨家数。

下跌家数：表示当前上海证券交易所股价低于昨天收盘价的股票家数，图7.42显示的是当天收盘时的下跌家数。

平盘家数：表示当前上海证券交易所股价与昨天收盘相等的股票家数，图7.42显示的是当天收盘时的平盘家数。

（二）上证指数的K线图

上证指数的K线图可以用来反映一段时间的指数走势，根据分析周期可以分为日K线图、周K线图和月K线图等，通常我们分析日K线图。日K线图是每天用1条K线（阴线或阳线）表示当天的行情，这些单K线由时间顺序从左到右排列，最右的是最近的交易日，如图7.43所示。

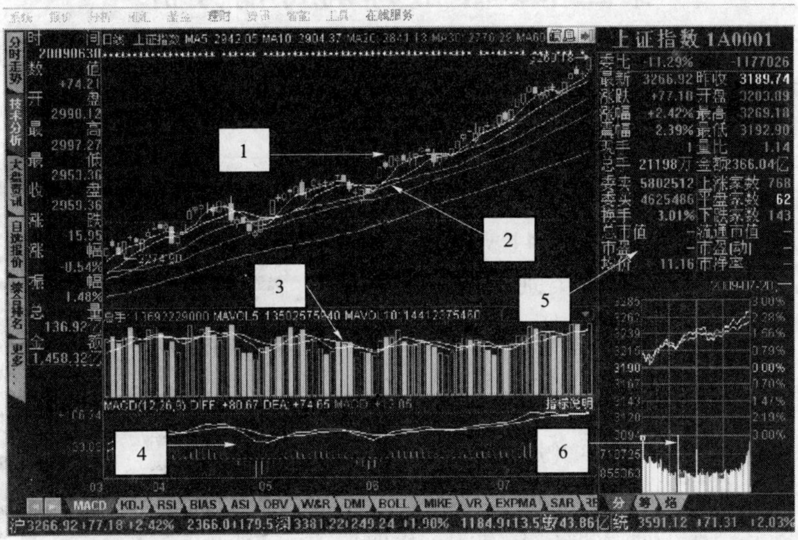

图7.43 上证指数的K线图

（1）K 线图（图中 1 所指），由阴线和阳线组成的价格走势图。红色烛线表示阳线，一般表示股票价格上涨；蓝色烛线表示阴线，一般表示股票价格下跌。

（2）移动平均线 MA（图中 2 所指），指的是由股价的平均价格连成的线，MA5 即指股价的 5 日均线，图 7.43 中给出的由上到下依次是 MA5、MA10、MA20、MA30、MA50。它是投资者进行技术分析的重要指标。

（3）成交量（图中 3 所指），对应上面的 K 线图，表示当天的成交量，单位是手，柱线越高，表示当天的成交量越大。

（4）技术分析指标（图中 4 所指），是投资者进行技术分析的各种指标，可以用来分析未来股票价格的走势，上图中给出的 MACD、KDJ、RSI 等指标我们将在后面的章节中详细讲解。

（5）图中 5 所指当日即时价格信息。

（6）图中 6 所指当日指数分时图。

K 线图的键盘操作如下：

↑可以将 K 线图放大。

↓可以将 K 线图缩小。

→可以将“+”光标沿 K 线图向右移动。

←可以将“+”光标沿 K 线图向左移动。

第三节　个股即时行情分析

一、行情报表解读

运行证券交易软件，在其主界面下，选择“报价”/“商品顺序”/菜单，即可进入沪深证券交易所行情报表主页面，如图 7.44 所示，读者可以选择自己想要查看的商品类别。下面以选择“上海 A 股”为例，如图 7.45 所示，说明行情报表中各有关指标的内涵。

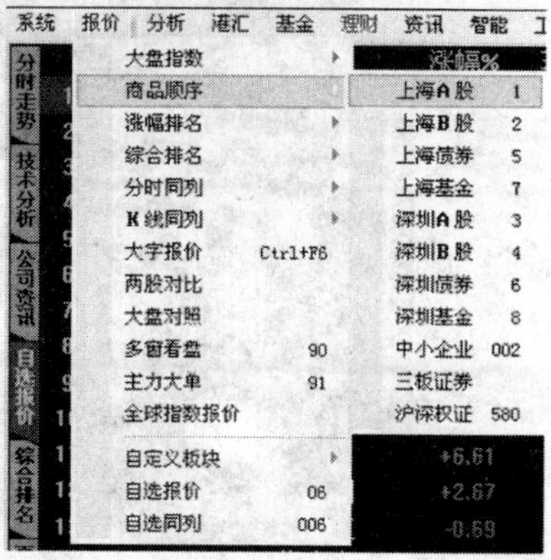

图 7.44　行情报表主页面

代码：证券（股票）代码是证券（股票）交易中用来代表上市交易证券（股票）名称的数码。目前，上海和深圳证券交易所的交易代码均为 6 位数字，其中：上海 A 股以 6 开头、B 股以 9 开头；深圳 A 股以 0 开头、B 股以 2 开头。

	代码	名称	涨幅%	现价	总手	现手	昨收	开盘	最高	最低	叫买
1	600000	浦发银行	+0.92	25.29	68.26万	196	25.06	25.13	25.39	24.79	25.29
2	600001	邯郸钢铁	+4.57	7.09	52.23万	26	6.78	6.80	7.21	6.80	7.09
3	600003	ST东北高	–	–	0	–	3.87	–	–	–	–

图 7.45　上证 A 股行情报表

名称：证券（股票）名称是证券（股票）的简称，一般由三至四个中文字组成。

涨幅：当前价格与前一交易日收盘价格相比的上涨或下跌的百分比幅度。

现价：最近一次成交时的成交价格。

总手：从开盘到最近一次成交为止累计的总成交量，一手为 100 股。

现手：现手与现价相对应，是指最近一次成交时的成交量。

昨收：前一交易日的收盘价。收盘价通常指某种证券在证券交易所一个交易日内最后一笔买卖成交价格，根据我国沪、深证券交易所交易规则规定，每个交易日闭市前，每只证券当日有成交的最后一分钟内所有成交价格以成交量加权的平均价为该证券的收盘价。当日无成交的，以前一交易日收盘价为该交易日的收盘价。

开盘：证券在当前交易日的第一笔成交价。

最高：从当前交易日开盘到最近一次成交为止，证券所达到的最高成交价格。

最低：从当前交易日开盘到最近一次成交为止，证券所达到的最低成交价格。

叫买：目前申报买入证券（尚未成交）的最高委托价格。

叫卖：目前申报卖出证券（尚未成交）的最低委托价格。

二、个股行情解读

运行证券交易软件，在其主界面状态下，输入股票代码或股票简称拼音的第一个字母，即可查看到相应的个股行情。如输入 601001 或 DTMY，即可进入大同煤业分时走势图，如图 7.46 所示。在这个界面下，输入 05 + 回车键，即可进入大同煤业日 K 线走势图，如图 7.47 所示。

（一）盘面信息

（1）白线（图中 1 所指）表示每分钟成交价格的连线。

（2）黄线（图中 2 所指）表示截止到每分钟为止累积成交均价的连线。

（3）成交量（图中 3 所指）表示每分钟的成交量。

（4）委托盘显示（图中 4 所指）。其中买①～买⑤按价格从高到低排序，表示投资者在委托买入时的报价，最后一列代表对应报价的委托买入的数量，单位为手，每 1 手为 100 股。卖①～卖⑤按价格从低到高排序，表示投资者在委托卖出时的报价，最后一

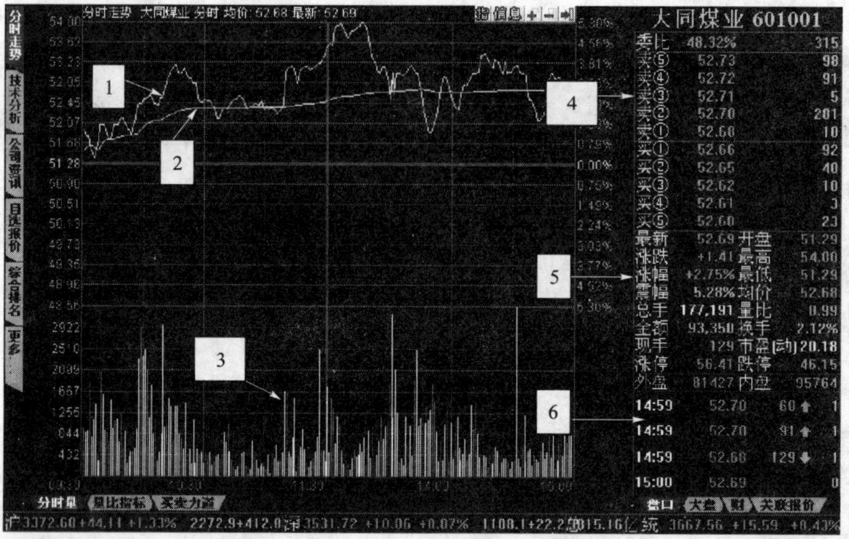

图 7.46　大同煤业分时走势

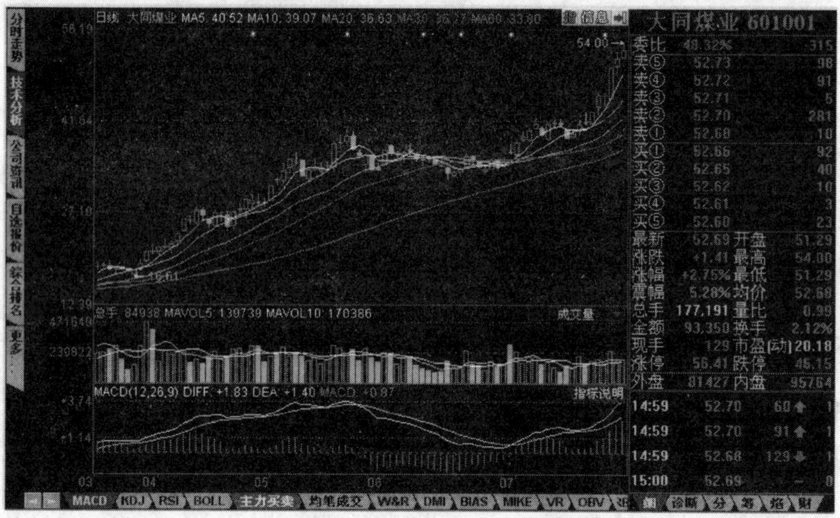

图 7.47　大同煤业日 K 线走势

列代表对应报价的委托卖出的数量，单位为手，每 1 手为 100 股。

图中买①表示当前的最高委托买入价，卖①表示当前的最低委托卖出价。买①和卖①显然应该最先有可能成交。当发生主动买入的委托时，就以卖①的委托价最先成交，当发生主动卖出委托时，就以买①的价格最先成交。

投资者在委托买卖股票时，报价十分重要。无论在深交所还是在上交所交易，成交价格都是遵循“价格优先和时间优先”的原则进行成交的。具体地说，就是报价最高的买入价优先和报价最低的卖出价成交。若报价相同，则先报价的交易最先成交。下面通过实例来详细解释：

例如，假定市场上有三个人同时挂出某支股票买盘，分别为：

A 挂出 15.50 元共 5 000 股，B 挂出 15.49 元共 4 000 股，C 挂出 15.48 元共 3 000 股；

此时已有三个人挂出卖盘，分别为：

D 挂出 14.46 元共 5 000 股，E 挂出 15.49 元共 4 000 股，F 挂出 15.50 元共 2 000 股。其买卖盘的排列如表 7.5 所示：

表 7.5　　买卖盘排列

买　盘	卖　盘
A：15.50 元　5 000 股	D：14.46 元　5 000 股
B：15.49 元　4 000 股	E：15.49 元　4 000 股
C：15.48 元　3 000 股	F：15.50 元　2 000 股

由于报价上买盘 A 出价最高，其委托得以先撮合成交，由于卖盘以 D 出价最低，也可以先撮合成交。这体现竞价原则中的“价格优先”。同时，若 D 先进入电脑的委托单，那么 A 和 D 的成交价以 D 为准，按 14.46 元成交 5 000 股，体现竞价原则中的“时间优先”。接下来，B 和 E 的条件符合，又以 15.49 元成交 4 000 股，而 C 和 F 都因为期望值过高，无法成交，只能等待新的买盘和卖盘进入。

同样的道理，单向的买盘和买盘价格上相同时，以委托单先输入电脑者先成交。

委比：委比是用来衡量（较短）一段时间内买卖盘力量对比的指标，若用 A 买代表推动该股价格上升的动力，B 卖代表推动该股价格下跌的动力，委比 =（A－B）÷（A＋B）×100%，A＝买①量＋买②量＋买③量＋买④量＋买⑤量；B＝卖①量＋卖②量＋卖③量＋卖④量＋卖⑤量。其中，在图 7.46 中，买①量对应的委托买入价格是 52.66 元，在这格价格下委托买入数量为 92 手，其余以此类推。

委比取值范围在＋100～－100 之间。如果委比大于零，表示在较短的一段时间内买盘的力量强于卖盘，股价上涨的可能性较大，反之，如果委比小零，表示在较短的一段时间内卖盘的力量强于买盘，股价下跌的可能性较大。

（5）图中的 5 所指的盘中其他即时交易信息。具体地说有：

最新：当前最近一次成交时的成交价。

涨跌：当前价格（成交）与昨天收盘价相比上涨或下跌的百分比。

震幅：当前最大涨幅与最大跌幅之间的差距。读者可以自行计算一下图 4.46 中 2.75% 震幅的来源。

现手：当前最近一次成交时的成交量。

总手：自开盘开始到最近一次成交为止累计成交的股数。1 手 =100 股。

金额：自开盘开始到最近一次成交为止累计成交的金额。

开盘：当天的第一笔成交价。

最高：自开盘开始到最近一次成交为止，期间达到的最高成交价。

最低：自开盘开始到最近一次成交为止，期间达到的最低成交价。

均价：自开盘开始到最近一次成交为止，平均的成交价格。

量比：它是开市后每分钟的平均成交量与过去 5 个交易日每分钟平均成交量之比。其公式为：量比 = 现成交总手 ÷（过去 5 日平均每分钟成交量 × 当日累计开市分钟数）。

如量比值大于 1，表示这个时刻的成交量较近五天的平均成交量有所放大，说明该股成交变得活跃；如量比值小于 1，表示这个时刻的成交量较近五天的平均成交量有所萎缩，说明该股成交变得清淡。

市盈：即市盈率，又叫本益比，其计算公式为：公司股票最新市价/公司最新年度每股盈利。

市盈率是分析股票市价高与低的重要指标，是衡量股票投资价值的一种方法。设某股票的市价为 10 元，其每股盈利为 0.5 元，则其市盈率为 20 倍。假设该公司未来的股价和盈利均保持不变，且该公司每年均将所有盈利分配给股东，在不考虑货币时间价值的前提下，股东需要 20 年时间收回成本。可见，市盈率是衡量股票投资价值高低的重要指标。

（6）图中 6 所指为即时成交信息。如目前的成交价格、涨跌幅、内盘和外盘等。

外盘：指股票在卖出价成交的累计手数。

内盘：指股票在买入价成交的累计手数。

外盘形象地说明了投资者按卖出者的要求（卖出委托价格）买入股票，从非该公司股东的行列进入该公司股东的行列，是对该股的主动性买盘，外盘数量越多，反映了看好该股票的投资者越多。内盘则说明了投资者按买入者的要求（买入委托价格）卖出股票，从该公司股东的行列出来，变成非该公司股东投资者，是对该股的主动性抛盘，内盘的数量越多，反映了看空该股票的投资者越多。一般来说，如果某股票的外盘大于内盘，其价格上涨的可能较大；反之，如果某股票的内盘大于外盘，则其价格下跌的可能性较大。

三、个股资料的查询

投资者在购买股票时，了解该股票的基本情况是十分必要的，投资者可以通过 F10 键来利用证券交易软件查询该股票的基本情况，如图 7.48 所示。

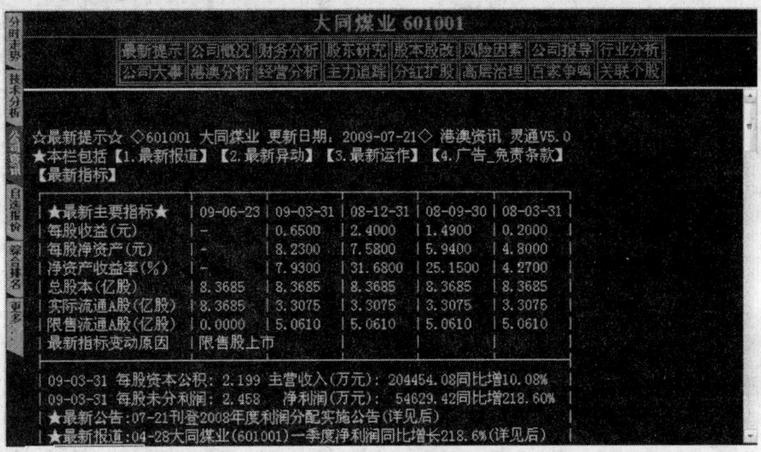

图 7.48　个股资料查询

（一）最新提示

如图 7.48 所示，按 F10 键之后，最先会出现“最新提示”页面。该页面主要包括最新报道、最新异动、最新运作、免责条款等内容。

最新主要指标：会出现该股票的最新主要指标如每股收益、每股净资产等。这是投资者投资分析的重要工具之一。

最新报道：通过右侧滑动条，投资者能看到公司的最新报道，主要介绍公司的盈利状况等，如图 7.49 所示。

通过右侧滑动条，投资者还可以看到最新异动、最新运作等项目，这里就不一一介绍了。

（二）财务分析

如图 7.50 所示，在这里列出了公司的基本财务状况，通过移动右侧滑动条，投资者可以详细地看到该公司的利润、资产与负债及现金流量等指标，这些都是投资者进行基本面分析的重要参考资料。

（三）股本结构

如图 7.51 所示，通过股本结构，投资者可以了解该股票的总股本，流通股本和非流通股本的情况，以及是否有外资股等情况。

【1.最新报道】
【最新公司报道】
【2009-04-28】大同煤业(601001)一季度净利润同比增长218.6%

28日，大同煤业（601001）公布了今年一季报。报告期内，大同煤业延续了业绩高增长态势，实现归属于上市公司股东的净利润5.46亿元，同比增长218.6%；实现基本每股收益0.65元。

截至27日，已发一季报的15家煤炭业公司共实现净利润47亿元，同比去年一季度下降6.25%，环比四季度增长25%。煤炭行业环比有所恢复，但还没有实现全行业复苏。

根据大同煤业年报，2008年公司实现营业收入83.95亿元，同比增长64.31%；实现归属于上市公司股东的净利润20.1亿元，同比增长170.74%。公司实现基本每股收益2.40元。公司预计2009年全年煤炭销量为1935万吨，实现营业收入为89.01亿元。

对于一季度的业绩增长，大同煤业表示，主要原因在于外销煤炭同比增加9.95万吨，外销收入同比增加3.25亿元；同时，公司生产成本、管理费用、财务费用同比降低；而原在成本中列支的按产量提取的安全费、维简费、环境治理保证金、转产发展资金，现在所有者权益"盈余公积"项下以"专项储备"项目进行计提核算，不在原煤成本中提取，使得生产成本下降。

尽管大同煤业业绩耀眼，但从煤炭行业来看，今年一季度国内多数煤炭消费行业

图 7.49 最新报道

大同煤业 601001

最新提示 公司概况 财务分析 股东研究 股本股改 风险因素 公司报导 行业分析
公司大事 港澳分析 经营分析 主力追踪 分红扩股 高层治理 百家争鸣 关联个股

★本栏包括【1.财务指标】【2.异动分析】【3.环比分析】【4.财务预警】
【1.财务指标】
【历年简要财务指标】

财务指标(单位)	2009-03-31	2008-12-31	2008-09-30	2008-06-30
每股收益(元)	0.6500	2.4000	1.4900	0.7800
每股收益扣除(元)	0.6600	2.3900	1.4900	0.7800
每股净资产(元)	8.2300	7.5800	5.9400	5.1800
调整后每股净资产(元)	-	-	-	-
净资产收益率(%)	7.9300	31.6800	25.1500	15.0700
每股资本公积金(元)	2.1987	2.1987	2.2570	2.2432
每股未分配利润(元)	2.4583	1.9947	2.2093	1.4622
主营业务收入(万元)	204454.08	839519.60	681122.44	399119.48
主营业务利润(万元)	-	-	-	-
投资收益(万元)	-	-	-37.95	-37.95
净利润(万元)	54629.42	200993.27	125051.16	65285.37

图 7.50 财务分析

【1.股本结构】
【股本结构】

单位（万股）	2009-06-23	2008-12-31	2007-12-31	2006-12-31
总股本	83685.00	83685.00	83685.00	83685.00
流通A股	83685.00	83685.00	83685.00	83685.00
实际流通A股	83685.00	33075.00	33075.00	28000.00
限售的流通股	-	50610.00	50610.00	55685.00

【2.股本变化】

图 7.51 股本结构

（四）分红扩股

如图 7.52 所示，该栏目可以让我们了解该公司历年来的每股收益、分红扩股等情况。

【最新分红扩股】

是否有潜在送转股能力	是	是否有潜在派现能力	是
是否有潜在配股资格	是	已连续几期未分红	-
配股次数	-	增发次数	-

【分红】

分红年度	分红方案	每股收益(元)
2008-12-31	进展说明：实施 10派4(含税)(税后派)3.6 预案公布日:2009-04-28 股东大会审议日:2009-06-29 股权登记日:2009-07-24 除权除息日：2009-07-27	2.4000

图 7.52 分红扩股

（五）关联个股（如图 7.53 所示）

★本栏包括【1.同大股东个股】【2.同行业个股】【3.股本相近个股】【4.同概念个股】

【1.同大股东个股】

【同大股东个股】

秦皇岛港务集团有限公司

03968	招商银行	600036	招商银行	600896	中海海盛
601006	大秦铁路				

交银施罗德精选股票证券投资基金

000026	飞亚达A	000553	沙隆达A	000630	铜陵有色
000778	新兴铸管	000877	天山股份	000911	南宁糖业
000933	神火股份	000983	西山煤电	002001	新和成
002003	伟星股份	002018	华星化工	002060	粤水电
002164	东力传动	002236	大华股份	200026	飞亚达B
200553	沙隆达B	600337	美克股份	600348	国阳新能
600456	宝钛股份	600486	扬农化工	600596	新安股份
600879	火箭股份	600895	张江高科	601699	潞安环能

图 7.53 关联个股

（六）百家争鸣

如图 7.54 所示，百家争鸣是一些金融机构对该股票的分析和评价，其往往是对该股票的简要点评，投资者可以参考其中的意见。

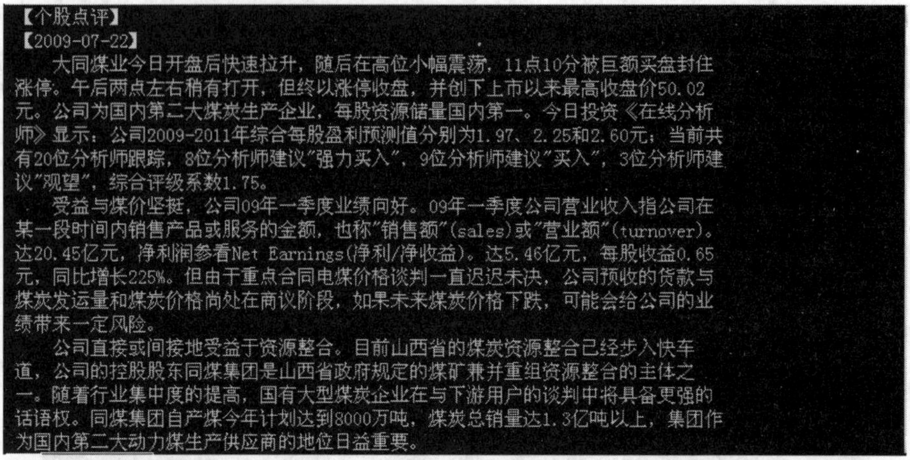
【个股点评】
【2009-07-22】
大同煤业今日开盘后快速拉升，随后在高位小幅震荡，11点10分被巨额买盘封住涨停。午后两点左右稍有打开，但终以涨停收盘，并创下上市以来最高收盘价50.02元。公司为国内第二大煤炭生产企业，每股资源储量国内第一。今日投资《在线分析师》显示：公司2009-2011年综合每股盈利预测值分别为1.97、2.25和2.60元；当前共有20位分析师跟踪，8位分析师建议"强力买入"，9位分析师建议"买入"，3位分析师建议"观望"，综合评级系数1.75。

受益与煤价坚挺，公司09年一季度业绩向好。09年一季度公司营业收入指公司在某一段时间内销售产品或服务的金额，也称"销售额"(sales)或"营业额"(turnover)。达20.45亿元，净利润参看Net Earnings(净利/净收益)。达5.46亿元，每股收益0.65元，同比增长225%。但由于重点合同电煤价格谈判一直迟迟未决，公司预收的货款与煤炭发运量和煤炭价格尚处在商议阶段，如果未来煤炭价格下跌，可能会给公司的业绩带来一定风险。

公司直接或间接地受益于资源整合。目前山西省的煤炭资源整合已经步入快车道，公司的控股股东同煤集团是山西省政府规定的煤矿兼并重组资源整合的主体之一。随着行业集中度的提高，国有大型煤炭企业在与下游用户的谈判中将具备更强的话语权。同煤集团自产煤今年计划达到8000万吨，煤炭总销量达1.3亿吨以上，集团作为国内第二大动力煤生产供应商的地位日益重要。

图 7.54 个股点评

四、其他功能

（一）叠加股票

在分时走势图中点击鼠标右键，在弹出的菜单中选择“叠加品种”，即可将多个股票的行情跌加到一起，如图 7.55 所示。

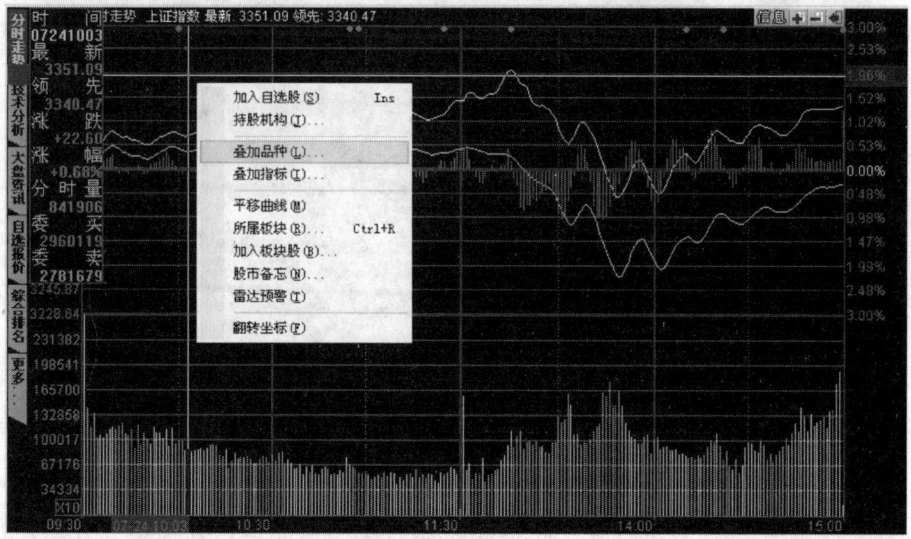

图 7.55 叠加股票

如图 7.56 所示，在弹出的对话框中，投资者可以在左侧一列中选择叠加的股票类别，投资者点击后，在右侧框中会显示出该类股票所包括的所有个股。投资者通过点击想要叠加的股票将多个股票的分时走势图叠加在一起。

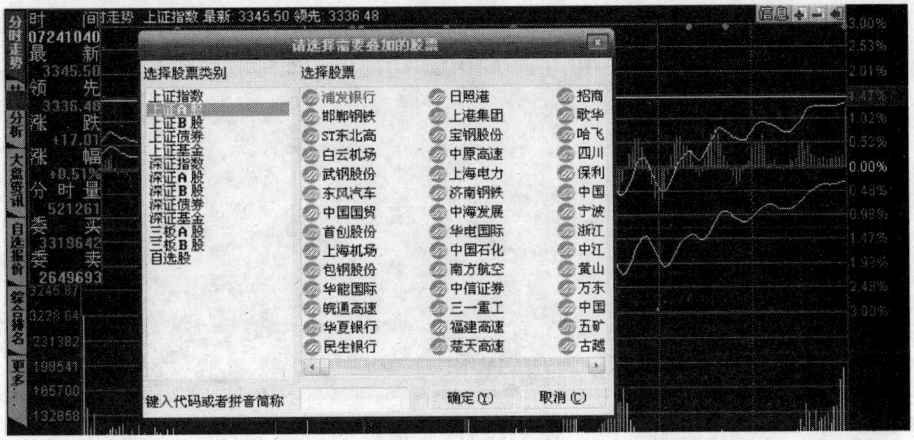

图 7.56　叠加股票

如图 7.57 所示，投资者将浦发银行、宝钢股份、济南钢铁和民生银行的多日分时图叠加在一起。

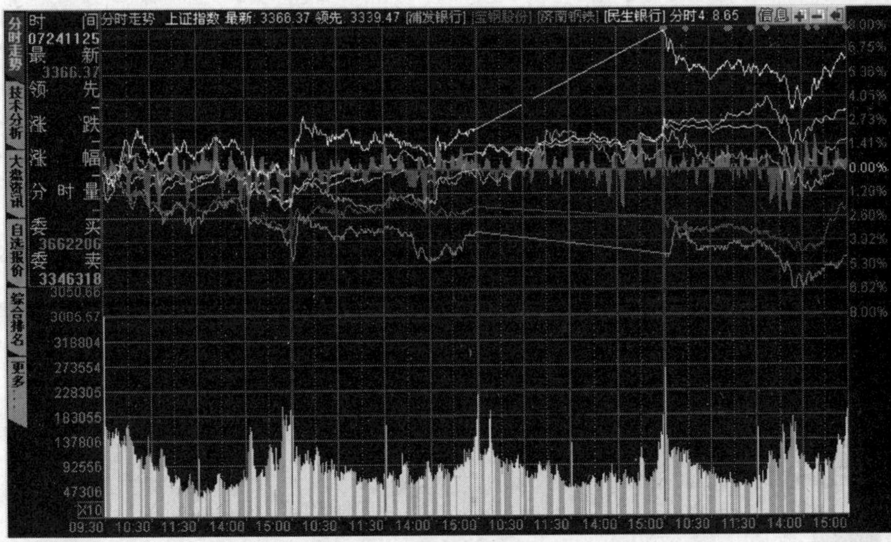

图 7.57　叠加股票

（二）多股同列

如图 7.58 所示，选择分析菜单，选中“自选同列”，可实现多个股票行情同在屏幕上显现的情形，方便投资者观察。显示的几个股票就是投资者自选股列表中的股票。

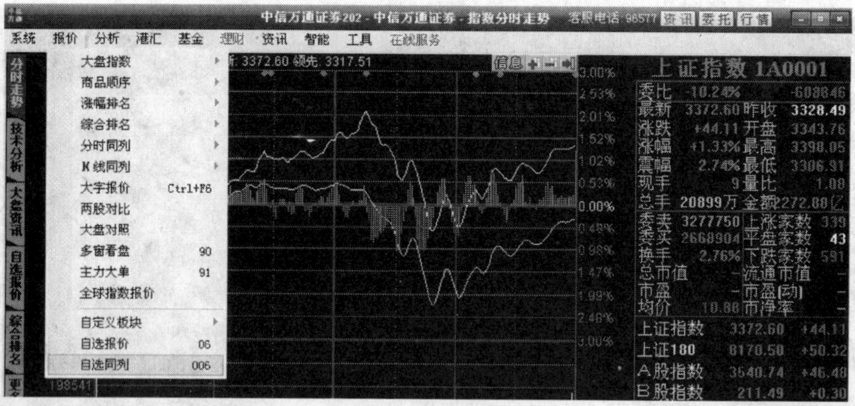

图 7.58 多股同列

如图 7.59 所示，点击“自选同列”后出现了浦发银行、武钢股份、中国银行、中国联通的股票分析图，如图 7.60 所示投资者双击感兴趣的股票后，界面就会切换到该股票的分时图。

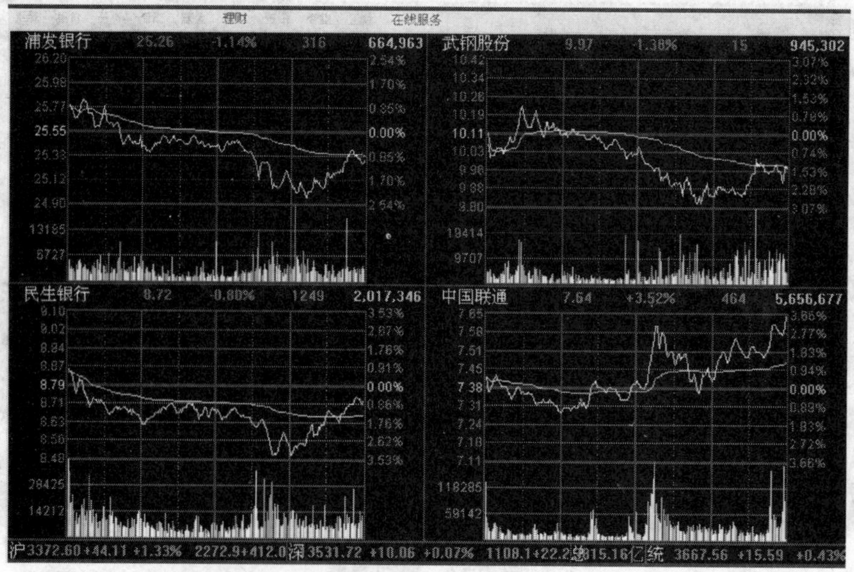

图 7.59 多股同列

（三）多窗看盘

如图 7. 60 所示，在个股 K 线界面下，选择“报价”菜单，在其下拉菜单中选择“多窗看盘”功能。便可藉由多个小窗口了解与该个股相关的不同信息。

图 7. 60　多窗看盘

（四）分笔成交明细

投资者切换到个股的分时图后，在“分析”菜单中选择“成交明细”即可查看该股票当天每一笔交易的信息，包括价格和成交量，如图 7. 61 和图 7. 62 所示。

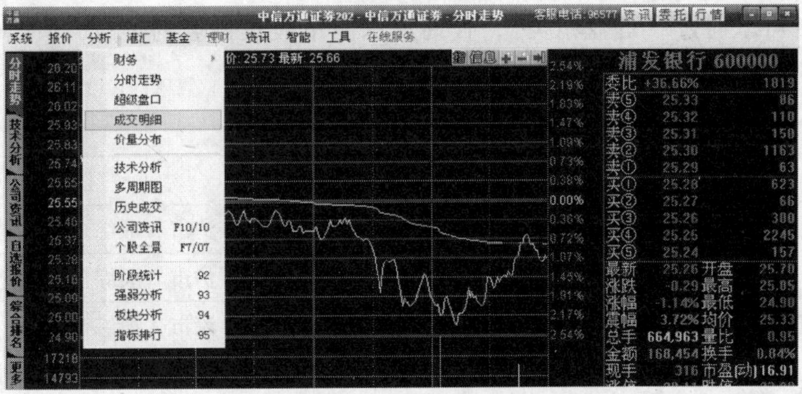

图 7. 61　成交明细

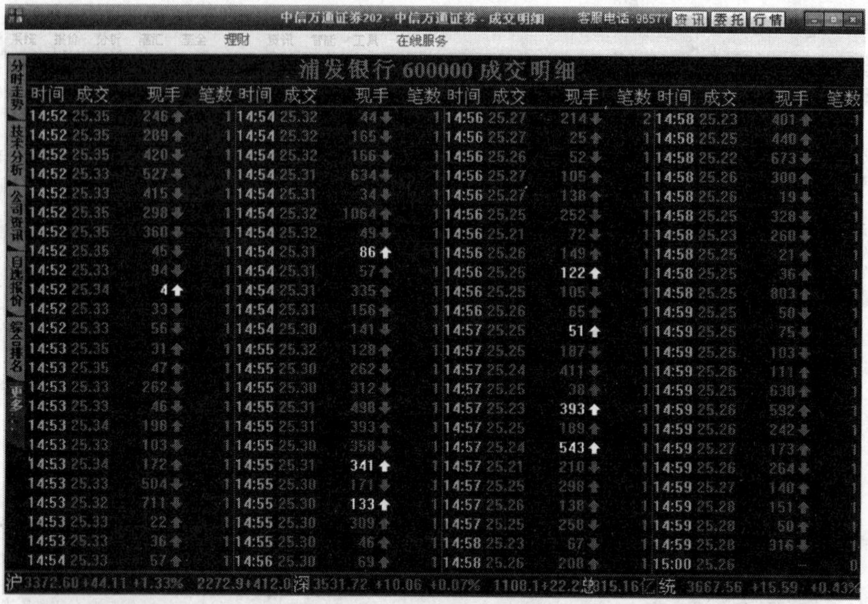

图 7.62 成交明细

第四节 股票行情排名查询与板块分析

一、基本键盘操作

投资者可以通过“键盘精灵”，查询沪深两市股票排名的信息，快捷键如表 7.6 所示：

表 7.6 快捷键功能

快 捷 键	功 能
81 + Enter	沪市 A 股综合排名
82 + Enter	沪市 B 股综合排名
83 + Enter	深市 A 股综合排名
84 + Enter	深市 B 股综合排名
61 + Enter	沪市 A 股涨跌排名

续表

快　捷　键	功　　能
62 + Enter	沪市 B 股涨跌排名
63 + Enter	深市 A 股涨跌排名
64 + Enter	深市 B 股涨跌排名

二、股票行情排名查询

（一）涨跌幅排名

投资者按 61 键可以查看沪市 A 股的涨跌幅排名，按 63 键可以查看深市 A 股的涨跌幅排名，按 62 键可以查看沪市 B 股的涨跌幅排名，按 64 键可以查看深市 B 股的涨跌幅排名。

如图 7.63 所示，投资者选择菜单“报价”，点击“涨幅排名”，可以查看各类排名。投资者可以通过涨跌幅排名了解当前股票的最新行情，看到哪些股票涨得好，从而加深对股票市场的了解。图 7.64 就是投资者选择“沪深 A 股涨幅排名”后显示的界面。

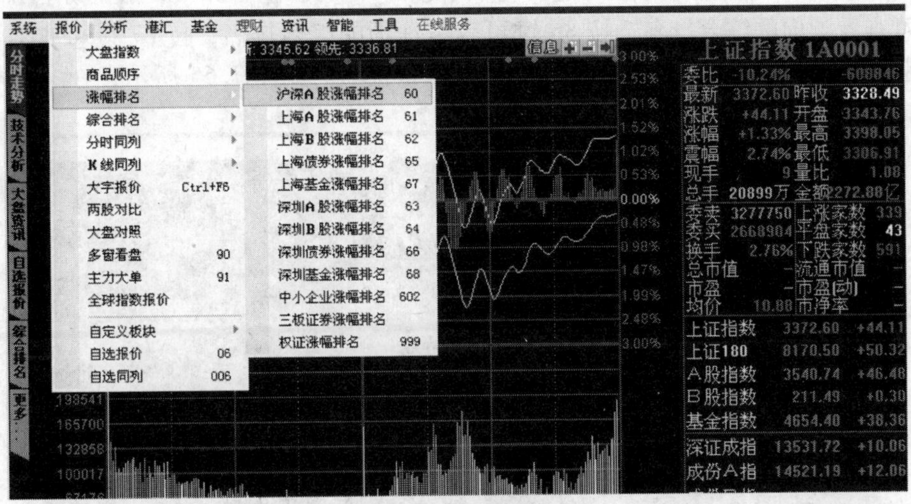

图 7.63　涨跌幅排名

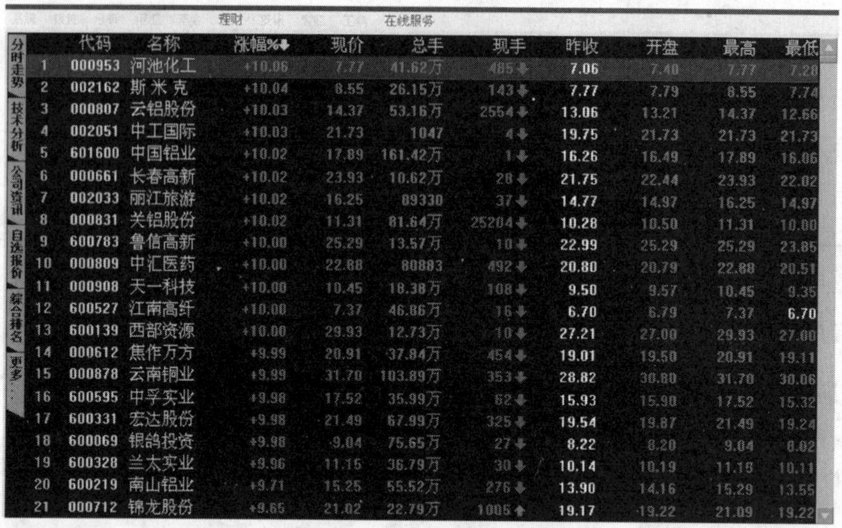

	代码	名称	涨幅%	现价	总手	现手	昨收	开盘	最高	最低
1	000953	河池化工	+10.06	7.77	41.62万	485↓	7.06	7.40	7.77	7.20
2	002162	斯米克	+10.04	8.55	26.15万	143↓	7.77	7.79	8.55	7.74
3	000807	云铝股份	+10.03	14.37	53.16万	2554↓	13.06	13.21	14.37	12.66
4	002051	中工国际	+10.03	21.73	1047	4↓	19.75	21.73	21.73	21.73
5	601600	中国铝业	+10.02	17.89	161.42万	1↓	16.26	16.49	17.89	16.06
6	000661	长春高新	+10.02	23.93	10.62万	28↓	21.75	22.44	23.93	22.02
7	002033	丽江旅游	+10.02	16.25	89330	37↓	14.77	14.97	16.25	14.97
8	000831	关铝股份	+10.02	11.31	81.64万	25204↓	10.28	10.50	11.31	10.00
9	600783	鲁信高新	+10.00	25.29	13.57万	10↓	22.99	25.29	25.29	23.85
10	000809	中汇医药	+10.00	22.88	80883	492↓	20.80	20.79	22.88	20.51
11	000908	天一科技	+10.00	10.45	18.38万	108↓	9.50	9.57	10.45	9.35
12	600527	江南高纤	+10.00	7.37	46.86万	16↓	6.70	6.79	7.37	6.70
13	600139	西部资源	+10.00	29.93	12.73万	10↓	27.21	27.00	29.93	27.00
14	000612	焦作万方	+9.99	20.91	37.84万	454↓	19.01	19.50	20.91	19.11
15	000878	云南铜业	+9.99	31.70	103.89万	353↓	28.82	30.80	31.70	30.06
16	600595	中孚实业	+9.98	17.52	35.99万	62↓	15.93	15.90	17.52	15.32
17	600331	宏达股份	+9.98	21.49	67.99万	325↓	19.54	19.87	21.49	19.24
18	600069	银鸽投资	+9.98	9.04	75.65万	27↓	8.22	8.20	9.04	8.02
19	600328	兰太实业	+9.96	11.15	36.79万	30↓	10.14	10.19	11.18	10.11
20	600219	南山铝业	+9.71	15.25	55.52万	276↓	13.90	14.16	15.29	13.55
21	000712	锦龙股份	+9.65	21.02	22.79万	1005↑	19.17	19.22	21.09	19.22

图 7.64　沪深 A 股涨幅排名

（二）综合排名

投资者按 81 键可以查看沪市 A 股的综合排名，按 83 键可以查看深市 A 股的综合排名，按 82 键可查看沪市 B 股的综合排名，按 84 键可以查看深市 B 股的综合排名，按 85 键可查看沪债的综合排名，按 86 键可查看深债的综合排名，按 87 键可查看沪市基金的综合排名，按 88 键可查看深市基金的综合排名。如图 7.65 所示，在“报价”菜

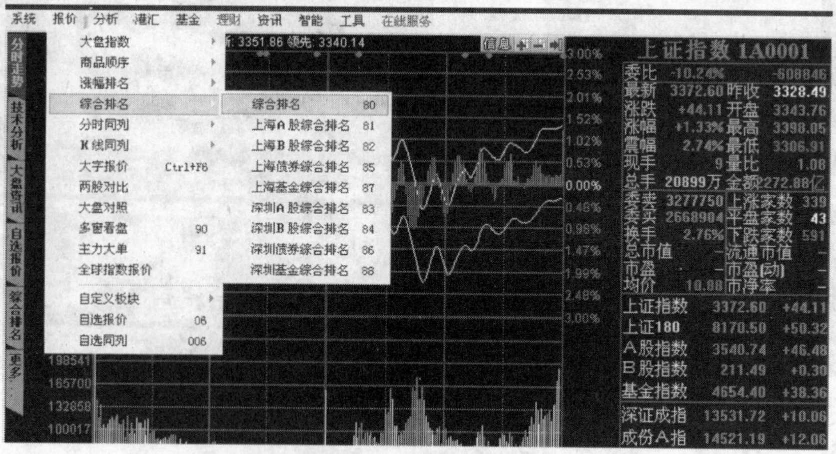

图 7.65　综合排名

单中，点击“综合排名”选项，投资者可查看各种综合排名。若点击“综合排名”选项，出现的是沪深 A 股股票当日涨跌幅排名，今日震幅排名，快速涨跌幅排名，即时委比排名，今日量比排名和今日成交额排名，如图 7.66 所示。

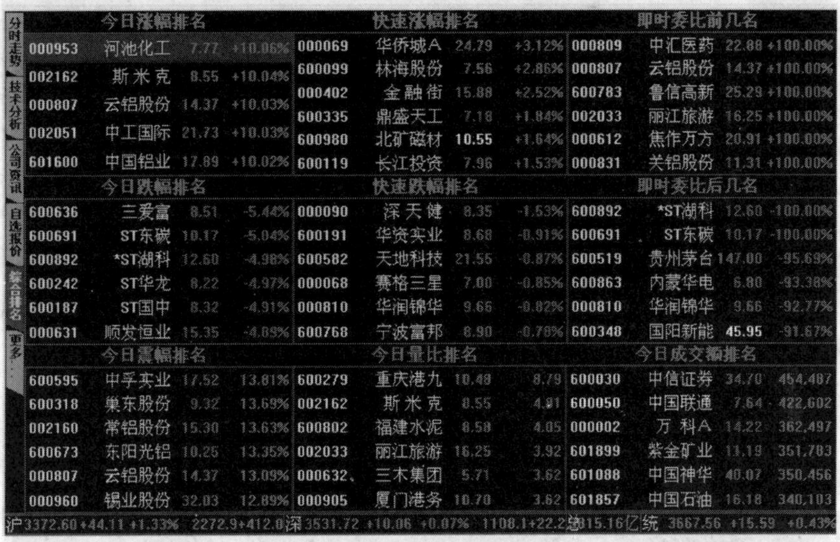

图 7.66　综合排名

今日涨跌幅排名显示了哪些股票的表现较好和较差；

今日震幅排名显示了哪些股票的波动幅度较大，容易引起关注；

快速涨跌幅排名显示了当前时间哪些股票有较大的波动，投资者可以多加注意；

今日委比排名显示了股票上涨或下跌相对强度，委比越大表明股票上涨的动力越大，反之则越小。

今日成交额排名显示了哪些股票的交易金额较大。

三、股票板块分析

（一）板块的概念

所谓板块就是具有相同行业背景、地区背景或同一特征的一组股票的集合，按照性质的不同，板块可以分成不同的类别。例如，按照行业分，有金融板块、房地产板块等；按股本大小分，有大盘股、小盘股等；按业绩分有绩优股板块和绩差股板块等。

如图 7.67 和图 7.68 所示，投资者通过“分析”菜单中的“板块分析”可以查看自己感兴趣的板块。

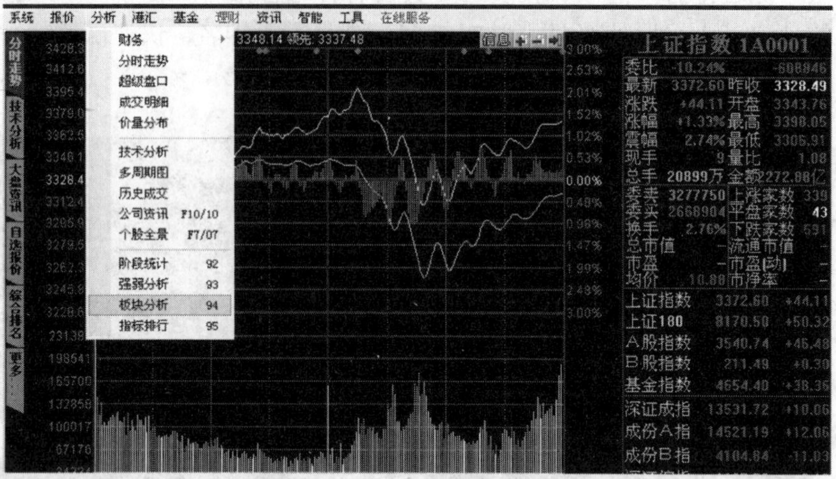

图 7.67 板块分析

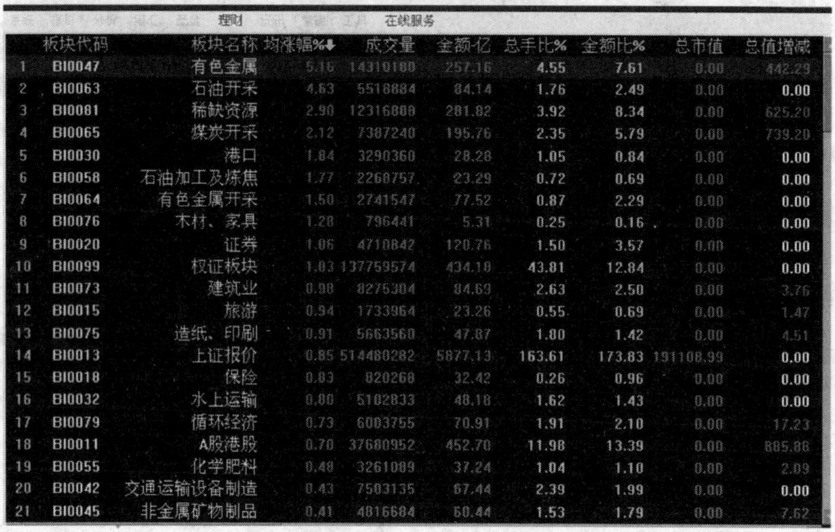

	板块代码	板块名称	均涨幅%	成交量	金额-亿	总手比%	金额比%	总市值	总值增减
1	BI0047	有色金属	5.16	14310180	257.16	4.55	7.61	0.00	442.29
2	BI0063	石油开采	4.63	5518884	84.14	1.76	2.49	0.00	0.00
3	BI0081	稀缺资源	2.90	12316888	281.82	3.92	8.34	0.00	625.20
4	BI0065	煤炭开采	2.12	7387240	195.76	2.35	5.79	0.00	739.20
5	BI0030	港口	1.84	3290360	28.28	1.05	0.84	0.00	0.00
6	BI0058	石油加工及炼焦	1.77	2268757	23.29	0.72	0.69	0.00	0.00
7	BI0064	有色金属开采	1.50	2741547	77.52	0.87	2.29	0.00	0.00
8	BI0076	木材、家具	1.28	796441	5.31	0.25	0.16	0.00	0.00
9	BI0020	证券	1.06	4710842	120.76	1.50	3.57	0.00	0.00
10	BI0099	权证板块	1.03	137759574	434.18	43.81	12.84	0.00	0.00
11	BI0073	建筑业	0.98	8275304	84.69	2.63	2.50	0.00	3.76
12	BI0015	旅游	0.94	1733964	23.26	0.55	0.69	0.00	1.47
13	BI0075	造纸、印刷	0.91	5663560	47.87	1.80	1.42	0.00	4.51
14	BI0013	上证报价	0.85	514480282	5877.13	163.61	173.83	191108.99	0.00
15	BI0018	保险	0.83	820268	32.42	0.26	0.96	0.00	0.00
16	BI0032	水上运输	0.80	5102833	48.18	1.62	1.43	0.00	0.00
17	BI0079	循环经济	0.73	6003755	70.91	1.91	2.10	0.00	17.23
18	BI0011	A股港股	0.70	37680952	452.70	11.98	13.39	0.00	885.88
19	BI0055	化学肥料	0.48	3261089	37.24	1.04	1.10	0.00	2.09
20	BI0042	交通运输设备制造	0.43	7503135	67.44	2.39	1.99	0.00	0.00
21	BI0045	非金属矿物制品	0.41	4816684	60.44	1.53	1.79	0.00	7.62

图 7.68 板块分析

（二）板块联动

板块联动是指同一类型的股票常常同涨同跌的现象。掌握板块联动操作技巧，有助于发现并及时把握市场热点，增强交易的盈利性；同时有利于回避因板块整体下跌而带来的个股风险。板块联动形成我国股市的一大景观。股市中有一些股票会共同具备某种具有重大经济内涵的特殊性质，当这种共同性质被市场认同时，就会形成股市中的板块结构。当板块中的一两只股票领先大幅涨跌时，同类其他股票也会跟随涨跌。利用板块的这种联动效应，在某种股票成为大众追涨的对象时，及时购入联动性较好的同板块股票，是获取短线收入的一种重要方法。

1. 板块联动的规律性

板块联动是股票市场的独特现象，有着复杂的市场背景和技术背景，这主要表现在以下几个方面：

（1）当国家的产业政策发生变化时，与此相关的产业将会因政策性的得失而发生市场波动。比如国家对纺织业进行政策扶植，该行业板块的股票将因政策性利好而上扬。但这种上扬对各股的利好影响是不同的，表现在各股所持续的时间和力度上有较大的差异性。有些股票仅仅昙花一现，而有些股票却能有一波上攻行情。反之，当遇政策性利空时，与此相关的板块将下跌。

（2）当某只股票基本面发生重大变化，领涨或领跌大盘时，该股所属的板块也将联动上涨或下跌。其中，有些参与联动的股票可能鱼目混珠，只有极短暂的联动便销声匿迹了。

（3）板块联动心理造成板块联动。这就是板块的助涨助跌的功能。板块联动的概念在股市中已深为投资者所熟悉和认同，当某只股票领涨大盘时，投资者相信该股相关板块也会联动上涨，于是纷纷杀入该板块，造成整个板块的整体上扬。当某只股票领跌大盘时，投资者相信该股相关的板块也会联动下跌，于是纷纷抛售，造成该板块的整体下跌。比如当600651飞乐音响领涨大盘时，投资者相信同属三无概念板块的600654飞乐股份也将联动上涨，而纷纷杀入该股，造成该板块的整体上扬。大庄家利用板块联动效应，进行联手操盘，互为掩护，操纵市场。

2. 板块联动的实践应用

板块联动具有较强的规律性，其实战原理主要包括五个方面：

（1）当同一板块走强时，板块中的各股将整体走强；当同一板块走弱时，板块中的各股将整体走弱。

（2）当某一只股票领涨大盘时，该股的板块将整体走强；当某一只股票领跌大盘时，该股的板块将整体下跌。

（3）并非同一板块中的所有股票都发生板块联动，应历史地确认板块联动股。通常，历史上板块联动性强的股票在以后的板块联动中才会有板块联动效应。

（4）板块联动具有延续性。当某一板块联动启动后，这种联动效应将延续一段时间。

（5）同一板块联动时往往出现个股轮跳的现象，当该板块启动后，轮跳的个股将带动整个板块，形成板块联动的“各领风骚”的局面。这主要由于大庄家对某个块板联手做庄，使得板块中各股的走势扑朔迷离。

复习思考题

1. 简述股价指数的编制原理。
2. 简述上证综指和深成指的编制方法。
3. 解析委比和换手率这两个概念。

第八章

基金与权证交易

本章摘要

证券投资基金是最适合中小投资者持有的资产之一。权证是一种重要的证券衍生产品。本章首先详细地阐述了基金的本质及其一般的分类，给出了基金投资的一般流程；然后又较为细致地讲解了权证交易的基本原理。

关键词

封闭式基金　开放式基金　可上市交易基金

第一节　基金交易概述

一、基金的基础知识

(一) 基金的定义

基金是证券投资基金的简称，指一种利益共享、风险共担的集合证券投资方式，即通过发行基金单位，集中投资者的资金，由基金托管人托管，由基金管理人管理和运用资金，从事股票、债券等金融工具投资。国际经验表明，基金对引导储蓄资金转化为投资、稳定和活跃证券市场、提高直接融资的比例、完善社会保障体系、完善金融结构具有极大的促进作用。我国证券投资基金的发展历程也表明，基金的发展与壮大，推动了证券市场的健康稳定发展和金融体系的健全完善，在国民经济和社会发展中发挥着日益重要的作用。

(二) 基金的基本分类

1. 根据基金单位是否可以增加或赎回，证券投资基金可分为开放式基金和封闭式基金。

开放式基金的基金单位的总数不固定，可根据发展要求追加发行，而投资者也可以赎回，赎回价格等于现期净资产价值扣除手续费。大多数的投资基金都属于开放式的。

封闭式基金发行总额有限制，一旦完成发行计划，就不再追加发行。投资者也不可以进行赎回，但基金单位可以在证券交易所或者柜台市场公开转让，其转让价格由市场供求决定。

2. 根据组织形态的不同，证券投资基金可分为公司型投资基金和契约型投资基金。

公司型基金是具有共同投资目标的投资者依据公司法组成以盈利为目的、投资于特定对象（如有价证券，货币）的股份制投资公司。这种基金通过发行股份的方式筹集资金，是具有法人资格的经济实体。基金持有人既是基金投资者又是公司股东。公司型基金成立后，通常委托特定的基金管理人或者投资顾问运用基金资产进行投资。

契约型基金是基于一定的信托契约而成立的基金，一般由基金管理公司（委托人）、基金保管机构（受托人）和投资者（受益人）三方通过信托投资契约而建立。契约型基金的三方当事人之间存在这样一种关系：委托人依照契约运用信托财产进行投资，受托人依照契约负责保管信托财产，投资者依照契约享受投资收益。契约型基金筹集资金的方式一般是发行基金受益券或者基金单位，这是一种有价证券，表明投资人对基金资产的所有权，凭其所有权参与投资权益分配。

3. 根据证券投资风险与收益的不同，可分为成长型投资基金、收入成长型投资基金（平衡型投资基金）和收入型投资基金。

成长型投资基金是以资本长期增值作为投资目标的基金，其投资对象主要是市场中有较大升值潜力的小公司股票和一些新兴行业的股票。这类基金一般很少分红，经常将投资所得的股息、红利和盈利进行再投资，以实现资本增值。

收入型投资基金是以追求基金当期收入为投资目标的基金，其投资对象主要是那些绩优股、债券、可转让大额定期存单等收入比较稳定的有价证券。收入型基金一般把所得的利息、红利都分配给投资者。

平衡型基金是既追求长期资本增值，又追求当期收入的基金，这类基金主要投资于债券、优先股和部分普通股，这些有价证券在投资组合中有比较稳定的组合比例，一般是把资产总额的25%~50%用于优先股和债券，其余的用于普通股投资。其风险和收益状况介于成长型基金和收入型基金之间。

4. 根据投资对象不同，投资基金可划分为股票基金、债券基金、货币市场基金、期货基金、期权基金等。

股票基金是最主要的基金品种，以股票作为投资对象，包括优先股票和普通股票。股票基金的主要功能是将大众投资者的小额资金集中起来，投资于不同的股票组合。股票基金可以按照股票种类的不同分为优先股基金和普通股基金。优先股基金是一种可以获得稳定收益、风险较小的股票基金，其投资对象以各公司发行的优先股为主，收益主要来自于股利收入。而普通股基金以追求资本利得和长期资本增值为投资目标，风险要较优先股基金高。

债券基金是一种以债券为投资对象的证券投资基金，其规模稍小于股票基金。由于债券是一种收益稳定、风险较小的有价证券，因此，债券基金适合于想获得稳定收入的投资者。债券基金基本上属于收益型投资基金，一般会定期派息，具有低风险且收益稳定的特点。

期货基金是一种以期货为主要投资对象的投资基金。期货是一种合约，只需一定的保证金（一般为5%~10%）即可买进合约。期货可以用来套期保值，也可以以小博大，如果预测准确，短期能够获得很高的投资回报；如果预测不准，遭受的损失也很大，具有高风险高收益的特点。因此，期货基金也是一种高风险的基金。

期权基金是以期权为主要投资对象的投资基金。期权也是一种合约，是指在一定时期内按约定的价格买入或卖出一定数量的某种投资标的的权利。如果市场价格变动对他履约有利，他就会行使这种买入或卖出的权利，即行使期权；反之，他亦可放弃期权而听任合同过期作废。作为对这种权利占有的代价，期权购买者需要向期权出售者支付一笔期权费（期权的价格）。期权基金的风险较小，适于收入稳定的投资者。其投资目的是为了获取最大的当期收入。

我国证券投资基金开始于1998年3月，在较短的时间内就成功地实现了从封闭式基金到开放式基金、从资本市场到货币市场、从内资基金管理公司到合资基金管理公司、从境内投资到境外理财的几大历史性的跨越，走过了发达国家几十年乃至上百年走过的历程，取得了举世瞩目的成绩。证券投资基金目前已经具有了相当规模，成为我国证券市场最重要的机构投资力量和广大投资者最重要的投资工具之一。

1999年底，中国基金业的资产规模只有577亿元人民币，到2006年底，基金资产已达到了6 220亿份、8 564亿元的规模。截至2007年底，我国共有证券投资基金345只，净值总额合计约为3.28万亿元，占我国股票流通市值的35%左右。在345只基金中，有35只封闭式基金，基金净值总额约为0.23万亿元；有310只开放式基金，净值总额占全部基金净值总额的92%。从基金品种看，我国推出了股票基金、债券基金、货币市场基金，还迅速发展了ETF、LOF等品种，并且在尝试QFII、QDII方面也迈出了很大的步子。截至2011年8月底，我国证券市场共有证券投资基金837只。

二、基金交易的流程

（一）基金交易时间

各项业务的受理时间为交易所正常开市时间，自助委托9:30～15:00不间断。“基金开放日”或“工作日”（基金管理人公告停止交易日除外）是指上海和深圳证券交易所的开市交易日。投资者可在开放日的9:30至15:00之间递交申请，申请当日有效。认购期间的工作日和交易时间可另行规定。

（二）开放式基金投资操作流程

第一步，阅读有关法律文件

投资人购买基金前，需要认真阅读有关基金的招募说明书、基金契约及开户程序、交易规则等文件，仔细了解有关基金的投资方向、投资策略、投资目标及基金管理人业绩及开户条件、具体交易规则等重要信息，对准备购买基金的风险、收益水平有一个总体评估，并据此做出投资决定。按照规定，各基金销售网点应备有上述文件，以供投资人随时查阅。

第二步，开立基金账户

投资人买卖开放式基金首先要开立基金账户。按照规定，有关销售文件中对基金账户的开立条件、具体程序须予以明确。上述文件将放置于基金销售网点，供投资人开立基金账户时查阅。

第三步，购买基金

投资人在开放式基金募集期间或基金尚未成立时购买基金单位的过程称为认购。通常认购价为基金单位面值（1元）加上一定的销售费用。投资人认购基金应在基金销售点填写认购申请书，交付认购款项，在注册登记机构办理有关手续并确认认购。

在基金成立之后，投资人通过销售机构申请向基金管理公司购买基金单位的过程称为申购。

投资人申购基金时通常应填写申购申请书，交付申购款项。款额一经交付，申购申请即为有效。具体申购程序会在有关基金销售文件中详细说明。申购基金单位的数量是以申购日的基金单位资产净值为基础计算的。具体计算方法应当符合监管部门有关规定的要求，并在基金销售文件中载明。

第四步，卖出基金

与购买基金相反，投资人卖出基金是把手中持有的基金单位按一定价格卖给基金管理人并收回现金，这一过程称为赎回。其赎回金额是以当日的基金单位资产净值为基础计算的。

投资人赎回基金通常应在基金销售点填写赎回申请书。按照《开放式证券投资基金试点办法》的规定，基金管理人应当于收到基金投资人赎回申请之日起 3 个工作日内，对该交易的有效性进行确认，并应当自接受基金投资人有效赎回申请之日起 7 个工作日内，支付赎回款项。

此外，对于开放式基金来说，投资人除了可以买卖基金单位外，还可以申请基金转换、非交易过户、红利再投资。

第五步，申请基金转换

基金转换，是指当一家基金管理公司同时管理多只开放式基金时，基金投资人可以将持有的一只基金转换为另一只基金。即，投资人卖出一只基金的同时，买入该基金管理公司管理的另一只基金。通常，基金转换费用非常低，甚至不收。

第六步，非交易过户

基金的非交易过户是指在继承、赠与、破产支付等非交易原因情况下发生的基金单位所有权转移的行为。非交易过户也需到基金的销售机构办理。

第七步，红利再投资

红利再投资是指基金进行现金分红时，基金持有人将分红所得的现金直接用于购买该基金，将分红转为持有基金单位。对基金管理人来说，红利再投资没有发生现金流出，因此，红利再投资通常是不收申购费用的。

其中，购买开放式基金的流程如图 8.1 所示；开放式基金代销系统网上交易流程如图 8.2 所示。

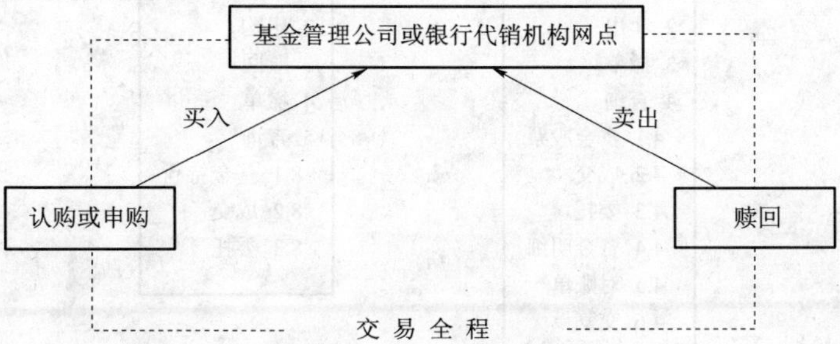

图 8.1　基金购买流程

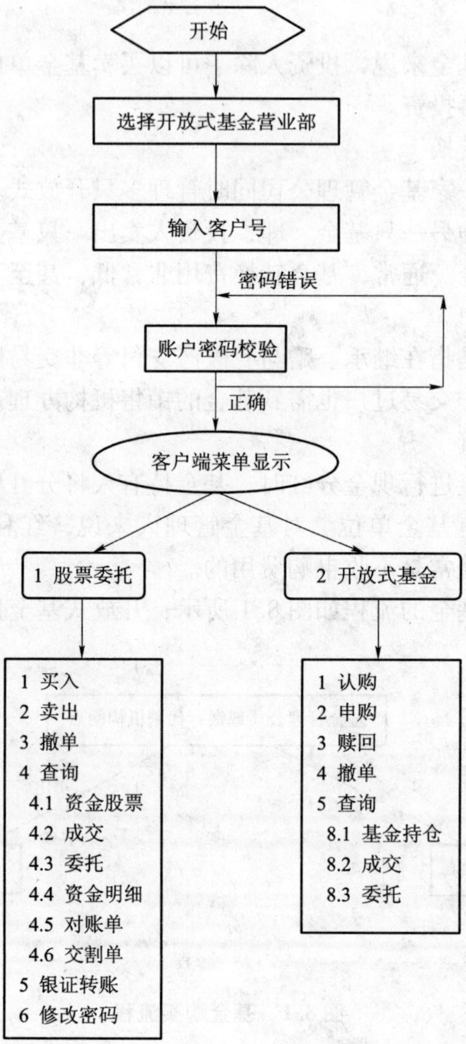

图 8.2 基金代销系统网上交易流程

（1）基金认购流程，如图 8.3 所示。

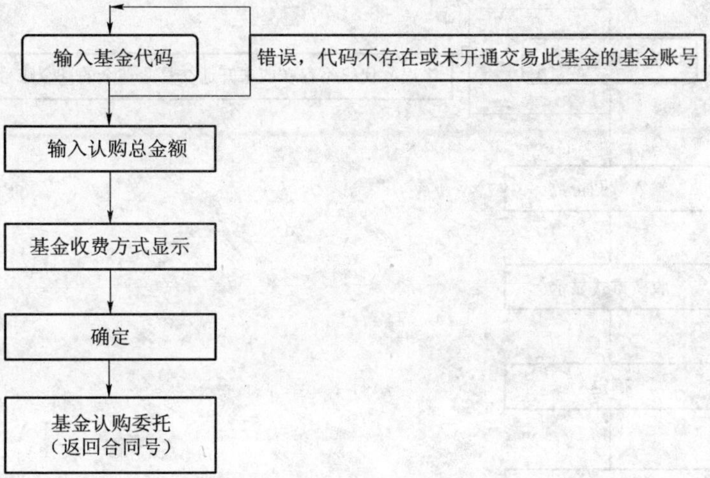

图 8.3 基金认购流程

（2）基金申购流程，如图 8.4 所示。

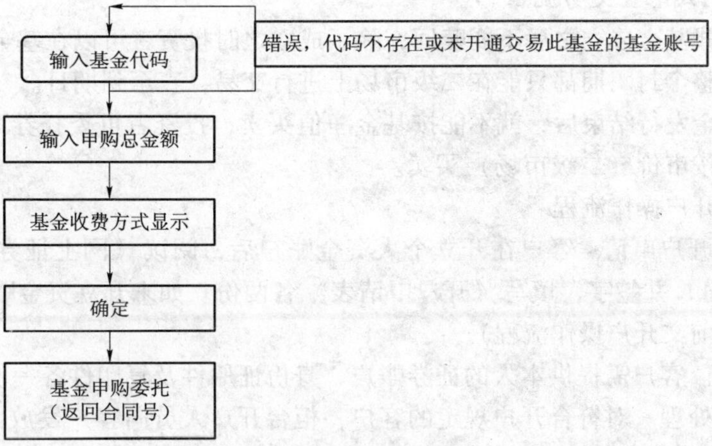

图 8.4 基金申购流程

（3）基金赎回流程，如图 8.5 所示。

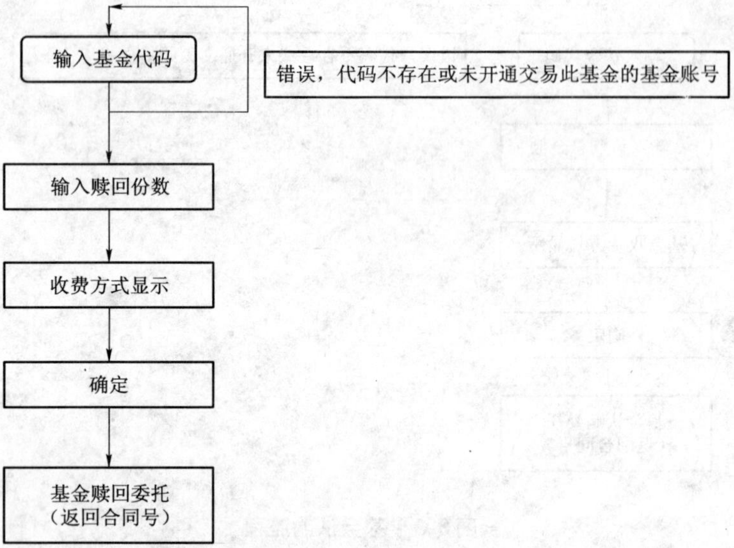

图 8.5　基金赎回流程

（二）封闭式基金交易流程

由于封闭式基金成立之后不能赎回，除了成立之时投资者可以在基金公司指定的单位购买之外，整个封闭期都只能在二级市场上进行交易，直至到期日。

封闭式基金发行结束后，就不能按基金净值买卖，投资者可委托券商（证券公司）在证券交易所按市价（二级市场）买卖。

网上委托开户操作流程

（1）客户开户申请。客户在开立个人资金账户后，阅读《网上证券委托交易协议书》（一式两份）并签字，填写《开户申请表》各两份。如未开立资金账户须先行开立资金账户（见前文开户操作流程）。

（2）验证。客户需提供本人的证券账户、身份证原件及复印件各一份。

（3）开户处理。对符合开户规定的客户，柜台开户人员向客户发放网上交易的 CA 证书（客户应注意及时修改证书使用密码），请客户在《客户开户回单》签字。

封闭式基金进入封闭期后就可能通过证券公司在证券交易所按市价（二级市场）买卖了。

说明：在没有成交之前是可以撤销的，成交后则不能撤销，买入成交后只能在第二个交易日卖出；卖出成交后可以在当日买入。

买卖封闭式基金流程图，如图 8.6 所示。

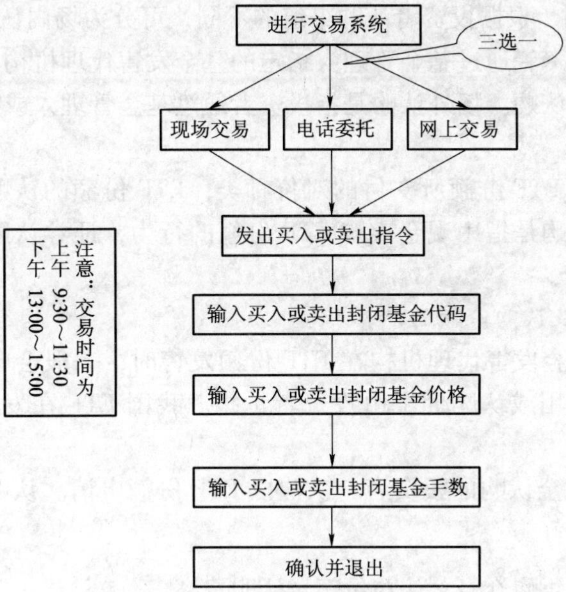

图 8.6　封闭式基金买卖流程

第二节　交易型开放式指数基金的募集与交易

ETF 是 Exchange Traded Fund 的英文缩写，中译为“交易型开放式指数基金”，又称交易所交易基金。ETF 是一种在交易所上市交易的开放式证券投资基金产品，交易手续与股票完全相同。ETF 管理的资产是一揽子股票组合，这一组合中的股票种类与某一特定指数，如上证 50 指数，包含的成分股票相同，每只股票的数量与该指数的成分股构成比例一致，ETF 交易价格取决于它拥有的一揽子股票的价值，即“单位基金资产净值”。ETF 的投资组合通常完全复制标的指数，其净值表现与盯住的特定指数高度一致。比如上证 50ETF 的净值表现就与上证 50 指数的涨跌高度一致。

一、ETF 份额的发售

（一）认购方式

在 ETF 认购期内，根据投资者认购渠道的不同，可分为场内认购和场外认购。

场内认购是指投资者通过基金管理人指定的基金发售代理机构，使用证券交易所的交易网络系统进行的认购。场外认购是指投资者通过基金管理人或其指定的发售代理机构进行的认购。

根据投资者认购 ETF 份额所支付的对价种类，ETF 份额的认购又可分为现金认购和证券认购。现金认购是指用现金换购 ETF 份额的行为，证券认购是指用指定证券换购 ETF 份额的行为。

（二）认购费用及认购份额的计算

基金管理人及基金发售代理机构在 ETF 份额发售时，一般会收取一定的认购费用或认购佣金。认购费用或认购佣金由投资者承担。我国 ETF 在发售时一般按 1 元/份计价。

（1）办理场外现金认购的投资者，认购以 ETF 份额申请。认购费用和认购金额的计算公式为：

$$\text{认购费用}=\text{认购价格}\times\text{认购份额}\times\text{认购费率}$$
$$\text{认购金额}=\text{认购价格}\times\text{认购份额}\times(1+\text{认购费率})$$

认购费用由基金管理人在投资者认购确认时收取，投资者需以现金方式缴纳认购费用。

（2）办理场内现金认购的投资者，认购以 ETF 份额申请。认购佣金和认购金额的计算公式为：

$$\text{认购佣金}=\text{认购价格}\times\text{认购份额}\times\text{佣金比率}$$
$$\text{认购金额}=\text{认购价格}\times\text{认购份额}\times(1+\text{佣金比率})$$

认购佣金由发售代理机构在投资者认购确认时收取，投资者需以现金方式交纳认购佣金。

（3）通过发售代理机构进行组合证券认购的投资者，认购以单只股票股数申请。认购份额和认购佣金的计算公式为：

$$\text{认购份额}=\sum_{i}(\text{第 } i \text{ 支股票在场外股票认购日的均价}\times\text{有效认购数量})/1.0$$
$$\text{认购佣金}=\text{认购价格}\times\text{认购份额}\times\text{佣金比率}$$

认购费用、认购佣金及认购份额的计算应在招募说明书及发售公告中做出明确规定。

二、ETF份额折算与变更登记

（一）ETF份额折算的时间

基金合同生效后，基金管理人应逐步调整实际组合直至达到跟踪指数要求，此过程为ETF建仓阶段。ETF建仓期不超过3个月。

基金建仓期结束后，为方便投资者跟踪基金份额净值变化，基金管理人通常会以某一选定日期作为基金份额折算日，以标的指数的1%（或1‰）作为份额净值，对原来的基金份额进行折算。

（二）ETF份额折算的原则

ETF基金份额折算由基金管理人办理，并由登记结算机构进行基金份额的变更登记。

基金份额折算后，基金份额总额与基金份额持有人持有的基金份额将发生调整，但调整后的基金份额持有人持有的基金份额占基金份额总额的比例不发生变化。基金份额折算对基金份额持有人的收益无实质性影响。基金份额折算后，基金份额持有人将按照折算后的基金份额享有权利并承担义务。

（三）ETF基金份额折算的方法

假设基金管理人确定基金份额折算日（T日）。T日收市后，基金管理人计算当日的基金资产净值x、基金份额总额Y。

T日标的指数收盘值为I，若以标的指数的1‰作为基金份额净值进行基金份额的折算，则T日的目标基金份额净值为$I/1\,000$，基金份额折算比例的计算公式为：

$$折算比例=(X/Y)/(I/1\,000)$$

以四舍五入的方法保留小数点后8位。

折算后的份额=原持有份额×折算比例

例如，假设某投资者在基金募集期内认购了5 000份ETF，基金份额折算日的基金资产净值为3 127 000 230.95元，折算前的基金份额总额为3 013 057 000份，当日标的指数收盘值为966.45元。

（1）折算比例$=(3\,127\,000\,230.95\div 3\,013\,057\,000)\div(966.45\div 1\,000)$

$=1.073\,843\,95$

（2）该投资者折算后的基金份额$=5\,000\times 1.073\,843\,95=5\,369$（份）

三、ETF 份额的申购与赎回

（一）申购与赎回的程序

1. 申购和赎回申请的提出

投资者须按申购、赎回代理证券公司规定的手续，在开放日的开放时间提出申购、赎回的申请。投资者申购基金时，须根据申购、赎回清单备足相应数量的股票和现金。投资者提交赎回申请时，必须持有足够的基金份额余额和现金。

2. 申购和赎回申请的确认与通知

基金投资者申购、赎回申请在受理当日进行确认。如投资者未能提供符合要求的申购对价，则申购申请失败。如投资者持有的、符合要求的基金份额不足，或未能根据要求准备足额的现金，或基金投资组合内不具备足额的符合要求的赎回对价，则赎回申请失败。投资者可在申请当日通过其办理申购、赎回的销售网点查询确认情况。

3. 申购和赎回的清算交收与登记

投资者 T 日申购、赎回成功后，登记结算机构在 T 日收市后为投资者办理基金份额与组合证券的清算交收以及现金替代等的清算。在 T+1 日办理现金替代等的交收以及现金差额的清算；在 T+2 日办理现金差额的交收，并将结果发送给申购、赎回代理证券公司、基金管理人和基金托管人。如果登记结算机构在清算交收时发现不能正常履约的情形，则依据《中国证券登记结算有限责任公司交易型开放式指数基金登记结算业务实施细则》的有关规定进行处理。

登记结算机构可在法律法规允许的范围内，对清算交收和登记的办理时间、方式进行调整，并最迟于开始实施前 3 个工作日在至少一种由中国证监会指定的信息披露媒体公告。

（二）申购、赎回清单

1. 申购、赎回清单的内容

T 日申购、赎回清单公告内容包括最小申购、赎回单位所对应的组合证券内各成分证券数据、现金替代、T 日预估现金部分、T 日现金差额、基金份额净值及其他相关内容。

2. 组合证券相关内容

组合证券是指基金标的指数所包含的全部或部分证券。申购、赎回清单将公告最小申购、赎回单位所对应的各成分证券名称、证券代码及数量。

3. 现金替代相关内容

现金替代是指申购、赎回过程中，投资者按基金合同和招募说明书的规定，用于替代组合证券中部分证券的一定数量的现金。采用现金替代是为了在相关成分股停牌等情况下便利投资者的申购，提高基金运作的效率。基金管理人在制定具体的现金替代方法时遵循公平、公开的原则，以保护基金份额持有人利益为出发点，并进行及时充分的信息披露。现金替代分为三种类型：禁止现金替代、可以现金替代和必须现金替代。

（1）禁止现金替代是指在申购、赎回基金份额时，该成分证券不允许使用现金作为替代。

（2）可以现金替代是指在申购基金份额时，允许使用现金作为全部或部分该成分证券的替代，但在赎回基金份额时，该成分证券不允许使用现金作为替代。可以现金替代的证券一般是由于停牌等原因导致投资者无法在申购时买人的证券。对于可以现金替代的证券，替代金额的计算公式为：

替代金额 = 替代证券数量 × 证券最新价格 ×（1 + 现金替代溢价比例）

“最新价格”的确定原则为：① 该证券正常交易时，采用最新成交价；② 该证券正常交易中出现涨停时，采用涨停价格；③ 该证券停牌且当日有成交时，采用最新成交价；④ 该证券停牌且当日无成交时，采用前一交易日收盘价。

现金替代溢价又被称为“现金替代保证”。收取现金替代溢价的原因是，对于使用现金替代的证券，基金管理人需在证券恢复交易后买入，而实际买入价格加上相关交易费用后与申购时的最新价格可能有所差异。为便于操作，基金管理人在申购、赎回清单中预先确定现金替代溢价比例，并据此收取现金替代金额。如果预先收取的金额高于基金购入该部分证券的实际成本，则基金管理人将退还多收取的差额；如果预先收取的金额低于基金购入该部分证券的实际成本，则基金管理人将向投资者收取欠缺的差额。

（3）必须现金替代是指在申购、赎回基金份额时，该成分证券必须使用现金作为替代。必须现金替代的证券一般是由于标的指数调整，即将被剔除的成分证券。对于必须现金替代的证券，基金管理人将在申购、赎回清单中公告替代的一定数量的现金，即“固定替代金额”。固定替代金额的计算方法为申购、赎回清单中该证券的数量乘以其T日预计开盘价。

4. 预估现金部分相关内容

预估现金部分是指为便于计算基金份额参考净值及申购赎回，代理证券公司预先冻结申请申购、赎回的投资者的相应资金，由基金管理人计算的现金数额。

T日申购、赎回清单中公告T日预估现金部分。其计算公式为：

T日预估现金部分 = T－1日最小申购、赎回单位的基金资产净值－（申购、赎回清单中必须用现金替代的固定替代金额 + 申购、赎回清单中可以用现金替代成分证券的数量与T日预计开盘价相乘之和 + 申购、赎回清单中禁止用现金替代成分证券的数量与T日预计开盘价相乘之和）

其中，“T 日预计开盘价”主要根据上海证券交易所提供的标的指数成分证券的预计开盘价确定。另外，若 T 日为基金分红除息日，则计算公式中的“T-1 日最小申购、赎回单位的基金资产净值”需扣减相应的收益分配数额。预估现金部分的数值可能为正、为负或为零。

5. 现金差额相关内容

T 日现金差额在 T+1 日的申购、赎回清单中公告。其计算公式为：

T 日现金差额=T 日最小申购、赎回单位的基金资产净值-(购、赎回清单中必须用现金替代的固定替代金额+申购、赎回清单中可以用现金替代成分证券的数量与 T 日收盘价相乘之和+申购、赎回清单中禁止用现金替代成分证券的数量与 T 日收盘价相乘之和)

T 日投资者申购、赎回基金份额时，需按 T+1 日公告的 T 日现金差额进行资金的清算交收。

现金差额的数值可能为正、为负或为零。在投资者申购时，如现金差额为正数，则投资者应根据其申购的基金份额支付相应的现金；如现金差额为负数，则投资者将根据其申购的基金份额获得相应的现金。在投资者赎回时，如现金差额为正数，则投资者将根据其赎回的基金份额获得相应的现金；如现金差额为负数，则投资者应根据其赎回的基金份额支付相应的现金。

第三节　上市开放式基金（LOF）的募集与交易

上市开放式基金（Listed Open-ended Funds，LOF），是一种可以同时在场外市场进行基金份额申购、赎回，在交易所进行基金份额交易，并通过份额转托管机制将场外市场与场内市场有机地联系在一起的一种新的基金运作方式。

一、LOF 募集概述

LOF 的募集分场外募集与场内募集两部分。场外募集的基金份额注册登记在中国结算公司的开放式基金注册登记系统；场内募集的基金份额登记在中国结算公司的证券登记结算系统。

二、LOF 的场外募集

LOF 场外募集与普通开放式基金的募集无异，投资者可以通过基金管理人或银行、证券公司等基金代销机构进行认购。投资者通过基金管理人及其他代销机构从场外认购LOF，应使用中国结算公司深圳开放式基金账户。深圳开放式基金账户可通过下列方式开立：

第一，已有深圳证券账户的投资者，可通过基金管理人或代销机构以其深圳证券账户申请注册深圳开放式基金账户。

第二，尚无深圳证券账户的投资者，可直接申请账户注册。中国结算公司将为其配发深圳证券投资基金账户，同时将该账户注册为深圳开放式基金账户。

第三，已通过基金管理人或代销机构办理过深圳开放式基金账户注册手续的投资者，可在原处直接办理开放式基金业务申报。

第四，已通过基金管理人或代销机构办理过深圳开放式基金账户注册手续的投资者，拟通过其他代销机构、基金管理人申报开放式基金业务的，须用深圳开放式基金账户在新的代销机构、基金管理人处办理开放式基金账户注册确认手续。

投资者通过基金管理人及其代销机构认购的，必须按照金额进行认购（即投资者的认购申报以元为单位）。基金管理人可按认购金额分段设置认购费率。认购费率由基金管理人在《基金招募说明书》中约定。

中国结算公司开放式基金登记结算系统（以下简称“TA系统”）依据管理人给定的认购费率，按如下公式计算投资者认购所得基金份额：

净认购金额＝认购金额/(1＋认购费率)

认购手续费＝净认购金额×认购费率

认购份额＝净认购金额/基金份额面值

基金份额面值认购份额按四舍五入的原则保留到小数点后两位。认购资金募集期间的利息可折合成基金份额，募集期结束后统一记入投资者深圳开放式基金账户。

例：某投资者投资1万元认购基金，假设管理人规定的认购费率为1%，则其认购手续费及可得到的认购份额为：

净认购金额＝10 000÷(1＋1%)＝9 900.99（元）

认购手续费＝9 900.99×1%＝99.01（元）

认购份额＝9 900.99÷1.00＝9 900.99（份）

即投资者投资1万元认购基金，可得到9 900.99份基金份额。

三、LOF的场内募集

LOF通过交易所场内募集基金份额，除要遵循一般开放式基金的募集规定外，基金管理人还需向深圳证券交易所提出发售申请。在获得深圳证券交易所的确认后，在基金募集期内每个交易日的交易时间，上市开放式基金均在深圳证券交易所挂牌发售。LOF场内募集沿用新股网上定价模式，但无配号及中签环节。投资者通过深圳证券交易所认购上市开放式基金，应持深圳人民币普通股票账户或证券投资基金账户。

投资者通过深圳证券交易所交易系统认购的，必须按照份额进行认购（即投资者的认购申报以基金份额为单位）。深圳证券交易所挂牌价格为基金面值，投资者需缴纳的认购金额计算公式为：

认购金额 = 挂牌价格 ×（1 + 证券公司佣金比率）× 认购份额

证券公司佣金 = 挂牌价格 × 认购份额 × 证券公司佣金比率

认购净金额 = 挂牌价格 × 认购份额

其中，认购费率由基金管理人在《基金招募说明书》中约定。证券公司可按照《基金招募说明书》中约定的认购费率设定投资者认购的佣金比率，并将投资者缴付的净认购金额划付中国结算深圳分公司。

净认购金额募集期间的利息可折合成基金份额。募集期结束后，基金管理人统一计算各投资者可折合的基金份额（所折合的基金份额须为整数份），并将份额明细数据交中国结算深圳分公司记入投资者的深圳证券账户。

例如，某投资者认购1万份基金份额，假设基金管理人规定认购费率上限为1%，证券公司设定的佣金比率为1%，则投资者应交纳的认购金额及证券公司收取的佣金为：

深圳证券交易所挂牌价 = 基金面值 = 1 元

认购金额 = 10 000 ×（1 + 1%）= 10 100（元）

证券公司佣金 = 10 000 × 1% = 100（元）

认购净金额 = 1 × 10 000 = 10 000（元）

即投资者认购1万份基金份额，需缴纳10 100元，证券公司收取的佣金为100元，中国结算深圳分公司按10 000元减记结算参与人的结算备付金账户。

四、封闭期

基金合同生效后即进入封闭期，封闭期一般不超过3个月。在封闭期内，基金不受理赎回。

五、LOF的上市交易

LOF完成登记托管手续后，由基金管理人向深圳证券交易所提交上市申请，申请在交易所挂牌上市。基金上市首日的开盘参考价为上市首日前一交易日的基金份额净值

（四舍五入至价格最小变动单位）。LOF 在交易所的交易规则与封闭式基金基本相同，具体内容如下：

第一，买入 LOF 申报数量应当为 100 份或其整数倍，申报价格最小变动单位为 0.001 元人民币。

第二，深圳证券交易所对 LOF 交易实行价格涨跌幅限制，涨跌幅比例为 10%，自上市首日起执行。

第三，投资者 T 日卖出基金份额后的资金 T+1 日即可到账（T 日也可做回转交易），而赎回资金至少 T+2 日到账。

六、LOF 份额的申购、赎回

注册登记在中国结算公司的开放式基金注册登记系统（TA 系统）内的基金份额，可通过基金管理人及其代销机构在场外办理 LOF 的申购、赎回；登记在中国结算公司的证券登记结算系统内的基金份额，也可以通过具有基金代销业务资格且符合风险控制要求的深圳证券交易所会员单位在场内办理申购、赎回业务。

LOF 采取"金额申购、份额赎回"原则，即申购以金额申报，赎回以份额申报。场内申购申报单位为 1 元人民币，赎回申报单位为 1 份基金份额；场外申购、赎回申报单位由基金管理人在《基金招募说明书》中载明。

T 日在深圳证券交易所申购的基金份额，自 T+1 日开始可在深圳证券交易所卖出或赎回；T 日买入的基金份额，T+1 日可以在深圳证券交易所卖出或者赎回。

七、LOF 份额转托管

LOF 份额的转托管业务包含两种类型：系统内转托管和跨系统转托管。

系统内转托管是指投资者将托管在某证券经营机构的 LOF 份额转托管到其他证券经营机构（场内到场内），或将托管在某基金管理人或其代销机构的 LOF 份额转托管到其他基金代销机构或基金管理人（场外到场外）的操作。

跨系统转托管是指投资者将托管在某证券经营机构的 LOF 份额转托管到基金管理人或代销机构（场内到场外），或将托管在基金管理人或其代销机构的 LOF 份额转托管到某证券经营机构（场外到场内）。

投资者通过深圳证券交易所交易系统获得的基金份额托管在证券营业部处，登记在证券登记系统中。这部分基金份额既可以在深圳证券交易所交易，也可以通过深圳证券交易所交易系统直接申请赎回；投资者通过基金管理人及其代销机构获得的基金份额托管在代销机构/基金管理人处，登记在 TA 系统中，只能申请赎回，不能直接在深圳证券交易所交易。

投资者如需将登记在 TA 系统中的基金份额通过深圳证券交易所交易，或需将登记在证券登记系统中的基金份额申请在场外赎回，应先办理跨系统转托管手续。LOF 份额跨系统转托管只限于在深圳证券账户和以其为基础注册的深圳开放式基金账户之间进行。

投资者将 LOF 份额从证券登记系统转入 TA 系统，自 T+2 日始，投资者可以在转入方代销机构或基金管理人处申报赎回基金份额。投资者将上市开放式基金份额从 TA 系统转入证券登记系统，自 T+2 日始，投资者可以通过转入方证券营业部申报在深圳证券交易所卖出或赎回基金份额。

处于下列情形之一的 LOF 份额不得办理跨系统转托管：

第一，处于募集期内或封闭期内的 LOF 份额；

第二，分红派息前 R-2 日至 R 日（R 日为权益登记日）的 LOF 份额；

第三，处于质押、冻结状态的 LOF 份额。

第四节　权证交易

一、权证的定义及分类

权证是指标的证券发行人或其以外的第三人发行的，约定持有人在规定期间内或特定到期日，有权按约定价格向发行人购买或出售标的证券，或以现金结算方式收取结算差价的有价证券。权证是证明持有人拥有特定权利的契约。权证中约定的证券通常被称作“标的证券”（或“基础证券”），即发行人承诺按约定条件向权证持有人购买或出售的证券。

权证本质上是证明持有人拥有特定权利的契约。

权证的分类：

1. 认购与认沽权证

按照未来权利的不同，权证可分为认购权证和认沽权证。

认购权证是指发行人发行的，约定持有人在规定期间内或特定到期日，有权按约定价格向发行人购买标的证券的有价证券；

认沽权证是指发行人发行的，约定持有人在规定期间内或特定到期日，有权按约定价格向发行人出售标的证券的有价证券。

2. 欧式、美式和百慕大式

按照行权模式的不同，权证可分为欧式、美式和百慕大式。

欧式权证是指仅在到期日可以行权的权证。

美式权证是指在到期前随时可以行权的权证。

百慕大式权证则可以在存续期内的若干个时间段行权，如马钢 CWB1。

3. 公司权证和备兑权证

按照发行人的不同，还可分为公司权证和备兑权证。

公司权证是指标的证券发行人发行的权证。

备兑权证是指标的证券发行人以外的第三方（如大股东、券商等金融机构）发行的权证。

二、权证包含的要素

权证的要素包括权证类别、标的、行权价格、存续期间、行权日期、行权结算方式、行权比例等要素。

1. 权证类别。即标明该权证属认购权证或认沽权证。

2. 标的。权证的标的物种类涵盖股票、债券、外币、指数、商品或其他金融工具，其中股票权证的标的可以是单一股票或是一揽子股票组合。

3. 行权价格。发行人发行权证时所约定的，权证持有人向发行人购买或出售标的证券的价格。若标的证券在发行后有除息、除权等事项，通常要对认股权证的认股价格进行调整。

4. 存续时间。权证的存续时间即权证的有效期，超过有效期，认股权自动失效。目前上海证券交易所、深圳证券交易所均规定，权证自上市之日起存续时间为 6 个月以上 24 个月以下。

5. 行权日期。权证持有人有权行使权力的日期。

6. 行权结算方式。分为证券给付结算方式和现金结算方式两种。前者指权证持有人行权时，发行人有义务按照行权价格向权证持有人出售或购买标的证券；后者指权证持有人行权时，发行人按照约定向权证持有人支付行权价格与标的证券结算价格之间的差额。

7. 行权比例。指单位权证可以购买或出售的标的证券数量。目前上海和深圳证券交易所规定，标的证券发生除权时，行权比例应作相应调整，除息时则不作调整。

下面我们以表 8.1 为例进行分析。

表 8.1 权证要素举例

	宝钢 JTB1	武钢 JTB1	武钢 JTP1	机场 JTP1
发行人	宝钢集团	武钢集团	武钢集团	广东省机场管理集团
行权价格	4.50 元	2.90 元	3.13 元	7.00 元

续表

	宝钢 JTB1	武钢 JTB1	武钢 JTP1	机场 JTP1
解释	权证持有人有权在行权期间以4.50元向宝钢集团买入1股G宝钢	权证持有人有权在行权期间以2.90元向武钢集团买入1股G武钢	权证持有人有权在行权期间以3.13元向武钢集团卖出1股G武钢	权证持有人有权在行权期间以7.00元向广东省机场集团卖出1股G穗机场
行权代码	582000	592001	582999	582998
存续期间	2005-8-8至2006-8-30	2005-11-23至2006-11-22	2005-11-23至2006-11-22	2005-12-23至2006-12-22
到期日	2006-8-30	2006-11-22	2006-11-22	2006-12-22
解释	2006年8月30日该权证到期，之后将不再存在	2006年11月22日该权证到期，之后将不再存在	2006年11月22日该权证到期，之后将不再存在	2006年12月22日该权证到期，之后将不再存在

表中，权证“宝钢 JTB1”，“宝钢”代表约定的未来行权标的证券是宝钢股份，“JT”代表发行人是宝钢集团（“JT”是“集团”的拼音首字母）发行的，“B”代表持有人拥有未来“买入”的权利，该权证为认购权证（如果字母为“P”则表示持有人拥有未来“卖出”的权利，该权证为认沽权证），“1”代表第1只权证。

与其对应的则是标明卖出权利的认沽权证，如“武钢 JTP1”，即“武钢集团发行的第1只武钢股份认沽权证”。

“长电 CWB1”这样包含 CW（Company Warrant：公司权证）字段的权证，是上市公司自身发行，用于融资的公司权证，

当这些权证行权时，公司相应地增发新股，股本会被摊薄，请投资者注意。

例如，假定 A 公司发行以该公司股票为标的证券的权证，假定发行时股票市场价格为15元，发行公告书列举的发行条件如下：

（1）发行日期：2005年8月8日；（2）存续期间：6个月；（3）权证种类：欧式认购权证；（4）发行数量：50 000 000份；（5）发行价格：0.66元；（6）行权价格：18.00元；（7）行权期限：到期日；（8）行权结算方式：证券给付结算；（9）行权比例：1∶1。

上述条款告诉投资者由 A 公司发行的权证是一种股本认购权证，该权证每份权利金是0.66元，发行总额为5千万份，权证可以在六个月内买卖，但行权则必须在六个

月后的到期日进行。如果到期时 A 公司股票市场价格为 20 元，高于权证的行权价 18 元，投资者可以 18 元/股的价格向发行人认购市价 20 元的 A 公司股票，每股净赚 2 元；如果到期时 A 公司股价为 15 元，低于行权价 18 元，投资者可以不行权，从而仅损失权利金 0.66 元/股。

三、权证的价格

1. 标的资产价格。

2. 权证行权证价。

3. 权证价格（也称权利费）：投资者获得权证时所付出的价格，或者是发行价格，或者是二级市场上的买入价格。

4. 权证行使价格（也称行权费）：投资者行使权证的权利时所付出的各项费用。

四、权证的交易与行权

（一）基本交易规则

下面用权证和股票的比较来看一下权证交易的基本原则，如表 8.2 所示。

表 8.2　基本交易规则

品　种	权　　证	股　　票
交易方式	T+0	T+1
交易费用	佣金	交易印花税、佣金、过户费等
涨跌限制	根据股票的价格计算涨跌幅	±10% 的涨跌停板
可交易期	仅在权证存续期内可以交易，一般不超过两年，具体以该权证的相关条款为准	无限期，除非因不满足上市条件而退市

（二）权证涨跌幅限制

根据《上海证券交易所权证业务管理暂行办法》第 22 条规定，权证交易实行价格涨跌幅限制，涨跌幅按下列公式计算：

$$\text{权证涨跌幅价格} = \text{权证前一日收盘价格} \pm (\text{标的证券前日收盘价} \times \text{标的证券价格涨跌幅比例} \times 125\%) \times \text{行权比例}$$

当计算结果小于等于零时，跌幅价格为价格最小变动单位。

例：权证“宝钢 JTB1”上市首日（2005 年 8 月 22 日）涨幅价格

宝钢 JTB1（580000）的保荐机构提供的上市首日开盘参考价（在前收盘价格处显

示）为0.688元；标的证券G宝钢（600019）的前收盘价格为4.62元，涨跌幅限制为10%，行权比例为1。

权证涨跌幅价格＝权证前一日收盘价格±(标的证券前日收盘价×标的证券价格涨跌幅比例×125%)×行权比例
＝0.688±(4.62×10%×125%)×0.5＝1.265/0.1105

例：马钢CWB1 10月20日涨跌幅计算

马钢CWB1前一日收盘价为1.254元，马钢股份前一日收盘价为3.44元，行权比例为1:1。

涨跌幅＝1.254±(3.44×10%×125%)×1＝1.684/0.824

（三）权证的价格与投资价值分析

1. 价内权证、价平权证与价外权证。如表8.3所示。

表8.3 价格关系

价格关系	认购权证	认沽权证
行权价格＞标的证券收盘价格	价外	价内
行权价格＝标的证券收盘价格	价平	价平
行权价格＜标的证券收盘价格	价内	价外

2. 投资价值分析

(1) 认购权证

股价＞行权价格＋权证价格＋权利费，可以投资（行权有意义）

股价＜行权价格＋权证价格权利费，不可以投资（行权无意义）

例如，石化CWB1的投资价值（以2008年10月17日为准）如下：

股价＞19.68＋(2×1.555)，可知，当股价大于22.79时，其方有投资价值。

(2) 认沽权证

股价＜行权价格－(权证价格＋权利费)，可以投资（行权有意义）

股价＞行权价格－(权证价格＋权利费)，不可以投资（行权无意义）

例如，南航JTP1投资价值分析如下：

2007年11月2日，其收盘价为1.048元，行权价为7.43元，行权比例为2:1

股价＜7.43－(1.048×2)，可知，股价要小于5.334元，其方有投资价值。

复习思考题

1. 简述封闭型基金与开放型基金的差异。
2. 简述公司型基金与契约型基金的差异。
3. 简述基金投资的一般特点。
4. 简述交易所交易型基金（EFT）与上市开放型基金（LOF）的异同。
5. 简述权证的种类。

第九章

债券交易制度

本章摘要

本章首先给出了债券的含义、性质及分类，然后阐述了影响债券价值的主要因素，并介绍了我国债券市场的基本状况。

关键词

债券　净价　全价

第一节　债券市场的性质

狭义上，仅将期限超过一年的要式可流通债务凭证称为债券。债券市场、基金市场和股票市场均为证券市场，同属于长期资本（金）市场，是政府、金融机构、企业筹集长期资本（金）的主要场所。但债券市场又有别于基金市场和股票市场。债券在风险性、期限性、收益性、流动性等方面与股票和基金有很大区别。

一、债券的含义和特征

1. 债券的含义

债券是债务人依照法定程序发行，承诺按约定的利率和日期支付利息，并在特定日期偿还本金的书面债务凭证。

债券是确定债权债务关系的书面凭证，债券的发行人就是债务人，而投资于债券的人就是债权人。债券的发行人为筹措资金而发行债券，债券的投资者为运用其闲置的资金生息获利而购买债券。在债券的有效期限内，债权人让渡了这笔资金的使用权，但并没有放弃对资金的所有权；债务人得到了资金的使用权，但并未获得资金的所有权。作为使用资金的代价，债务人必须支付一定的利息给债权人，以补偿其因借出资金一定时间而带来的损失（机会成本）。

债券不同于一般的借贷凭证，它将借贷关系证券化了。一般的借贷证书是由当事双方自行协商借贷条件而签订的合约，它既不适合于他人，也不适合于另一次借贷，除非得到对方同意。一般而言，债务人不能展期归还贷款，债权人不得要求提前偿还本金。这种因人、因事、因时而异的债务凭证是非标准化的，因而也是不能流通转让的。债券不是发行人对某个特定的个人或法人所负的债务，而是发行人对全体应募者所负的债务，它由发行人给定条件，适合于任何愿意按该条件出借资金的投资者。这种债务凭证的借贷条件和规格都是同一的，具有公开性、社会性和规范性的特点，一般都可以上市流通转让。

债券与股票相比，有以下几点区别：

（1）股票是股份公司依法定程序发行的所有权凭证，代表持有人对发行股票公司的资产拥有一定份额的占有权；债券是任何具有还款能力并承诺将来还款的法人（不仅仅是股份公司）都可依法定程序发行的债务凭证，证明持有人与发行人之间的借贷关系。

（2）股票的持有人作为企业的所有人即公司的股东，有权以一定形式（主要是参加股东大会）参与公司的经营管理，根据投资金额的大小对公司有一定的控制权，同时也对公司的经营负有一定的责任；债券的持有人作为债权人而不是所有人，无权参与公司的经营管理，同时对公司的经营状况也不承担任何责任。

（3）债券的利息率是固定的，与发行人的经营状况和盈利能力没有直接关系，因而收益较稳定；股票的收益与公司的经营状况密切相关，具有不稳定性。一般说，公司经营状况好，盈利水平高，股东的收益高。相反，其收益低，甚至没有收益。

（4）债券有固定的还本期限，它的还本付息受到法律保障，如果债务人不能按期还本付息，债权人有权对他提出诉讼，使其承担法律责任；股票是没有期限的，发行股票的股份公司没有收回股票的义务，投资者不能退股，只能转让出售，其收回的金额不一定和股票的面额或投资者买入的价格相符，而要取决于市场情况。

（5）分配顺序和清偿顺序不同。公司债券的债息支付作为费用从销售收入中扣除，在税前列支；股息不属于费用支出，而属于净收益分配，在税后净利中支付。当公司经营不善破产倒闭时，债券应优先偿还，而股票清偿顺序排在债券之后。

2. 债券的特征

作为要式凭证之一，债券具有一般有价证券共有的特征，即期限性、风险性、流动性、收益性，但它又有其独特之处。

（1）期限性。从债券的发行日起到约定的偿付日止，这段时间称为债券的期限。债券的期限性表现为债券依一定的法律程序发行，并在发行时就约定还本付息的日期。

在货币市场上，期限最短的债券从发行日至到期日只有 90 天左右；在资本市场上，债券的期限可从一年到几十年不等。通常，我们仅称资本市场的债务凭证为债券，而将货币市场的债务凭证称为票据。中央政府发行的不超过一年期的债务凭证叫做国库券。

债券一般明确规定期限，但也有例外情况，如英国国债中有一种叫做“永久债券”。这种债券发行后经过一段时期，政府有随时收回（即归还本金）的权利，但债权人无偿还请求权，政府也可以无限期地支付利息，而永不偿还本金。

（2）流动性。指债券可以在较大范围内流通，可以随时变现。债券流动性的强弱受证券市场的发达程度、债券发行人的资信度、债券的期限长短和利息支付方式等因素的影响。显然，证券市场发达、交易便利、发债人资信度高、债券期限较短、利息支付方式较为灵活的债券，其流动性较强。对于那些期限较长的债券来说，流动性十分重要。投资者既可以将债券持至期满收回本金，也可随时通过流通市场出售而转变为现金。事实上，多数债券在到期日之前都曾在流通市场频繁辗转流通，因而是一种流动性较强的投资工具。

（3）风险性。一般说来，投资于债券将会面临利率风险、信用风险和通货膨胀风险等。

因为债券是固定收入的证券，它的利率在发行时已确定，所以，当市场利率发生变化时，债券的价格就会朝相反的方向波动。利率风险是债券，特别是政府债券面临的主要风险。利率风险对偿还期不同的债券，其影响是不同的，一般而言，对长期债券的影响较之短期债券为大。当市场利率上升时，长期债券价格的下降幅度要大于短期债券的价格下降幅度。

除了投资于政府发行的债券以外，信用风险是债券投资者面临的另一个主要风险。债券发行人如果不能还本付息，即使是不能按时还本付息，都会使投资者受到损失。信用风险受债券发行人的经营能力、规模大小及事业稳定性等因素影响。因而不同债券的信用风险程序有所不同。一般认为中央政府债券的信用风险最小，其次为地方政府，再次是大的金融机构和全国性、国际性大公司，中小企业的信用风险通常较大。

通货膨胀风险几乎涉及所有证券，但利率固定的债券最为明显。当发生严重通货膨胀时，债券投资者的预期利息收入和本金都会贬值。通货膨胀持续的时间越长，对长期债券的持有者越不利。

尽管债券的投资者会面临上述种种风险，但与其他投资工具，特别是股票相比，债券又具有较大的安全性。债券的安全性是建立在以下基础上的：

首先，债券在约定的到期日将以券面金额偿还本金，在约定的付息日分次或一次支付固定利率的利息，不受发行后市场利率变动的影响。各国还制定有关法律对债券的还本付息加以保障，使投资者有直观上的安全感。即使是浮动利率债券，一般也规定有一个最低利率，防止因市场利率下降幅度过大而使债券持有人受到损失。

其次，债券的发行人主要是国家、地方政府、公共团体、与政府有关的特殊法人、一流的大公司和大银行等，资金实力雄厚，信用度高。加上债券的发行有一定的法定审批程序，有关当局要严格审查发行人的资金和财务状况，有法律保障。

再次，债券是契约性的债务，契约的约束力使债券的发行人注意自身的信誉，避免因违约而影响今后在市场上筹集资金的潜在能力。特别是对公司债的发行人，一般都采取一些措施来保证债务偿还的安全性。其中的主要措施有：以动产或不动产进行有抵押的发行；提取年利润的一部分建立偿债基金；债券发行后经过一定的宽限期可采取提前偿还的减债制度，以减轻期满一次偿还的财务压力等。

另外，债券的收益较为确定，市场价格波动幅度较小，付息和清偿顺序较之股票优先等，也都提高了债券的安全性。

(4) 收益性。与居民储蓄和企业存款等其它投资方式相比，债券的收益较高。这是因为，储蓄、存款是间接融资方式，银行等金融中介机构以吸收存款的方式筹集资金，再以贷款和投资方式运用资金，它们本身要赚取利润，所以支付居民储蓄和企业存款的利息一般较低。

发行债券是直接融资方式，债券发行人直接向社会公众筹集资金，虽也通过中介机构承销并支付承销手续费，但一般说来，筹资费用较低，所以利率水平较高。

以贴现方式发行的债券，扣除的贴息可用于再投资，所以它的实际收益率要高于票面的贴息率。同样，提前于期中偿还的债券，投资者也有再投资的机会。所以，其实际收益率也要高于票面利率。

如果投资者在二级市场上以较高的价格卖出债券，则还可获得一定数量的资本利得。

债券具有期限约定、流动性较强、安全性较高并能为投资者带来收益的特点。这些特点之间具有一定的替代关系，一般讲，期限性长的债券，流动性较差，风险较大，但收益较高；流动性强的债券风险较小，收益水平相对较低等等。正是债券诸特征的多种组合关系，形成了债券市场上各具特色的债券，可供投资者选择并满足他们的不同需要。

二、债券的分类

债券的种类繁多，按不同的目的，可有多种分类方法。

1. 按债券的发行主体分

按债券的发行主体不同，可分为两大类。一类是由政府及政府所属机构发行的债券，统称为公共债券，这类债券以政府信用为担保，信用度高，风险小，并具有较强的政策性。这类债券又可划分为中央政府公债，地方政府公债和政府机构债券等几种形式。另一类是民间的金融机构和企业发行的债券，包括公司债券和金融债券等。

(1) 国债。由中央政府发行的债券，是政府以国家信用筹措资金的一种方式。按政府发行公债的目的不同，又可分为财政公债和建设公债。政府为弥补财政收入不足而发行的叫财政公债，为进行公共建设筹集资金而发行的叫建设公债。国债以政府的信用为担保，发行时公布发行条例，发行后往往根据规定设立偿债基金并列入国家财政预算，确保安期还本付息，因而具有最高的信用度，通常被认为是没有投资风险的最佳投资工具。

(2) 地方政府债券。主要用于地方政府发展地方经济，兴办公用事业，偿债资金的主要来源是地方财政的收入，主要是地方税收。地方政府债券的信用度接近于国债，但地方政府债券的流通性较差，流通范围较小。因此，地方政府债券的利率通常比国债稍高。

(3) 政府机构债券。是由政府所属的公共事业机构、公共团体或公营公司发行的债券。所筹措的资金用于发展各机构、团体和事业。其中有一部分机构可发行政府担保债券。政府担保债券的本息支付由政府给予保证，所以信用度很高，仅次于国债。但是政府担保债券的发行数额相对较小，而且因公募发行比较分散，所以上市交易额较小，流动性不强。

(4) 金融债券。由商业银行或一流的非银行金融机构发行，筹集的资金用于发放贷款和投资。与公司债券相比，由于金融机构的社会资信度高，易为公众接受，所以发行量大，交易活跃，流动性仅次于国债，是一种颇受欢迎的投资工具。

(5) 公司债券。非金融机构企业发行的债券。公司债券的发行一般受到严格的限制，并有时要求有抵押或担保。虽然发行人一般都是一流大公司，但其信用度仍不能与政府、政府机构、金融机构相比，其还本付息的保证程度取决于公司的经营状况，所以风险较大，利率也比其它债券高。

(6) 国际债券。由外国政府、外国法人、国际机构发行的债券。这类债券的发行目的、风险、收益等特性因发行主体不同而各有差别。

2. 按债券的信用保证分类

根据债券还本付息有无担保人和抵押品又可分为以下几类：

(1) 政府担保债券。一般是政府附属的公用事业机构、公共团体或公营公司发行的债券，它的还本付息由政府出面担保，一旦债券到期发生偿付困难，由政府代为支付，因此这种债券的信用度、安全性均较高。

(2) 抵押债券。一般为公司债券，即公司以动产或不动产为抵押品，用以担保到期还本的债券。抵押债券按其抵押品的不同，又可分为：

① 不动产抵押债券，即以房地产或其它不动产的产权为抵押的债券。以同一不动

产为抵押品发行数次公司债券，又可根据其要求偿还的先后顺序分为第一、第二、第三抵押公司债券。第一抵押公司债券对抵押品有第一留置权，第二抵押公司债券只有第二留置权，即俟第一抵押公司债券清偿后若有余额才能据以作为偿还本息的抵押。

② 证券担保债券，又称证券信托债券，或流动抵押债券。是以公司的各种动产或持有的各种有价证券为担保而发行的债券。

③ 设备信托债券，公司为扩充设备或购置新资产，以公司购置的设备资产作为担保而发行的债券，待债券的全部本息偿还后，该项资产的所有权才属于公司。

以上各项债券因为都有一定的财产作抵押担保，还本付息有一定的保障，因而比较安全。但是抵押债券也有管理上的困难，资产抵押并非对每个债权人分别抵押，而是将资产统一抵押给所有的债权人。但由于债券不断地流通转手，债券持有人不断更换交替，债权人难以共同行使抵押权，所以一般的做法是在债券发行时，由债券发行人和认购人共同签订信托合同，委托银行或信托公司代债权人管理和行使抵押权。

（3）保证公司债券。是除了发行债券公司的信用外，还得到其它公司担保到期还本的公司债券。

（4）信用债券。又称无抵押债券，是发行债券公司不以特定的资产担保，而仅凭公司的信用作为还本付息的保证。这些债券往往是资信度很高的大公司或没有大量资产作为抵押品的公司发行的。由于一流大公司的资信度很高，所以这种债券的安全性并不差。

3. 按利息支付方式分

（1）附息债券。是在券面上附有支付利息息票的债券。附息债券的利率一般是固定的，在息票上载明付息日期和利息额，债权人可在指定地点、日期凭息票领取固定数额的利息。有的并不附有息票，只是按约定的利率定期支付利息，或到期一次支付全部利息。

（2）浮动利率债券。这种债券以某一金融市场利率作为参照标准，债券的利率随该市场利率波动而变动，通常每三个月或六个月调整一次。浮动利率债券一般规定一个利率下限，即使该市场利率低于规定的下限仍按利率下限付息。这样可使投资者既有安全感，又可享受市场短期利率上升带来的收益，从而增强债券的吸引力。

（3）贴现债券。是券面上不附息票，发行时按规定的贴现率，以低于面额的价格发行，到期按面额偿还本金的债券。其发行价格和面额之间的差价即为利息。这种债券因其利息在发行时已提前支付，所以实现收益率往往高于票面贴现率。期限较短的债券通常采取贴现方式付息。

4. 按募集方式分类

（1）公募债券。以非特定的多数投资者为对象广泛募集的债券。国债发行都采用公募方式。

（2）私募债券。仅以与债券发行人有特定关系的投资者为对象而募集的债券。

5. 按债券的期限分类

（1）短期债券。偿还期限在一年以下的债券。这类债券通常归入货币市场工具。

（2）中期债券。偿还期限在一至五年之间的债券。

（3）长期债券。偿还期限在五年以上的债券。

关于债券期限的划分，各国的规定不尽相同。

6. 按债券记名与否分类

（1）注册债券，或称登记债券。是债券发行人委托注册机构（一般是金融机构）将债券购买人的姓名、地址等登记在册，并发给债权人注册证书以代替发行债券本身的债券。债券发行人只承认登记在册的债券持有人，并对被登记注册的持有人偿还本金和支付利息。注册债券也可转让，债券持有人和受让人以书面签名方式转手，受让人到注册机构出示正式转让文件并进行重新登记，才成为合法的债权人。

发行注册债券，对发行人来说，可简化发行手续，降低发行成本。对投资者来说，具有偿付手续简便，便于保管，不必担心被盗、毁损等意外事故发生，较为安全。多为认购金额较大且持有期限较长的法人投资者使用。

（2）记名债券。记名债券是指在券面上注明债权人姓名，同时在发行公司登记在册的债券。记名债券在转让时除了交付债券外，还要在债券背书和在公司债权人名册上更改登记。这种债券的优点是较安全，一旦遗失可挂失，但转让时手续较为繁复，流动性相对较差。

（3）无名记债券。是券面上不记载债权人姓名，也无须在发行公司登记的债券。投资者以持有债券作为其拥有债权的证明，发行公司向任何持有债券的人支付利息，偿还本金。无记名债券的转让较为简单，债券转手即为转让生效，所以其流动性较强，但安全性较差。

7. 按货币种类分类

（1）本币债券。以本国货币为面值并在本国市场上发行流通的债券。其发行主体可以是本国的政府或法人，也可以是外国政府和法人，后者如日本的“武士债券”和美国的“杨基债券”。

（2）外币债券。以外国货币作为面值，并以票面货币还本付息的债券。其发行主体多为国际组织、外国政府、外国金融机构、外国公司或跨国公司等，如日本的“将军债券”。

8. 按国内和国际分类

（1）国内债券。由本国政府或本国法人发行并在国内市场流通的债券。

（2）国际债券。由国际机构、外国政府、外国法人发行的债券，其主要特点是发行主体与发行市场不在同一国家，又可分为外国债券和欧洲债券两种。外国债券是在某国的债券市场上，由外国借款人发行的以市场所在国货币为面值的债券，如中国在日本发行的日元债券。欧洲债券是在某国债券市场上由外国借款人发行的以市场所在国以外的货币为面值的债券，如德国某公司在英国发行的以美元为面额的债券。欧洲债券采用的面值货币主要是美元。

9. 按公司债券中债权人享受的权益不同分类

为弥补自身的不足，有些公司债券除规定投资者具有在到期日收取本金和利息的基本权利外，还附有若干额外的权益，以增强对投资者的吸引力。这类公司债券主要有：

（1）可转换公司债券。可转换公司债券是在一定条件下，债券持有人有权将债券转换为发行公司股票的债券。所谓一定条件，是指这种公司债券在发行时，发行公司就确定了转换价格、转换日期、转换股票种类三个条件。转换价格是该债券转换为股票时的股票购买价格。转换价格一旦确定，便不可提价，这样，可转换公司债券持有人便可在公司股票价格上升时获得差价利润。转换期限一般是指，在债券发行后经过一定的宽限期，债券持有人方可行使转换权。有的公司规定了行使转换权的有效期限。也有的可转换债券规定在宽限期后至债券到期日前可行使转换权。此外发行公司一般在发行时就指定可转换债券能转换的股票种类，如是优先股还是普通股、是记名股票还是不记名股票等。

发行可转换公司债券，对发行公司和持有人都有一定好处。

对投资者来说，认购可转换公司债券比购买一般债券可多一次选择机会，在发行公司净收益不多，股息率不高时，可保留债券而稳得债券的固定利息。在发行公司收益增大，派息率大大高于债券利率时，可行使转换权，享受较多股息收益。而且，若经过一段时间，公司股票价格上升，债券持有人按原定的转换价格将债券转换成股票对债券持有人而言，等于以较低的价格买入股票，取得差价收益。

对发行公司而言，因向投资者提供了较优惠的条件，可转换债券利率低于一般债券利率，可以较低的成本筹措到长期资金。并可在债股转换时把负债变成资本，减轻还债压力，扩大资本规模。

（2）附新股认购权的公司债券，或称认股公司债券。是指在普通公司债券上附有一种权利，即债券持有人有权在一定期限内，可以按债券发行时确定的比率和价格，认购该发行公司一定数量的新股。附新股认购权的公司债券是将公司债券和新股认购权连成一体发行的，但根据在流通中这两部分是否可以分开又分为分离型和非分离型。分离型认股公司债券在其发行以后，投资者可将债券部分和认股权证部分分开独立买卖。而非分离型为债券部分和认购权证部分不可分割，只能作为整体买卖。

认股公司债券的投资者在权利行使的有效期内，可作几种选择：当发行公司的股票价格上涨时，投资者通过行使认股权可以较低成本获得新股；投资者也可以不行使认股权而将它转卖，借以获得认股权证本身的升值利润；此外，由于认股权证有一定的期限限制，若在其权利行使的有效期内，公司的股票价格下跌，投资者可以放弃行使权利而使认股权证作废。此时，投资者的损失为认股权证的价格。

附新股认购权的公司债券和可转换公司债券同样具有获得股票的权利。但前者在行使购买新股权后，债券仍存在，持有人仍保持债权人的权利。而后者在行使转换权后，债券转换成股票，原有的债券已不复存在。

（3）参加公司债券。债权人除了能得到固定利息和到期收回本金外，还可以在一定程度上参与公司剩余利润的分配，其分配的比例和方式在债券发行时就已确定。

（4）收入公司债券。这种债券的利率不固定，其利息收入多少取决于公司的收益水平，在公司获利水平不佳时，可在当年少付或不支付利息而拖欠积累至以后支付。在以后有收益的年份，发行公司只有付清了收入公司债券全部累积欠付利息后才能派发股息。

以上的债券分类，是从不同侧面反映债券的不同特点。实际上，每一种债券都同时具备以上多种分类特点，如某公司发行的债券可能是无记名债券、长期债券、抵押债券等等。

三、债券市场的作用

债券市场在社会经济发展过程中，发挥着重要的功能：

1. 通过发行新的债券，创造出新的金融资产，增加社会投资量。债券市场是政府、金融机构、企业筹措长期资金的重量场所。中央政府和地方财政收入的主要来源是税收，但在出现财政赤字和需要扩大公共开支的情况下，往往通过发行国债和地方政府债券来解决资金不足的问题。银行和非银行金融机构也会通过发行债券，筹措资金以满足社会对信贷资金的需求。企业的外部负债资金来源主要有两个：一是向银行借款，二是发行债券。向银行借款期限通常较短，并要受到种种限制，而发行债券可使企业筹到长期稳定的资金，是企业筹措长期资金的重要手段。政府、银行、企业为筹措资金而新发行的债券，既创造出了新的金融资产，又增加了全社会的投资总量。

2. 债券市场提供了投资渠道，实现了资金的转换。债券市场是一个政府、金融机构、企业单位集资投资和居民个人进行证券投资的极好场所。由于债券到期能还本付息，收益稳定，风险小，吸引了众多机构投资者和稳健的个人投资者，是他们手中闲置的货币资金从储蓄转化为投资的主要通道，对社会再生产的运行有重要的作用。

3. 债券市场可提高资金的使用效益，优化资源的配置。债券的发行主体面向市场筹措资金，承担债券到期还本付息的义务，必须注意资金的使用效益。又由于债券市场有复杂的价格机制，广泛的信息来源和众多的投资者，投资者又特别关心发行主体的资信程度、经济效益和发展前景，这样在客观上就具有了引导资金流向、优化资源配置、促进企业竞争、推进产业结构调整的功能。

4. 债券的二级市场为已发债券提供流动性，并具有决定交易价格的功能。发达的二级市场使已发债券可以随时转手出让。通过交易所竞价和证券商挂牌，使债券的交易价格通过供求关系不断趋于均衡。

5. 债券市场是中央银行实现货币政策的重要场所。中央银行具有三大货币政策手段，即存款准备金、再贴现和公开市场交易。各国中央银行经常利用证券市场来实施其货币政策，其中的公开市场业务就是中央银行在证券市场上买卖国家债券，以调节货币供应量，稳定经济。当生产衰退、资金紧缺时，中央银行在证券市场上买进国家债券以增加货币供应量，降低利率，刺激经济增长；当经济过热、通货膨胀严重时，中央银行在证券市场上抛出债券，以减少货币供应量，提高利率，抑制经济过热。

第二节 债券的发行和流通

债券的发行和流通构成一个完整的债券市场。因此，债券市场可以划分为一级市场和二级市场两个组成部分。它们之间是相辅相成、缺一不可的关系。

一、债券的发行

债券的发行市场是将新发行的债券从发行人手中转移到初始投资者手中的市场。

1. 债券发行的目的

债券的发行人有政府、金融机构、企业等。债券的发行主体不同，其发行债券的目的也不尽相同。中央政府和地方政府发行债券的目的比较单一，主要是为了弥补财政赤字和扩大公共开支。金融机构和普通企业发行债券的目的比较复杂，一般讲有以下几个主要原因：

（1）可以扩大筹资渠道。企业需要资金时，可通过发行股票、发行债券、向银行贷款等方法筹措。如果企业筹集资金的渠道单一，会使企业的资金来源在数量上和集资条件上受到一定限制。企业通过发行债券筹资，增加了筹资渠道，扩大了筹资面，可以吸收某些不愿或不能投资于股票的法人和个人投资者的游资，并可使各种筹资方式的副作用得以抵销和受到有效限制。

（2）可以筹集到长期稳定的资金。企业需要长期资金用于扩大设备投资或其他长期投资，可发行长期债券。企业可以根据对市场动态、经济发展趋势和资金使用效益的预测，灵活确定债券的期限，尽可能地使资金需要量和筹集量一致，避免出现过剩资金。即使企业判断有误，在债券到期时仍需继续占用资金，也可采取在偿还旧债的同时发行新债的方法来满足对资金的需要。

（3）可以较低的成本筹集资金。公司债券的收益较为稳定，市场价格的波动也较为平缓，到期又可收回本金，投资风险相对较小，颇受稳健的投资者，特别是机构投资者的欢迎。企业债券是直接向投资者筹款的，中间减少了银行中介这一环节，因而提高了筹资效率，减少了筹资费用，筹资成本较低。特别是在通货膨胀严重时期，由于债券的利率是固定的，而且按券面金额偿还本金，因此不会增加发债公司的财务负担和压力。此时，发行债券等于把通货膨胀风险转嫁给了债券持有人。

（4）维持对企业的控制。公司发行新股筹集资金，特别是当新股发行量大而又被少数投资者大量认购的情况下，就要承担企业被新股东控制的风险。而发行债券就不可能出现这种局面。因为债券的持有人与公司之间是债权债务的关系，债权人无权参与公司的经营决策，无论发行多少债券，无论债券如何集中于少数人，都不会改变公司的所有权关系。

（5）获得财务杠杆好处。所谓财务杠杆是指企业可使用一种成本固定的资金，以获得高于资金成本的收益。发行债券同向银行贷款或发行优先股一样，能起到财务杠杆作用。

（6）减少纳税负担。由于债券的利息是在税前支付的，而股息红利是在税后支付的，因此对企业来说，发行公司债券可得到节税的好处。

2. 债券发行条件的确定

债券发行条件的合理确定是债券发行能否成功的关键。债券的发行人希望以最小的筹资成本获得最大量的长期使用资金；投资者则希望以最少的资金获取最大的收益。平衡两者互为相反的利益目标，使发行的债券为双方均能接受，就是通过调整债券发行条件来实现的。债券的发行条件包括以下几个内容：

（1）发行额的确定。发行额是发行一次债券筹集资金的总额。发行额的确定主要取决于发行人的资金需要量。但往往还受发行人的资信度、还本付息能力、债券种类、法定的发行最高限额、当时市场的吸纳能力等因素的影响。对发行人来说，在所需资金总额已定的情况下，一次发行比分次发行的筹资成本低且可节省时间和不必要的手续。但发行额定得过高，会造成销售困难，不仅会影响发行后流通市场的价格，也可能会损害发行人的声誉并影响今后的发行。所以经过全面衡量后确定一个适当的发行额是发行成功的首要条件。

（2）债券期限的确定。债券的期限主要取决于发行人对资金需求的性质。发行债券一般都有特定的投资目标和资金需求，发行不同期限的债券主要是为了满足不同的资金需求。一般而言，债券的期限与资金需求的性质和期限应该相适应。

债券的期限还取决于对未来市场利率水平的预期。如果预期市场利率将下降，筹资人通常尽量发行期限较短的债券，待利率下降后再发行新债券，从而降低筹资的平均成本。如果预期市场利率要上升，发行人则倾向于发行期限较长的债券，以便控制筹资成本。

另外还要考虑流通市场的发达程度。流通市场发达，投资者对持有长期债券没有后顾之忧，发行人发行长期债券成功的概率就大；流通市场欠发达，长期债券难以在流通市场上脱手转让，发行人只能发行期限较短的债券。

此外，发行人的信用级别，通货膨胀情况，投资者的心理状况和证券市场上其他债券的期限构成，也是确定债券期限时需要认真考虑的因素。

（3）票面利率的确定。债券的票面利率又称名义利率，是年利息和票面金额的比率。票面利率的高低，直接影响到发行人的筹资成本，也在一定程度上反映了发行人的信用程度，是债券发行的重要条件。

确定债券的利率水平主要应考虑如下几个因素：

① 银行同期存款利率水平。银行存款和债券投资是投资者运用资金的两种不同方式，投资者要比较这两种方式的收益和风险，选择运用。一般说债券的风险略高于银行存款，所以债券的利率也应略高于银行存款利率。

② 其他债券的利率水平。证券市场上有很多种债券，这些债券因发行人的信用程度不同而形成一定的利率结构。一般说来，中央政府债券的信用度最高，因而利率最低，其他依次为政府担保债券、地方政府债券、金融债券、公司债券。而且，公司债券内部也有一个相对稳定的利率结构。发行人要考虑自己的信用程度，参照其他债券的利率水平来确定自己所发行债券的利率。

③ 债券期限的长短。债券期限长的，票面利率较高；期限短的，票面利率较低。因为期限越长，风险发生的可能性越大。

④ 债券发行人的信用级别。同一类型的债券，例如同为公司债券，因发行主体的信用级别不同，利率水平不会相同。信用评级高的，票面利率水平相对较低；反之，则应提高票面利率水平。同时还要结合考虑债券发行的抵押、担保等保证条款。

⑤ 利息支付方式。单利、复利、贴现等不同的利息支付方式对投资者的实际收益率和筹资者的筹资成本有不同的影响。在实际利率水平为一定的情况下，单利计息的债券票面利率应高于按复利计息的债券票面利率。

⑥ 投资者的接受程度和发行人的承受力。债券利率定得高，能增强对投资者的吸引力，但也会增加发行人的利息负担，提高筹资成本；债券的利率定得过低，对投资者没有引力，也会造成债券发行困难。发行人要正确估计自己的承受能力，并根据市场上大多数投资者能接受的程度。权衡比较，然后决定利率水平。

⑦ 还要考虑证券主管当局对债券利率的有关规定。

计息方法是在确定票面利率的时候必须考虑的因素。归纳起来，债券的计息方法主要有以下几种：

① 单利计息。债券利息仅按本金逐期计息，债券未偿还前所生的利息不加入本金重复计算利息。其计算公式为：

$$利息=本金\times年利息率\times期限$$

$$本息合计=本金\times(1+年利息率\times期限)$$

② 复利计息。把债券未到期前所生的利息加入本金，逐期滚存生息。由于有利上加利的因素，所以按复利计债券的实际利率水平要高于票面利率相同但按单利计息的债券。其计息公式为：

$$本息合计=本金\times(1+年利率)^{期限}$$

分次付息，即每期的利息在当期支付的付息方式，实际上等于复利计息。分次付息又可分为按年付息、半年付息、按季付息三种方式。

③ 贴现计息。是投资者按债券票面额和约定的应计利息之差买进债券，债券到期时按票面额偿还投资者。一年之内的短期债券往往用贴现方式计息。其贴现利率计算公式为：

$$贴现利息=票面额-发行价格$$

$$贴现利率=\frac{票面额-发行价格}{票面额\times期限(所包含的天数)}\times一年所包含的期限(天数)\times100\%$$

在债券有效期内，债券发行人向债券持有人支付利息的方式可分为一次性付息和分次付息两种类型。

记名债券的分次付息通常采用支票或汇款方式，不记名债券通常采用息票债券形式。息票债券是每张券都按该债券的付息次数附有息票若干张，每张息票上标明该息票付息的日期和金额。到了付息日，债券持有人凭息票去发行公司或代理机构领取债息。分期付息对投资者的好处是可及时取得现金利息，提高资产的流动性和可支配性。对发行人而言，分次付息可减轻付息压力，在债券的有效期内平均分摊利息负担。但决定债券的付息次数，还要考虑本国投资者的习惯、通货膨胀率和支付利息代理机构网点的多少等因素。

（4）发行价格的确定。债券的发行价格是新发行的债券从发行人手中到投资者手中的初始价格。债券的发行价格并不一定和债券的票面金额一致。这是因为从债券票面利率的决定到债券的实际发行，其间需要一定的过程，在这段时间内，市场利率可能已发生了变化。如果届时市场利率高于债券的票面利率，就会使债券投资者的实际收益水平低于市场收益率，使债券失去吸引力，造成发行困难。如果实际发行时市场利率低于债券票面利率，又会使债券的实际收益率高于市场收益率，使债券发行人的筹资成本增加。因此就需要通过债券价格的变化来平衡债券票面利率和市场利率的差异，使债券投资者的实际收益水平和市场收益率相当。这里所谓的市场利率，是指在一定时点上证券市场多数投资者能接受的金融资产投资年收益率水平。

债券发行价格的单利计算公式为：

$$发行价格 = \frac{票面额 + 票面额 \times 票面年利率 \times 偿还年限}{1 + 市场年收益率 \times 偿还年限}$$

债券发行价格的复利计算公式为：

$$发行价格 = \frac{票面额 + 票面额 \times 票面年利率 \times 偿还年限}{(1 + 市场年收益率)^{偿还年限}}$$

或

$$发行价格 = \frac{票面额 \times (1 + 票面年利率)^{偿还年限}}{(1 + 市场年收益率)^{偿还年限}}$$

或

$$发行价格 = \sum_{t=1}^{期限} \frac{票面金额 \times 票面利率}{(1 + 市场利率)^{t}} + \frac{票面金额}{(1 + 市场利率)^{期限}}$$

至于应该采用单利公式还是采用复利公式来计算债券的发行价格，主要取决于当时当地证券市场主流投资者的投资效率。

不难看出，当债券的票面利率和市场利率正好一致时，债券可按票面金额平价发行。当市场利率低于债券的票面利率时，债券可以高于债券面额的价格溢价发行。当市场利率高于债券的票面利率时，债券只能以低于券面金额的价格折价发行。

（5）偿还方式的确定。债券本金偿还方式的差异会造成投资者实际收益的不同。发行人可以利用特定的本金偿还方式来提高自己运用资金的灵活性、降低平均筹资成本、调整资金使用的实际期限或者增加对投资者的吸引力。

① 到期偿还本金。到期偿还本金的方式可以尽量长久地使用资金，但是期末还本的资金压力可能较大。

② 期中分次偿还本金。即在债券发行以后，经过一定的宽限期，将债券的本金按一定比例分次偿还给投资者，直至债券期满还清为止。规定偿还宽限期是为了保持债券作为长期投资的性质。长期债券采取期中分次偿还本金的方式既可分散筹资人到期一次

偿还本金的压力，又可增加对投资者的吸引力。采取期中偿还方式更可能是出于如下两种考虑：其一是债券发行后，提前实现了筹资目标，中途出现资金剩余，为避免不必要的利息负担，决定提前偿还。其二是债券发行后市场利率大幅度下降，债券利率相对较高，为降低筹资成本，提前偿还全部债券，另外发行利率较低的新债券，显然在这种情况下对投资者是不利的。

③ 买入注销方式。即债券发行人在债券市场上用市价购买自己发行的债券，然后再予注销的偿还方式。由于发行人在二级市场上购回自己的债券并不损害债权人的利益，而且是遵循买卖自愿的原则，因此这种回购不受任何限制。对发行人而言，采用买入注销方式可做到简单迅速完全偿还，特别是在债券价格下跌时，用买入注销更为适宜。但买入注销方式实际上受债券流通市场价格和交易量的影响，当债券交易价格较高或是成交量较少时，可能不能实现偿还目标。

3. 债券发行的方式

债券的发行方式可以从不同角度进行分类。

（1）按债券的发行对象分类，可分为公募发行和私募发行。

以少数与发行人有密切业务往来的投资者为债券募集对象的发行，叫私募发行。如向本企业的股东、职工募集或是向与发行人关系密切的银行、保险公司、有业务往来的客户等募集。由于受发行范围的限制，私募发行不能筹集数额较大的资金。私募发行的对象或者对发行人的情况比较熟悉，或者具备专门的业务知识，有能力对发行人进行资信调查，分析其财务状况，判断投资风险。

私募发行手续简便，可节省筹资时间和费用。私募债券一般不能上市流通，因此债权人较稳定。采用私募发行方式的大多数是一些规模较小、信誉较低的中小企业，但有些非常著名的大企业为减少筹资成本也利用它们与大机构投资者的特殊关系而发行私募债券。

以非特定的众多投资者为发行对象的发行，称为公募发行。公募发行的对象是广大公众和各种机构投资者。发行人一般为信誉较高的政府、金融机构或大公司等。

公募发行由于发行对象不受限制，可以筹集到巨额款项。但公募发行的对象对发行人的资信状况一般都缺乏了解，因此，为保护投资者利益，防止发行人的欺诈行为，很多国家的法律都规定在发行公募债券时发行人必须提供有关的书面文件和财务报表，受到严格要求和限制。公募发行一般都要通过证券公司、投资银行等中介机构进行，发行手续较为复杂，费用较高。但公募发行的债券信誉较好，一般可上市流通转让，较受投资者欢迎。发行人也可借助公募发行债券提高本身在社会上的声誉。

（2）按债券发行有无中介人介入分类，可分为直接发行和间接发行。

直接发行是发行人自己办理有关发行的一切手续，并直接向投资者发行债券的方式。直接发行没有中介人介入可节省委托发行的手续费，但发行人要自己办理各种发行手续，要耗费大量人力物力，有时反而导致发行成本增高。直接发行的成功率较低。因为很难准确地确定出售债券的数量和所需时间，尤其在不能自行推销足够数量的债券时，就有可能导致发行工作的失败。因此，直接发行方式一般用于私募债券和金融债券，或是信用级别较低的公司债券。

债券发行人委托投资银行、证券公司等中介机构办理发行事务的发行方式，叫做间接发行方式。这是一种典型的、普遍采用的方式。采用这种发行方式，虽然要支付一笔委托手续费，但它可以使发行人从复杂的发行事务中解脱出来，并且发行中介机构具有丰富的发行债券的经验、专门人才和广泛的销售网点，能保证债券发行工作顺利完成。

间接发行一般用于公募发行的债券，按照发行人和发行代理机构承担的义务和风险不同，又可分为以下三种方式：

① 推销发行。代理发行机构只负责按发行人规定的条件销售债券，它既不垫付资金，也不承担销售风险。到了合同规定的发行期限，推销不掉的债券退还给发行人，代理机构没有义务认购。对发行人来说，这种方式风险较大，但手续费较低。

② 余额承购。代理发行机构与发行人签订助销合约，由助销人首先以代售方式代理发行债券，到合同规定的期限，若有推销不完的剩余债券，由助销人悉数认购，以保证发行人筹资计划的顺利实现。因为助销人要承担发行过程中的各种风险，所以费用较高。

③ 总额承购包销。代理发行机构一开始就用自己的资金承购发行的全部债券，然后按市场条件转售给其他投资者。承销人承担全部销售风险。而发行公司无须等发行结束就可以一次得到全部所筹的资金，可以保证其筹资计划顺利实现。承销发行的费用要大大高于前两种形式。

在总额承购包销方式中，根据承销人的多少和风险的分配形式不同又可以划分为协议承销、俱乐部承销和银团承销三种类型。

协议承销是由一个承销公司包销发行人全部待发行的债券。在这种形式下，发行风险由该承销公司独力承担，所以其手续费也全部归这个承销公司。

俱乐部承销是由若干承销公司合作包销，每个承销公司所获得的包销费、包销份额及所承担的风险都协商分摊。

银团随销是目前最常见的债券包销形式，其特点是由一个承销人牵头，若干承销公司参与包销活动，以竞争的形式确定各自的包销份额，并根据包销份额规定包销费率的高低，组成承销银团。在发行过程中出现的各种风险，均由各承销公司按其包销的份额承担。这种方式将竞争机制和风险分散机制引入债券的承销过程中，对于发行人降低成本和承销人减少风险都很有利。

二、债券的评级

债券评级是由权威机构按一定的指标体系，对拟发行债券还本付息的可靠性所作出的客观公正的评定。债券评级的目的是把所测定出来的债券信用等级公诸于众，以保护投资者的利益。

债券的信用级别对债券发行人顺利发行债券具有重要意义。公募债券至少需要有一家公认的资信评级机构评定其信用级别。信用级别高的债券不仅发行顺利，而且债券利率较低，使债券发行人的筹资成本降低。由于投资者普遍追求级别高的债券以降低风险，所以信用等级高的债券市场价格也高。而信用级别低的债券，由于它风险较大，不易被公众接受，将会增大发行难度，不得不以较低的价格或较高的利率发行。

债券的信用级别对投资者来说是投资与否与投资多少的重要参考指标。尽管债券与股票相比是一种较为安全的金融资产，但它毕竟包含着各种各样的风险。债券的最大风险就是信用风险，如果发行人到期不能还本付息，投资者就会蒙受投资损失。债券的这种信用风险依发行人的偿还能力不同而有差异。一般认为政府债券基本上没有信用风险，而除了政府债券以外的其他债券都有不同程度的信用风险。但是一般的投资者或是因为没有时间，或是因为没有专业知识，或是因为无法得到足够的信息而无法对诸多的债券一一作出详尽分析后再加以比较选择，因此由专业的信用评级机构作出的公开的权威性资信评级就成了投资者减轻其投资风险和估价其投资收益的最重要的依据。

目前国际上公认的具有权威性的信用评级机构主要有：美国的标准普尔公司、穆迪投资服务公司、英国的艾克斯特尔统计服务公司、加拿大债券评级服务公司、日本的日本社债研究所等。这些信用评级机构都是独立的私人企业，不受政府控制，也独立于证券交易所、证券业之外。评级机构必须对自己的信誉负责，如果它评定的级别不准确不公正，不能被大家接受，那么该评级机构将无人光顾，也无法继续生存。

信用评级工作是建立在详尽地占有资料并进行深入细致的分析，保持独立决策程序并严守被评估者机密的基础上的。客观性原则和对事不对人原则是信用评级工作应该遵守的基本原则。所谓客观性原则，即评定活动应以第一手资料为基础，运用科学的分析方法，对发行人的经营状况、财力、借款用途、期限、使用方法、借款方式、偿还能力以及过去清偿欠款的记录等进行分析评定，最后才在可比的基础上对债券的信用等级作出比较客观的判断。发行人的表白，投资者的舆论，证券业的意见，政府的态度均不予考虑。所谓对事不对人原则，即评定的对象是债券，而不是债券发行人，评定的结果是指债券的信用等级而不是发行人的资信程度。在美国，同一发行人在一年之内所发行的不同种类债券时可以得到不同的评级结果。但也有例外，日本和英国就是对发行人本身的信用进行评级，而不是对某一笔具体的债券进行评级。发行人一旦得到某一信用级别，在这一年之内发行的任何债券都可使用这一级别。

正因为信用评级机构采取了比较科学的分析技术，又有丰富的实践经验，评出的资信级别较有权威性，能得到投资者信任并为证券发行人所接受。

信用评级机构对投资者负有道义上的义务，但并不承担法律上的责任。它们评出的资信级别只是一种客观公正的评价，以帮助投资者在对比分析的基础上作出投资决策，而不含有向投资者推荐这些债券的含义。如果债券发行人对评定的结果不满意，可以要求重新评定或要求不予发表，评级机构对发行者提供的资料要绝对保密。

债券的评定有许多级别，每一个级别都有特定的含义，美国的穆迪公司和标准普尔公司所使用的级别符号也不尽相同，下面作简单的介绍。

美国穆迪投资服务公司把长期债券分为九个级别，它们是：

Aaa 级：最高质量的债券，又称“金边”债券，投资风险最小，本金安全，并有大量和稳定的利润来源保证利息的支付，任何可预见的变化不会损害它的信誉。

Aa 级：以各种标准衡量都是高质量的债券，它和 Aaa 级债券一起被认为是高级债券，只是它的保险系数略低于 Aaa 级，而长期风险因素略大于 Aaa 级。

A 级：属中上等级债券。有许多令人满意的投资品质，有足够的因素保证本息安全，但存在一些对还本付息产生怀疑的因素。

Baa 级：中级债券，即有一定程度的保护，但不高。本金和利息在目前是有保证的，但从长远看，有些因素可能不充分或不可靠。

Ba 级：对本金和利息的保护很一般，未来不能预计，因此在未来不会有好的保障。

B 级：不具备理想的投资品质，对还本付息和履行合同条件的保证程度都很小。

Caa 级：信誉不好的债券，有可能违约，有危及本金利息安全的因素。

Ca 级：有高度投机性，经常违约，对本金和利息有危险因素。

C 级：最低等级债券，前途无望，根本不能用作真正投资。

以上三等九级可分为两大类，Aaa—Baa 级为投资级，Ba 级始为投机级。

美国标准普尔公司把债券分为十二级，其内容为：

AAA 级：是最高质量的债券，还本付息能力极强。

AA 级：是高级别债券，还本付息能力很强，它和 AAA 级相比只有很小差别。

A 级：是中上级债券，还本付息能力较高，但与上两个级别相比，易受经济形势变化的影响。

BBB 级：中等债券，具有一定还本付息能力，但通常需要有一定的保护措施，一旦经济形势出现变化，其还本付息能力可能削弱。

BB 级、B 级、CCC 级、CC 级：这是中下投机级债券，具有很强的投机因素，其中

BB级投机性最小而CC级的投机性最大。这类债券尽管伴随一些保护措施，但一旦经济形势恶化，则随时有可能从账面上勾销，因而具有很大风险。

C级：通常表示不能支付利息的债券。

DDD级、DD级、D级：是违约债券，如拒绝还本付息的不履约债券。

信用评级机构设立专门的评级委员会通过投票决定评定级别，并与发行人联系征求意见。如果发行人同意评级机构的评定，则此级别就被确定下来；若不同意，可写明理由，补充资料申请重评。复评的程序与初评大致相同，提出重评更改级别的要求只限一次，第二次评定的结果不论同意与否均不能再更改。发行人如仍不同意则可用其他方法筹措资金，一般不宜以公募方式发行债券。

评级机构将对发行人从债券发行到还清债务的全过程进行跟踪监视研究，如有必要将修正其所发债券的级别，通知发行人，并公诸于众。

三、债券的流通

债券的流通市场是指已发行的债券在投资者之间转手买卖的场所，也叫二级市场、次级市场。

债券的流通市场为证券持有人提供流动性，使长期债券的认购者解除到期方能得到偿还的后顾之忧，放心地在发行市场购买债券，有助于吸引短期资金购买长期债券。债券的流通市场也为新的投资者提供进行债券投资的机会。由于在流通市场上有多种债券同时交易，为投资者提供了调整金融资产结构、分散投资风险的可能，当然也提供了投机的机会。

1. 债券流通市场的类型

债券的流通市场可分为有组织的场内交易市场和场外交易市场两种类型。

有组织的场内交易市场是指债券在证券交易所进行买卖交易。只有被批准上市的债券才能在交易所交易。在交易所交易的债券一般是长期公债、大公司的债券、可转换公司债券和以本国货币为面值的外国债券等。一般说，政府债券不必经过审核即可上市交易，而公司债券则要达到一定标准，经交易所登记批准方可上市。

投资者在证券交易所买卖债券必须委托具有证券交易所会员资格的证券公司进行，其交易程序与股票交易相似。证券公司也可以在交易所内以自营商身份进行自营买卖。

债券的场外交易市场是指在证券交易所以外的证券公司柜台上进行的债券交易。它一般是由证券公司作为买卖中介人而促成交易，或是在证券公司之间进行的个别、直接的交易。

大多数债券都通过场外市场进行交易。场外市场之所以能成为债券流通市场的核心，主要是因为：第一，债券的种类繁多，而证券交易所能容纳的数量有限。第二，债券具有偿还性和期限性的特点，在众多的债券中，每年每月都有一部分到期偿还，同时随时又有新的债券发行，有的债券期限很短，如美国国库券期限最短的只有91天。如果这些期限较短的债券都到交易所交易，仅上市下市的业务处理，便使交易所不堪负担。第三，债券的投机性较股票小得多。由于股票的投机性强，为了形成公正的价格，也为了加强对股市的管理，将股票交易集中到证券交易所是十分必要的；债券的投机性小，价格波动不大，即使在场外交易，其价格也相差无几，较为公正。

场外交易方式有自营买卖和代理买卖两种，以自营买卖为主。自营买卖是证券公司为获取债券买卖的差价收益而直接与投资者进行一对一的交易活动。具体地说，是证券公司根据市场行情和各种债券的内在价值和收益率，挂出买进价和卖出价，实行单方面给定的双价制。场外交易价格有时也可由证券公司之间或证券公司与投资者之间经过讨价还价而成交。但从总体上说，它不同于证券交易所内通过买卖双方连续申报竞价而形成的价格，场外交易价格是非竞争决定的，是证券公司根据市场变化定期调整而单方面给定的。代理买卖是证券公司按客户指定的价格代理客户买卖债券的活动。代理买卖仅限于限价委托，即按客户指定的价格进行交易，证券公司收取委托交易的手续费。

2. 影响债券行市变化的因素

影响债券价格变动的主要因素有：

（1）债券市场的供求关系

债券市场的供求关系直接影响债券价格的变化。实际上，其他因素的变化都是首先对债券市场的供求产生影响，然后才最终影响债券的价格。

债券的供给是指新债券的发行和已发债券的出售。如果新债券的发行数量适中，被顺利吸收，不会对市场构成压力，债券市场的行情就会保持稳定。反之，若发行量过大，则会给债券市场带来不利影响。老债券的出售和对债券的需求则取决于投资者的投资意向。投资者通过对各种金融资产风险和收益的分析预测而加以选择。当某种投资选择成为众多投资者的共识并采取群体行为时，或是当法人投资者作出重大决策时，会在很大程度上影响债券行情。

（2）市场利率

债券的市场价格和市场利率呈反方向变动，若市场利率上升，超过债券利率，债券持有人将以较低价格出售债券，将资金转向其他利率较高的金融资产上，从而引起对债券的需求减少，价格下降；反之，若市场利率下降，债券利率相对较高，资金流向债券市场，会引起债券价格上升。

（3）经济周期状况

债券价格会伴随经济周期的不同阶段而波动。在经济景气阶段，企业会增加投资，从而增加对资金的需求。企业首先会减少持有的国债、金融债券和其他公司债券，将它们转变为现金；其次会增加向银行借款，或是发行新的企业债券。银行等金融机构也会因企业贷款增加而感到资金紧张，会减少对证券的投资或发行金融债券以筹措资金。因此在经济景气阶段，对债券的需求减少，而供应增加，这样必然使债券价格下降，利率上升。相反在经济衰退阶段，对资金需求减少，企业和金融机构都会出现资金过剩，不仅会把闲置资金转向债券投资，而且会减少对债券筹资的需求。此时，对债券的需求增加，供给减少，债券价格上升，利率下降。

（4）财政收支状况

财政收支状况对债券价格也有重大影响，财政资金宽松，经常有剩余资金，则会增加银行存款，并有可能买入一些金融债券和企业债券以提高资金效益。这样会增加对债券的需求并推动债券价格上升。当财政资金紧张并有严重赤字时，财政会减少在银行存款，或向银行借款透支，或减少各项拨款，或发行巨额的政府债券以弥补财政赤字。这样会带动整个社会资金紧张并大量增加债券供应，从而促使债券价格下跌。

（5）货币政策

中央银行为实现其货币政策目标而采取的政策手段，会对金融市场产生巨大影响，从而影响债券价格的变化。当提高存款准备金率时，资金会趋于偏紧，利率会上升，债券发行增加，对债券的需求下降，债券价格也会下降；反之，当中央银行降低存款准备金率时，债券价格会上升。中央银行提高再贴现率，会直接引起市场利率相应提高，债券价格下降；反之，当再贴现率下降时，市场利率随之下降，债券价格上升。中央银行进行公开市场业务，会直接影响债券供求状况。为实施紧缩货币政策，中央银行在金融市场上抛售债券，会引起债券价格下跌。反之，为放松银根，从市场上大量买入债券，则会引起债券行市上升。

（6）国际间利差和汇率的影响

对于开放型的金融市场来说，本国货币以及外国货币间的汇率变化，以及国内市场利率与国外市场利率的相对变化也是影响债券价格的重要因素。当本国货币贬值时，国外资金会流入本国市场，可能增加对本币债券的需求；当本国货币升值时，国内资金又会转移国外而减少对本币债券的投资。同样，投资者也会对本国债券市场利率与外国市场利率加以比较，资金会流向利率高的国家或地区，导致国内债券市场供求的变化。投资者在因汇率和国际利差而进行债券投资转移时，必须将两个因素结合起来考虑，并对比两者的损益，才能做出正确的投资抉择。

3. 债券交易的方式

债券二级市场上的交易，主要由三种形式，即现货交易、期货交易和回购协议交易。

（1）现货交易

债券的现货交易，是指买卖双方根据商定的付款方式，在较短的时间内交割清算，卖者交出债券，买者支付现金。在现货交易过程中，从债券成交到最后交割清算，总会有一个时间差，只是这段时间比较短。因此说，现货交易并不完全是现金交易，不是一手交钱、一手交货。一般来讲，现货交易按交割时间的安排可以分为当日交割、普通日交割和约定日交割三种。上海证券交易所规定，当日交割是在买卖成交当日办理券款的交割手续；普通日交割是在买卖成交后的第四个营业日办理券款的交割手续；约定日交割是在买卖成交后的15日内按约定办理券款的交割手续。

（2）远期交易

2005年5月11日，中国人民银行发布了《全国银行间债券市场债券远期交易管理规定》。2005年6月15日，债券的远期交易正式登陆中国的全国银行间债券市场。作为我国银行间债券市场首次面市的金融衍生产品工具，债券远期交易是中央银行促进利率市场化，发展资本市场的重大举措。人民币债券远期产品的正式交易昭示了我国金融衍生产品市场的雏形。

债券远期交易是指交易双方约定在未来某一日期，以约定价格和数量买卖标的债券的行为。远期交易既是交易工具，也是交易双方就规避利率风险而达成的金融合约。与其他衍生类产品不同，远期交易有合约非标准化、一对一交易等明显特征。《管理规定》明确将远期交易的标的债券限定为已在全国银行间债券市场进行现券交易的中央政府债券、中央银行债券、金融债券和经中国人民银行批准的其他债券券种，同时规定远期交易的最长期限不得超过365天；实行净价交易，全价结算，到期实际交割资金和债券；任何一家市场参与者单只债券的远期交易卖出与买入总余额分别不得超过该只债券流通量的20%，远期交易卖出总余额不得超过其可用自有债券总余额的200%。

（3）期货交易

债券的期货交易，是指期货交易成交后，买卖双方按合同规定的价格在将来指定的日期进行合同标的物的交割清算。进行债券的期货交易，既可能是为了回避、转嫁相应现货的市场风险，实现现货债券的套期保值；也可能纯粹是出于投机的目的，这个时候，投机者要承担期货市场相应的风险。在期货交易中，标的债券成交、交割及清算的时间是不同的；清算时是按照买卖契约成立时的合同交割价格计算，而不是按照交割时的实际市场价格计算。而由于种种原因，债券价格在契约成立时和实际交割时往往不一致。当债券价格上涨时，买者会获得收益；当债券价格下跌时，卖者会取得收益。

实际交易中，在期货到期交割之前，买进期货的人还可以再卖出同样一笔期货，卖出期货的人也可以再买下同样一笔期货，这叫对冲平仓。因此，在实际交割时就可能出现不同的情况，做出不同的处理：如果交易双方进行了相反方向的期货买卖，而且买卖的数额相等，就不必办理任何实际交割；如果交易双方进行了相反方向的期货买卖，而且买卖的数额、价款不等，则只须交割差额；如果直到最终交易日，交易双方尚未进行相反方向的买卖，则预约的数额将全部用现货来结算。

在期货交易中，买卖双方在最后交割时都有可能亏本。为了保证履约，买卖双方都要按规定交付一定比例的保证金，利用这笔保证金逐日计算双方的盈亏。当保证金随着价格的变动减少，以至于低于某一水平时，还要补交保证金。

套期保值交易可以这样来理解：买进（卖出）与现货市场上经营的标的资产数量相当、期限相近，但交易方向相反的期货合约，以期在未来某一时间通过卖出（买进）同样的期货合约来抵补这一标的资产因市场价格变动而带来的价格风险。套期保值不是在期货市场上通过交易对期货进行保值，而是对期货的相应现货标的资产进行保值。

套期保值者之所以能够利用期货交易对现货进行保值，其基本原理在于期货价格与现货价格受相同因素的影响，从而它们的变动方向是一致的。所以，人们只要在期货市场建立一种与其现货市场相反的头寸，则在市场价格发生变动时，他必然在一个市场受损而在另一市场获利，以获利弥补受损，从而达到保值的目的。

（4）回购协议交易

债券的回购协议交易是指债券买卖双方按预先签订的协议，约定在买出一笔债券后一段时期再以特定的价格买回这笔债券，并按商定利率付息。这种有条件的债券交易形式实质上是一种短期的资金借贷融通。这种交易对卖者来讲，实际上是卖现货买期货；对买者来讲，实际上是买现货卖期货。

回购协议的期限有长有短，最短的为1天称为隔夜交易，最长的也有一年的，一般为1、2、3个星期或1、2、3、6个月。回购协议的利率由协议双方根据回购期限、货币市场行情以及回购债券的质量等有关因素来议定，与债券本身的利率无直接关系。

与回购协议相对应的是逆回购协议，即债券买卖双方约定，买方在购入一笔债券后过一段时间再卖给卖方。在买卖双方按预先签订的协议，在回购协议交易中，对债券的原持有人（卖方）来说是回购交易；对投资人（买方）来说，则是逆回购交易。由于是附有回购条件的买卖，因此，在这种交易中，债券实际上只是被暂时抵押给了买方，卖方从中取得了资金的融通，买方能得到的只是双方议定的回购协议的利息，而不是债券本身的利息，债券本身的利息是属于卖方，即债券原持有人的。正因为债券回购交易带有资金融通的功能，因此，被金融机构及大企业广泛采用，同时成为中央银行进行公开市场操作，即买卖政府债券、调节银根松紧的重要手段。

第三节　我国的债券市场[1]

一、中国债券市场概况

中国债券市场从1981年恢复发行国债开始至今，经历了曲折的探索阶段和快速的发展阶段。目前，我国债券市场形成了包括银行间市场、交易所市场和商业银行柜台市场三个基本子市场在内的统一分层的市场体系。在中央国债登记结算有限公司（以下简称“中央结算公司”，英文简称“CCDC”）实行集中统一托管，又根据参与主体层次性的不同，相应实行不同的托管结算安排。

其中，银行间市场是债券市场的主体，债券存量和交易量约占全市场90%。这一市场参与者是各类机构投资者，属于大宗交易市场（批发市场），实行双边谈判成交，逐笔结算。银行间市场投资者的证券账户直接开立在中央结算公司，实行一级托管；中央结算公司还为这一市场的交易结算提供服务。

交易所市场是另一重要部分，它由除银行以外的各类社会投资者构成，属于集中撮合交易的零售市场，实行净额结算。交易所市场实行两级托管体制。其中，中央结算公司为一级托管人，负责为交易所开立代理总账户，中国证券登记结算公司（以下简称“中证登”，英文简称“Chinaclear”）为债券二级托管人，记录交易所投资者账户。中央结算公司与交易所投资者没有直接的权责关系。交易所交易结算由中证登负责。

商业银行柜台市场是银行间市场的延伸，也属于零售市场。柜台市场实行两级托管体制。其中，中央结算公司为一级托管人，负责为承办银行开立债券自营账户和代理总账户，承办银行为债券二级托管人，中央结算公司与柜台投资者没有直接的权责关系。与交易所市场不同的是，承办银行日终需将余额变动数据传给中央结算公司，同时中央结算公司为柜台投资人提供余额查询服务，成为保护投资者权益的重要途径。

二、中国债券市场的基本框架

（一）市场格局

中国债券市场按照交易场所结构和托管结构分别形成以下状态：

从交易场所看，中国债券市场可以分为场外交易市场和场内交易市场。其中，场外交易市场主要指银行间债券市场和商业银行柜台交易市场，场内交易市场指交易所债券交易市场（包括上海证券交易所和深圳证券交易所）。从交易量看，银行间债券市场是

---

① 中国债券信息网，http：//www. chinabond. com. cn/Info/10016774。

中国债券市场交易的主体场所，在中国债券市场发挥主导作用。

从托管体系看，中央结算公司是中国债券市场的总托管人，直接托管银行间债券市场参与者的债券资产，而中证登公司作为分托管人托管交易所债券市场参与者的债券资产，四大国有商业银行作为二级托管人托管柜台市场参与者的债券资产。

（二）债券分类

中国债券市场的债券分类主要有：

1. 按币种分类

人民币债券：人民币债券占据当前中国债券市场托管量和交易结算量的绝大部分份额，达到总托管量和总交易结算量的99%以上。

外币债券：2003年9月，国家开发银行发行的5亿美元金融债券是新中国建立以来在国内发行的第一笔外币债券。

2. 按债券属性分类

（1）政府债券：包括记账式国债、储蓄国债（凭证式）、储蓄国债（电子式）。

国债的发行人为中国财政部，主要品种有记账式国债和储蓄国债。其中，储蓄国债分为传统凭证式国债和电子凭证式国债。通常，人们按照习惯将传统凭证式国债称为“凭证式国债”，而将2006年6月底首发的电子凭证式国债称为“储蓄国债”。我国发行的大多数凭证式国债是通过商业银行柜台发行，通过电子方式发行并在中央结算公司托管的截至2006年8月底有两只：04凭证05，04凭证03。

（2）中央银行债：即央行票据，其发行人为中国人民银行，期限从3个月至3年，以1年期以下的短期票据为主。

（3）金融债券：包括政策性金融债、商业银行债券、特种金融债券、非银行金融机构债券、证券公司债、证券公司短期融资券。其中，商业银行债券，包括商业银行次级债券和商业银行普通债券。

（4）企业债券：包括中央企业债券和地方企业债券。

（5）短期融资券：指中国境内具有法人资格的非金融企业发行的短期融资券。证券公司短期融资券不属于本类，计入非银行金融债。

（6）非银行金融债：包括非银行机构金融债券和证券公司短期融资券。

（7）国际机构债券：指国际机构在我国境内发行的债券。

其他还有资产支持证券、可转换债券、可流通债券、不可流通债券等。

（三）交易方式

当前中国债券市场的交易方式有：现券交易、回购和远期交易。其中，回购交易包括质押式回购和买断式回购。分市场情况如下：

银行间债券市场的交易方式：现券交易、质押式回购、买断式回购、远期交易。

交易所债券市场的交易方式：现券交易、质押式回购、买断式回购。

商业银行柜台市场的交易方式：现券交易。

（四）发行上市

在中国债券市场，债券可以通过三种方式发行：人民银行债券发行系统、中央债券簿记系统簿记建档发行方式、商业银行柜台发行方式。

截至2006年8月底，除短期融资券和国际机构债券通过簿记建档方式发行以外，其他所有债券均通过设在中央结算公司的人民银行债券发行系统进行公开招标发行。通过商业银行柜台发行的债券只有传统凭证式国债，这种发行方式随着电子凭证式国债的引入已逐渐退出人们的视线。

（五）托管和转托管

从托管体系看，中央结算公司是中国债券市场的总托管人，直接托管银行间债券市场参与者的债券资产，而中证登公司作为分托管人托管交易所债券市场参与者的债券资产，四大国有商业银行作为二级托管人托管柜台市场参与者的债券资产。银行间债券市场采用实名制一级账户托管体制，托管依托中央结算公司的债券簿记系统进行。

转托管，是指处于不同市场由不同机构分别托管的债券，可以通过转托管业务将债券从一个市场转移到另一个市场进行交易。目前，跨市场转托管的债券主要是部分国债和企业债。

三、监管体系

中国债券市场的监管，根据市场、债券类别和业务环节不同进行分别监管。

（一）不同市场的监管

银行间债券市场由中国人民银行监管；交易所债券市场由中国证监会监管。

作为中国债券市场的总托管人，中央结算公司接受三方监管，在业务上受央行和财政部监管；在资产与财务管理上受财政部监管；在人事和组织机构上受银监会领导，并接受其定期审计。此外，如参与集中性交易市场业务，根据《证券法》还受证监会管辖。

（二）不同债券类别的监管

不同债券类别的监管，如表9.1所示。

表9.1 不同债券类别的监管

债券类别	监管机构
政府债券	人民银行、财政部、证监会
中央银行债	人民银行

续表

债券类别			监管机构
金融债券	政策性银行债		人民银行
	商业银行债券	普通债	银监会、人民银行
		次级债	银监会、人民银行
	特种金融债券		人民银行
	非银行金融机构债券		人民银行
	证券公司债		人民银行、证监会
	证券公司短期融资券		人民银行、证监会
短期融资券			人民银行
资产支持证券			银监会、人民银行
企业债			国家发改委、人民银行、证监会
国际机构债券			人民银行、财政部、国家发改委、证监会
可转换债券			人民银行、证监会

四、市场参与者

我国债券市场的投资者主要分类如下：

特殊结算成员：包括人民银行、财政部、政策性银行、交易所、中央国债公司和中证登公司等机构；商业银行：包括四大国有商业银行和其他商业银行；信用社；非银行金融机构：包括信托投资公司、财务公司、租赁公司和汽车金融公司、邮政局等金融机构；证券公司；保险机构；基金；非金融机构；个人投资者；其他市场参与者：信用评级公司、财务公司、货币中介等。

在银行间债券市场，所有在中央结算公司登记注册的市场投资者称作“市场成员”，可以通过中国债券信息网的成员资料查询功能，进行成员属性、成员资格、所属地区和注册时间段的组合查询，获得更详细的银行间债券市场成员资料。同时还可获得所有债券发行的承销团名单、成员变更通知和成员招聘启事。

五、我国国债的发行方式

我国的国债专指由财政部代表中央政府发行的国家公债，其种类主要有凭证式国债、实物式国债、记账式国债三种。凭证式国债是国家储蓄债的一种形式。其他例如以电子方式记录债权的储蓄国债品种俗称电子式国债。凭证式国债以“凭证式国债收款凭证”记录债权，可记名、挂失，不能上市流通，从购买之日起计息。实物债券，以实物券的形式记录债权，面值不等，不记名，不挂失，可上市流通。发行期内，投资者可直接在销售国债机构的柜台购买。在证券交易所设立账户的投资者，可委托证券公司通过交易系统申购。发行期结束后，实物券持有者可在柜台卖出，也可将实物券交证券交易所托管，再通过交易系统卖出。目前，实物债券已停止发行。记账式国债以记账形式记录债权，通过证券交易所的交易系统发行和交易，可以记名、挂失。投资者进行记账式证券买卖，必须在证券交易所设立账户。由于记账式国债的发行和交易均无纸化，所以效率高，成本低，交易安全。

自1981年起，我国重新恢复发行国债。在整个80年代，国债的发行均采取行政摊派的方式。1991年，我国的国债发行开始实施承购包销的方式。从1996年开始，我国财政部开始逐步地以招标（即密封式拍卖）这一市场化的方式来发行国债。到目前为止，除凭证式国债（柜台销售）和特种定向国债（定向募集）以外，其他记账式国债和无记名国债基本上都采用了招标的方式进行发行，经过近几年不断的尝试和调整，可以说我国的国债发行正在向市场化的发行方式稳步过渡。

因此，目前我国的国债发行主要包括定向发售、承购包销和招标发行等几种方式。

（一）定向发售

我国经常面向诸如养老保险基金、失业保险基金等以金融机构为主的特定机构私募发行国债。主要出于辨别的需要，这些国债通常设有诸如国家重点建设债券、财政债券、特种国债之类的非常规名称。

国家重点建设债券只发行过一次。1987年，国家建设资金供求矛盾突出，预算内资金不足，而预算外资金大量增长。为了调整投资结构，保证国家重点建设项目的资金需要，财政部决定发行国家重点建设债券。该债券共发行54亿元，其中单位认购的约占90%，个人认购的占10%，期限为3年。

财政债券是国家为筹集建设资金、弥补财政赤字而发行的一种债券。发行对象是各专业银行、综合性银行及非银行金融机构。采取人民银行代债务方发给财政债券收据的券面形式。可以记名，可以挂失，但不能流通转让。自1988年起我国多次发行过该种债券。

特种国债，是指国家为实施某种特殊政策在特定范围内或为特定用途而发行的国债。为了筹集财政资金，支援国家建设，促进经济稳定协调发展，财政部曾于1991年面向经济条件较好的全民所有制企业、集体所有制企业、私营企业、各类金融机构、企业主管部门、事业单位、部队、机关和社会团体以及全民所有制企业职工退休养老基金管理机构、待业保险基金管理机构等发行过特种国债。

（二）承购包销

国债的承购包销方式主要用于不可流通的凭证式国债的发行。由国债承销机构组成承销团与财政部签订承销协议来决定发行条件、承销费用和承销商的义务。承销机构最终经由柜台销售。

（三）公开招标方式

目前，我国记账式国债的发行采用公开招标方式。

公开招标的方式很多。不过就国债而言，目前世界上大多数国家主要以密封报价式拍卖（亦即招标）的方式发行。

1. “密封报价式拍卖”

所谓密封报价式拍卖，就是在报价期限截止前，由竞买者通过密封的信件将报价寄给拍卖人，卖主也将其标的物的核定保留价密封交给拍卖人。拍卖人收到报价后，逐一审查比较，把商品卖给出价最高的买主。

在以密封式拍卖来发行国债时，也有“多价格/密封报价拍卖”和“单一价格/密封报价拍卖”两种具体的模式。

在单一价格拍卖与多价格拍卖这两种拍卖方式下，拍卖方都是将竞价由高到低排列，按照价格由高到低的顺序依次分配数量，两种拍卖的中标价都是能将全部商品售完的最低的中标价格。但是在单一价格拍卖中，所有成功的竞价者都按照同一个价格（亦即中标价）交割；而在多价格拍卖中，所有竞标成功的竞价者要按照各自的报价交割，因此竞标成功者对同一批标的物的支付价格不同。

当采用多价格/密封报价拍卖国债时，竞买者通过密封报价的形式递交其竞买的价格/数量组合，随后拍卖者按照价格的高低顺序分配数量，各个成功的竞买者按照其各自的报价进行支付。而当采用单一价格/密封报价拍卖国债时，拍卖者在最高的未中标报价基础上加上一定幅度，并要求所有中标者按照这个统一的价格进行支付。

在美国，除 2 年期和 5 年期国债以外，其余所有的可流通债券都是通过多价格/密封报价的模式发行的。因此，国内通常将多价格/密封报价的国债拍卖模式称为“美式招标”，尽管目前世界上实施国债拍卖的国家大多采用的也是这种模式。

2. “公开报价拍卖”

所谓公开报价拍卖，即拍卖是在公开场合或在网上交互进行，由拍卖人报出一个较低（高）的价格，并在此基础上依次提高（或降低）报价，竞买者根据自身的估价在特定的价位上进行申购。

“多价格/公开报价拍卖”是公开报价拍卖的具体模式之一。由于成交迅速是这种拍卖模式的关键特征，因此经常用来拍卖易腐产品，例如水果、蔬菜、花卉等。由于荷兰人最早用这种方式拍卖鲜花，故“多价格/公开报价拍卖”亦称“荷兰式拍卖”。

在拍卖理论中，“多价格/公开报价拍卖”的模式又称为“减价拍卖”模式。通常由拍卖者首先报出一个潜在的最高价，然后再逐次降低价格，直到有人购买为止。在拍卖单件物品时，那个在拍卖者持续降价过程中的第一个申购竞买的人将获得拍卖品。在对同类物品的多个单位进行拍卖时，实际上是对这种物品的各个单位进行逐次分别拍卖。因此，尽管具体拍卖过程与拍卖单件物品相同，但各拍卖单位的竞买成功者须分别按各自的报价进行交割，由此造成拍卖结果的多价格。

与多价格/公开报价的荷兰式拍卖模式相对应，还有一种公开报价拍卖的具体模式叫做“单一价格/公开报价拍卖”，又称为“加价拍卖”或“英式拍卖”。它广泛地用于艺术品、文物、手工艺品或专利技术的拍卖。当这种模式用于拍卖单一物品时，拍卖者首先报出一个低价，通常称为“保留价格”，然后再逐次地加价。随着报价的提高，竞价者申购的意愿就会逐步减少。当只剩下唯一的一个竞价者时，拍卖结束。该竞价者按照这个最高的价格进行支付。当对同类多件物品进行拍卖时，在每一个价位上，拍卖者都要对提交的竞买总数量和所要拍卖的总量进行比较，如果前者大于后者，拍卖者就提高价格，直到剩余的竞买量不再大于拍卖的总量为止。最高价的竞买者将得到全部申购数量，拍卖如有剩余，将按比例分配给次高价的竞价者。但是所有成功的竞买者都要按照次高价进行支付，因为这个价格是拍卖品得到充分认购的最高价格。

不过，在我国的国债及央行票据市场，目前习惯地将“单一价格/密封式拍卖”称为“荷兰式招标”。

六、2011 年记账式国债招标发行规则

2011 年 1 月 4 日，财政部下发《关于印发 2011 年记账式国债招标发行规则的通知》（财库［2011］4 号），颁布了适用于 2011 年度的记账式国债招标发行规则。

（一）招标方式

记账式国债的发行采用荷兰式、美国式、混合式招标方式。招标标的为利率、利差、价格或数量。

1. 荷兰式招标方式。标的为利率或利差时，全场最高中标利率或利差为当期国债票面利率或基本利差，各中标国债承销团成员均按面值承销；标的为价格时，全场最低中标价格为当期国债发行价格，各中标机构均按发行价格承销。

2. 美国式招标方式。标的为利率时，全场加权平均中标利率为当期国债票面利率，中标机构按各自中标标位利率与票面利率折算的价格承销；标的为价格时，全场加权平均中标价格为当期国债发行价格，中标机构按各自中标标位的价格承销。标的为利率时，高于全场加权平均中标利率一定数量以上的标位，全部落标；标的为价格时，低于全场加权平均中标价格一定数量以上的标位，全部落标。背离全场加权平均投标利率或

价格一定数量的标位为无效投标，全部落标，不参与全场加权平均中标利率或价格的计算。

具体地，根据中央国债登记结算有限责任公司的附息债券利率招标多重价位中标缴款金额计算方法说明：

（1）票面利率为：

$$\text{票面利率(年)} = \frac{\sum_{i=1}^{s}[(\text{中标利率}_i(\text{年}) \times \text{中标面额}_i(\text{万元})]}{\sum_{i=1}^{s}\text{中标面额}_i(\text{万元})}$$

其中，s 为全场总中标笔数；票面利率的最终计算结果保留4位小数。

（2）每一承销商第i笔中标的缴款金额为：

$$\text{缴款金额}_i(\text{元}) = \left\{\frac{1}{\left[1+\frac{\text{中标利率}_i(\text{年})}{f}\right]^n} + \sum_{j=1}^{n}\frac{\frac{\text{票面利率(年)}}{f}}{\left[1+\frac{\text{中标利率}_i(\text{年})}{f}\right]^j}\right\} \times \text{中标面额}_i(\text{元})$$

其中，

$j=1, 2, 3, \cdots, n$；$n=$债券年限$\times f$；$f=$年度付息频率；$i=1, 2, 3, \cdots$，为该中标人的实际中标笔数。

（3）每一承销商的缴款总金额为：

$$\text{每一承销商缴款总金额(元)} = \sum_{i=1}^{k}\text{缴款金额}_i(\text{元})$$

其中，k 为每一承销商中标总笔数。

（4）全场缴款总金额为：

$$\text{全场缴款总金额(元)} = \sum_{i=1}^{m}\text{每一承销商缴款总金额}_i(\text{元})$$

其中，m 为中标承销商总数。且因计算过程中四舍五入引起的误差，全场缴款总金额与发行总额之间存在差异，差异部分（无论正负）归发行人。

3. 混合式招标方式。标的为利率时，全场加权平均中标利率为当期国债票面利率，低于或等于票面利率的标位，按面值承销；高于票面利率一定数量以内的标位，按各中标标位的利率与票面利率折算的价格承销；高于票面利率一定数量以上的标位，全部落标。标的为价格时，全场加权平均中标价格为当期国债发行价格，高于或等于发行价格的标位，按发行价格承销；低于发行价格一定数量以内的标位，按各中标标位的价格承销，低于发行价格一定数量以上的标位，全部落标。背离全场加权平均投标利率或价格一定数量的标位为无效投标，全部落标，不参与全场加权平均中标利率或价格的计算。

（二）投标限定

1. 投标标位变动幅度。利率或利差招标时，标位变动幅度为0.01%；价格招标时，标位变动幅度在当期国债发行文件中另行规定。

2. 投标量限定。国债承销团成员单期国债最低、最高投标限额按各期国债招标量的一定比例计算，具体是：乙类成员最低、最高投标限额分别为当期国债招标量的0.5%、10%；甲类成员最低投标限额为当期国债招标量的3%，不可追加的记账式国债最高投标限额为当期国债招标量的30%，可追加的记账式国债最高投标限额为当期国债招标量的25%。单一标位最低投标限额为0.2亿元，最高投标限额为30亿元。投标量变动幅度为0.1亿元的整数倍。

3. 最低承销额限定。国债承销团成员单期国债最低承销额（含追加承销部分）按各期国债竞争性招标额的一定比例计算，甲类成员为1%，乙类成员为0.2%。

上述比例均计算至0.1亿元，0.1亿元以下四舍五入。

（三）中标原则

1. 募入。全场有效投标总额小于或等于当期国债招标额时，所有有效投标全额募入；全场有效投标总额大于当期国债招标额时，按照低利率（利差）或高价格优先的原则对有效投标逐笔募入，直到募满招标额或将全部有效投标募完为止。

2. 最高中标利率标位或最低中标价格标位上的投标额大于剩余招标额，以国债承销团成员在该标位投标额为权重平均分配（取整至0.1亿元），尾数按投标时间优先原则分配。

（四）追加投标

1. 对于允许追加承销的记账式国债，在竞争性招标结束后，国债承销团甲类成员有权通过投标追加承销当期国债。

2. 国债承销团甲类成员追加承销额上限为该成员当期国债竞争性中标额的25%，计算至0.1亿元，0.1亿元以下四舍五入。追加承销额应为0.1亿元的整数倍。

3. “荷兰式”招标追加承销价格与竞争性招标中标价格相同；“美国式”和“混合式”招标追加承销价格，标的为利率时为面值，标的为价格时为当期国债发行价格。

（五）债权托管

1. 在招投标工作结束后，各中标机构应通过国债招投标系统填制“债权托管申请书”，在中央国债登记结算有限责任公司（以下简称“国债登记公司”），中国证券登记结算有限责任公司（以下简称“证券登记公司”）上海、深圳分公司选择托管。逾时未填制的，系统默认全部在国债登记公司托管。

2. 国债登记公司，证券登记公司上海、深圳分公司，于规定的债权登记日对当期国债进行总债权登记和分账户债权托管。

3. 国债债权确认时间，按国债发行款缴入财政部指定账户的时间确定。国债发行缴款与债权确立方式以当期发行文件规定为准。

（六）分销

记账式国债分销，是指在规定的分销期内，中标机构将中标的全部或部分国债债权额度转让给非国债承销团成员的行为。

1. 分销方式。记账式国债采取场内挂牌、场外签订分销合同和试点商业银行柜台销售的方式分销。具体分销方式以当期发行文件规定为准。

2. 分销对象。记账式国债分销对象为在国债登记公司开立债券账户及在证券登记公司开立股票和基金账户的各类投资者。国债承销团成员间不得分销。非国债承销团成员通过分销获得的国债债权额度，在分销期内不得转让。

3. 分销价格。国债承销团成员根据市场情况自定价格分销。

（七）投标系统与应急流程

1. 投标系统。记账式国债发行招投标工作通过“财政部国债发行招投标系统”进行，国债承销团成员通过上述系统远程终端投标。

2. 应急流程。远程终端出现技术问题，国债承销团成员可以在规定时间内将内容齐全的“记账式国债发行应急投标书”或“记账式国债债权托管应急申请书”传真至国债登记公司，委托国债登记公司代为投标。应急投标时间以国债登记公司收到“记账式国债发行应急投标书”或“记账式国债债权托管应急申请书”的时间为准。竞争性应急投标和追加应急投标的截止时间分别为当期国债竞争性投标和追加投标截止时间，债权托管应急申请截止时间为当期国债债权托管截止时间。

第四节　债券的净价交易与全价交易

一、债券的净现值定价模型

净现值方法同样适用于债券内在价值的评定。其一般公式如下：

$$P = \frac{C_1}{1+i} + \frac{C_2}{(1+i)^2} + \frac{C_3}{(1+i)^3} + \cdots + \frac{C_N}{(1+i)^N} + \frac{M_N}{(1+i)^N}$$
$$= \sum_{t=1}^{N} \frac{C_t}{(1+i)^t} + \frac{M_N}{(1+i)^N}$$

其中，P 为债券的当前市场价值，C_t 为债券在第 t 期发生的现金流量（例如利息收入），N 为债券的期限数，M_N 为债券到期日发生的现金流量（例如本金的支付等），i 为该债券所适用的市场利率。

二、债券的全价交易与净价交易

（一）债券全价与净价的含义

我国债券市场的很长一段时间实行的是全价交易。为与国际市场接轨，财政部等三部委于2001年发布《关于试行国债净价交易有关事宜的通知》，引入净价交易。银行间债券市场于2001年7月开始实行净价交易，沪深交易所市场于2002年开始实行净价交易。2007年3月，财政部、人民银行和证监会联合发文，将净价交易适用范围扩展到贴现发行的国债，同时明确规定贴现国债应计利息计算的具体方法。至此，我国的债券市场全面实行净价交易制度。

实际上，实施净价交易的主要好处就在于能够方便利息所得税与资本利得税的辨析与缴纳。但这在我国目前并不是一个迫切的问题。

简单地说，所谓全价，就是指在债券交易的报价当中包含有截止结算日的应计利息；所谓全价交易，就是指投资者以“全价”的形式来申报、委托交易。而所谓净价，则是指交易双方在债券交易的报价当中剔除了应计利息部分；所谓净价交易，就是要求投资者以“净价”的形式来申报、委托交易。因此，“全价”与“净价”之间的关系可以简单地用“净价=全价-应计利息”的公式来表示。其中，应计利息的计算方法与债券的类型有关。

目前，我国债券市场流通着的债券主要包括零息债券、固定利率债券、浮动利率债券以及到期一次性还本付息债券几种类型。其中，所谓零息债券，指的是贴现发行，债券发行人在债券的存续期限内不支付任何利息，仅至到期兑付日按债券面值进行偿付的债券；所谓固定利率债券，指的是债券发行人按固定的票面利率定期支付既定利息的债券；所谓浮动利率债券，指的是债券发行人根据一定的规则定期确定下一个利息支付日所要支付的利率，然后据以定期支付利息的债券；所谓到期一次性还本付息债券，指的是发行时规定有固定的票面利率，但在到期兑付日之前并不支付利息，直至到期兑付日才将本利和一并偿付的债券。

（二）应计利息的计算规则

由此，我国债券市场各种债券的应计利息的计算方法如下：

1. 固定利率债券或浮动利率债券每百元面值债券的应计利息额 =（每百元面值债券当年度的应计利息额/年付息频率）×（起息日或上一付息日至结算日的实际天数/当前付息周期的实际天数）。

2. 到期一次性还本付息债券每百元面值债券的应计利息额 =（起息日至结算日的整年数×每百元面值债券在一个年度里的应计利息额）+［（每百元面值债券在一个年度里的应计利息额/当前计息年份的实际天数）×起息日或上一付息日至结算日的实际天数］。

3. 贴现发行的零息债券的应计利息额 =（到期兑付面额 - 发行价格）×起息日至结算日天数÷起息日至到期日天数。

其中，上述三个公式当中的"结算日"，指的都是本次债券交易的结算日。

（三）债券全价与其投资收益率之间的换算规则

在计算出应计利息之后，再根据本次债券交易的成交价（净价），我们就可以计算出本次交易的全价（结算价）了。全价 = 净价 + 应计利息。

计算出全价以后，我们就可以计算收益率。换句话说，债券投资收益率的计算仅与债券交易的全价有关。

一般地说，如果债券的剩余年限超过一年，则其投资收益率的计算应采用复利（IRR）的方法；而当债券的剩余年限不足一年的时候，其投资收益率的计算就可以不考虑资金的时间价值，亦即采用单利的计算方法了。

具体地，债券全价与相应到期收益率的换算方法如下：

1. 到期收益率 =｛［（到期兑付日的债券本息和 - 债券全价）/债券结算日至到期兑付日的实际天数］/债券全价｝×当前计息年份的实际天数。

其中，就固定利率债券而言，所谓到期兑付日的债券本息和 = 债券的面值 +（每百元面值债券在一个计息年度里的应计利息额/年付息频率）；就到期一次性还本付息债券而言，所谓到期兑付日的债券本息和 = 债券的面值 +（每百元面值债券在一个计息年度里的应计利息额×起息日至到期兑付日的整年数）；就零息债券而言，所谓到期兑付日的债券本息和就是它的面值。

显然，该公式仅适用于剩余年限不超过一年的债券。

2. 债券全价 = 到期兑付日债券本息和/｛（1 + 到期收益率）^［（结算日至下一个理论付息日的实际天数/当前计息周期的实际天数）+ 结算日至到期兑付日的计息周期的整期数］｝。

其中，符号"^"表示其后括弧内的表达式位于其前括弧内表达式的指数位置。显然，该公式适用于剩余年限超过一年的到期一次性还本付息债券。

3. 债券全价 = {(每百元面值债券当年度的应计利息额/年付息频率)/[1 + (到期收益率/年付息频率)]^(结算日至下一个理论付息日的实际天数/当前计息周期的实际天数)} + {(每百元面值债券当年度的应计利息额/年付息频率)/[1 + (到期收益率/年付息频率)]^[(结算日至下一个理论付息日的实际天数/当前计息周期的实际天数) + 1]} + {(每百元面值债券当年度的应计利息额/年付息频率)/[1 + (到期收益率/年付息频率)]^[(结算日至下一个理论付息日的实际天数/当前计息周期的实际天数) + 2]} + …… + {(每百元面值债券当年度的应计利息额/年付息频率)/[1 + (到期收益率/年付息频率)]^[(结算日至下一个理论付息日的实际天数/当前计息周期的实际天数) + 结算日至到期兑付日的债券付息次数 - 1]} + {百元面值/[1 + (到期收益率/年付息频率)]^[(结算日至下一个理论付息日的实际天数/当前计息周期的实际天数) + 结算日至到期兑付日的债券付息次数 - 1]}。

显然，该公式适用于剩余年限超过一年的固定利率债券债券或者浮动利率债券。

三、债券投资的风险

债务人有可能发生财务危机，甚至濒临破产的境地，所以债券投资存在违约风险。这是债券投资的主要非系统性风险。

债券投资的系统性风险主要来源于两个方面。一是由于未来的市场利率发生未能预期到的变化，从而导致债券未来的市场价格走势以及每期利息收入再投资收益率的不确定；二是由于通货膨胀率的非预期性变化对债券投资实际收入的影响。

（一）债券投资的利率风险

大多数债券都有固定的利息和本金，因此市场利率的变动对债券价格的影响要更为明显。不过，市场利率的波动对不同债券的影响程度和影响方式并不相同。一般地说，债券价格变动有以下几个规律：

1. 价格与市场利率反方向变化。

在净现值方法下，对债券的价格 P 关于市场利率 i 求一次导数，我们有：

$$\frac{dP}{di} = -\left[\sum_{t=1}^{N} \frac{tC_t}{(1+i)^{t+1}} + \frac{NM_N}{(1+i)^{N+1}}\right] < 0$$

可见，债券的价格与市场利率负相关。

实际上，如果市场利率上升，而债券的票面利率和到期归还的本金数量不变，则为保证投资者买入的债券仍能获得与其风险相称的（较前更高的）收益率，债券的均衡价格必将下跌。同理，如果市场利率下降，债券价格将会相应上升，直到与同类资产的价格相当为止。

例 9.1 假定某债券的面值为 1 000 元，年利息为 90 元，期限为 10 年，目前的市场价格为 900 元，目前的市场利率为 10.67%。现在假设市场利率从 10.67% 上升至 12%。则债券价格将下降至：

$$P = 90\left[\frac{1-\frac{1}{(1.12)^{10}}}{0.12}\right] + \frac{1000}{(1.12)^{10}}$$

$$= 508.52 + 321.97 = 830.49\text{（元）}$$

2. 一般情况下，给定市场利率的波动幅度，债券的偿还期越长，债券价格波动的幅度越大。但债券价格变动的相对幅度随期限的延长而缩小。

在引入后面我们即将讨论的久期（D）概念之后，这个结论就很容易理解了。正如我们即将说明的，久期（D）与债券的期限正相关，而久期（D）与债券价格的波动率 $\frac{dP}{P}$ 以及市场利率的变动 di 之间的关系为：

$$\frac{dP}{P} = -\frac{1}{1+i} \times D \times di$$

可见，对于既定的市场利率波动，债券的剩余期限越长，其价值的波动率就会越高。

不过，随着债券期限的增加，久期（D）递增的速度递减。实际上，对于永久期限的债券而言，其久期是一个常数 $D = 1 + \frac{1}{i}$。所以，给定市场利率的波动幅度，债券价格变动的相对幅度随期限的延长而缩小。

相应地，随着债券到期时间的临近，给定市场利率的波动幅度，债券价格的波动幅度将会以递增的速度递减。

例 9.2 假设有三种债券，其基本情况如下：

	A	B	C
年利息（元）	90	90	90
面额（元）	1 000	1 000	1 000
穆迪信用等级	Aa	Aa	Aa
期限（年）	5	10	15
相应的市场利率	9%	10%	11%
市场价格（元）	1 000	938.55	856.18

现在假设每种债券对应的市场利率均下降10%，分别变为8.1%、9%、9.9%，则新的市场价格将分别为1 035.84元、1 000.00元和931.15元。价格波动幅度分别为3.58%、6.55%、8.76%。而10年期与5年期债券的价格波动差别为2.97%（6.55% -3.58%）而15年期与10年期债券的价格波动差别为2.21%（8.76% -6.55%）。因此，15年期债券价格的波动幅度要大于10年期债券价格的波动幅度；而10年期债券价格的波动幅度要大于5年期债券价格的波动幅度。不过，10年期债券价格较5年期债券价格的相对波动，要大于15年期债券价格较10年期债券价格的相对波动幅度。

3. 在市场利率波动幅度给定的条件下，票面利息率较低的债券价格的波动幅度较大。

在本章后面，我们即将证明，对于相同的到期期限和市场利率，息票率越高，久期就越短，亦即$\frac{\mathrm{d}D}{\mathrm{d}C}<0$。再次根据式$\frac{\mathrm{d}P}{P}=-\frac{1}{1+i}\times D\times \mathrm{d}i$可以看出，对于票面利息率较低的债券来说，由于其久期较大，所以对于同样幅度的市场利率波动，债券价格的波动幅度较大。

例9.3 假设有两种债券，其基本情况如下：

	A	B
年息（元）	60	100
面值（元）	1 000	1 000
穆迪信用等级	Aa	Aa
期限（年）	10	10
相应的市场利率	12%	12%
市场价格（元）	660.98	886.99

现在假设适用于这两种债券的市场利率从12%增加到13%，则这两种债券的新市场价格将分别为620.16元和837.21元。价格波动幅度分别为-6.18%和-5.61%。如果假定市场利率率从12%下降至11%，则这两种债券的新市场价格将分别为705.52元和941.95元。价格波动幅度分别为6.74%和6.20%。因此，票面利率低的债券的价格波动要大些。

4. 对同一债券，由市场利率下降一定幅度所引起的债券价格上升幅度，要高于由于市场利率上升同一幅度所引起的债券价格下跌幅度。

如前所述，在净现值方法下，对债券的价格P关于市场利率i求一次导数，我们有：

$$\frac{\mathrm{d}P}{\mathrm{d}i}=-\left[\sum_{t=1}^{N}\frac{tC_t}{(1+i)^{t+1}}+\frac{NM_N}{(1+i)^{N+1}}\right]<0$$

现在再对债券的价格 P 关于市场利率 i 求二次导数，我们有：

$$\frac{\mathrm{d}^2P}{\mathrm{d}i^2}=\left[\sum_{t=1}^{N}\frac{t(t+1)C_t}{(1+i)^{t+2}}+\frac{N(N+1)M_N}{(1+i)^{N+2}}\right]>0$$

可见，在市场利率—债券市场价值的二维空间中，债券价格关于市场利率的函数 $P(i)$ 是一条斜率为负、且凸向原点的曲线。显然，由市场利率下降一定幅度所引起的债券价格上升幅度，要高于由于市场利率上升同一幅度所引起的债券价格下跌幅度。

继续观察上面的例子可以看出，市场利率在 12% 的基础上上升 1 个百分点所导致的两种债券价格下降的幅度，要小于市场利率在 12% 的基础上下降 1 个百分点所导致的两种债券价格上涨的幅度。

（二）再投资收益率风险

理性投资者需要考虑债券利息收入的再投资问题。由于再投资收益率是不确定的，这就产生了所谓的再投资风险问题。

如果不特别说明，我们总是假定债券利息收入的再投资收益率与债券本金收益率或市场利率相同。

例 9.4　假设一投资者要在下面两种面值均为 1 000 元的债券中作出选择：A 债券期限 2 年，利率为 8%；B 债券期限 4 年，利率为 12%。两种债券均每年付利息一次，且信用等级均为 Aa。

首先，假定债券利息收入的再投资收益率与市场利率相同。并假设在两年的持有期内市场利率保持稳定。尽管信用等级相同但投资期限等因素不同，所以适用的市场利率有差异。其中，与 A 相应的市场利率为 11%，与 B 相应的市场利率为 12%。因此 A 债券目前的市场价格为 948.62 元，B 债券的价格为 1 000 元。

在市场均衡的环境下，如果投资者购买债券 A，则其现金流量的结构为：第一年的 80 元利息以 11% 投资利益率进行再投资，到第二年年底时得到 88.80 元；第二年年底时的利息和本金收入为 80 元和 1 000 元。如果投资者购买债券 B，并假设第二年年底以市场价格卖出。则其现金流量的结构为：第一年的 120 元利息以 12% 投资收益率进行再投资，到第二年年底时得到 134 元；第二年年底时的利息和本金收回 120 元和 1 000 元。

然后，假设债券每期的现金流量以 8% 的收益率作再投资。则 A 债券第二年年底的总现金流量为 1 166.40 元，这使得 A 债券的年持有收益率降至 10.89%。而 B 债券第二年年底的总现金流量为 1 320.93 元，使得 B 债券的年持有收益率升至 14.93%。

若现金流量能以更高的收益率去再投资，则 A 债券的吸引力会相应提高。假设债券每期的现金流量以 14% 的收益率作再投资。则 A 债券第二年年底的总现金流量为 1 171.20 元，这使得 A 债券的年持有收益率降至 11.11%。而 B 债券第二年年底的总现金流量为 1 223.86 元，使得 B 债券的年持有收益率下降至 10.63%。

如果持有期延长至两年以上，同时再投资收益率上升，A 债券就更有吸引力了。因为两年后 1 000 元的本金收入可以从事再投资。

（三）购买力风险

收益率有实际收益率和名义收益率之分。实际收益率是排除通货膨胀影响后的收益率。而名义收益率 r_n 包括实际收益率 r_r 和通货膨胀率 I_p 两部分内容。即

$$(1+r_n)=(1+r_r)(1+I_p)$$

$$r_r=\frac{1+r_n}{1+I_p}-1$$

$$r_n=r_r+I_p$$

如果市场不能准确地预期通货膨胀，则债券的名义收益率就不能正确地体现投资者所要求的实际收益率。如果实际通货膨胀率低于预期通货膨胀率，则实际收益率高于预期的实际收益率。如果实际通货膨胀率高于预期通货膨胀率，则实际收益率低于预期的实际收益率。这种因通货膨胀导致的实际收益率的不确定性，就是购买力风险。

第五节　债券的回购交易

一、回购协议市场的特征

回购协议市场是指通过回购协议进行短期资金融通交易的市场。

回购协议的交易双方约定，由资金的融入方将一定数额的证券先售与资金的融出方，融入资金，同时承诺在以后的某个确定的日期再将该证券如数购回。相应地，资金的融出方也承诺在未来约定的日期将买入的证券售回给卖方。资金的融入方购回证券时所采用的价格（即所谓的回购价格）也要在合同中预先约定。其中可以大于售价，即售价加利息；也可以与售价相同，但需要资金的融入方另付利息。由于资金的融入方有可能违约，因此在卖出证券时通常需要向资金的融出方交存一定的保证金。也就是说，资金的融入方出售证券时实际获得的资金是售价减除保证金后的余额。

回购协议中证券的交割一般不采用实物交付的形式，而是要求资金的融入方将证券存入一个专设账户中保管。

反向回购协议，或逆回购协议是从资金融出方角度来看的同一笔回购协议交易，即资金的融出方按照协议向资金的融入方买进证券，并承诺在日后将该证券卖回给资金的融入方。因此，每一笔回购协议交易由一方（即资金融入方）的（正向）回购协议和另一方（即资金融出方）的反向回购协议组成。

尽管回购协议涉及证券的买卖。但从性质上说，它相当于一笔以证券为抵押品的抵押贷款。不过，回购交易主要是金融机构之间为解决短期资金需要而进行的资金融通。而通常的抵押贷款是一般企业或个人为解决各种各样的资金需求，以某种抵押品向金融机构申请的贷款。而且，用于回购交易的证券主要是国库券，具有流动性高、风险低的特点。而通常的抵押贷款对抵押品的选择要宽泛得多。另外，通常的抵押贷款的期限要比回购交易的期限长很多。

美国回购协议的期限分隔夜、定期和连续性合约三种，其中以隔夜占多数。隔夜是指卖出和买回证券相隔一天，相当于日拆。定期是指卖出和买回的时间规定为若干天，一般都不超过30天，因为交易双方一般都不愿意受较长时间间隔的约束。连续性合约的特点是每天按当天的市场利率确定回购利率。这种方式减少了资金融出方的利率风险。

回购协议交易的特点是金额大、期限短、风险小，但收益较低，因此，回购协议是一种有效、安全的短期融资工具。投资者和筹资者都愿意利用这一工具获取收益或筹措资金。由回购交易所融入的资金不需要缴纳准备金，因此，商业银行是回购协议市场的主要资金需求方。回购协议市场的资金供给者主要是金融机构和拥有大量活期款项的政府机构。另外，非金融企业或证券公司等可以通过回购交易的办法规避对发放贷款的管制，因此也是回购协议市场的重要参与者。

回购协议交易的主要问题是利率风险，即由于利率变动而导致所持有的抵押品证券的市价变动。回购协议的期限越长，这种可能性越大。在回购协议下的证券售价应低于市价，以保护资金融出方的利益。在回购协议期限内，如资金融出方手中持有的抵押证券的市价大幅度下跌，可要求资金的融入方追加保证金，使其免遭损失。当然，在利率下跌使抵押证券的市价大幅度上升的时候，资金的融入方也可取回一部分保证金。

因为有证券作为抵押担保品，回购协议的利率一般低于同业拆借利率。资金融出方的收益计算公式为：

$$\text{资金融出方的回购利息收益} = \text{融出资金的金额} \times \text{回购利率} \times \frac{\text{天数}}{360}$$

$$\text{回购价格} = \text{融出资金金额} + \text{资金融出方的回购利息收益}$$

美国回购协议市场的参加者比较广泛，有金融机构、一般企业、州和地方政府以及联邦储备银行等。联邦储备银行利用回购协议和反向回购协议贯彻货币政策，实行公开市场业务活动，调控货币供应量，特别是调控联邦资金。例如，当联邦储备银行发现金融机构的存款准备金有大量剩余，但预计一天或几天后会趋于正常，于是就进行回购协议交易，出售它持有的政府证券，如国库券、政府国民抵押协会债券（GNMA）等，约定一天或几天后买回，从而吸收过剩的存款准备金，减少联邦资金；反过来，如发现金融机构的存款准备金大量紧缺，于是就利用反向回购协议，买入金融机构持有的政府证券，从而增加联邦资金，缓解存款准备金的紧缺状况。

二、我国的回购协议市场

中国的国债回购市场始于20世纪90年代初。开展债券回购交易业务的主要场所为沪、深证券交易所及全国银行间同业拆借中心。

交易所债券回购市场的参与主体主要是投资股市的各类投资者，如证券公司、保险公司、证券投资基金等。全国银行间同业拆借中心也开办了国债、政策性金融债等债券的回购业务，参与主体是银行间市场会员，主要是商业银行、保险公司、财务公司、证券投资基金等金融机构。

根据中国人民银行1997年的通知，商业银行不得参与交易所债券回购交易。2009年1月，中国证监会与中国银行业监督管理委员会联合发布通知，开展上市商业银行在证券交易所参与债券交易试点。

上海证券交易所于1993年12月、深圳证券交易所于1994年10月分别开办了以国债为主要品种的质押式回购交易。当时推出国债回购，主要是为了活跃国债交易，促进国债发行。经过10余年的发展，国债回购交易的规模越来越大。2003年国债交易总量为5.8万亿元，其中，回购交易5.3万亿元，所占比重高达91.4%。这表明国债回购交易已经成为国债市场的重要组成部分。目前，国债回购利率水平已经成为衡量市场资金松紧程度的重要参照。

2002年12月30日和2003年1月3日，上海证券交易所和深圳证券交易所分别推出了企业债券回购交易。2007年公司债推出后，证券交易所又进一步允许公司债（包括普通公司债和分离交易的可转换公司债券中的公司债）进行回购交易。

2008年，上海证券交易所规定国债、企业债、公司债等可参与回购的债券均可折成标准券，并可合并计算，不再区分国债回购和企业债回购。深圳证券交易所仍维持原状，规定国债、企业债折成的标准券不能合并计算，因此需要区分国债回购和企业债回购。

2009年，我国发行了一批地方政府债券，这些地方政府债券也可比照国债参与债券回购。

回购交易申报操作类似股票交易。成交后由中国结算公司根据成交记录和有关规则进行清算交收；到期反向成交时，无需再行申报，由交易所电脑系统自动产生一条反向成交记录，中国结算公司据此进行资金和债券的清算与交收。

（一）封闭式回购

我国自1995年对债券回购市场进行整顿以来，一直将回购交易严格限定为封闭式交易模式。

封闭式回购，又叫做质押式回购，在这种交易模式中，交易所根据不同的标的债券设立了不同的标准券折算比例，并进行质押冻结处理。标的债券的所有权并未真正让渡给逆回购方。在回购期间，逆回购方没有权力对质押债券实施转卖、抵押等处置行为。标的债券实际上退出了二级市场流通环节，只能等回购交易到期，正回购方履行了资金本息还款义务后，再由交易清算所解冻质押券，这时质押券才能重新进入二级市场进行流通。

由此可见，封闭式回购交易在本质上是一种以债券为抵押的融资交易，标准券的折算比率即可视为融资比率。目前，不同期限的债券有着不同的标准券折算比例，主要参照现券的市场价格折算，折算比例从85%至120%不等。

（二）买断式回购

由于封闭式回购期间冻结了质押的债券，使得债券市场上可用于交易的债券数量、种类大为减少，在很大程度上影响了债券二级市场的流动性。于是，在2004年4月和11月，银行间市场和交易所市场先后引入了买断式回购业务。

买断式回购业务又称为开放式回购。买断式回购的逆回购方对债券拥有所有权，因此可以在回购期间将回购方质押的债券在市场上卖出，以期在回购交易到期前以更低价格买入归还给正回购方，赚取其中的差价。

买断式回购交易模式的推出，使我国债券回购交易市场不但具备短期资金的融通功能，还具备了解冻被质押的现券、由逆回购方进行债券卖空交易的功能，标志着我国债市引进了债券的卖空交易机制。

逆回购方在抛出债券后可以用所得资金继续买入债券，然后继续抛出，这种操作重复使用，可以实现做空机制的放大效应。同样，正回购投资者也可以进行循环融资买多套利。

在仅进行现货交易和封闭式回购的条件下，国债不能够卖空，债市行情自然容易呈现资金推动型的单边做多走势。投资者在封闭式回购中的一般盈利方式往往是：融资方通过回购融资获取其他投资领域的投资收益，同时也要承担相应的风险；融券方则通过回购获取相应回购天数的利息。

但是，开放式回购推出以后，国债具备有限度做空的可能。对于进行逆回购的资金融出方来说，一方面可以利用逆回购，获取回购利息，另一方面则可通过卖空融入的国债，获取可能的差价收益。国债的单边上涨格局有可能改变，特别是那些中长期债券，其走势的不确定性将明显增加。而市场机会也不再是仅存在于做多之中，也存在于做空之中。投资者的投资机会增加了。

（三）质押式回购的具体交易规则及其交易方式

1. 我们以上海证券交易所的质押式回购交易为例，说明质押式回购的具体交易规则及其一般交易方式。

根据2006年5月发布的《上海证券交易所债券交易实施细则》，所谓质押式回购交易，指将债券质押的同时，将相应债券以标准券折算比率计算出的标准券数量为融资额度而进行的质押融资，交易双方约定在回购期满后返还资金和解除质押的交易。

其中，质押债券取得资金的会员或特定机构为“融资方”；作为其对手方的会员或特定机构称为“融券方”。标准券，指的是由不同债券品种按相应折算比率折算形成的，用以确定可通过质押式回购交易进行融资的额度。标准券折算比率，指各债券现券品种所能折成的标准券金额与债券面值之比。质押券，指申报提交给证券登记结算机构，作为债券回购交易质押物的债券。

国债回购交易按证券账户进行申报，企业债回购交易按席位进行申报。

债券回购交易实行质押库制度，融资方应在回购申报前，通过上海证券交易所交易系统申报提交相应的债券作质押。用于质押的债券，按照证券登记结算机构的相关规定，转移至专用的质押账户。国债回购中，申报提交的质押券应当为国债；企业债回购中，提交的质押券应当为企业债。

会员接受投资者的债券回购交易委托时，应要求投资者提交质押券，并对其证券账户内可用于债券回购的标准券余额进行检查。标准券余额不足的，债券回购的申报无效。

国债回购交易设1天、2天、3天、4天、7天、14天、28天、91天和182天等回购期限；企业债券回购交易设1天、3天和7天等回购期限。债券回购交易申报中，融资方按“买入”予以申报，融券方按“卖出”予以申报。

当日购买的债券，当日可用于质押券申报，并可进行相应的债券回购交易业务。质押券对应的标准券数量有剩余的，可以通过本所交易系统，将相应的质押券，申报转回原证券账户。当日申报转回的债券，当日可以卖出。

债券质押式回购交易可采用集合竞价、连续竞价、大宗交易等方式进行。

债券回购交易集中竞价时，其申报应当符合下列要求：

（1）申报单位为手，1 000元标准券为1手；

（2）计价单位为每百元资金到期年收益；

（3）申报价格最小变动单位为0.005元或其整数倍；

(4) 申报数量为 100 手或其整数倍，单笔申报最大数量应当不超过 1 万手；

(5) 申报价格限制按照交易规则的规定执行。

债券回购交易实行“一次成交、两次结算”的制度。回购交易当日初次结算的结算价格按 100 元计算。回购到期日二次结算的结算价格按购回价计算。

在回购交易日，中国结算公司于当日收市后根据结算备付金账户分户相关规定，按成交金额将结算参与人当日回购成交应收、应付资金数据，与当日其他应收、应付资金数据合并清算，轧差计算出结算参与人净应收或净应付资金余额。结算参与人客户或自营结算备付金账户净应付款的，结算参与人应当按照规定履行资金交收义务。

回购到期日，证券登记结算机构根据购回价公式计算应进行交割的资金和质押券数量。计算结果按照四舍五入原则取至小数点后三位。购回价计算公式为：

购回价 = 100 元 + 年收益 × 100 元 × 回购天数/360

债券回购交易期限按日历时间计算。若到期日为非交易日，顺延至下一个交易日。

债券回购交易的融资方，应在回购期内保持质押券对应标准券足额。债券回购到期日，融资方可以通过本所交易系统，将相应的质押券，申报转回原证券账户，也可以申报继续用于债券回购交易。当日申报转回的债券，当日可以卖出。

2. 为方便普通投资者参与回购交易，2009 年 5 月 25 日沪市试点报价回购业务。

根据上海证券交易所发布的《上海证券交易所债券质押式报价回购业务指引（试行）》（上证交字〔2009〕8 号），债券质押式报价回购，简称“报价回购”，是符合条件的投资者与其指定交易的证券公司之间进行的特定债券质押式回购，证券公司提供债券作为质物，以标准券折算比率计算出质押债券的标准券数量为融资额度向投资者融入资金，投资者按照规定收回融出资金并获得相应收益。

证券公司开展报价回购业务，应经中国证券监督管理委员会同意后向上海证券交易所申请开展报价回购业务。投资者经其指定交易的证券公司进行资质审查，取得注册投资者资格的，方可参与报价回购交易。

证券公司与投资者互为报价回购交易的对手方，同时证券公司根据投资者的委托办理有关报价回购的交易申报、登记结算等相关事宜。回购双方均应确认证券公司进行的报价回购交易申报，均基于双方真实意愿和委托。

证券公司开展报价回购业务应当通过其在中国证券登记结算有限责任公司上海分公司开立的自营专用资金交收账户（非担保资金交收账户）和客户专用资金交收账户（非担保资金交收账户）进行交收。

报价回购品种为 1 天期、7 天期、14 天期、28 天期和 91 天期。

报价回购交易时间为每个交易日的 9:30 至 11:30。投资者应当在交易时间内进行委托（包括但不限于报价回购委托、提前终止委托或其他指令）。

登记结算公司设立中国证券登记结算公司报价回购交易质押品保管库，保管证券公司提交质押券。质押库中所有的债券作为证券公司报价回购业务的履约质押担保物，质押库中所有的质押券设定的质权为证券公司所有报价回购未到期以及到期未完成交收的投资者共同享有，投资者所享有的质权不对应质押库中的具体债券，投资者不得单独就质押券主张行使质权。

证券公司在开展报价回购业务前，应向本所申请提交质押券，由本所通知登记结算公司将相应债券由指定的自营证券账户转入质押库，根据其所提交的质押券数量确定的回购额度，其报价回购业务的总量不得超过该额度。证券公司报价回购额度为质押库中的债券按标准券折算率计算出的标准券数量，标准券折算率为《标准券折算率管理办法》发布的债券质押式回购标准券折算率。可用作报价回购质押券的债券品种同现行质押式回购的债券品种。

投资者进行报价回购委托时，应保证资金账户中有足够的资金，并根据成交结果接受相应的清算交收结果。

投资者报价回购的委托应当包括证券账户、证券代码、交易类型、委托日期、委托数量、委托价格、提前终止价格等内容。投资者提前终止报价回购的委托应当包括终止的报价回购的成交日期、成交编号、证券账号等内容。

报价回购最低申报数量为50手，超出部分以1手的整倍数增加。报价回购申报价格为每百元资金到期年收益、每百元资金提前终止年收益。

证券公司应按照投资者有效委托的时间先后顺序及时向本所交易系统申报，并即时冻结投资者资金账户内的相应资金。证券公司在回购到期日根据回购到期收益价格公式逐笔计算确定购回总金额，并进行资金结算。

到期终止购回价 = 100 元 + 到期年收益率 × 100 × 实际回购天数/360

投资者可在回购到期日前向证券公司发出提前终止指令。回购提前终止的，持有期收益按该笔回购成交日证券公司公布的提前终止年收益率计算确定。单笔回购交易不得部分提前终止。证券公司应当在每交易日开市前，通过其网站及交易系统公布各回购品种的到期年收益率和提前终止年收益率。投资者报价回购的委托一经确认，即视为投资者同意并接受当日公布的该等年收益率。

报价回购提前终止的，证券公司受投资者委托向本所交易系统申报提前终止，经本所交易系统确认后，该日即为提前终止日。登记结算公司根据提前终止购回价公式逐笔计算确定购回总金额。

提前终止购回价 = 100 元 + 提前终止年收益率 × 100 × 实际回购天数/360

（四）买断式回购的具体交易规则及其交易方式

我们以上海证券交易所的国债买断式回购为例，说明买断式回购的具体交易规则及其一般交易方式。

国债买断式回购交易，是指国债持有人在将一笔国债卖出的同时，与买方约定在未来某一日期，再由卖方以约定价格从买方购回该笔国债的交易行为。其中，通过卖出一笔国债以获得对应资金，并在约定期满后以事先商定的价格从对方购回同笔国债的为融资方（申报时为买方）；以一定数量的资金购得对应的国债，并在约定期满后以事先商定的价格向对方卖出对应国债的为融券方（申报时为卖方）。

国债买断式回购的交易主体限于在中国证券登记结算有限责任公司上海分公司以法人名义开立证券账户的机构投资者。机构投资者进行买断式回购交易必须拥有足额的资金或相应的国债。每一机构投资者持有的单一券种买断式回购未到期数量累计不得超过该券种发行量的20%。

国债买断式回购交易按照证券账户进行申报。申报应当符合以下要求：

（1）价格：按每百元面值债券到期购回价（净价）进行申报；

（2）融资方申报“买入”，融券方申报“卖出”；

（3）最小报价变动：0.01元；

（4）交易单位：手（1手=1 000元面值）；

（5）申报单位：1 000手或其整数倍；

（6）每笔申报限量：竞价撮合系统最小1 000手、最大50 000手。单笔交易数量在10 000手（含）以上，可采用大宗交易方式进行。

国债买断式回购交易实行履约保证金制度，融资方和融券方在成交当日须按一定比率缴纳履约金。履约金由中国结算上海分公司管理，在买断式回购到期并完成清算交收前，双方不得动用。

国债买断式回购交易按照“一次成交、两次清算”原则进行。初次清算价格为上一交易日对应国债的收盘价（净价）加上交易日对应国债的应计利息，购回清算价为购回价（净价）加上到期日应计利息。

回购到期双方按约履行的，履约金返还各自一方。如单方违约，违约方的履约金交守约方所有。到期日融券方证券账户中应付的相应国债数量不足，视为违约。到期日融资方没有足够资金购回相应国债，视为违约。违约方承担的违约责任只以支付履约金给守约方为限，并免除双方的实际履约义务。

回购到期日融资方没有足够资金购回相应国债，同时其对应融券方证券账户中应付的相应国债数量不足，则交易双方均为违约。双方各自缴纳的履约金划归证券结算风险基金，并免除双方的实际履约义务。

复习思考题

1. 确定债券价格应考虑哪些因素？
2. 简述债券的偿还方式。
3. 简述影响债券行市的主要因素。
4. 简述债券的交易形式。
5. 简述债券和股票的区别。

第十章

证券投资分析概述

本章摘要

证券投资分析是指人们通过各种专业分析方法对影响证券价格的各种信息进行综合分析，以判断证券价格变动趋势的行为。证券投资分析方法主要分为基础分析流派、技术分析流派、心理分析流派等。本章重点分析了基础分析方法与技术分析方法的基本关系。

关 键 词

证券投资分析　基础分析　技术分析

第一节　证券投资分析的主要方法

一、概念与发展简史

（一）证券投资分析的概念

证券投资分析是指人们通过各种专业性分析方法对影响证券价值或价格的各种信息进行综合分析以判断证券价值或价格及其变动的行为。

（二）证券投资分析的发展简史

1. 证券分析的业务范围不断拓展

分别服务于企业、基金管理公司和证券公司等不同社会部门。

2. 证券分析的对象不断延伸

从微观企业、中观企业到宏观国民经济，从国内市场到国际市场。

3. 证券分析的方法不断创新

从以技术分析和基本分析为主的传统分析方法扩充到资本资产定价模型、资本资产套利模型等现代投资分析方法。

从我国证券咨询业务发展历程看，自从证券市场出现以来，证券投资分析师以技术分析为主的股评；1996 年分化，一部分进入一级市场从事财务顾问业务，股评内容开始注重宏观、行业和上市公司基本面分析；1998 年后证券从业人员纳入法制轨道；2000 年行业自律组织成立。

二、主要分析流派及其特点

（一）基本分析流派

基本面分析是证券投资分析的重要组成部分。任何金融资产都有其相对稳定的内在价值，从而构成其市场价格变动的轴心。证券投资者可以从宏观经济状况、行业特性以及公司内在质量三个层面发掘影响金融资产内在价值的基本经济因素。

1. 基本面分析概述

证券投资的基本分析又称基本面分析，是指证券投资者根据经济学、金融学、财务管理学以及投资学等学科所涉及的基本原理，对影响证券价值及其价格变动的各种基本因素（诸如宏观经济指标、宏微观经济政策、行业发展状况、产品市场状况、公司财务与经营管理状况等）进行分析，藉以评估证券的投资价值，判断证券的价格趋向，从而最终做出相应投资策略选择的证券投资分析方法。

根据资产定价的净现值分析方法，所谓证券价值，指的是相应证券未来每期净现金流量的折现值之和。

可见，影响证券价值的主要因素就是未来的净现金流量序列以及相应的折现率。因此，基本面分析的主要内容也就可以归结为这两个因素及其内在影响因素的判断。

具体地说，基本分析法主要包括以下几个方面内容的分析：

（1）宏观经济分析。宏观经济分析主要探讨各种经济指标和经济政策对证券价值的影响。经济指标主要包括先行性指标、同步性指标和滞后性指标等，经济政策主要包括财政政策、货币政策、税收政策、收入分配政策等等。

先行性指标指的是能够昭示未来经济发展状况的经济指标。例如制造业工人平均工作周、制造业工人的失业率、消费品和原料的新订单、库存的实际变化、货币供应量、流动资产总额的变化、敏感性商品或劳务价格的变化、成套设备的合同及订单、新颁发的私人住宅建筑许可证、销售不畅公司的比例等。

同步性指标（又称一致性指标）是指其达到高峰或低谷的时间与总体经济出现高峰或低谷的时间大致相同的指标。同步性指标可用来描述总体经济的运行轨迹，确定总体经济运行的高峰或低谷位置。例如国内生产总值、工业总产值、社会消费品零售总额等。

滞后性指标（又称落后指标）是指其高峰或低谷出现的时间晚于总体经济出现高峰或低谷的时间的指标。它有助于分析前一经济循环是否已结束，下一循环将会如何变化。例如财政收入、工业企业实现利税总额、城市居民人均可支配收入等。

（2）行业分析或区域分析。行业分析主要分析上市公司所属的不同市场类型、所处的不同行业生命周期以及行业的业绩对证券价格的影响；区域分析主要分析区域经济因素对证券价格的影响。

（3）公司分析。公司分析是基本面分析的重点，主要分析公司的财务状况和生产经营管理状况，借以评估和预测证券的投资价值、市场价格及其未来变化的趋势。

基本面分析的优点主要是：其具体思路与方法具有较为充实的理论依据；适用于把握证券价格的长期走势。

基本面分析的缺点主要是：预测的时间跨度相对较长，对短线投资的意义不大；相较于技术分析，它的时间投入、人力投入以及财力投入都相对较多。

（二）技术分析流派

证券投资的技术分析理论是一种试图通过对证券市场历史波动规律的分析、研究、归纳与把握，藉以预测市场未来变动的趋向及其波幅的方法。

关于证券行市历史波动规律的把握，技术分析方法特别看重股价及成交量两个指标。技术分析方法认为股价及成交量这两个指标的变化可以综合体现所有行情影响因素的效应。所以，技术分析理论下的各种图表或指标都是围绕着股价及成交量这两个指标来设计并展开的。在技术分析理论下，所谓证券行市历史规律的把握和预测实际上就是证券交易的股价和成交量历史规律的把握和预测。

1. 技术分析方法的三大假设

（1）市场行为涵盖一切信息。这一假设认为，影响股票股价的每一个因素，包括内在的（如公司的经营业绩）和外在的（如国家的经济政策），都会在市场行为的相应变化中获得恰当的反映。所以，投资者不必过多关心影响股票股价的种种因素，只需跟踪并预测股价和成交量即可。

市场行为涵盖一切信息的假设，是进行技术分析的基础。

（2）股价变化具有惯性，即股价会沿着趋势移动。技术分析方法认为，股票的股价是由供需关系决定的，企业的赢利状况和股息分派的规模等因素只是影响股票供求、进而影响股价变化的间接或深层次因素。而股票的供求关系一旦确立，股票股价的走向也就确定了下来，除非又出现新的、能够导致股票供求关系出现明显变化的重大因素，股票股价的现有趋势不会改变，直到现有信息被完全消化为止。

（3）历史将会重演。技术分析方法认为，影响证券行市变化的因素并非神秘莫测，其内涵与外延都很明确。同一种因素会经常地对证券行市的变化产生影响。由于国民性格的稳定性，不同时期的投资者对相似因素的反应也应大致相同，此即所谓的历史会重演。因此，投资者根据证券行市变化的历史资料所概括出来的规律可以用于预测未来。

2. 技术分析方法的基本内容

技术分析方法认为，股价、成交量、股价与成交量发生的时间和空间是刻画证券行市变化的四个基本要素。对这几个要素的基本规律及其相互关系的研究是技术分析方法的基础做法。

（1）股价和成交量。成交股价和成交数量是刻画市场行为具体特征的基本指标。成交量和股价之间的关系大致包括如下几个方面的内容：

① 成交量是推动股价涨跌的动力。在牛市中，股价的上升常常伴随着成交量的放大；而股价的暂时回调则伴随着成交量的萎缩。在熊市中，伴随着股价的下跌，常常会出现抛售，成交量明显放大；而在股价暂时反弹时，由于投资者仍心有疑虑，成交量并不增加。

尽管人们对于成交量与股价涨跌的因果关系尚有不同的看法，但行市与成交量的联动效应确是基本事实。

② 量价背离是市场逆转的信号。有时候股价大幅度升降，成交量却减少。例如股价连创新高，成交量却趋于萎缩；或者股价连续走低，成交量却很少。这种量价背离的现象说明股价的变动得不到成交量的配合，所以行市的现有态势不会持久，通常是市场变动逆转的征兆。

③ 成交密集区对股价变动有压力或支撑的作用。通常认为，如果在一个股价区间沉积了数量巨大的成交量，则当股价由下向上突破这个股价区间的时候，势必引发解套盘或获利盘的抛压，从而增加了上升的压力。相反，当股价由上向下跌破这个股价区间的时候，只要不出现重大的利空消息，则大多数股票持有人不会割肉抛出，甚至有可能加仓以摊薄成本，或诱发抄底盘进入建立仓位。所有这些都会削弱卖方的力量，使得股价下行受阻。

④ 成交量放大是判断突破有效性的重要依据。根据上述分析，除非买卖双方力量发生了明显的变化，否则很难克服成交密集区的压力推动股价的上升或下降。因此，有效的突破必然伴随成交量的放大，否则说明买卖力量的均势没有打破，股价的变动不能确认为有效的突破。

（2）时间和空间。在技术分析中，“时间”是指完成某个行市过程所经过的时间，一般是指一个波段或一个升降周期所经历的时间。“空间”是指股价的升降所达到的程度，亦即所谓的升幅或跌幅。

时间体现了市场潜在能量积蓄、消散的过程。而空间体现的则是市场潜在能量的大小。一个行情周期可能持续的时间及其波动幅度是投资者最为关心的问题，也是行情预测的主要目的。

3. 技术分析方法的一般技术手段

一般认为，图表方法是技术分析方法主要的手段。从这个意义上讲，技术分析方法可以有多种。例如股价线类、切线类、形态类、指标类、波浪类、周期类等。

（1）股价线类。例如 K 线图、股价（或指数）即时走势图等。这些图形主要反映股价走势的历史与现状，并由此推断股票市场多空双方力量的对比，预期未来的趋向。

（2）切线类。是按一定方法或原则在股票股价的走势图表（例如 K 线图）中画出一些大致能够代表行市走向的直线，然后根据这些直线的趋向推测股票股价的未来变动，这些直线就叫切线。

切线可以用来判定支撑和压力的具体位置。一般来说，股票股价在自下而上上涨的过程中，一旦触及压力线（或称压力线），甚至还未触及压力线，就会向下变动。同样，在股价从上向下的过程中，在支撑线附近就会遇到压力。

但若股价在触及切线后并没有发生逆转，而是继续依趋势向上或向下，这就是突破。预示后市的趋势已经发生改变。而在突破之后，这条切线仍然有作用，只是名称和作用变了。原来的支撑线变为压力线，原来的压力线变为支撑线。

（3）形态类。是根据股价图形（例如 K 线图、股价（或指数）即时走势图等）中过去一段时间走过的轨迹形态来预测股票股价未来变动的方法。

股价形态的形成是证券市场对各种信息做出反应的结果。由于历史可以重演，所以我们可以凭借形态的分析来推测股票股价的走向。常见的股价形态主要有 M 头、W 底、头肩顶、头肩底等十多种。

（4）指标类。指标类主要是建立一个数学模型，给出具体的指标计算公式，得出一个能够体现股票市场某个方面的实质（主要是股价或成交量方面）的数字，即指标值。藉以预期股市未来的走向。

目前常见的指标有：平滑异同平均线（MACD）、相对强弱指标（RSI）、随机指标（KD）、趋向指标（DMI）、能量潮（OBV）、心理线（PSY）、乖离率（BIAS）等。

（5）周期类。循环周期理论认为，股价的高点和低点的出现，时间上存在一定的规律性。正如事物的发展有周期性一样，股价的上升和下降也存在某些周期的特征。掌握好了股价高低出现时间上的规律性，对股票交易是非常有利的。波浪理论是循环周期理论的代表。

这几类技术分析方法虽然着重点不同，但目的是相同的，相互之间并不排斥，在使用上可以相互借鉴。例如，在指标分析时，经常使用切线和形态学派中的一些结论和方法。

4. 技术分析方法应用过程中应该注意的问题

（1）技术分析必须与基本面的分析结合起来使用。由于我国证券市场尚不成熟，市场突发因素较多，人为操纵因素较多，仅靠过去和现在的数据、图表去预测未来是不可靠的。技术分析成功的关键除了在实践中不断总结技术分析的经验或技巧以外，还须有效结合基本面分析。

（2）注重多种技术分析方法的综合使用和判断，切忌片面地使用某一种技术分析。实践证明，单独使用一种技术分析方法有相当大的盲目性和局限性。如果应用多种方法均能得到相同的结论，则成功的可能性就会大大提高。因此，投资者应尽量多掌握一些技术分析方法，掌握的技术分析方法越多，行市分析就越发能够得心应手。

（3）技术分析是一种工具，起决定因素的是人。技术分析应用的效果很大程度上取决于投资者个人的素质。例如，技术指标中参数的选择、切线中线条画法的选择、波浪理论中波浪的数法等等，这些都是因人而异的。个人的偏好和素质影响这些选择，也就影响技术分析的结果。

（4）前人得到的结论要通过自己验证后才能放心地使用。由于研究股票的分析方法不同，前人的结论是在某一定的特殊条件下得到的，随着环境的改变，投资者自己使用时有可能会失灵。

（三）心理分析流派

分为个体心理分析与群体心理分析两个方向。

个体心理分析基于“人的生存欲望”、“人的权利欲望”、“人的存在价值欲望”三大心理分析理论，旨在解决投资者在投资决策过程中产生的心理障碍问题；群体心理分析基于群体心理与逆向思维理论，旨在解决投资者如何在研究市场过程中保持正确的观察视角问题。

（四）学术分析流派

重点为长期持有投资战略，即在长期的时间内不断吸收并持有所选定上市公司股票的投资战略。其投资分析的哲学基础是“效率决定市场理论”，投资目标为“按照风险水平选择投资对象”。效率市场理论的含义是，当给定当前的市场信息集合时，投资人不可能发展出任何交易系统或投资战略，以获取超出由投资风险水平所对应的投资收益率的超额收益。与上述三大流派的区别，是以获取平均的长期收益率为投资目标，而非“战胜市场”。

投资分析流派的基本区别见表 10.1。

表 10.1　　投资分析流派的基本区别

分析流派	对待市场态度	使用数据性质	使用判断的本质特征	适用投资规模
基本分析流派	市场永远是错	只使用市场外	只有肯定意义	战略规模
技术分析流派	市场永远是对	市场内数据	只有否定意义	战术规模
心理分析流派	有时对有时错	兼用市场内外	可以肯定否定	无规模限制
学术分析流派	市场不置可否	兼用市场内外	只作假设判断不作投资判断	战略规模

第二节 证券投资分析的信息来源

一、政府部门

政府部门是宏观经济政策的制定者，是信息发布的主体，是证券投资分析的信息主要来源。

（一）国务院

宏观管理最高机构，其颁布的各项法律法规及重大政策，会对证券市场产生全局影响。

（二）中国证监会

直接监督证券期货市场的政府部门，主要负责制定证券期货市场方针政策、发展规划、有关法规起草、违规行为的调查处罚、经营机构及证券市场的监管等。

（三）财政部

主管财政收支、财税政策、国有资本金，制定财政、税收战略方针及规划，参与制定各项宏观经济政策，拟定资本金管理、财务会计法规草案，制订和执行财政、财务、会计、管理等规章制度。

（四）中国人民银行

国务院领导下制定和实施货币政策，对金融实施监管。

（五）国家经贸委

宏观调控经济运行的政府部门，负责检测、分析、调控经济运行，制定国家产业政策、行业法规与投资布局等。

（六）国家统计局

负责国民经济核算，定期发布国民经济和社会发展中有关统计数据的政府部门。

（七）国家发改委

负责研究提出国民经济和社会发展战略、中长期规划和年度计划，研究提出总量平衡、发展速度和结构调整的目标政策，主要职责包括社会总供求总量平衡和重大比例协调、全社会固定资产投资总规模、重大项目布局、重大基建项目及重大外资项目、监控国际收支平衡等。

二、证券交易所

沪深证券交易所主要负责提供证券交易场所和设施，制定证券交易所业务规划，接受上市申请，安排证券上市，组织监管证券交易，对会员上市公司进行监管，其中向社会公布证券行情及成交情况的日报、周报、月报、年报等成为技术分析的首要信息来源与量价分析基础。

三、上市公司

作为经营主体，其经济状况的好坏直接影响到投资者对其价值的判断，从而影响其股价的高低。上市公司通过定期报告（年、中、季报）和临时公告等形式向投资者披露其经营状况的有关信息，如公司盈利水平、股利政策、增资减资、资产重组等重大事宜，其发布的信息是投资者价值判断的最重要来源。

四、中介机构

为证券市场参与者提供各种服务的专职机构，主要包括以下四个机构。

（1）证券经营机构。

（2）证券投资咨询机构。

（3）证券登记结算机构及相关业务机构。

（4）从事证券相关业务机构，如会计师事务所、资产评估所、律师事务所、信用评级机构等。

上述机构利用其人才、信息等方面优势为不同市场参与者提供服务，引导投资方向，同时中介机构在收集、整理、分析基础上撰写的通常以有偿形式提供的研究报告也是信息来源的重要形式。

五、媒体

信息发布主体之一与发布主渠道。

六、其他来源

实地考察、专家访谈、市场调查、内幕信息等。

第三节　股票价值确定的净现值方法

一般来说，投资者在买卖股票前，都要评估一下股票的价值。也就是要确定股票的理论价值，以便判定目前该股票的市场价格是否合理。如果股票价值远超过市场价格，就说明该股票价格被低估，具有上涨的潜力，投资者可以考虑买进；如果股票价值远低于市场价格，就说明该股票价格被高估，具有下跌的可能，投资者可以考虑卖出。

进行股价评估，首先得估计出相应股票投资可能给投资者带来的收益及其可能让投资者承担的风险。

股票投资的收益主要来自两个部分。其中，一是公司派发的股利；二是股票买进与卖出之间的差价利润（也称资本利得）。不过，若考虑到买方和卖方的收益都来自于股息和资本利得，则长远动态地看，股票投资的收益来源其实只有一个，那就是股息收入。正是由于这个原因，通常我们在确定股票理论价值的时候，总是假定持有股票的期限无限长，从而排除了资本利得这个因素，只考虑股息收入对股票价值形成的影响。

股票投资的风险则要复杂得多，主要包括利率风险（指的是市场利率变化引起股价波动，从而影响投资报酬的风险）、购买力风险（又称通货膨胀风险，指的是由于物价水平变动而导致的股票实际收益率的变化）、经营风险（指的是由于股票发行公司经营不善或公司所处的外部环境发生不利变动，导致公司盈余减少，从而影响股利发放或引起股价下跌致使投资者蒙受损失的风险）、财务风险（指的是过分负债导致破产的风险）、政治风险（指的是政治动荡不安导致企业经营环境的恶化）、经济景气风险（指的是宏观经济的周期性波动对企业效益的影响）等。

然后，在充分考虑了所有的收益与风险的情况下，我们就可以将股票的内在价值具体化、数量化。其中最基本的股票内在价值数量化方法就是净现值方法。

由于股价评估的目的是判定目前的市场价格是否合理，因此必须把未来可能带给投资者的报酬予以折现，这样才能在相同时点上相互比较。净现值方法就是按照某一折现率把股票发行公司未来各期盈余或股东未来各期可以收到的现金股利折现成现值，并求和，从而用该现值和作为普通股的内在价值量。

净现值股价确定方法的难点在于折现率的选定。理论上，应该把类似风险投资的期望报酬率作为折现率，其含义相当于从证券市场线求得的期望报酬率。因为证券市场线正是显示了个别证券或投资组合的期望报酬与其风险的关系。显然，某种股票的风险越大，折现率也应越大；风险越小，折现率也越小。当然，也可以依据 APT 确定出风险资产的均衡收益率来。

一、净现值估价方法的基本模型

股票的基本估价模型分两种情形：

1. 永久持有的股票评估模型

$$P=\frac{D_1}{1+i_1}+\frac{D_2}{(1+i_2)^2}+\frac{D_3}{(1+i_3)^3}+\cdots+\frac{D_n}{(1+i_n)^n}+\cdots \tag{1}$$

上式中，P 为普通股每股的现值，D_n 为第 n 期的股利，i_n 为投资者对第 n 期的期望报酬率（即折现率）。

上式中，每一期的股息及其折现率都可以取不同的值。若假设它们都是常数，例如每期的股息均为 D，折现率均为 i，那么上式可简化为：

$$P = \sum_{t=1}^{\infty} D\left(\frac{1}{1+i}\right)^t = \frac{D}{i} \tag{2}$$

例 10.1 假定某股票未来每年的现金股利均为 2 元，投资者的预期投资报酬率恒定为 16%，则该股票的理论价值为：

$$P = 2 \div 0.16 = 12.50 \text{ 元}$$

由于普通股每年的股利不可能一直不变，因此这一零成长率的股票价值模型只是在股利政策比较稳定的普通股估价和优先股分析时采用。

2. 有限持有期的股票评估模型

在现实环境中，投资者不会永久持有股票。这时，式（1）必须做一些必要的修正：

$$P = \frac{D_1}{1+i} + \frac{D_2}{(1+i)^2} + \frac{D_3}{(1+i)^3} + \cdots + \frac{D_n}{(1+i)^n} + \frac{P_n}{(1+i)^n}$$
$$= \sum_{t=1}^{n} \frac{D_t}{(1+i)^t} + \frac{P_n}{(1+i)^n} \tag{3}$$

其中，P_n为第 n 期期末股票的预期出售价格。

上式说明，投资者若在第 n 期出售股票，那么普通股价值就等于第 1 期至第 n 期的每股股利之现值加上第 n 期股票售价的现值之和。

例如，如果仅持有一期，则有：

$$P = \frac{D_1}{1+i} + \frac{P_1}{1+i}$$

如果持有两期，则有：

$$P = \frac{D_1}{1+i} + \frac{D_2}{(1+i)^2} + \frac{P_2}{(1+i)^2}$$

例 10.2 某投资者拥有一家上市公司发行的股票 15 万股，每股面值为 1 元。该公司近两年的每股股利收益率为 15% 左右。经分析预测认为，在未来的三五年内该公司的业绩足以维持这一 15% 的每股股息率。而在三年后该公司股票的市盈率很有可能达到10倍左右，届时该投资者将售出其全部持有的股票。

假定该股票所适用的折现率为9%，则该投资者这15万股股票的市场价值为：

$$P = \sum_{t=1}^{3} \frac{15 \times 15\%}{(1 + 9\%)^{t}} + \frac{15 \times 15\% \times 10}{(1 + 9\%)^{3}} = 23.0699\text{（万元）}$$

二、股利固定增长估价模型

这一模型的预期股利每年会以固定的百分比增长。例如假定股利增长率为 g，则有：

$$P = \frac{D_0(1+g)}{(1+i)} + \frac{D_0(1+g)^2}{(1+i)^2} + \frac{D_0(1+g)^3}{(1+i)^3} + \cdots + \frac{D_0(1+g)^n}{(1+i)^n} + \cdots \tag{4}$$

若假定股票持有期限有限，例如为 n 年，则上式可进一步简化为：

$$\left[\frac{i-g}{1+g}\right]P = D_0\left[1 - \frac{(1+g)^n}{(1+i)^n}\right]$$

但在无穷持有期限下，若假设股利增长率低于一般期望投资报酬率，亦即 $g < i$，则上式右边括号内值趋向于1，（4）式就可简化为：

$$P = \frac{D_0(1+g)}{i-g} = \frac{D_1}{i-g} \tag{5}$$

（5）式是一个被广泛运用的股利估价模型。

当然，若投资者并非无限期持有股票，则在其持有期为 n 的情况下，（4）式需修正如下：

$$\begin{aligned} P &= \frac{D_0(1+g)}{1+i} + \frac{D_0(1+g)^2}{(1+i)^2} + \frac{D_0(1+g)^3}{(1+i)^3} + \cdots + \frac{D_0(1+g)^n}{(1+i)^n} + \frac{P_n}{(1+i)^n} \\ &= \sum_{t=1}^{n} \frac{D_0(1+g)^t}{(1+i)^t} + \frac{P_n}{(1+i)^n} \end{aligned} \tag{6}$$

三、变动型股利增长率的普通股评价模型

在前面几个股票定价模型中，为了便于计算和说明问题，附加了许多约束条件，如股利增长率固定、投资报酬率固定及 $g < i$ 等。但在实际情况下，这些条件不一定满足。下面介绍股利增长率不固定条件下的股票估价模型。

假设股利增长率在一定时期内首先维持在一个异常高或异常低的水平（如为 g_1）；

其后恢复为正常增长率（如为 g_2）水平。则股票定价模型如下：

$$
\begin{aligned}
P &= \sum_{t=1}^{n} \frac{D_0(1+g)^t}{(1+i)^t} + \frac{P_n}{(1+i)^n} \\
&= \sum_{t=1}^{n} \frac{D_0(1+g)^t}{(1+i)^t} + \sum_{m=n+1}^{\infty} \frac{D_m}{(1+i)^{m-n}} \cdot \frac{1}{(1+i)^n} \\
&= \sum_{t=1}^{n} \frac{D_0(1+g_1)^t}{(1+i)^t} + \sum_{m=n+1}^{\infty} \frac{D_n(1+g_2)^{m-n}}{(1+i)^{m-n}} \cdot \frac{1}{(1+i)^n} \\
&= \sum_{t=1}^{n} \frac{D_0(1+g_1)^t}{(1+i)^t} + \frac{D_{n+1}}{i-g_2} \cdot \frac{1}{(1+i)^n} \qquad (7)
\end{aligned}
$$

例 10.3 某公司目前（即第 0 期）的现金股利为 2 元；股东的预期报酬率为 16%；未来 5 年中股利的超常态增长率为 20%，在第 5 年结束后股利会恢复到正常增长率 10% 的水平。则有：

$$
\begin{aligned}
P &= \sum_{t=1}^{n} \frac{D_0(1+g_1)^t}{(1+i)^t} + \frac{D_{n+1}}{i-g_2} \cdot \frac{1}{(1+i)^n} \\
&= \sum_{t=1}^{5} \frac{2(1+0.20)^t}{(1+0.16)^t} + \frac{2(1+0.20)^5(1+0.10)}{0.16-0.10} \times \frac{1}{(1+0.16)^5} \\
&= 2.069 + 2.14 + 2.214 + 2.29 + 2.37 + 91.238 \times 0.476 \\
&= 54.51(\text{元})
\end{aligned}
$$

四、留利固定的股票评估模型

在现实生活中，公司的盈余除了用于派发红利外，还得保留一部分用于再投资，以求企业的不断发展。

1. 留利额固定模型

令 E 为每股税后纯利润；r 为留利再投资的收益率；D 仍为现金股利。所谓留利额固定，亦即：

$$E_t - D_t = E_{t-1} - D_{t-1} = \cdots = E_1 - D_1$$

令 $\frac{E_1 - D_1}{E_1} = a$，则每个时期的盈余与股利关系如下：

$$
\begin{aligned}
&D_1 = E_1 - aE_1 \\
&E_2 = r(E_1 - D_1) + E_1 = raE_1 + E_1 = E_1(1+ra)
\end{aligned}
$$

又因为 $E_2 - D_2 = E_1 - D_1 = aE_1$，所以有：

$$D_2 = E_2 - aE_1 = E_1(1 + ra) - aE_1$$

同理有：

$$E_3 = E_1(1 + 2ra), D_3 = E_3 - aE_1$$
$$D_3 = E_1(1 + 2ra) - aE_1$$

把上述 D_1，D_2，D_3…代入公式（1）中，得

$$P = \frac{E_1 - aE_1}{1 + i} + \frac{E_1(1 + ra) - aE_1}{(1 + i)^2} + \frac{E_1(1 + 2ra) - aE_1}{(1 + i)^3} + \cdots$$
$$= \frac{E_1 - aE_1}{1 + i} + \frac{(E_1 - aE_1) + E_1 ra}{(1 + i)^2} + \frac{(E_1 - aE_1) + 2E_1 ra}{(1 + i)^3} + \cdots$$

上式是求永久年金额递增复利现值，由公式可得：

$$P = \frac{E_1 - aE_1}{i} + \frac{E_1 ra}{i^2}$$
$$= \frac{D_1}{i} + \frac{r(E_1 - D_1)}{i^2}$$
$$= \frac{D_1 + \frac{r}{i}(E_1 - D_1)}{i}$$

因此，留利额固定的股票估价模式为：

$$P = \frac{D + \frac{r}{i}(E - D)}{i} \tag{8}$$

2. 留利率固定的股票评估模型

令每期盈余的留利率固定，即 $(E_t - D_t)/E_t = (E_1 - D_1)/E_1 = b$，那么，每期股利依次为：

$$D_1 = E_1 - bE_1 = E_1(1 - b)$$
$$E_2 = r(E_1 - D_1) + E_1 = rbE_1 + E_1 = E_1(1 + rb)$$
$$D_2 = (1 - b)E_2 = (1 - b)(1 + rb)E_1$$
$$E_3 = r(E_2 - D_2) + E_2 = rbE_2 + E_2 = E_2(1 + rb) = E_1(1 + rb)^2$$
$$D_3 = (1 - b)E_3 = E_1(1 - b)(1 + rb)^2$$

$$E_4 = r(E_3 - D_3) + E_3 = rbE_3 + E_3 = E_3(1+rb) = E_1(1+rb)^3$$

$$D_4 = (1-b)E_4 = E_1(1-b)(1+rb)^3$$

$$\cdots$$

代入公式（1）得：

$$P = \frac{(1-b)E_1}{1+i} + \frac{(1-b)E_1(1+rb)}{(1+i)^2} + \frac{(1-b)E_1(1+rb)^2}{(1+i)^3} + \cdots$$

$$= (1-b)E_1\left[\frac{1}{1+i} + \frac{1+rb}{(1+i)^2} + \frac{(1+rb)^2}{(1+i)^3} + \cdots\right]$$

最终有：

$$P = (1-b)E_1 \frac{1}{1+i-(1+rb)} = \frac{D_1}{i-rb} \tag{9}$$

例 10.4 某投资者拥有一种股票 50 万股，面值为 1 元。近年来，该股的分红率大约在面值的 10% 左右；并且该股票发行公司通常会把每年税后利润的 75% 用于分红，另 25% 用于扩大再生产。经分析，从总的趋势来看，该公司今后几年的净资产收益率大约会是 15% 。假定基准折现率为 9% 。则该股票的市场价值评估如下：

$$P = \frac{D_1}{i-rb} = \frac{50 \times 10\%}{9\% - 15\% \times 75\%} = 95.238\ （万元）$$

需要指出的是，证券的风险、收益及其理论价值并非一成不变。当市价远超过理论价值时，如果所有的投资者都意识到应该卖出，那么卖压过强，市价便可能超跌；同理，当市价远低于理论价值时，如果所有的投资者都想买进证券，那么买力过强，市价便可能过分上涨。

此外，如果股票发行公司既将从事一项可能会发生损失的新投资，投资该公司股票的风险便会增加，风险调整的折现率应该随之提高，这会降低该股票的理论价值。因此，每当有关股票的新信息一出现，便应调整股票的理论价值。而这样作的结果会加速证券市场价格的波动。

复习思考题

1. 简述基础分析的基本原理。
2. 简述技术分析的基本原理。
3. 简述技术分析的基本假设前提。

第十一章

宏观经济分析

本章摘要

宏观经济运行状况是决定证券市场总体走势的决定性因素，也是决定上市公司盈利状况的重要外部因素。证券市场的宏观经济分析可以划分为宏观经济运行状况分析和宏观经济政策分析两个层面的内容。本章系统地阐述了这两个方面的基本内容。

关 键 词

宏观经济运行状况　宏观经济政策

第一节　宏观经济运行状况分析

一、国内生产总值

国内生产总值（GDP）是指在一定的范围内（通过指一个国家）本地（国）和外地（国）居民在一定时期内（通常是指一年）所生产出来的全部最终产品的市场价值总和。它是对一国（或地区）经济总体状况的综合反映，是衡量宏观经济发展状况的主要指标。

通常而言，持续、稳定、快速的 GDP 增长表明经济总体发展良好，上市公司获得更多发展机会，其产值、销售收入、利润都会持续增加。投资者对经济形势的良好预期也会激发投资意愿，从而促使证券价格上涨。反之则下降。

GDP 变动对证券市场影响的机制：

表 11.1　　GDP 变动对证券市场影响机制

GDP 变动	证券市场相应变动	GDP 变动对证券市场影响机制
GDP 持续、稳定、高速增长	证券价格上涨	公司经营效益上升；投资者信心增加；居民收入增加

续表

GDP 变动	证券市场相应变动	GDP 变动对证券市场影响机制
高通货膨胀下的 GDP	证券价格下降	企业经营困难，居民收入降低
宏观调控下的 GDP 增长	证券市场平稳渐升	经济矛盾得到缓解为进一步增长创造了有利条件
转折性的由负增长向正增长转变	证券市场由下跌转为上升	恶化的经济环境逐步得到改善
恶化的经济环境逐步得到改善，向 GDP 高增长变动	证券价格快速上扬	新一轮的经济高速增长已经来临

二、国民收入

国民收入水平和国民收入分配结构及其变动，对证券市场产生较大的影响。当人均国民收入水平上升时，说明宏观经济运行情况良好，证券市场的前景看好；当国民收入向企业和个人倾斜时，说明企业的投资能力、居民的投资与消费能力都将提高，这将促进经济的进一步增长，有利于上市公司的发展，增加证券市场的资金供给。当人均国民收入水平下降，或企业和居民个人的国民收入分配比重降低时，效果则相反。

三、通货膨胀

通货膨胀是指商品和劳务的货币价格持续普遍上涨。通常，CPI（即居民消费价格指数）被用作衡量通货膨胀水平的重要指标。一般而言，温和的、稳定的通货膨胀对上市公司的股价影响较小；如果通货膨胀在一定的可容忍范围内持续，且经济处于景气阶段，产量和就业都持续增长，那么股价也将持续上升；严重的通货膨胀则很危险，经济将被严重扭曲，货币加速贬值，企业经营将受到严重打击，股价将会下降。通货膨胀也可能对投资者的心理和预期产生影响，从而也对证券市场产生影响。因为 CPI 往往作为政府动用货币政策工具的重要观测指标，例如 2007 年以来我国 CPI 高位运行，因此在每月 CPI 数据公布前后，市场也普遍预期政府将会采取加息等措施来抑制通货膨胀，引发了股市波动。

四、利率

利率对于上市公司的影响主要表现在两个方面：第一，利率是资金借贷成本的反映，利率变动会影响到整个社会的投资水平和消费水平，间接地影响到上市公司的经营业绩。利率上升，公司的借贷成本增加，对经营业绩通常会有负面影响。第二，在评估上市公司价值时，经常使用的一种方法是采用利率作为折现因子对其未来现金流进行折现，利率发生变动，未来现金流的现值会受到比较大的影响。一般而言，利率与股价反向变动。利率上升，未来现金流现值下降，股票价格也会发生下跌，反之则上升。

近年来我国利率调整的实证考察（连续八次降息与转入升息通道）：

在我国利率高低对股市影响很大，除了政府政策，利率是中国股市牛熊的第一因素：1996 年 4 月 1 日央行停办居民保值储蓄（当时保值贴补为 6%），等于降息 6 个百分点，物价应声而落。

1996 年 5 月 1 日央行首次降息，存贷款利率分别降 0.98% 和 0.75%，历时超过 2 年的大牛市由此拉开序幕。

1996 年 8 月 2 日央行第二次降息，存贷款利率平均降 1.5% 和 1.2%，对沪深股市带来新的刺激，并在当年年底冲上了历史的高峰。

1997 年 10 月 23 日央行第三次降息，存贷款利率分别降 1.1% 和 1.5%，之后发行的两个长期品种的国债异常火爆。

1998 年 3 月 25 日央行第四次降息，存贷款利率分别降 0.16% 和 0.6%，为国企改革创造了良好的资金环境。

1998 年 7 月 1 日央行第五次降息，存贷款利率分别降 0.4% 和 1.12%，降息幅度高于前次，恰好美国总统克林顿访华，期间要参观上海证券交易所，其寓意深远。

1998 年 12 月 7 日央行第六次宣布降低金融机构的存贷款利率，分别降 0.5%。

1999 年 6 月 10 日央行第七次降息，这是 20 世纪 90 年代以来人民币的最后一次降息，存贷款利率分别降 1% 和 0.75%，为股市的“5.19”行情做了铺垫。

1999 年 11 月 1 日起央行决定征收利息税，一年期存款利率由 2.25% 下降到 1.8%，2000 年我国居民储蓄存款一度出现绝对下降趋势（从 6.5 万降到 6.2 万亿），这是十多年来第一次。

2002 年 2 月 21 日央行赶在马年股市开市之前送出利好消息，第八次降息，一年期存款利率由 2.25% 下降到 1.98%，税后为 1.584%，这是来自美国及西方主要国家大幅降息影响所致，带动中国股市从 1 500 点走出近 200 点的反弹行情。

1996 年以来经过连续八次降息，加上取消保值贴补和征收利息税，实际上为十次利率变动，使我国利率水平已处于历史较低。历史上的降息特别是减少了企业的贷款利息支出，对刺激国内需求和投资增长发挥了积极作用，是启动内需的主要手段。同时一次次降息，打破了多年来在百姓的头脑中根深蒂固形成的投资观念，把庞大的居民储蓄挤出银行。

2004 年 10 月 28 日央行突然宣布从当月 29 日开始上调金融机构存贷款基准利率，并放宽人民币贷款利率浮动区间和允许人民币存款利率下浮。这是自 1996 年 5 月央行连续八次降息之后，首次上调存贷款利率。按照此次加息方案，金融机构一年期存款基准利率将上调 0. 27 个百分点，由现行的 1. 98% 提高到 2. 25%，一年期贷款基准利率上调 0. 27 个百分点，由现行的 5. 31% 提高到 5. 58%，中长期上调幅度大于短期，存款上调幅度总体大于贷款上调幅度。

五、汇率

汇率是外汇市场一国货币与其他国家货币相互交换的比率。汇率作为两国货币交换的比价，由外汇市场供求关系决定。通常，汇率变动会影响一国进出口产品的价格和资本流动。当汇率降低时，表明本币贬值，出口商品和服务在国际市场上以外币表示的价格就会降低，有利于促进本国商品和服务的出口；进口商品以本币表示的价格将会上升，本国进口趋于减少，从而扩大本国总需求，刺激经济增长，有利于增加证券市场资金的供给，促进证券价格上升。反之则降低本国总需求，导致本国经济增速放慢和证券价格下降。

（一）本国币值稳定与否对股市的涨落往往起决定性作用

1. 汇率变动对资本市场的影响

如果汇率上升，本币贬值，投资者必抛股变现，将本币换成其他坚挺货币，导致资本流出本国，股价下跌；反之亦然。如 1998 年亚洲金融危机中的泰国、马来西亚、印度尼西亚、日本、俄罗斯及我国台湾均出现贬值与股市狂跌现象。

2. 汇率变动对出口贸易的影响

如果汇率上升本币贬值，本国产品竞争力增强，出口型企业受益，该类公司股价上扬；相反，进口型企业则因成本上升而受损，该类公司股价下跌。如果动态地看，则因合同成交与结算的时差有一个滞后效应，称之为贸易 J 曲线。

（二）近年来我国汇率变动的实证考察（主动贬值与转入升值通道）

1994 年以来，人民币汇率实行的是“以市场供求为基础的、单一的、有管理的浮动汇率制度”，在 1997 ~ 1998 年亚洲金融危机时，日元、韩元、卢布、印尼盾、泰国株、马来西亚币、新加坡元等均出现严重的货币贬值，中国政府对外承诺人民币不贬值，这是被国际上打满分的货币政策，很多人认为这是出于政治考虑，实际上人民币不贬值是各国经济力量对比的结果：

（1）购买力平价证明；1 $ 在美国可买到的商品在中国绝不需要 8. 27 ¥。

（2）1993 年汇率并轨时已从 1∶5. 7 主动贬值到 1∶11 后上升到 1∶8. 9 ~ 1∶8. 3，并基本稳定下来。

（3）中国经济在 1998 ~ 2000 年基本上保持了 8% ~ 11% 的增长速度，其货币坚挺是有经济基础的。

（4）中国货币已无贬值的空间，很多商品因太便宜被国外认定为倾销。

（5）中国外债结构与外汇储备比例合理，2000 年外汇储备 1 600 亿美元，外债 1 400 亿美元，其中 85% ~87% 为长期债务，1 年内短期债务占外汇储备的比例为 1∶7 ~1∶8，而俄罗斯在 1998 年金融危机时这一比例为 8∶5。

（6）中国自 1993 年以来，一直以人民币买进美元（这也是外汇储备急剧增加的重要原因），这是防止本币升值及美元贬值的举措。

当然，由于亚洲各国货币的竞相贬值，导致中国因出口商品相对升值而受损。

考察 1981 ~2001 年汇率变动及相关情况见表 11.4。

表 11.4　1981 ~2001 年汇率变动及相关情况

	1981	1985	1986	1989	1990	1994	2002
汇率 $∶¥	1∶1.7	1∶2.93	1∶3.3	1∶3.76	1∶4.78	1∶8.62	1∶8.27
贬值幅度	80%	14%	16%	27%	11%	33.3%	
对进出口影响	+/−	+	+	+/−	+	+	
GDP	5.2%	13.2%	8.5%	4.2%	4.2%	12.6%	8%
通货膨胀率	2.4%	8.8%	6.0%	7.8%	2.1%	21.7%	−0.8%
外汇储备（亿 $）	27.08	26.44	20.72	55.50	110.9	516.2	2 864.07

六、经济周期

（一）经济周期概念

经济周期是指国民收入及经济活动的周期性波动，表现为扩张（繁荣）与收缩（衰退）的交替出现。现代宏观经济学认为经济周期是经济增产率上升或下降的交替过程。根据这一定义，衰退不一定表现为 GDP 绝对量的下降，而主要表现为 GDP 增长率的下降。即使其值不是负值，也可以称之为衰退，经济学称之为增长性衰退。

一般把经济周期分为四个阶段，如图 11.1 所示。每个阶段各有自己的特点：

繁荣阶段，是指国民收入与经济活动高于正常水平的一个阶段。其特征为生产迅速增加，投资增加、信用扩张，价格水平上升、就业增加等。繁荣的最高点成为顶峰，此时就业与产量水平达到最高，但股票与商品价格开始下跌，存货水平很高，公众情绪正由乐观转为悲观。顶峰是繁荣的极盛时期，也是由繁荣转向衰退的开始。顶峰一般为 1 ~2 个月。

萧条阶段，是指国民收入与经济活动低于正常水平的一个阶段。其特征为为生产急

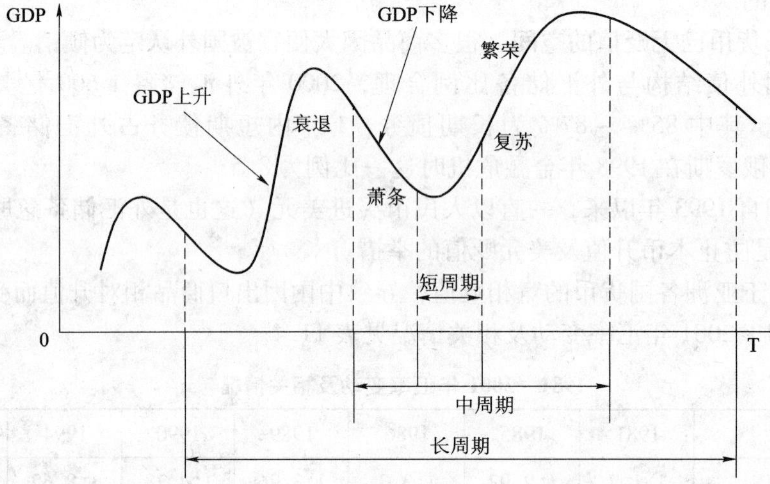

图 11.1

剧减少、投资减少、信用紧缩、价格水平下跌、失业严重等。萧条的最低点为谷底，此时就业与产量跌至最低，但是股票与商品价格开始回升，存货减少，公众的情绪正由悲观转为乐观。谷底是萧条的最严重时期，也是萧条转向复苏的开始。谷底一般为 1 ~ 2 个月。

衰退阶段，是指从繁荣到萧条的过渡时期，是经济从顶峰下降，但仍未低于正常水平的阶段。

复苏阶段，是指从萧条到繁荣的过渡时期，是经济从谷底回升，但仍未达到正常水平的阶段。

（二）经济周期与证券市场价格走势之间的关系

当经济处于萧条期，证券市场的交易量大幅度地减少，证券价格下降；当经济处于萧条期的谷底时，证券市场的交易量开始增加，证券价格也缓缓上升；当经济逐渐复苏时，证券价格已经上升到一定的水平；当经济处于繁荣时，证券市场交易量扩大，证券价格在顶端波动；当经济处于繁荣期的顶峰时，有先见之明的证券投资者已卖出证券；当越来越多的投资者感到繁荣期即将结束时，证券价格已进入下降通道。

第二节　宏观经济政策分析

市场在资源配置方面起到重要的作用，但是市场本身还存在着缺陷，如市场上存有垄断问题，单靠市场很难解决此问题等。因此，主要的市场经济国家均采取政府干预手段，来弥补市场的不足和纠正市场的偏差。一般来说，政府主要采取财政政策和货币政策来影响经济增长的速度和企业经济效益，进而对证券市场产生影响。货币政策是指政府通过调节货币供应量和利率进而影响总需求的一系列政策手段；财政政策是指政府通过变动政府收入与支出水平进而影响总需求的一系列政策手段。

一、货币政策

货币政策的目标是通过调节货币供应量来调控总需求，进而达到调控国民收入的目标。货币政策包括再贴现政策、公开市场业务和法定存款准备金率（调节货币供应量)。其种类包括扩张性货币政策和紧缩性货币政策。

一般而言，扩张性货币政策对证券市场产生的影响主要通过下面几个方面：

（一）再贴现政策

再贴现政策指央行对商业银行用持有的未到期票据向央行融资所作的政策规定，一般包括再贴现率的确定和再贴现的资格条件。当经济萧条时，中央银行倾向于降低再贴现率或放宽对再贴现资格审查，导致商业银行资金成本下降，市场贴现利率下降，社会信用扩大，市场货币供应量相应增加，证券市场上市公司的股价走势趋于上涨。

（二）法定存款准备金政策

央行通过调整商业银行上缴的存款准备金率，改变货币乘数，控制商业银行的信用创造能力，最终影响市场的货币供应量。如果央行降低存款准备金率，将使货币供应量增加，市场利率下降，投资和消费需求增加，对公司经营产生正面影响，公司股价将趋于上涨。

（三）公开市场业务政策

当政府倾向于实施较为宽松的货币政策时，央行将会大量购进有价证券，使货币供应量增加，推动利率下调，资金成本降低。从而刺激企业和个人的投资和消费需求，使得生产扩张，公司利润增加，进而推动证券市场公司股价上涨。

总而言之，扩张性货币政策能够刺激经济发展，促进证券市场价格上升，而紧缩性货币政策则相反。

二、财政政策

财政政策的目标是通过直接调控总需求，进而达到调控国民收入的目标。财政政策手段主要包括国家预算、税收、国债、财政补贴、财政管理体制和转移支付制度等。其种类包括扩张性财政政策、紧缩性财政政策和中性财政政策。

一般而言，扩张性财政政策可以通过以下几方面对证券市场产生影响：

（一）减少税收，降低税率，扩大减免税范围

这将会直接增加微观经济主体的收入，促进消费和投资需求，从而促进国内经济的发展，改善公司的经营业绩，进而推动股价的上涨。

（二）扩大财政支出，增加财政赤字

这将会直接扩大对商品和劳务的总需求，刺激企业增加投资，提高产出水平，改善经营业绩；同时还可以增加居民收入，使其投资和消费能力增强，进一步促进国内经济发展，此时上市公司的股价也趋于上涨。

（三）减少国债发行（或回购部分短期国债）

国债发行规模缩减，使市场供给量减少，将导致更多的资金转向股票，推动上市公司股价的上涨。

（四）增加财政补贴

财政补贴往往使财政支出扩大，扩大社会总需求，刺激供给增加，从而改善企业经营业绩，推动股价上扬。

总之，实施扩张性财政政策有利于扩大社会的总需求，刺激经济发展；而实施紧缩性财政政策则在于调控经济过热，对上市公司及其股价的影响，与扩张性财政政策所产生的效果相反。

三、政府的政策导向对中国股市影响最大

（一）中国股市历年回顾：调控政策与股市变化高度相关

中国股市历年的政策调控与股市变化的关系见表 11.5。

表 11.5　　中国历年主要政策与股市变化的关系

政 策 手 段	政策出台时机	持续效果（以沪市为例）
邓小平南巡讲话	1992. 1. 22	从 100 多点持续上涨
取消涨跌停板制度	1992. 5. 21	从 624 点暴涨至 1 335 点
成立证监会与证监委	1992. 11. 25	从 572 点暴涨至 752 点
“治理整顿”紧缩银根	1993. 7	从 1 559 点持续下跌
出台券商融资三大“救市政策”	1994. 7. 29	从 326 点暴涨至 449 点
公布新股发行额度	1995. 5. 22	从 926 点暴跌
中国证监会发出加强风险控制通知	1996. 12. 9	重大利空
人民日报发表特约评论员文章	1996. 12. 16	持续暴跌
提高印花税、处罚券商等“十项组合拳”	1997. 5	重大利空

续表

政　策　手　段	政策出台时机	持续效果（以沪市为例）
人民日报特约评论员文章“恢复性上涨”	1999.6.15	上涨，“红五月”
减持国有股筹集社会保障基金管理办法	2001.6.12	重大利空
证监会宣布暂停出售国有股、调低印花税	2001.10.22	重大利好
国务院决定对国内上市公司停止减持	2002.6.23	井喷行情

（二）相关具体政策

1. 1993 年为推销国债而暂时压抑股市

一般说来，由于资金量的约束，国债与股市存在此消彼长的关系，因此每当大规模发行国债的时候，股市都要相应下跌。例如，为完成 1994 年发行千亿国债的计划，证监会于 1993 年 11 月公布发行 10 亿新股、配股不超过 10∶3、拟上市公司的流动股不能低于 5 000 万等规定。这被沪深两市理解为利空，股指随后跌至 1994 年 7 月的 325 点。

2. 1996 年初与年末方向相左的宏观调控

在 1996 年前后，管理层认为沪市股指应控制在 500～800 点这一区间。于是当 1996 年初股指较低时，便有大资金悄悄护盘；而在 1996 年底股市涨到 1 258 点时，中国证监会便发出加强风险控制的通知，《人民日报》同时发表特约评论员文章，呼吁严禁利用股市谋取暴利，于是导致沪深两市的股指暴跌。

3. 1997 年与 1999 年方向相反的两次宏观调控

1997 年春天，伴随着利率的下调，游资陆续进入股市。为防止香港回归后国内股市狂跌，监管机构从四五月开始，采取了十项“组合拳”措施主动平抑股市。包括提高印花税；追加 1996 年新股额度；加大 1997 年新股发行额度；对继续上涨的东大阿派、深能源、河北威达、泸州老窖 4 只股票临时停牌；处理申银万国 1996 年操纵市场；宣布国企、国有控股、上市公司三类企业不准入市；银行资金违规进入股市限期 1 月退出等。香港回归前一日，深沪两市同时 10 新股上市，使股市大幅下跌。

伴随着社会各界对证券市场观念的改变，从 1999 年开始，国家有关部门制定一系列政策支持股市发展。1999 年 6 月 15 日，人民日报发表特约评论员文章，将股市上涨定性为“恢复性上涨”。不久，监管机构宣布三类国企可以使用自有资金入市交易，允许保险资金入市并提高其入市比例，允许向投资基金配售新股，基金管理公司、证券公司均可进入银行拆借市场拆借资金，证券公司可以所持有股票质押贷款，财务公司可以发行中长期债券、开展同业拆借、买卖有价证券，金融租赁公司可以进入有价证券市场等。这些相关举措带动中国股市从 1999 年 5 月的 1 056 点一跃而起。

4. 国有股减持政策的颁布、暂停、停止

2001 年 6 月 14 日，上证综指达到历史最高点 2 245 点。管理层认为国有股减持政策出台的时机已经成熟，于是公布《减持国有股筹集社会保障资金管理暂行办法》。由于不流通股本占上市公司总股本的 2/3 以上，高达 3 401. 7 亿股（2001 年底上市公司总股本为 5 154. 1 亿股），所以国有股减持虽然仅按 10% 安排，但投资者仍秉持消极的态度。7 月 24 日，国有股减持进入实质操作阶段，加之上市公司增发方案激增、人行加大查处违规资金、“银广厦”神话破灭、上市公司弄虚作假事件的频频曝光等利空因素的影响，股指一路下挫到 10 月 22 日的 1 514. 86 点，市值下跌了 32. 19%。使得九十两月实际上已无法发行新股，为此在报请国务院批准后，证监会宣布暂停国有股减持，10 月 23 日 的深沪股市由此几近涨停报收。但国有股减持始终是悬而未决的问题。2002 年 1 月 28 日，管理层提出国有股减持阶段性成果后，市场跌到 1 400 点。6 月 23 日，国务院决定除海外发行上市外，对国内上市公司停止执行《减持国有股筹集社会保障资金管理暂行办法》，由此股市大幅扬升。

复习思考题

1. 简述企业经营的业绩与宏观经济状况之间的关系。
2. 简述货币政策调整对证券市场行情的影响。
3. 为什么股市行情分析应关注 GDP 这个指标的变化？

第十二章

中观行业分析

本章摘要

行业分析是宏观经济分析的延续与深入。每一家上市公司都处于一个具体的行业中，因而行业就成为公司分析的中观背景。一方面，公司价值的评定需要一个比较可靠的参照系统（板块）；另一方面，对公司的业绩预测也需要以行业背景为基础。依据分析内容，证券投资的行业分析一般分为行业结构分析和行业周期分析。本章对此作出了系统的阐述。

关 键 词

行业经济结构　行业生命周期

第一节　行业结构分析

一、行业经济结构分析

根据不同行业的产品差别、企业的数量、价格的制定和行业进出的难易程度，可以将行业划分为四种市场机构：完全竞争、垄断竞争、寡头垄断和完全垄断。四种市场结构及其基本特征见表 12. 1。

表 12. 1　　四种市场结构的基本特征

市场类型	完全竞争市场	垄断竞争市场	寡头垄断市场	完全垄断市场
企业数量	企业数量众多，规模都很小	企业数量较多，其中部分企业规模较大，有一定的竞争优势	少数几个企业控制整个行业，企业实力相等或相差不大	一个企业控制整个行业，企业实力雄厚

续表

市场类型	完全竞争市场	垄断竞争市场	寡头垄断市场	完全垄断市场
产品差别	产品同质、无差别	产品同一类但不同质，存有差别	两种情况：一种是纯粹寡头市场，不同企业的产品产别不大；另一种是差别寡头市场，不同企业的差别较大	只有一个厂商，不存在产品差别
企业进出难易程度	企业可以自由进入或退出市场	企业可以比较自由地进出	企业进出障碍较大	新厂商很难进入
典型行业	初级产品，如农产品	大多数日常消费品行业，如服装行业	纯粹寡头：如钢铁业；差别寡头：如汽车制造业	公用事业

在不同的市场结构中，企业的地位是不同的。在完全竞争市场中，企业只能是市场价格的被动接受者，受市场条件和其他客观环境的影响较大，经营业绩波动也较大，证券价格不稳定，风险较大。但在现实经济中，此市场是非常少见的，初级产品的市场类型近似于完全竞争。在寡头市场中，通常存在着一个起领导作用的企业，该企业具有较强的定价能力，这类行业的经营比较稳定，其经营风险来自市场需求的变化。在完全垄断市场中存在一个企业并被该企业所控制，此企业可以很大程度上，从自身的利润最大化角度出发，制定并执行对自己最有利的市场价格，以确保自己获得利润最大化；不过，垄断企业在制定产品的价格与生产数量方面的自由性是有限度的，它要受到反垄断法和政府管制的约束。该行业上市公司的经营风险小，业绩稳定，价格较高。

二、行业竞争结构分析

迈克尔·波特将进入威胁、替代威胁、买卖各方讨价还价的能力和现有竞争对手的竞争强度作为分析行业竞争结构的五种要素，提出了分析行业竞争结构的经典模型——行业竞争结构模型，见图 12.1。

（一）潜在进入者的威胁

一个新企业越容易进入某个行业，这个行业的竞争就会越激烈，在这个行业中的公司的处境就越困难。投资者在分析行业时注意如下因素：产品品牌忠诚度，有较高的固定资产投入，需要某些稀缺性资源，政府限制或者法律有限性规定。

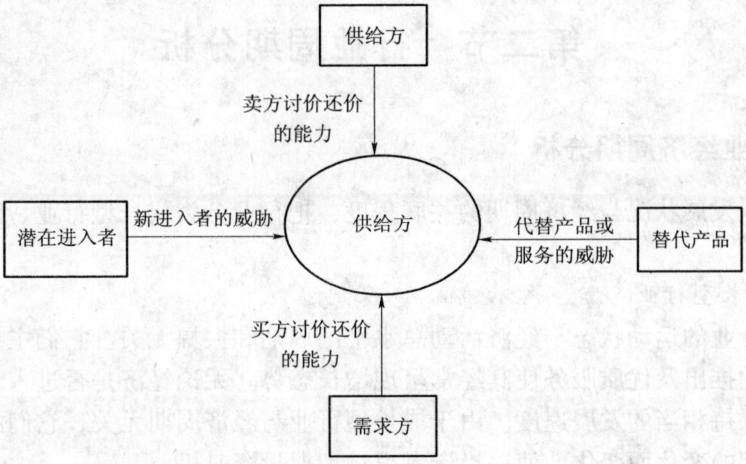

图 12.1　行业竞争结构模型

（二）供给方的讨价还价能力

某个行业的供给方在某些业务上可以施加多大的压力对行业的发展有很大影响。如果一个供应商对于公司的利润和产量有足够的影响力，那么他就有潜在的发展力量。有利于提高供给方的讨价还价能力的因素包括：供给方的数量很少；很难寻找替代产品；产品转换成本很高；产品对于需求者至关重要。

（三）需求方的讨价还价能力

与供给方讨价还价相似，如果需求者对于每个行业的利润和产量有足够大的影响，那么他们也同样拥有潜在的发展力量。提高需求方讨价还价能力的因素包括：需求方的数量很少；需求方的需求数量很大；寻找其他供给方非常容易；产品对于需求者并不十分重要或者可以在一段时间内不需要该产品。

（四）替代品的威胁

如果选择替代品的成本很低，那么替代品的威胁就非常严重。影响替代品威胁的因素包括：如果替代品与行业的产品相似性很强，那么它就具有转化成为入侵者的威胁。

（五）行业内竞争

行业内同类公司间的竞争同样影响投资者对行业的分析结果，行业内竞争越剧烈，公司获得收益的平均水平就越低。导致行业内竞争加剧的因素包括：行业内存在很多规模相当的公司；公司间产品或服务没有差异化；成熟的增产率不高的行业一般竞争较激烈。

第二节 行业周期分析

一、行业经济周期分析

根据行业发展状况与经济周期的关联程度，把行业分为成长型行业、防御型行业和周期型行业。

（一）成长型行业

成长型行业的运动状态与经济活动总水平的周期和振幅无关。它们主要依靠技术进步、新产品的推出及优质服务使其经常呈现增长态势。无论经济是否进入衰退时期，成长型行业都保持相当的发展速度。由于成长型行业与经济周期无关，它们的投资价值不会随经济周期的变化而变化，使得投资者很难把握投资时机。

我国现阶段的成长型行业主要包括生物制药、移动通信计算机、网络工程 IT 产业及航空等。

（二）防御型行业

这类行业的产品需求相对稳定，受到经济周期变化的影响小，不论经济周期处于什么阶段，它们一般都保持均速的发展态势。例如食品业，公用事业中的供水、供气及供电等行业。因此，对于防御型行业的投资属于收入投资而非资本利得投资。

（三）周期型行业

周期型行业的运动状态直接与经济周期相关。行业业绩随经济周期的变化而呈现出周期性的变化。当经济处于上升时期，这些行业会随之扩张；当经济衰退时，这些行业也相应衰退。另外，也有与经济周期反方向变动的行业，例如，金矿开采业、宝石开采业。

一般来说，当经济处于上升、繁荣阶段时，投资者可以投资于周期型行业，以获取丰厚的利润；当经济处于衰退阶段时，投资者可选择投资防御型行业，以获得稳定的收益，并减少风险。

二、行业生命周期理论

（一）行业生命周期四个阶段

行业生命周期是指行业发展一般要经历一个过程，一个从成长到衰退的演变过程。一般来说，行业生命周期包括四个发展阶段，即幼稚期、成长期、成熟期和衰退期。

1. 幼稚期

幼稚期是一个行业萌芽与形成阶段。在这个阶段，只有为数不多的企业投资于这一新兴的行业。其特点是高风险、低收益。因为这类新兴行业需要大量的研究开发费用，其产品成本和价格较高，市场需求却很小，企业的销售收入也很低，所以处于这一个阶段的企业利润很低甚至有可能出现亏损。而在幼稚期后期，随着行业生产技术的提高、生产成本的降低和市场需求的扩大，新行业便逐步由高风险、低收益的幼稚期转向高风险、高收益的成长期。

2. 成长期

在幼稚期的后期，随着行业生产技术的成熟、生产成本的降低和市场需求的扩大，新行业便逐步由高风险、低收益的幼稚期进入高风险、高收益的成长期。其特点是竞争加剧、价格下降、利润上升。成长期企业的利润虽然增长很快，但成本也同时上升，面临的竞争风险也很大，破产和被并购的企业很多，只是少数实力雄厚、技术先进、经营有方的大企业得以生存并控制这一行业。

3. 成熟期

由于市场需求趋于饱和，产品销售增长率放慢，迅速获得利润的机会减少，整个行业开始进入成熟期。在这一时期里，在竞争中生存下来少数资本实力雄厚、技术先进的大厂商垄断控制整个市场，各厂商分别占有自己的市场份额，整个市场的生产布局和份额在相当长的时期内处于稳定状态。厂商之间的竞争逐渐从价格手段转向各种非价格手段（如提高质量、改善性能和加强售后服务等），行业利润由于一定程度的垄断达到较高水平，企业的经营风险也较低，但行业的增长速度大大降低。除非有技术创新，否则行业增长难以同整个经济增长保持同步。

4. 衰退期

衰退期出现在较长的成熟期之后。由于大量替代品的出现，原行业产品的市场需求开始逐步减少，产品的销售量也开始下降，某些厂商开始向其他更有利可图的行业转移资本，因此原行业出现了厂商数量减少、利润水平停滞甚至下降的萧条现象。至此，整个行业便进入了衰退期。但在很多情况下，行业的衰退期往往比行业生命周期的其他三个阶段的总和还要长，大量的行业都是衰而不亡，甚至会与人类社会长期共存。例如，钢铁业、纺织业在衰退，但是人们却看不到它们的消亡。

综上所述，在一个行业生命周期的不同阶段表现出不同特征，如图 12. 2 所示。

证券投资者应当仔细研究公司所处的行业生命周期阶段，考察其发展的趋势，分析行业的投资价值和投资风险。针对不同偏好的投资者应有不同的投资建议选择。比如，对于收益型的投资者，可以建议其投资于成熟期的行业，因为这些行业基础稳定，盈利丰厚，市场风险相对较小。

一些典型的行业所处的生命周期阶段，如图 12. 3 所示，并解释其特征。

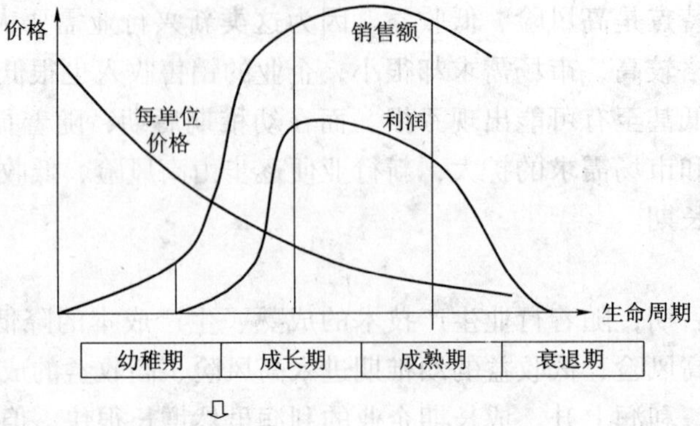

行业生命周期阶段	幼稚期	成长期	成熟期	衰退期
公司数量	少	增加	减少	少
产品价格	高	下降	稳定	
利润	亏损	增加	高	减少甚至亏损
风险	高	高	降低	增大

图 12.2 行业生命周期各阶段“价格—销售—利润—风险”特征图

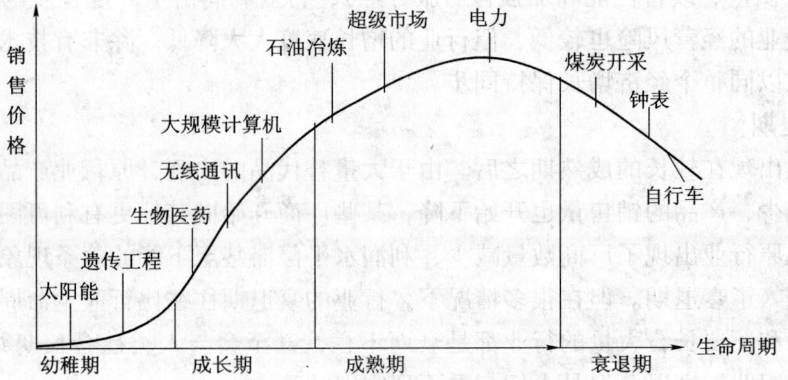

图 12.3 典型行业生命周期图示

（1）幼稚期

太阳能、某些遗传工程等行业分别处于行业生命周期的幼稚期的前、中期。如果计划在这些行业进行投资，可能只有为数不多的几家企业可供选择，同时投资于该行业的风险较大。当然，也存在获得很高收益的可能。投资者可以通过风险和收益的权衡来决定是否投资于该行业。

（2）成长期

电子信息（电子计算机及软件、通讯）、生物医药等行业处于行业生命周期的成长期。其中，生物医药行业处于成长阶段的初期，无线通讯行业处于成长阶段的中期，大规模计算机行业处于成长阶段的后期。由此便可初步判断生物医药的行业将会以很快的速度增长，但企业所面临的竞争风险也将不断增长；而大规模计算机行业在增长速度上要低于生物医药行业及无线通讯行业，竞争风险则相对较小。

（3）成熟期

石油冶炼、超级市场和电力等行业已进入成熟期阶段。这些行业将会继续增长，但速度要比前面各阶段的行业慢。成熟期的行业通常是盈利的，而且盈利水平比较稳定，投资的风险相对较小。

（4）衰退期

煤炭开采、自行车、钟表等行业已进入衰退期。对这些行业的投资应当谨慎。如果是长期投资，这种投资可能存在较大的不安全性。当然，随着技术进步、经济全球化等因素的变化，某些处于衰退期的行业还会重新获得成长的机会。

（二）行业生命周期四个阶段划分依据

上述关于行业生命周期四个阶段的分析只是对行业发展共性的一种描述，它并不适用于所有行业的情况。比如，同一行业在不同发展水平的不同国家或者在同一国家的不同发展时期，可能处于生命周期的不同阶段。因此，证券投资者在具体判断某个行业所处的实际生命周期阶段的时候，往往会从以下几个方面进行综合考察：

1. 行业规模

随着行业兴衰，行业的市场容量有一个“小—大—小”的过程，行业的资产总规模也经历“小—大—萎缩”的过程。

2. 产出增长率

产出增长率在成长期较高，在成熟期以后降低，经验数据一般以 15% 为界。到了衰退阶段，行业处于低速运行状态，有时甚至处于负增长状态。

3. 利润率水平

利润率水平是行业兴衰程度的一个综合反映，一般都有“低—高—稳定—低—严重亏损”的过程。

4. 技术进步和技术成熟程度

随着行业兴衰，行业的创新能力有一个强增长到逐步衰减的过程，技术成熟程度有一个“低—高—老化”的过程。

5. 开工率

长时期的开工充足反映了行业处在成长或成熟期间的景气状态。衰退期往往伴随着开工不足。

6. 从业人员的职业化水平和工资福利收入水平

随着行业兴衰，从业人员的职业化和工资福利收入水平有一个“低—高—低”的过程。

7. 资本进退

行业生命周期中的每个阶段都会有企业的进退发生。成熟期以前，进入的企业数量及资本量大于退出量；而进入成熟期，进入企业数量及资本量与退出量有一个均衡的过程；在衰退期，则退出量大于进入量，行业规模逐渐萎缩，转产、倒闭多有发生。

第三节 行业的投资机会分析

一、行业变动的外在影响因素分析

(一) 政府政策

主要通过税收、关税、信贷、价格、补贴等手段实现。

政府依据社会经济发展需要而制定的产业政策会影响行业的发展或衰退。当政府支持鼓励某一行业的发展时，就会相应增加该行业的优惠信贷量、降低其所得税、限制该行业的国外进口等，从而促进该行业的更快发展，社会资金向该行业流入，同时该行业上市公司股价上涨。

(二) 相关行业变动

具体表现在投入品、替代品、互补品行业变动。

1. 投入品行业变动对股价的影响

投入品行业价格上升，导致该行业的生产成本提高，利润下降，从而股价出现下降趋势；反之股价上升。如钢材价格上涨，可能会使汽车、轮船、房地产等行业的公司股票价格下跌。

2. 替代品行业变动对股价的影响

替代品行业价格上升，就会提高对该行业产品的市场需求，从而使市场销售量增加，公司盈利也会因此提高，股价上升；反之公司盈利减少股价下跌。如茶叶价格上升，可能对经营咖啡制品的公司股票价格产生有利影响。

3. 互补品行业变动对股价的影响

如果互补品行业价格上升，对该行业内部公司股票价格产生不利影响，反之亦然。如 1973 年石油危机爆发，石油价格上升，消费者偏爱节能型汽车，对美国汽车制造形成巨大冲击，其股价出现大幅度下跌，但日本节能车却因此而走俏。

（三）技术进步

新技术、新产品的开发与研制成功是新兴行业发展的主要原因，同时新工艺的应用又推动了现有产业的技术升级。如 19 世纪的铁路业、20 世纪的信息产业等，无不是科技创新和进步带动了新兴行业的崛起，同时技术进步又是另一些行业衰落和消亡的强大杠杆。产业生命周期在技术发展日新月异的今天已演变成技术的生命更替。

二、行业投资机会分析

（一）高成长性与相关公司的选择

选择合适的行业进行投资是一个非常复杂的过程，我们可以从行业的增长速度、三大内在属性和外部影响因素进行综合分析，并在此基础上做出选择。

（二）非高成长性行业的投资机会分析

1. 传统行业的投资机会分析

传统行业多为周期性行业，行业景气时介入；处于转型期的行业如家电，从传统家电向数字家电转型，一旦技术升级和转型成功将迎来新的发展机遇；衰退行业的重组机会。

2. 关注国家重点鼓励发展的行业

根据国家发展规划中强调重点支持发展的行业，国家政策有可能促进企业有更大发展，使企业价值增值；或者改变某些企业整体布局和力量对比，影响企业投资价值。

3. 垄断行业体制改革蕴藏投资机会

电信、电力、民航运输、传播文化是全国公认的垄断行业，通常实行政企分开、打破垄断、引入竞争、建立与改革相适应的监管制度、开拓融资渠道等程序步骤。

复习思考题

1. 分析四种行业市场结构及其基本特征。
2. 简述成长型企业、防御型企业和周期型企业与经济周期之间的相互关系。
3. 简要分析行业生命周期的四个发展阶段的特点，代表行业及其划分依据。

第十三章

微观公司分析

本章摘要

企业本身的经营业绩及其未来的趋势是决定该企业股票价格未来走势的关键。本章详细阐述了分析企业经营状况的基本原理和主要的方法。

关键词

企业价值　经营业绩

第一节　公司基本分析

公司基本情况分析，首先要了解公司概况，包括公司规模、历史沿革、经营范围、重点产品、市场营销状况、国内外市场占有率、公司特点与优势等，然后对公司组织管理、经营能力、发展前景、公司产品和市场竞争力等方面进行分析。

一、公司的行业地位分析

公司的行业地位分析的目的是判断企业在所处的行业中的竞争地位，例如是否为领导型企业，在价格上是否具有影响力，是否有竞争优势等等。在大多数行业中，无论其行业平均盈利能力如何，总有一些企业比其他企业具有更强的获利能力。企业的行业地位决定了其盈利能力是高于还是低于行业平均水平，衡量企业行业竞争地位的主要指标有产品的市场占有率和行业综合排名等。

市场占有率是指一个企业的产品销售量占该类产品整个市场销售总量的比例。市场占有率越高，表示企业的经营能力和竞争力越强，企业的销售和利润水平越好、越稳定。行业综合排名能够便于投资者了解各企业在行业中的竞争地位。世界上有较大影响的几种企业排名所用的方法和指标不尽相同，《财富》500 强以上年的销售额为基准，《商业周刊》1 000 强以市场价值为依据，标准普尔 50 强则以销售额增长、净收入增长、一年期和三年期股东收益回报率、利润增长、资产回报率等8项指标综合衡量。投资者可以根据自己的需要来选择合适的排名方式。处于行业龙头地位的企业，在规模、技术、产品质量上都是领先的，其经营业绩和成长性一般也领先于同行业的企业，投资者应特别关注这类企业。

二、公司经济区位分析

上市公司的投资价值与区位经济的发展密切相关，处在经济区位内的上市公司，一般具有较高的投资价值。经济区位内的自然和基础条件包括矿业资源、水资源、能源、交通等等，如果上市公司所从事的行业与当地的自然和基础条件相符合，更利于促进其发展。区位内政府的产业政策对于上市公司的发展也至关重要。当地政府根据经济发展战略规划，会对区位内优先发展和扶植的产业给予相应的财政、信贷及税收等方面的优惠措施，相关产业内的上市公司得到政策支持的力度较其他产业大，有利于公司进一步的发展。

三、公司产品分析

公司产品分析主要包括三个方面的内容：一是产品的竞争能力；二是产品的市场份额；三是产品的品牌战略。一般而言，公司的产品在成本、技术、质量方面具有相对优势，更有可能获取高于行业平均盈利水平的超额利润；产品市场占有率越高，公司的实力越强，其盈利水平也越稳定；品牌已成为产品质量、性能、可靠性等方面的综合体现，拥有品牌优势的公司产品往往能获取相应的品牌溢价，盈利能力也高于那些品牌优势不突出的产品。分析预测公司主要产品的市场前景和盈利水平趋势，也能够帮助投资者更好地预测公司未来的成长性和盈利能力。

四、公司发展战略分析

企业战略规划支配着企业的发展，预示着企业的前景；发展战略是企业面对激烈的市场变化和严峻的挑战，为求得长期生存和不断发展而进行的总体性谋划。它是企业战略思想的集中体现，是企业经营范围的科学规定，同时又是制定规划的基础。企业的发展战略是在符合和保证实现企业使命的条件下，在充分利用环境中存在的各种机会和创造新机会的基础上，确定企业同环境的关系，规定企业从事的经营范围、成长方向和竞争对策，合理地调整企业产业结构和分配企业资源。企业的发展战略具有全局性、长远性和纲领性的特点，它从宏观上规定了企业的成长方向、成长速度及其实现方式。企业发展战略主要有产品发展战略、营销发展战略和人才发展战略。

五、公司经营管理能力分析

管理层的经营能力直接影响企业的盈利能力和长期发展，是投资者在选择投资对象时必须考虑的因素之一。很多时候对企业的投资就是对企业管理层的投资，就是对管理层的认同。良好的管理层是企业最有价值的资产，能干的经理能使企业朝着正确的方向发展，增加企业的价值，而庸碌的经理的不明智或不必要的投资行为，则会减少企业的价值。管理层经营能力的分析可以从管理能力与专业水平、性格特点、工作作风、个人履历、学识，以及责任感、道德品质修养和人际关系协调能力等方面来进行。

六、公司治理结构分析

一个投资者只有在确信自己的利益能够受到保护之后才会向一个公司投资，而良好的公司治理结构正是保护投资者利益的重要制度。公司治理结构是一套制度安排，用以支配在企业组织中有重大利害关系的投资人、经理人和职工之间的关系，并从这种联盟中实现经济利益。公司治理结构分析的核心问题是公司的法人治理结构是否健全与完善，主要包括：如何配置和行使控制权；如何监督和评价董事会、经理人员和职工；如何设计和实施激励机制。一个公司治理结构健全的公司可以得到投资者的青睐，可以比较容易地以较低成本筹集到较大数额的资金，从而能够较快地发展自己。而公司治理结构不健全的公司则比较难以取得投资者的信任，其筹资成本也相对较高，公司当然会在竞争中处于不利的地位。

第二节　上市公司财务报表简介

公司财务分析是以财务报表和其他资料为依据和起点的。所谓财务报表，是会计人员按照一般公认的会计原则，以及会计处理程序和方法，将企业一定期间的会计事项作一系统的汇总表示，用来显示企业实际财务状况和经营业绩的优劣。上市公司对外公布的财务报表主要包括资产负债表、利润表和现金流量表，这三种报表是相互联系的，是从不同的角度说明企业的财务状况、经营成果和现金流量情况。为了更好地掌握财务分析方法，首先要对主要财务报表做一简介。

一、资产负债表（Balance Sheet）

资产负债表，是表示企业在某特定时日财务状况和资本结构的静态报表，可以综合反映企业期末（通常是月末、季末、年中、年末）结余的全部资产、负债和资本存量情况，可以作为分析、检查企业财务状况和偿债能力的依据。

按照资产、负债及股东权益各项目在表中位置的不同，资产负债表可以分为账户式、报告式及财务状况式三种不同格式。我国上市公司一般使用账户式资产负债表的形式。资产负债表按照“资产 = 负债 + 所有者权益”会计恒等式编制而成，详见表13.1。

表 13.1　简化的账户式资产负债表

资产（资金去向）	负债十所有者权益（资金来源）
一、流动资产	一、流动负债
1. 货币资金（现金、银行存款、在途资金）	1. 应付账款
2. 应收账款	2. 应付票据
3. 应收票据	3. 短期借款
4. 有价证券（短期）	4. 应付税金
5. 存货（材料、库存产成品、在途产品）	
6. 待摊费用（分摊 1 年期内的各种费用）	
流动资产总额	流动负债总额
二、长期投资	二、长期负债
1. 有价证券（长期）	1. 长期借款
2. 向其他单位投资	2. 应付债券
长期投资总额	长期负债总额
三、固定资产	三、股东权益
1. 固定资产原值	1. 优先股股本
减：累计折旧	2. 普通股股本
2. 固定资产净值	股本总额（实收资本）
固定资产总额	3. 资本公积
四、无形资产及其他资产	4. 盈余公积
1. 无形资产（专利、商标、专用技术、著作权、土地使用权等，不超过净资产 20%）	5. 未分配利润
2. 其他资产（开办费、长期待摊费用）	
	所有者权益合计
资产总额	负债及所有者权益合计

（一）资产

资产负债表的左边列示了公司的资产，即公司资金去向按变现能力的快慢自上而下分为流动资产、长期投资、固定资产、无形资产及其他资产。

1. 流动资产

流动资产指现金和其他变现能力很强的资产，包括货币资产、应收账款、应收票据、可买卖的短期有价证券、存货和待摊费用等。

（1）货币资金。货币资金是反映公司库存现金、银行存款和在途资金的合计数，它是公司最具流动性的资产，具有转化迅速（即无论何种货币资金只要一经使用，该项货币资产就消失，相应地会引起存货资产、固定资产或其他资产的增加或公司负债的减少）、占用量不稳定（即货币收支业务有经常性、偶然性的特点）、有一定的投资性的特点。货币资金管理涉及到公司生存、发展及兴衰成败全局：一方面，如果公司将资金全部投资于实物资产，虽然可以实现较大经营规模，但却会使公司失去支付能力，日常开支也难以保证；另一方面，如果过多保留货币资金，又会使相当一部分资金丧失投资增值的机会。所以，有效管理货币资金对于公司来说是相当重要的。

（2）应收账款。应收账款是反映公司因销售产品、材料、提供劳务等业务，应向购货单位或接受劳务单位收取的那些在一年内或超过一年的一个生产周期应收账款数额和收回时间。

（3）应收票据。应收票据是反映公司收到既尚未到期又未向银行贴现的应收票据，包括商业承兑汇票和银行承兑汇票。通常不记票据是否带有利息，都按票面金额入账。

（4）短期有价证券。即公司购入可随时变现并准备随时变现的股票和债券，通常按实际购入时的成本计算。短期有价证券的持有使得公司既能充分利用闲置的资金，又能达到资产的流动性要求。公司持有短期有价证券的目的主要是为了取得更大的投资报酬率，而与公司经营业务需要无关。

（5）存货。存货是指公司期末在生产经营过程中为销售或供生产用的在库、在途和在加工中的各项资产的实际成本，包括各种材料、库存产成品、在途产品等。判断存货的根本依据是所有权的归属，凡是在盘存时期内，法定所有权属于公司的所有的一切货品，不论其存放地点，都应视为存货；反之，凡所有者不属于公司，即便存放于公司，也不属于本公司存货。储备适量存货可保证生产经营过程中销售和耗用的及时需要，但存货过多又会造成公司资金的积压与浪费。因此，存货的计划和管理对于公司来说也是至关重要的。当然，存货占用资金的比例大小并没有一定的标准，各个行业对于存货的需求量也不一样。例如，周转速度过快的物品需保持较高的存货率，反之则相反。另外，各个公司的不同时期，存货率也有高有低。例如，房地产开发公司在商品房刚投入市场时，可能存货率较高，但是经过一个时期的销售后存货率就会变得很低。因此，对于存货要具体问题具体分析，还要结合行业特点，存货率高并不一定是产品滞销。

（6）待摊费用。待摊费用是反映公司已经支出，但应由本期和以后各期分别负担的、分摊期在一年以内的各种费用，包括低值易耗品的摊销、出租出借包装物的摊销、预付保险费、应由销售产品分摊的中间产品税金、固定资产修理费、一次购买的印花税、开办费及摊销期在一年以上的其他待摊费用。

2. 长期投资

长期投资是反映公司向其他单位投入的期限在一年以上的资金以及购买一年内不能变现或不准备随时变现的股票和债券，包括长期有价证券和向其他单位的投资（股权投资）。这样既可充分利用闲置资金获取更大的经济效益，同时还可能通过控制其他企业，使公司获得更多利益。

3. 固定资产

固定资产是指公司为满足生产经营活动需要，所拥有的使用期限超过一年以上的厂房、房屋、土地、机器、设备、运输工具和其他与生产经营有关的设备、器具、工具等，以及单位价值在规定金额以上的劳动资料，是公司在较长时间内正常经营所使用的生产手段。公司在计算各种固定资产的价值中，应从原始价值中减去每年所提存的折旧费，以其剩余的价值记在账上。

4. 无形资产及其他资产

无形资产是指公司长期使用而没有实物形态的资产，包括专利权、商标权、专用技术、著作权、土地使用权、商业信用等。我国有关法律规定，公司上市前无形资产总额（不包括土地使用权）在净资产中所占的比例不高于20%，另有规定的除外。其他资产主要包括开办费和长期待摊费用。

（二）负债与股东权益

资产负债表的右方是负债和股东权益，是公司资金来源的两个渠道。

1. 负债

负债是指公司应在规定条件下按时偿还的债务，包括流动负债和长期负债。

（1）流动负债是指在一年内或超过一年的营业周期内应偿还的债务，包括应付员工的工资、应付未付账款、应付未付银行和其他贷款人的票据、应交未交的税款等。

（2）长期负债是指一年以上必须偿还的债务，是公司在较长时间内可以运用的资金。具有还款期限长、金额较大、利息高等特点。如房地产抵押借款、应付长期债券和长期票据等。

2. 股东权益

股东权益（所有者权益）表示公司资产总额减去负债总额后的差额，又称净值，反映全体股东拥有的资产净值情况，也是公司对全体股东的债务。股东权益包括实收资本、资本公积、盈余公积与未分配利润。

（1）实收资本是指投资者（股东）实际投入公司经营活动的资本总额，包括公司优先股和普通股的全部股票价值，如无优先股票，则为普通股的价值。

（2）资本公积是指股本溢价、法定财产重估、接受捐赠的资产价值等。

（3）盈余公积是指公司按规定从税后利润中提取的公积金。

（4）未分配利润是企业留于以后年度分配的利润或待分配的利润。

资产负债表全面地反映了公司在某一时点上所持有的资产、所负担的债务和股东的资本存量情况。通过分析资产负债表，可以了解公司的财务状况，对公司的变现能力、偿债能力、获利能力、生产能力、资本结构是否合理，流动资金是否充足等情况作出判断。

二、利润表（利润及利润分配表）

利润及利润分配表是由两张报表联接而成的，参见表 13－2。左边是利润表：即从“主营业收入到利润总额”的层层加减形成过程，反映了公司的经营成果及构成情况；右边是利润分配表：即从“利润总额到未分配利润”的利润分配过程，反映了公司利润分配情况和将要留存的金额。

表 13.2　　简化的利润及利润分配表

利　润　来　源	利　润　分　配
一、主营业收入	加：年初未分配利润
减：营业成本	上年利润调整
销售费用	公积金转入
管理费用	五、可分配利润
财务费用	减：应交所得税
进货费用	提取法定盈余公积金
营业税金	提取公益金
二、主营业务利润	六、可供股东分配利润
加：其他业务利润	减：提取任意公积金
三、营业利润	已分配优先股股利
加：投资收益	已分配普通股股利
营业外收入	七、未分配利润

续表

利 润 来 源	利 润 分 配
减：营业外支出	八、补充材料
四、利润总额	营业成本中有变现
	损失准备提取金

（一）利润表

利润表（Income Statement），又称损益表、收益表，是综合反映企业在某一时期内（通常为一季度或一年内）发生的各项经营收支和盈亏实现情况的滚动式动态报表。主要通过列示公司在该时期所取得的收入、发生的费用支出和所获得的利润，揭示公司的经营业绩。损益表的编制方式是自上而下，列出收入及费用（或成本）的累积金额，两者相减得出净利润。

利润表是按照“收入－费用＝利润”的会计恒等式编制而成的。

利润表中的企业利润由主营业务利润、营业利润和利润总额三部分构成：

1. 主营业务利润

主营业务利润就是主营业务收入扣除营业成本、营业费用和营业税金等之后的余额，如为负数则表明亏损，用公式表示：

$$主营业务利润 = 主营业务收入 - (营业成本 + 营业费用 + 营业税金)$$

主营业务收入是指公司销售商品和提供劳务等主要经营业务取得的收入总额；营业成本是指公司已销售商品和提供劳务等主要经营业务的实际成本；营业费用指公司为获得主营业务收入而使用各种材料或服务所发生的费用，主要包括销售费用、管理费用、财务费用和进货费用等。

2. 营业利润

营业利润为公司主营业务利润与其他业务利润构成的营业利润总额，用公式表示：

$$营业利润 = 主营业务利润 + 其他业务利润$$

“其他业务利润”是指公司主营业务以外的其他业务收入扣除其他业务成本及应负担的费用、税金后的净收入。

3. 利润总额

利润总额是公司在一定时期内实现盈亏的总额，它由营业利润与投资收益、营业外收支净额所构成，用公式表示为：

$$利润总额 = 营业利润 + 投资收益 + (营业外收入 - 营业外支出)$$

投资收益反映公司以各种方式对外投资所取得的收益，其中包括分得的投资利润、债务投资的利息收入以及认购股票应得的股利等；营业外收入是指与公司生产经营没有直接关系的各项收入、罚款收入、教育费附加返还款以及其他非营业性收入；营业外支出是指与公司经营没有直接关系的各项支出，如固定资产盘亏、报废、毁损和销售净损失，非季节性和非修理期间的停工损失，职工子弟学校经费和技工学校经费，公益性救济性捐赠支出等。

通过分析利润表，可以了解公司的盈利能力、盈利状况、经营效率，对公司在行业中的竞争地位、持续发展能力作出判断。

（二）利润分配表

利润分配表，又称保留盈余表（Retained Earnings Statement）是反映企业根据董事会决定的利润分配方案进行的利润分配资料和未分配利润结余情况的报表，是投资者分析发行公司利润分配情况的依据。

我国现行的股份公司年报规定格式中，将利润表的附表“利润分配表”与利润表合并，成为利润及利润分配表。

三、财务状况变动表与现金流量表

（一）财务状况变动表

财务状况变动表，又称资金来源和运用表，简称资金表，是以营运资金为基础编制的报表，是根据公司在一定时期内各种资产和权益项目的增减变化，来分析反映资金的取得来源和资金的流出用途，反映公司财务动态和资金流转状况的一种财务报表。

以营运资金为基础编制的财务状况变动表有一定的局限性。营运资金是流动资产与流动负债的差额，流动资产中不但包括现金，还包括存货、应收账款等其他流动资产。假定企业现金大幅度减少，但应收账款和存货却大量增加，营运资金可能会因此而增加，公司财务状况似乎不错，但如果应收账款和存货质量有问题，就会误导投资者。因此，我国从 1998 年开始要求编制现金流量表并公开披露。

（二）现金流量表

现金流量表，是以现金为基础编制的财务状况变动表，反映公司在一定会计年度内经营活动、投资活动和筹资活动产生的现金流入与流出情况的动态报表。

现金流量表的目的是为会计报表使用者提供公司一定会计期间内现金和现金等价物流入和流出的信息，以便报表使用者了解和评价公司获取现金和现金等价物的能力，并据以预测公司未来现金流量。

现金流量表中的“现金”，不仅包括会计“现金”账户上的库存现金，还包括“银行存款”账户上随时可以支付的存款，也包括“其他货币资金”账户上的外埠存款、银行汇票存款、银行本票存款和在途货币资金等其他货币资金。但不能随时用于支付的银行定期存款和其他货币资金中存款不应算作现金，只能列为投资；提前通知金融机构便可支取的定期存款，则应包括在现金范围内。

现金流量表将企业的现金流量分为三类：经营活动产生的现金流量、投资活动产生的现金流量、筹资活动产生的现金流量，此外，汇率变动、现金及现金等价物净增额对现金有一定的影响，详见表 13.3。

表 13.3　　简化的现金流量表

项　　目	项　　目
一、经营活动产生的现金流量	三、筹资活动产生的现金流量
1. 销售商品、提供劳务收到的现金	1. 吸收权益性投资所收到的现金
2. 收取的租金	2. 发行债券所收到的现金
3. 收到的增值税销项税额和退回的增值税款	3. 借款所收到的现金
4. 收到的除增值税外的其他税费返还	4. 收到的其他与筹资活动有关的现金
5. 收到的其他与经营活动有关的现金	现金流入小计
现金流入小计	1. 偿还债务所支付的现金
1. 购买商品、接受劳务支付的现金	2. 发生筹资费用所支付的现金
2. 经营和租赁所支付的现金	3. 分配股利或利润所支付的现金
3. 支付给职工及为职工支付的现金	4. 偿付利息所支付的现金
4. 支付的增值税款	5. 融资租赁所支付的现金
5. 支付的所得税款	6. 减少注册资本所支付的现金
6. 支付的除增值税所得税款以外的其他税费	7. 支付的其他与筹资活动有关的现金
7. 支付的其他与经营活动有关的现金	现金流出小计
现金流出小计	筹资活动产生的现金流量净额（+/-）
经营活动产生的现金流量净额（+/-）	
二、投资活动产生的现金流量	四、汇率变动对现金的影响
1. 收回投资所收到的现金	五、现金及现金等价物净增额
2. 分得股利或利润所收到的现金	
3. 取得债券利息收入所收到的现金	
4. 处置固定资产及其他长期资产收回的现金	
5. 收到的其他与投资活动有关的现金	
现金流入小计	
1. 购建固定资产及其他长期资产支付的现金	
2. 权益性投资所支付的现金	
3. 债权性投资所支付的现金	
4. 支付的其他与投资活动有关的现金	
现金流出小计	
投资活动产生的现金流量净额（+/-）	

1. 经营活动产生的现金流量

经营活动是指企业投资和筹资活动以外的所有交易和事项，现金流入主要来源于销售商品、提供劳务收到的现金，收取的租金和税费返还等；现金流出主要用于购买货物、接受劳务支付的现金，经营租赁费用、职工工资及各种税费等。经营活动产生的现金流量，反映了企业正常经营活动导致的现金收支变化。借此了解企业经营活动产生的现金流量是否可以偿还债务、支付股利以及对外投资。

2. 投资活动产生的现金流量

投资活动是指企业资产的购建和不包括在现金等价物范围内的投资及其处置活动，现金流入来源于收回投资、投资收益、处置固定资产等产生的现金；现金流出源于固定资产购建、长期投资等支付的现金。投资活动产生的现金流量，反映企业运用现金进行投资的能力。借此了解企业为获得未来收益而支付的现金和以前投资所带来的现金流入情况。

3. 筹资活动产生的现金流量

筹资活动是指导致公司资本及其债务规模和构成发生变动的活动。现金流入来源于应付票据、长期债务以及所有者权益的增加；现金流出源于上述账户余额的减少，包括偿还债务、股份回购、股利分配等。筹资活动产生的现金流量，反映企业筹集资本的能力。

现金流量表是以现金的实收实付为准来确认收入与费用，真实地反映了公司当期实现收入的现金、实际支出的现金、现金流入流出相抵后的净额。而会计上使用收入实现原则和配比原则，使得利润的计算包含了太多的估计和主观判断，如过度赊销导致应收账款和销售收入剧增，虽然利润相应增长但现金收入丝毫未增；又如推迟确认费用或者潜亏挂账也可使利润相应增加，但现金支出依旧。例如某公司利润指标显示净利润逐年增长，而经营活动的净现金流量却逐年下降，则有利润操作过度的可能；又如流动比率与速动比率显示公司偿债能力正常，但经营活动的净现金流量与利润的差距过大，则有偿债能力不足之嫌。另外，投资者不仅可以用市盈率，也可以用每股市价与每股经营活动现金净流量的比率（即价现比）来衡量股价的高低。价现比反映了股票市价总值与公司经营现金流量的关系。与市盈率相比，价现比反映的情况更真实，参考价值更大。因此，投资者应同时使用利润指标和现金流量信息，通过分析二者间的差异，才能正确评价公司的经营绩效和股息支付能力。

四、各种财务报表间的关系

（一）利润表和资产负债表的关系

利润表和资产负债表是按照“收入 - 费用 = 利润”和“资产 = 负债 + 所有者权益”

两个会计恒等式所编制的。由于等式“收入 - 费用 = 利润”的结果既会在利润表中反映，也会在资产负债表中反映。它们之间的联系可以用等式表示为：

资产 = 负债 + 所有者权益 + 收入 - 费用

所有者权益的净变化值就是利润表的净利润值，即净资产 = 净利润。

利润表和资产负债表之间的这种勾稽关系用公式表示为：

资产负债表所有者权益期末余额 - 期初余额 = 利润表的净利润 + 本期的投入资本

如果所编制的财务报表不能体现这一基本的勾稽关系，可以肯定其记账过程存有差错，参见图 13.1。

利润表	收入–费用 = 净利润
利润分配表	期末未分配利润=期初未分配利润+净利润–股利分配
所有者权益的变动	期末所有者权益=期初所有者权益+净利润+当期股东投入–股利分配
资产负债表	期末资产=期末负债+期末所有者权益

图 13.1 利润表和资产负债表的勾稽关系

(二) 利润表、资产负债表与现金流量表的关系

三个主要财务报表之间的联系可以用图 13.2 表示。

综上所述，上市公司的财务报表是由资产负债表、利润及利润分配表和现金流量表组成。投资者在阅读分析时必须相互对照，如利润及利润分配表中的未分配利润与资产负债表中的未分配利润是否一致；年度内各项利润分配数是否与财务状况变动表或现金流量表中各项利润分配数一致；本年提取的公积金数与资产负债表中的公积金增加数是否一致等。只有全面了解财务情况，才能做出正确选择。

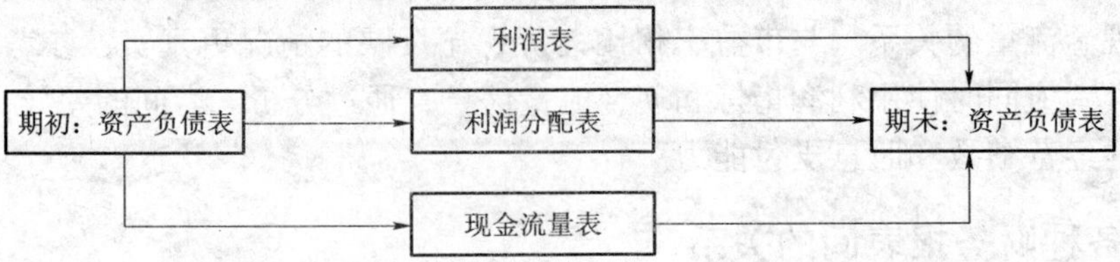

图 13.2 三张财务报表之间的关系

第三节　上市公司财务报表分析

上市公司财务报表分析，是通过对上市公司报表的有关数据进行汇总、计算、对比，从而综合地分析和评价公司的财务状况和经营成果。其真正价值是通过分析来预测未来的盈利、股利、现金流量及风险，以帮助报表使用者作出科学决策。

上市公司的财务报表为上市公司的经营者、投资者、债权人和其他报表使用者提供了大量的第一手资料。但是，财务报表能否真正的具有价值，并起到应有的作用，则完全取决于财务报表使用者能否运用科学的方法进行分析。一般来说，不同的报表使用者对财务报表进行分析的侧重点有所不同，从而分析的内容也会不同。例如，公司的债权人更关注公司的偿债能力，可以通过流动性分析，了解公司清偿短期债务的能力；投资者更加关注公司的发展潜力，因而更侧重于对公司盈利能力及资本结构的分析；而公司的经营者则需了解公司经营活动的各个方面，以便完善公司的经营管理。

尽管不同的财务报表使用者对报表进行分析的重点不同，但他们进行分析的方法却基本一致。主要有单个年度的财务比率分析、不同时期的纵向比较分析、与同行业其他公司的横向比较分析三种。财务比率分析是指对本公司一个财务年度内的财务报表各项目之间进行比较，计算比率，判断年度内偿债能力、资产管理效率、经营效率、盈利能力等情况。对本公司不同时期的财务报表进行比较分析，可以对公司持续经营能力、财务变动趋势、盈利能力作出分析，从一个较长时期动态地分析公司状况。与同行业其他公司进行比较分析，可以了解公司各种指标的优势。在群体中判断个体，通常以行业平均水平或行业标准为参照，分析公司在行业中的地位、优势与不足，以真正确立公司的价值。

比率分析法是最为常用的方法，即以财务报表为依据，将彼此相关而性质不同的项目进行对比，以揭示其间存在的逻辑关系及企业的经营状况和财务状况。比率分析涉及到企业管理的各个方面，比率指标也特别多，我们将其归纳为五大类：变现能力分析、负债比率分析、资产管理比率分析、盈利能力分析、投资收益分析、现金流量分析等，或者为安定力、活动力、收益力、成长力和生产力等五力分析。

一、安定力分析

安定力分析，就是测试企业的经营基础是否稳固，企业的财务结构是否合理，企业偿债能力是否具备的指标。一个公司，如果没有足够的偿债能力，即使获利能力再强，也是很危险的。因为企业应付突发事件的能力很弱，所以一个企业只有在安定力上过了关，才能有条件和基础去发展。安定力分析包括短期偿债能力分析和长期偿债能力分析。

（一）短期偿债能力分析

短期偿债能力，又称短期周转能力，指企业以流动资产支付流动负债的能力，这主要通过两个指标来反映。

1. 流动比率

又称营运资金比率，指流动资产与流动负债的比率，用公式表示为：

流动比率 = 流动资产 ÷ 流动负债

企业流动资产通常包括：货币资金、应收账款、有价证券、存货、其他流动资产；流动负债则包括：应付账款、短期应付票据、一年内到期的长期借款、应付未付工资、应付税金等。流动比率是测试公司流动资产偿付流动负债的能力和强度。流动比率是相对数，排除了企业规模不同的影响，更适合企业之间以及企业不同历史时期的比较。一般来说，流动比率越高，说明企业的流动性越强，短期偿债能力越强；反之，则说明企业的短期偿还能力较差。根据经验法则，通常认为流动比率等于 2 最为合理，因为流动资产中变现能力最差的存货约占流动资产总额的一半。但事实上，流动比率太高表示资金可能发生呆滞，可能放弃了某些获利机会。当然投资者还应考虑行业特性，如重型机械制造业生产周期长，存货要求较多，流动比率应该有所提高；但公用事业类的流动比率可适当降低，其应收账款周转速度较快；对于经营能力和筹措短期资金能力较强的公司而言，即使流动比率较低也不会影响公司资产的安全性的流动性。

2. 速动比率

又称酸性测验比率，指速动资产与流动负债的比率，用公式表示为：

速动比率 = 速动资产 ÷ 流动负债 =（流动资产 − 存货 − 预付费用）÷ 流动负债

速动资产是流动资产扣除不能立即变现的存货及无法变现的预付费用后的余额，包括货币资金、应收账款、有价证券（短期投资）等较易变现资产。由于存货变现过程中存在许多不确定因素，如可能已损失报废还没作处理，已抵押给某债权人，估价与市价相差悬殊等问题；另外，变卖存货偿债容易让人产生误解，让人觉得企业已穷途末路。因此，剔除存货，使得速动比率反映的短期偿债能力比流动比率更为准确与可靠。

通常认为速动比率为 1 较理想，意味着公司不需要动用存货就可以偿还流动负债，如果过低，表明公司随时面临着无法偿付短期债务的风险；如果过高，则表示公司资金可能存在着某些呆滞现象。但由于应收账款的变现能力是影响速动比率的一个重要因素，所以不同的行业速动比率会有很大的差别。

在分析流动性时，通常将流动比率与速动比率结合使用，在单期财务报表中，如果流动比率大于 2、速动比率小于 1，意味着存货或预付费用过多，需要进一步分析；在多期财务报表中，若流动比率逐年提高而速动比率逐年降低，表示存货或预付费用逐年增加，也需要进一步分析。

3. 现金流动负债比率

现金流动负债比率是经营现金流量净额除以流动负债的比值，计算公式为：

现金流动负债比率 = 经营现金流量净额 ÷ 流动负债

现金流动负债比率更能说明企业的短期偿债能力。流动比率虽然也能反映流动性，但局限性较大，存货不易变现，应收账款可能为呆账，待摊费用、预付费用已支付也不能变现，即使流动比率很高，但支付能力很差，甚至无力偿债而破产清算。用经营现金流量净额代替流动资产，可以更好地反映企业偿还债务的能力。

选择经营活动产生的现金流量净额，而不是公司所有活动带来的现金流量净额，是因为健康公司的现金流量结构通常表现为，经营活动的现金流量为正数，投资活动的现金流量为负数，筹资活动的现金流量可正可负。换言之，经营活动的现金流量具有稳定性，而投资活动和筹资活动则相差较大，不易预测。

另外，可以用现金到期债务比来反映短期偿债能力，其计算公式为：

现金到期债务比 = 经营现金流量净额 ÷ 本期到期债务

本期到期的债务，是指本期到期的长期债务和本期应付票据。通常为现金性债务的应付票据是不能展期的，到期必须如数偿还。

（二）长期偿债能力分析

长期偿债能力分析，又称资本结构或财务结构分析，是指公司偿还到期长期债务的能力，通常用反映债务与资产、净资产的关系比率来衡量。因为企业长期偿债能力有很多不可控因素，只能通过间接分析公司资本结构的方式予以评核。所谓资本结构，是指企业自有资本与借入资本的比重，如果企业自有资本比重较高，说明企业财务结构健全，长期偿债能力比较可靠；反之，企业财务结构脆弱，长期偿债能力较差。用来衡量公司长期偿债能力的主要指标有：

1. 股东权益对负债的比率

企业的资金主要来自股东和债权人，即股东权益与负债，反映两种资金的相对比重为股东权益对负债的比率，用公式表示：

股东权益对负债比率 = 股东权益 ÷ 负债

2. 股东权益率与资产负债率

股东权益率是股东权益总额与资产总额的比率，即自有资本率，用公式表示为：

股东权益率 = 股东权益 ÷ 资产总额 = 股东权益 ÷（负债总额 + 股东权益总额）

资产负债率是负债总额与资产总额的比率，即借入资本率，用公式表示为：

资产负债率 = 负债总额 ÷ 资产总额 = 负债总额 ÷（负债总额 + 股东权益总额）

股东权益率 + 资产负债率 = 100%

在这里，“股东权益”包括实收资本、资本公积、盈余公积与未分配利润；“负债总额”包括短期负债、长期负债；“资产总额”则是扣除累计折旧后的净额。

一般认为，公司应该有一定程度的负债经营，才能保证发展的速度和规模。对于公司股东来说，如果公司不负债或很少负债，那么只能依靠自有资本经营，虽然财务风险小，但资金成本高，并且没有积极利用财务杠杆作用，因为他们所关心的是全部资本利润率是否超过借入款项的利率，即借入资本的代价。在全部资本利润率高于借款利率时，股东所得的利润将随之扩大，在这种情况下，股东所得的利益是双重的，不仅获得较高的盈利率，而且他们在付出有限代价的条件下，保持对企业的全部控制权。因此，在全部资本利润率高于借款利息率的条件下，负债比率越大越好，否则相反。对于公司债权人来说，他们最关心的是贷给企业款项的安全性，即能否按期收回本金和利息，过高的资产负债率往往意味着较高的财务风险，从而威胁到债权的安全。因此，他们希望资产负债率越低越好，比率越低，公司偿债的能力越有保障。对于公司经营者来说，必须审时度势，在利用资产负债率制定借入资本决策时，必须充分估计贷款可能增加的风险，在二者间权衡利弊得失。总的说来，这一比例的高低由公司经营策略和所处的行业决定，并无统一标准，但一般认为，一般实业性企业的资产负债率大多以不超过 50% 为好，金融类的企业资产负债率可以高达 90%。

3. 有形资产对长期负债的比率

一般企业在取得长期性借款或发行债券时须以有形资产作担保品，由此可以衡量资产的清算价值对长期负债的保障程度。有形资产净额指资产总额减去商誉、商标权、专利权、特许权等不具实体形态的无形资产，但包括土地使用权。

有形资产净额对长期负债的比率 = 有形资产净额 ÷ 长期负债

此比率应大于 1，意味着长期负债债权人有较强的保障，即有抵押物。有些分析专家更愿意使用固定资产作为对长期负债的比率来衡量长期负债的安全程度，因为有形资产中有大量低值易耗品需要予以剔除，用公式表示为：

固定资产对长期负债的比率 = 固定资产 ÷ 长期负债

4. 利息保障倍数

许多分析专家认为，除非企业经营结束，否则不太可能以处分资产的方式偿还债务，而常用盈余来支付长期负债的本金与利息，因此需要分析收益对还本付息的保障程度，即利息保障倍数。

利息保障倍数又称已获利息倍数，是指息税前利润除以利息费用，用以衡量企业偿付借款利息的能力。其计算公式为：

利息保障倍数 = 息税前利润 ÷ 利息费用

“息税前利润”是企业利润表中的利润总额与利息费用之和，是计算和分析企业经营成果的一个重要的指标。“利息费用”是指本期发生的全部应付利息，不仅包括计入财务费用中的利息费用，还包括计入固定资产价值中的资本化利息。固定资产价值中的资本化利息费用是指企业为构建长期资产而专门借入的债务在长期资产构建期间发生的利息费用，此费用不计入当期财务费用，而是计入该长期资产的构建成本。但是，一般投资者往往很难获得已经资本化的利息费用，通常用财务费用代替利息费用来计算已获利息倍数。

从长期来看，利息保障倍数至少应大于1，该比率越大，说明公司偿还利息的能力就越强；反之，如果此比率低于1，说明企业的经营收益还不足以支付当期的利息费用，意味着企业支付利息的能力非常低，财务风险高。但如何评价企业的利息支付倍数，这不仅需要与其他企业特别是本行业平均水平进行比较；而且还要比较本企业连续几年的该项指标水平，并选择指标最低年度的数据作为标准。如果息税前利润或者财务费用为负数，则计算出来的利息保障倍数是没有意义的。但遇有特殊情况须结合实际来确定，也可以与长期负债与营运资金比率结合运用。

5. 长期负债与营运资金比率

“营运资金”指流动资产减流动负债的差额。因为流动负债的清偿要消耗流动资产，因此从流动资产中减除流动负债后相当于库存的余额部分，才是企业实际营运的资金和能力。用公式表示：

长期负债与营运资金比率 = 长期负债 ÷（流动资产 − 流动负债）

一般情况下，长期负债不能超过营运资金，因为长期负债随时间推移会连续不断地转化为流动负债，并需要用流动资产来偿还；如果长期债务超过营运资金，势必会因为长期负债的转化造成流动资产小于流动负债，从而使长期债务、短期债务的偿还缺乏安全保障。因此，长期负债不能超过营运资金。

二、活动力分析

企业的活动能力，又称资产运用效率、资产管理能力、经营能力，指企业是否充分利用现有资产的能力。活动力分析的目的就在于测试企业经营的效率，活动力分析主要衡量平均总资产的运用效率及应收账款、存货、流动资产、固定资产等运用效率。营运效率主要是通过使用的各种资金周转率和周转天数来衡量。

（一）存货周转率

在流动资产中，存货所占比重较大（一般为一半），存货的流动性将直接影响企业的流动比率，因此必须特别重视对存货的分析。存货的流动性一般用存货的周转速度来反映，即存货周转率和周转天数来表示：

1. 存货周转率

存货周转率是衡量和评价企业购入原材料、投入生产、销售收回等各环节管理状况的综合性指标。存货周转率又叫存货周转次数，是主营业务成本与存货平均余额的比率。其计算公式为：

存货周转率 = 销售成本 ÷ 平均存货

式中销售成本数据来自利润表，而平均存货来自资产负债表中的期初存货与期末存货的平均数，即(期初存货 + 期末存货) ÷ 2。

2. 存货周转天数

存货周转天数是用时间表示的存货周转率，它等于 365 天除以存货周转率：

存货周转天数 = 365 ÷ 存货周转率 = 平均存货 × 365 ÷ 销售成本

一般来讲，存货周转速度越快，存货的占用水平越低，流动性越强，存货转换为现金或应收账款的速度也就越快；相反，存货周转速度越慢，则存货的变现能力越差。尽管提高存货周转率可以提高企业的变现能力，但存货周转率并不是越高越好，存货周转率太高，可能导致产品供不应求，生产过程中断。因此，存货周转率应该在保证生产经营连续性的同时，尽可能少占用经营资金，提高资金使用效率。

（二）应收账款周转率

应收账款周转率是分析评估企业应收账款的变现速度和企业流动资产周转状况的重要指标。原则上，应收账款周转率是由赊销净额除以期初期末应收账款平均余额而求得的，但人们往往无法将全部销售收入分解成赊销和现金销售两部分，因此，通常用销售收入除以应收账款来计算应收账款周转率。应收账款周转率越高，不仅可以增强企业的短期偿债能力，而且也反映了应收账款管理的效率越高。

1. 应收账款周转率

应收账款周转率是指赊销净额与平均应收账款净额之比；或者是销售收入与应收账款平均余额的比值，用公式表示为：

应收账款周转率 = 赊销净额 ÷ 平均应收账款净额

其中，赊销净额为销售收入扣除现金销售收入、销售折扣和销售退回及折让后的余额；应收账款净额为应收账款总额扣除坏账备抵后的余额；平均应收账款净额为期初与期末应收账款净额的平均值。

应收账款周转率 = 销售收入 ÷ 平均应收账款余额

其中，销售收入是指扣除折扣和折让后的销售净额（下式相同）；应收账款平均余额是指未扣除坏账准备的应收账款金额，是应收账款和应收票据的期初、期末金额的平均数。

2. 应收账款周转天数

应收账款周转天数，又称应收账款回收期或平均收账期，表示企业从取得应收账款的权利到收回款项、转换为现金所需要的时间，或者说，用时间表示的应收账款周转率就是应收账款周转天数，它等于 365 除以应收账款周转率。其计算公式为：

应收账款周转天数 = 365 ÷ 应收账款周转率

= 平均应收账款余额 × 365 ÷ 销售收入

应收账款周转率和回收天数受到商品种类、商业往来惯例、竞争环境等因素影响，并无统一标准。将该指标与前期、同行业水平相比较，如果收账期越长，应收账款周转率越低，说明企业客户的信用状况不佳，可能隐含着较大的坏账风险，也说明企业销售和财务人员催收账款不力，使企业的营运资金过多地滞留在应收账款上，影响正常的资金周转和经济效益；反之，应收账款周转率越高，平均收账期越短，说明应收账款的收回越快，坏账损失越低，资产流动性越高，短期偿债能力也会增强，同时收账费用也越低。

（三）其他资产周转率

其他资产类周转率与应收账款周转速度一样，其分析意义近似，公式如下：

1. 流动资产周转率

流动资产周转率是销售收入与全部流动资产平均余额的比值，公式如下：

流动资产周转率 = 销售收入 ÷ 平均流动资产

流动资产周转率反映了公司流动资产的周转速度。该指标越高，表明流动资产周转速度越快，越会相对节约流动资产，相当于扩大资产的投入，增强企业的盈利能力，说明公司流动资产的利用效率越高；相反，延缓周转速度，需要补充流动资产参加周转，形成资产的浪费，降低企业的盈利能力。

2. 固定资产周转率

固定资产周转率是销售收入与固定资产总额的比值，公式如下：

固定资产周转率 = 销售收入 ÷ 固定资产总额

固定资产周转率是用来衡量企业利用现有厂房、机器设备等固定资产形成销售收入的指标，反映了公司固定资产的使用效率。由于固定资产使用时间长，有的企业提取折旧占原值比重已较高，可用“固定资产净值”来代替“固定资产总额”。受固定资产原值、存续时间、折旧等因素影响，不同企业的固定资产周转率会有很大的差异，一般只用于本公司不同时期的纵向比较，很少用于不同企业间的横向比较。

3. 总资产周转率

总资产周转率是销售收入与资产总额的比值，计算公式为：

总资产周转率 = 销售收入 ÷ 平均资产总额

如果企业资产总额中包含无形资产，则应作相应扣除，以销售收入与有形资产相比较。总资产周转率表明企业投资的每一元资产可产生的销售收入，从总体上反映了企业利用资产创造收入的效率。总资产周转速度越快，说明公司销售能力越强，企业可以通过薄利多销的方式加速资产的周转，从而带来利润绝对额的增加。

上述各项资产的周转率用于衡量企业运用各类资产赚取收入的能力，经常与反映盈利能力的指标结合使用，可更全面评价企业的盈利能力。

三、收益力分析

收益力，又称获利能力，是公司持续存在和发展的必要条件，也是决定和影响股东投资者获得股利和减价利润的主要因素。企业获利能力的分析可从股东及公司两方面来进行：反映股东投资企业所能获得的投资报酬的股东获利能力和反映公司经营获利能力，公司获利能力只是间接影响股东利益。

（一）股东获利能力

股东获利能力，又称投资收益分析，它直接关系到投资者的切身利益，也是债权人极为重视的一个方面。主要指标包括每股盈余、市盈率、股利支付率和普通股权益报酬率等。

1. 每股盈余

每股盈余，又称每股收益，是本年净利润与发行在外的年末普通股数的比值，这是投资者评估投票价值时的重要指标，计算公式为：

每股盈余 = 净利润 ÷ 发行在外的年末普通股数

式中，净利润为税后利润扣除优先股股利后的余额。每股盈余的计算关键是确定普通股股数：如本年股数未发生变化，以年终股数为准计算；年度中增加发行新股时，新股需按实际流通期间占全年时间之比折合计算；年度中如发放股票股利或实施股票分割时，不论在一年中何时发生，均应视作期初发生，而以发放股票股利或股票分割后的股数作为计算基础；股数仅指流通在外的普通股，公司收回尚未重新发行的库藏股票不包括在内。

2. 市盈率

市盈率，又称本益比、价盈比、PE 值，指投资者获得单位盈余所付出的成本，这也是投资者评估股票价值时的重要指标，计算公式为：

市盈率 = 每股市价 ÷ 每股盈余

市盈率反映上市公司股票的盈利状况，它是投资者用以衡量某种股票投资价值和投资风险的常用指标。一般来说，市盈率越高，表明市场对公司的未来越看好。在市价确定的情况下，每股收益越高，市盈率越低，投资风险越小，反之亦然；在每股收益确定的情况下，市价越高，市盈率越高，风险越大，反之亦然。仅从市盈率高低的横向比较看，高市盈率说明公司能够获得社会信赖，具有良好的前景，反之亦然。由于一般的期望报酬率为 5% ~20% ，所以正常的市盈率为 5 ~20 倍。通常，投资者要结合其他有关信息，才能运用市盈率指标判断股票的价值。

3. 股利支付率

股利支付率，又称派息率，是普通股每股股利与每股收益的百分比，公式如下：

股利支付率 = 每股股利 ÷ 每股收益

股利支付率反映公司的股利政策和支付股利政策的能力。一般来说，过高的股利分配政策，对股东和潜在投资者的吸引力就越大，越有利于建立良好的公司信誉，从而会使公司股票供不应求，公司股票市价越高，对公司吸引投资、再融资越有利；另一方面，过高的股利分配率政策，会使公司的留存收益减少，为了维持高股利分配政策往往需要大量举债，从而会增加资金成本，最终会影响公司的未来收益和股东权益。

4. 普通股权益报酬率

普通股权益报酬率，是指普通股股东的投资回报率，如果公司未发行优先股，那么普通股权益报酬率就等于股东权益报酬率或自有资本报酬率，是税后净利润与普通股权益的百分比。这一比率当然是越高越好。其计算公式如下：

普通股权益报酬率 =（税后净利润 - 优先股股利）÷ 平均普通股权益

股东权益报酬率 = 税后净利润 ÷ 平均股东权益总额

（二）公司获利能力

公司获利能力分析是指企业赚取利润的能力。它不仅关系到企业所有者的利益，也是企业偿还债务的一个重要资金来源。主要包括毛利率、净资产收益率等指标。

1. 销售毛利率

销售毛利率，是毛利占销售收入的百分比。计算公式为：

销售毛利率 = 毛利 ÷ 销售收入

式中，毛利是企业的销售收入与销售成本的差额（或是营业收入与营业成本的差额），服务行业的毛利则是劳务收入减法去劳务成本的余额。毛利率表示每 1 元销售收入扣除销售成本后，有多少钱可用于各项期间费用和形成盈利，如果没有足够大的毛利率，公司便不可能盈利，因此毛利是销售净利率的基础。一般说，毛利率指标越高越好，但不同行业间的毛利率相差很大，而在同一行业，各企业和毛利率差距不大，通过比较还是可以发现它们的区别。

与毛利率相类似的指标还有营业收益率、税前利润率和净利润率等，这些比率的分母均为销售收入，分子则依次为毛利减销售及管理费用后得出的营业收益、营业收益加营业外收支净额得出的税前利润、税前利润减去所得税及非常损益项目后得出的税后利润，用公式表示如下：

营业收益率 = 营业收益 ÷ 销售收入 =（毛利 − 销售及管理费用）÷ 销售收入

税前利润率 = 税前利润 ÷ 销售收入 =（营业收益 + 营业外收支净额）÷ 销售收入

销售净利润率 = 本期净利润率 ÷ 销售收入 =（税前利润 − 所得税）÷ 销售收入

2. 净资产收益率

净资产收益率，又称净值报酬率或权益报酬率，是净利润与年末净资产的百分比。计算公式如下：

净资产收益率 = 净利润 ÷ 年末净资产

式中，年末净资产数据来自资产负债表中股东权益合计的期末数。如果考察的企业不是股份制企业，年末净资产也可以使用平均净资产来代替。净资产收益率具有很强的综合性，净资产收益率越高，投资人享有的净利润就越多，投资的回报收益就越高。

如果分母为平均资产总额，那么可得总资产报酬率，计算公式为：

总资产收益率 = 净利润 ÷ 平均资产总额

四、成长力分析

成长力分析，主要考察企业各项指标的增长状况，又称增长比率分析。成长性比率是衡量公司发展速度的重要指标，主要考察企业各项指标的增长状况，考察企业的发展前景。测试指标主要有股东权益增长率、每股净值增长率、固定收入增长率、销售收入增长率和税后利润增长率等，计算公式分别如下：

股东权益增长率 =（本期股东权益 - 基期股东权益）÷ 基期股东权益 ×100%

每股净值增长率 =（本期每股净值 - 基期每股净值）÷ 基期每股净值 ×100%

固定收入增长率 =（本期固定收入 - 基期固定收入）÷ 基期固定收入 ×100%

销售收入增长率 =（本期销售收入 - 基期销售收入）÷ 基期销售收入 ×100%

税后利润增长率 =（本期税后利润 - 基期税后利润）÷ 基期税后利润 ×100%

成长力指标，都是通过由本期资料与同一项目基期或前几期资料进行比较确定其趋势。因此，投资者可以根据考察目标选取不同的项目或指标进行分析。

五、生产力分析

生产力分析，就是对企业为维持其长远发展从事生产活动所创造的附加价值（即企业本身新创造出的价值）的大小进行的分析。生产力指标的高低可用以显示企业经营效率的优劣，并进一步反应在获利能力的大小上。用以测试生产力的指标主要有以下几项，计算公式分别如下：

附加价值率 = 附加价值 ÷ 营业收入

人均附加价值 = 附加价值 ÷ 平均从业人员

经营资本投资效率 = 附加价值 ÷ 经营资本

使用人力生产力 = 附加价值 ÷ 用人费

由于生产力与获利能力在一定程度上有很大的关联性，且生产力分析所使用的资料很难为公司外面的人员所取得，因此，投资者可以通过获利能力分析替代生产力指标分析。

第四节　上市公司财务状况的综合分析

我们在分别计算出了财务五力指标后，还需要用图表等方式将各类指标加权综合分析，作出清晰明了的比较和结论，以便为投资决策提供依据。

一、综合评价方法

通常认为企业财务评价的内容主要是盈利能力，其次是偿债能力，再次是成长能力，三者大约按 5:3:2 比重进行分配。以 100 分为总评分，以 X 公司为例制定综合评价方法的评分标准，参见表13.4。

表13.4 X公司财务制度综合评分标准

指　标	评分值(1)	标准比率%(2)	行业最高比率%(3)	最高评分(4)	最低评分(5)	每分比率的差%(6)	实际比率(7)	得分(8)
一、盈利能力								
总资产净利率	20	10	20	30	10	1	7.4	17.4
销售净利率	20	4	20	30	10	1.6	4.5	20.31
净资产报酬率	10	16	20	15	5	0.8	14.9	8.625
二、偿债能力								
权益负债比率	8	40	100	12	4	15	49	8.6
流动比率	8	150	450	12	4	75	233	9.11
应收账款周转率	8	600	1 200	12	4	150	1 000	10.67
存货周转率	8	800	1 200	12	4	100	1 200	12
三、成长能力								
销售增长率	6	15	30	9	3	5	5	4
净利润增长率	6	10	20	9	3	3.3	-15	-1.58
人均净利增长率	6	10	20	9	3		18	-2.48
合　计	100							86.65

每分比率的差的计算公式：

(6)=(行业最高比率-标准比率)÷(最高评分-评分值)

总资产净利率(6)=(3-2)÷(4-1)=(20%-10%)÷(30-20)=1%

销售净利率(6)=(3-2)÷(4-1)=(20%-4%)÷(30-20)=1.6%

净资产报酬率(6)=(3-2)÷(4-1)=(20%-16%)÷(15-10)=0.8%

根据这种方法，各项得分计算公式为：

(8)=标准评分值2+调整分(7-2)÷6

总资产净利率得分(8)=2+(7-2)÷6=20+(7.4-10)÷1=17.4

销售净利率得分(8)=2+(7-2)÷6=20+(4.5-4)÷1.6=23.31

净资产报酬率得分(8)=2+(7-2)÷6=10+(14.9-16)÷0.8=8.625

注意，综合评价方法的关键技术是“标准评分值”即权数和“标准比率”即行业标准水平的建立，只有长期连续实践，不断修正，才能取得较好效果。

二、雷达图分析方法

雷达图分析就是把企业的财务状况及经营成果，用各类比率的形式，在雷达图网状图表上显示出来，以便于管理人员和投资者一目了然地了解企业状况。

根据分析人员的分析目的不同，雷达图有多种形式，这里主要介绍两种：一是把本企业的财务及经营状况与行业平均水平相比较；二是本企业不同时期财务与经营状况相比较。

本企业与行业平均水平比较的雷达图的编制方法为：先画三个同心圆，把360度分为五个区域，分别代表不同比例类别，如企业的安定力（短期与长期偿债能力）、活动力、收益力、成长力、生产力指标等。如果生产力指标值不易获取，可将安定力中的短期与长期偿债能力分为两力表示。

同心圆中最小的环代表着同行业中的最差水平，中间环代表着同行业的平均水平，最外边环表示同行业的最高水平。

五个区域内以圆心为起点，以放射线形式画出相应的比率线，然后在相应的比率线刻度上标出本企业某年的财务和经营水平。把本企业的各种比率值用线连结起来所形成的一个形状不规则的闭环，就可以清晰地显示出本企业各项指标的发展现状了13.3。

本企业不同时期财务与经营状况雷达图的编制方法与上面基本相同，通过雷达图显示以前年度企业的各项指标发展状况，本年度的企业各项指标状况，哪些指标得以改善，哪些指标没有改善甚至恶化则一目了然。

三、上市公司投资价值评估

前述综合评价方法与雷达图分析，尽管也是企业财务经营状况的综合反映，但缺乏对公司所处行业的成长性、公司的竞争地位等行业情况的分析，也缺乏对公司管理能力等情况的分析，同样也缺乏对公司未来成长性的预测和分析。因此，需要建立一种“基于成长性的投资价值评估体系”。借鉴国泰君安证券研究所的投资价值评估体系，将公司未来成长率、行业的成长性及竞争地位、管理能力与财务状况四项指标，分别设以不同的权重系数，然后进行综合评价。

1. 公司未来成长率（40分）

公司未来成长率用P/E/G比率表示，即用市盈率与净利润在未来3年的年均增长率的比率来衡量公司投资价值，这项核心指标权重为40分。

公司未来成长率的计算方法，以该比率最低的10家公司的平均值为基准值，其他

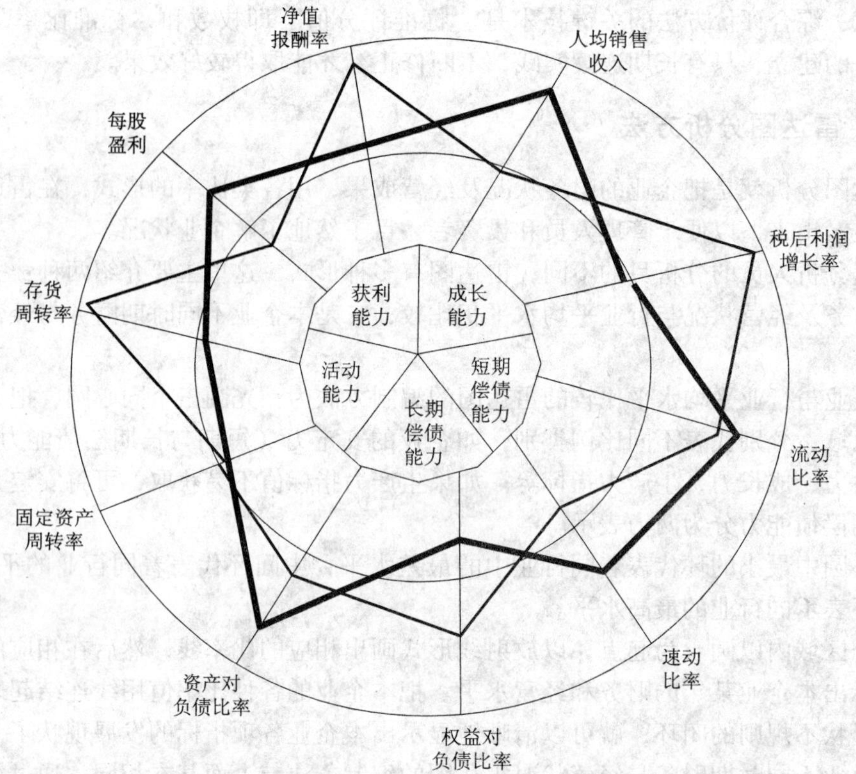

图 13.3 某公司与同行业平均及本企业不同时期相比较的雷达图

公司的得分取决于其自身 P/E/G 与基准值的对比，用公式表示：

公司未来成长率 =40×(10 家公司平均值 P/E/G′)÷(被评估公司数值 P/E/G)

2. 公司（核心业务）行业的成长性及竞争地位（20 分）

根据波士顿矩阵，从行业成长性与竞争地位两方面将公司核心业务分为四个象限并打分：明星象限为 16～20 分、现金牛象限为 6～15 分、问题象限为 6～15 分、瘦狗象限为 1～5 分。

3. 公司管理能力（30 分）

公司管理能力可进一步分解为企业家能力（6 分）、战略管理（6 分）和组织激励（6 分）三个方面。根据公司领军人视野、经验及执行能力，可将企业家能力分为三档：优秀为 6～8 分、一般为 4～6 分、较差为 0～4 分；根据公司总体战略目标和子战略目标的明确适当程度，可将公司战略管理分为三档：较好的为 5～6 分、中档为 3～4 分、较差的为 0～2 分；根据公司组织控制与激励机制的有效性，可将组织激励分为三档：

高效为5~6分、一般为3~4分、低效为0~2分。

4. 公司财务状况（30分）

公司财务状况可进一步分解为盈利能力（8分）、偿债能力（6分）和营运能力（6分）三个方面。根据公司毛利率、净资产收益率及净利润率的水平高低，可将盈利能力分为三档：高收益率为6~8分、中等收益率为3~5分、低收益率为0~3分；根据公司资产负债率、流动比率和速动比率等指标高低，可将公司偿债水平分为三档：高档为5~6分、中档为3~4分、低档为0~2分；根据存货周围弦、应收账款周转率和经营现金流等指标水平，可将公司营运能力分为三档：高档为5~6分、中档为3~4分、低档为0~2分。

复习思考题

1. 简述评价企业流动性的基本方法。
2. 简述评价企业经营业绩趋势的基本方法。
3. 简述评价企业财务报表的基本方法。

第十四章

技术分析主要理论简介

本章摘要

技术分析的理论有很多，主要包括K线理论、道氏理论、形态理论、切线理论、缺口理论、波浪理论，还有随机漫步理论、循环周期理论等。本章重点介绍道氏理论、K线理论等主要技术分析方法的基本思想，借以阐述技术分析的理论基础。

关 键 词

K线理论　道氏理论　波浪理论

第一节　K线理论

K线图也称“蜡烛线”、“阴阳线”、“酒井线”和“日式划线法”。是1750年代的日本大阪米市商人为记录米市价格在一天、一周或一月当中的涨跌行情所使用的图形。后来人们把这种图形标识方式引至股票及期货市场，从而成为当今股票行市技术分析方法当中最常用的一种图形分析法。几乎所有的股票计算机分析软件都采用K线图来记录一分钟、一日、一周、一月、乃至一年或数年的股票历史价格走势。

若K线图以日为记录单位，则称日K线图。记录单位也可以是分、小时、周、月或年等，分别称为分K线图、小时K线图、周K线图、月K线图或年K线图。为了短线操作的需要，有些投资者用5分、15分、30分、1小时等为记录单位，分别称为5分K线图、15分K线图、30分K线图、1小时K线图等。

K线理论认为，股票价格的波动可以用其开盘价、最高价、最低价和收盘价四个价格的相对变化来概括。为此，K线理论将一个交易日中的这四个价位都标识在一条由影线和实体组成的柱状线条（亦即所谓的K线）上。于是一个交易日便会对应一个K线，而多个交易日的K线便会构成一个组合。K线理论便是籍由针对K线组合形成原因的分析，来判断行市中短期走势的理论。

一般认为，日本本间宗久先生创立的酒井线法是K线的始祖。

一、日K线的制作步骤

（一）标出开盘价、收盘价，并用矩形实体标识。其中，矩形的上下两个边线分别为开盘价或收盘价。

若开盘价等于收盘价，则标识为横线。

（二）选用颜色：若低开高收，则用空心实体（或红色实体）标识，称之为阳线；若高开低收，则用黑色实体（或绿色实体）标识，称之为阴线。

（三）标出当日最高价、最低价，并用竖直线与实体的上沿、下沿连接。其中，最高价至实体上沿的连线，称为上影线；最低价至实体下沿的连线，称为下影线。

二、K线的种类及研判意义

K线用简单的图形记录每日的股市行情，并把它们逐日按时间顺序展现在以价格为纵轴、时间为横轴的二维平面上，从而较细腻地表现出交易过程中买卖双方力量的对比与价格波动的状况，以作为交易决策的参考。

根据上影线、下影线、实体的长短不同，K线可分为10种基本的型态：大阳（阴）线、光头光脚阳（阴）线、长下影阳（阴）线、长上影阳（阴）线、小阳（阴）线、带帽阳（阴）线、带尾阳（阴）线、上升（下跌）转折线、十字星、一字型等，其意义各不相同。

一般地认为，若阳线出现在盘整或股价下跌趋势末期，则代表股价可能会开始反转向上；若阴线出现在盘整或股价上涨趋势末期，则代表股价可能会开始反转向下。

若出现极长下影线，通常表示买方支撑力道强。因此若此种K线出现在股价下跌趋势末期，再配合大成交量，则股价反弹回升的可能性很高。若此种K线出现在股价上涨趋势末期或高档盘整期，再配合大成交量，则很可能意味着有主力大户盘中卖、盘尾拉，应注意卖出的时机。

当出现极长上影线时，通常表示卖压大。因此若此种K线出现在股价上涨趋势末期，再配合大成交量，则表示股价可能一时难以突破，将陷入盘整，甚至回跌。

十字线可视为反转信号。若此种K线出现在股价高档时，且次日收盘价低于当日收盘价，表示卖方力道较强，股价可能回跌。若此种K线出现在股价低档时，且次日收盘价高于当日收盘价，表示买方力道较强，股价可能上扬。

不过，因为K线仅考察股票价格的变化，所以应用时，还应考察成交量，借以观察买方与卖方相对强弱的变化，从而找出股价支撑与压力的区间来。一般说来，每日开盘与收盘价易受主力大户影响，因此可参考周K线图，以每周初开盘、每周末收盘、每周最高价、每周最低价作为观察的着眼点，因为主力大户较难全盘影响一周走势。

三、K 线组合分析

所谓 K 线组合，是指由两根以上 K 线构成的 K 线形态，反映连续若干交易日股市的变动情况，用以推测短期股价走势。常见的 K 线组合有：

（一）两阳夹一阴：上升途中，出现两根阳线夹一根阴线，通常意味着短线看涨，如图 14. 1 所示。

（二）两阴夹一阳：下跌途中，出现两根阴线夹一根阳线，通常意味着短线看跌，如图 14. 2 所示。

（三）早晨之星：连续下跌途中，大阴线后，出现实体较小的 K 线，之后再出现中阳线，通常意味着短期底部的形成，如图 14. 3 所示。

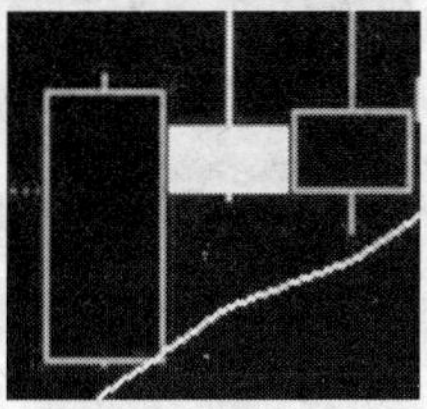

图 14. 1　两阳夹一阴

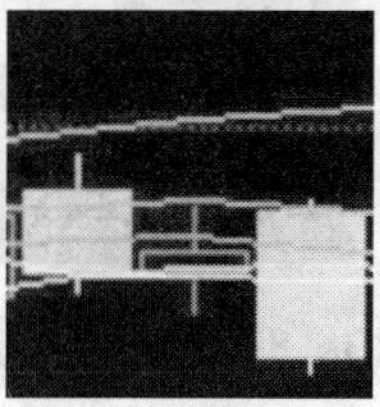

图 14. 2　两阴夹一阳

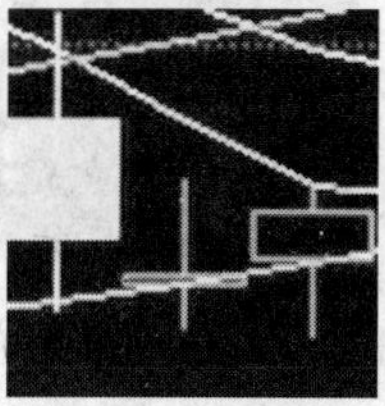

图 14. 3　早晨之星

（四）黄昏之线：连续上升途中，大阳线后，出现实体较小的 K 线，甚或十字星，之后再出现中阴线，通常意味着短期见顶，如图 14. 4 所示。

（五）射击之星：连续上升途中，出现大阳线，续而出现实体小但上影线较长的 K 线，伴随成交量的放大，通常意味着短期见顶，如图 14. 5 所示。

（六）乌云盖顶：连续上升途中，出现大阳线，而后又出现实体较大的阴 K 线，伴随成交量的放大，通常意味着短期见顶，如图 14. 6 所示。

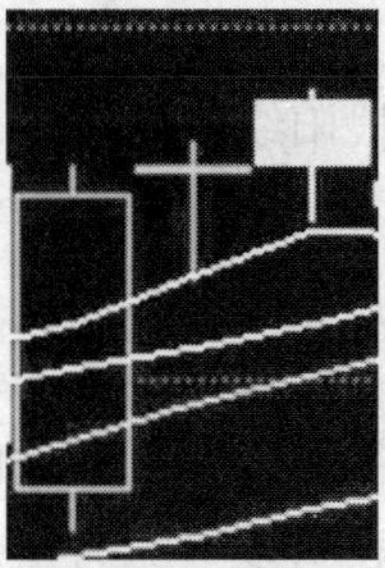

图 14. 4　黄昏之线

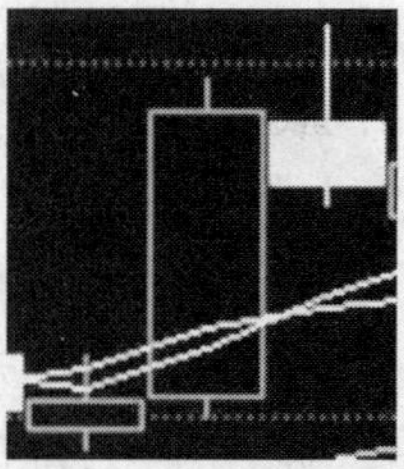

图 14. 5　射击之星

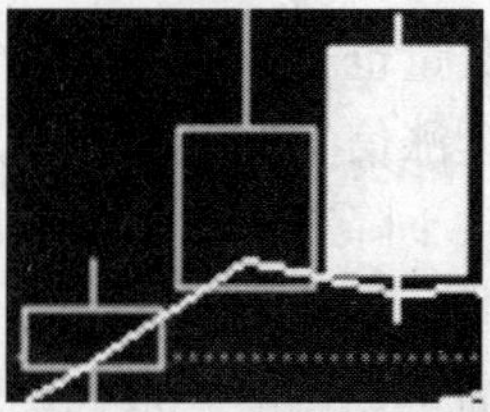

图 14. 6　乌云盖顶

（七）穿头破脚：在下跌途中，出现大阴线之后，又出现一实体较大的阳线，且后者的实体完全包纳了前者的实体，如图 14.7 所示，这叫底部穿头破脚。通常意味着短期底部的形成。

类似地，在上涨途中，出现大阳线之后，又出现一实体较大的阴线，且后者的实体完全包纳了前者的实体，如图 14.8 所示，这叫顶部穿头破脚。通常意味着短期顶部的形成。

（八）红三兵：在上涨的途中，三只阳线的收盘价不断上移，成交量也放大，通常预示着后市看涨，如图 14.9 所示。

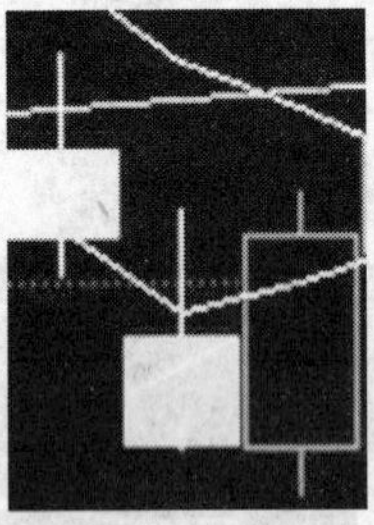

图 14.7　底部穿头破脚

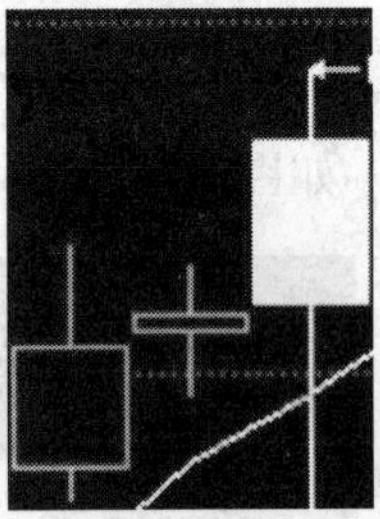

图 14.8　顶部穿头破脚

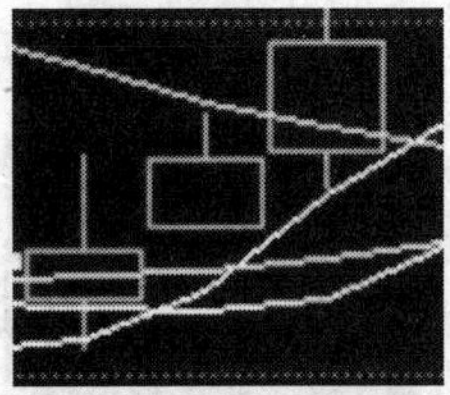

图 14.9　红三兵

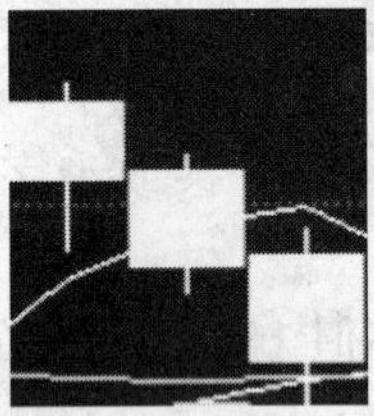

图 14.10　三乌鸦

（九）三乌鸦：指的是股价在高位运行时突然出现的连续三根阴线的 K 线组合，通常是行市暴跌的信号，如图 14.10 所示。

三乌鸦形态的确认通常应满足三个原则：① 这三个蜡烛都必须为长的黑色实体，且长度应该大致相等；② 前一天的市场趋势应该为上涨；③ 这三天中每天的开盘价的位置都必须处于前一天的实体之内；④ 这三天中每一天的收盘价的位置必须接近当天的最低价。

（十）三部曲：又可细分为上升三部曲和下降三部曲两种类型。

上升三部曲，又称升势三鸦，其特征是：股价经过一段时期上涨，在一根大阳线之后接连出现了三根小阴线，但这三根小阴线通常都没有跌破前一根阳线的开盘价，并且成交量也开始减少。上升三部曲的出现通常意味着多方正在积蓄力量，伺机上攻，因此属上涨信号。该图形之后经常会伴生大阳线的出现。

下降三部曲，又称降势三鹤。其特征是：股价在下跌的过程中出现一根实体较长的阴线，随后又连续拉出三根向上攀升、且实体较为短小的阳线，但最后一根阳线的收盘价通常仍比前一根长阴线的开盘价要低。下降三部曲的出现通常表明多方的力量仍相对虚弱。表明后市仍回继续下跌。该图形之后经常会伴生大阴线的出现，且经常把前面三根小阳线全部或大部分都吞吃了，如图 14.11 所示。因此投资者见此 K 线图形后应顺势减持手中的仓位。

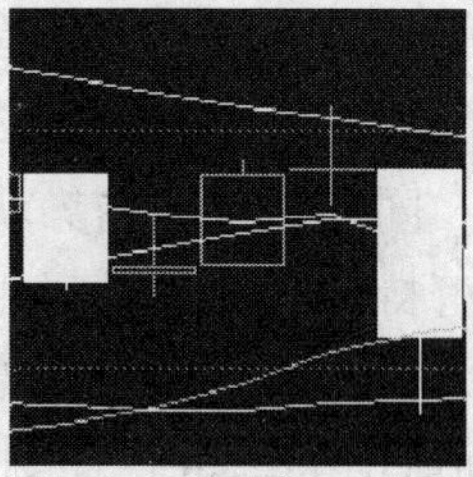

图 14.11　下降三部曲

四、K 线分析应注意的问题

（一）无论一根、二根或多根 K 线组合，其结论都是相对的。特别应注意结合分析成交量。

（二）所观察的 K 线组合越大（亦即持续时间越长），结论相对越可靠；

（三）应用 K 线应注意与其他分析方法结合使用。

第二节　道氏形态理论

道氏形态理论是由美国人查尔斯·亨利·道与爱德华·琼斯所创立，经过多年来股市分析家们的修正和完善，形成了今天最具权威的技术分析理论，包括两部分：道氏原理和股价形态理论。

一、道氏原理

道氏原理是技术分析的鼻祖，主要包括趋势、股价指数、成交量与收盘价方面的观点。

（一）趋势

在由时间—股价构成的直角坐标系中，股价的波动轨迹是一条连续的曲线。我们把股价波动轨迹由上向下的拐点称为峰顶；把股价波动轨迹由下向上的拐点称为谷底。则所谓趋势指的是峰顶与谷底同向变动的现象。即把峰顶与谷底的同向节节抬高称为上升趋势；而把峰顶与谷底的同向节节走低称为下降的趋势。

道氏理论认为，可以将股票市场的趋势划分为主要趋势、次要趋势以及短期趋势三种类型。

主要趋势通常指的是持续一年以上，有时甚至好几年的趋势，是一种长期趋势。趋势又可以分为主要上升趋势（牛市）和主要下降趋势（熊市）两种类型。而且一旦股市的长期趋势（牛市或熊市）被确认，该趋势就会继续下去，直到另一长期反向趋势被确认时为止。

在股票市场主要趋势的演进过程中，会出现一些短期的、与主要趋势相反的逆向趋势，称之为次要趋势。可见，次要趋势是对主要趋势的短期修正。例如：在主要上升趋势中，出现短期的股票股价下跌。不过在下降趋势中，其谷底应该比最近的谷底高，否则就不构成主要上升趋势了。一般来说，这种下降的幅度为主要上升趋势的 1/3 到 2/3 之间。而次要趋势通常会持续三周到三个月的时间。

同理，短期趋势就是对次要趋势的修正，指的是股票股价的日常波动。短暂趋势一般可持续几个小时到几天，但一般不超过三周的时间。

道氏理论认为，股票市场的主要趋势一般需要经历三个阶段，我们以主要上升趋势（即所谓的牛市）为例。

在第一阶段，能量逐步积累。当股价处于低位时，一些有远见的投资者认为股市的利空消息已经被消化完毕，从而预测行市会在近期内会有所改善，于是开始购买股票，促使股价跌速减缓。

在第二阶段，市场明显趋暖。由于经济状况的改善和公司盈利的增加，大批投资者进场购买股票，股票股价迅速上涨，交易量也急剧放大。

在第三阶段，市场持续繁荣，投资者的乐观情绪浓郁。但由于股票股价已经上升到一个很高的位置，似乎有点支撑不住，这时一些有远见的投资者就会开始出售股票，随着其他一些投资者也开始大量抛售股票，股票股价就会下跌，熊市来临。

道氏理论认为，各种股价指数的走势必须相互印证，才能确认行市逆转的信号。

具体而言，除非几个股价指数都同样发出看涨或看跌的信号，否则行市不可能发生大规模的上升或下跌。如果几个股价指数的表现相互背离，那么就应该认定原先的趋势依然有效。

道氏理论认为，尽管属于第二位指标，但交易量必须验证趋势。例如，在主要上升趋势中，若伴随着股价的上升，交易量增加，则说明购买股票的需求在增长，表明主要趋势还会继续上升而不会逆转。如果股票股价的上升并没有得到交易量的支持，即交易量明显减少，则表明股价有逆转（即下降）的可能。在主要下降趋势中，情况则相反。若股票股价下跌，伴随着交易量的增加，说明主要趋势还会继续下跌。

（二）股价指数

股价指数具有解释和反映市场的大部分行为，这是道氏理论对证券市场的重大贡献。道氏理论认为，所有因素对股价的影响都是通过直接或间接地影响投资者对股市未来的心理预期，进而影响股票的供求关系来实现的。换句话说，股价的波动实际上反映了投资者对股市心理预期的变化，从而间接地反映了各种因素对股市的影响。

因此，道氏理论特别看重股价指数的波动，认为体现股价总体变动的平均指数能够反映影响股票供求关系的一切潜在或现实的因素。市场行为不外三种形式：

1. 因大众买入而上升；

2. 因大众抛售而下降；

3. 因市况不明，显示盘整（股价波动不大）。

（三）成交量

成交量在趋势研判中具有决定性意义。成交量是股价的先行指标。

（四）收盘价

收盘价最重要。收盘价是买卖双方经过一天力量对比和价格争斗而最终达成的暂时平衡点，具有指明目前价格点位的重要功能。

（五）道氏理论应用中注意的问题

道氏理论对大的形势的判断有较大的作用，对于每日每时都在发生的小波动则显得有些无能为力，甚至对次要趋势的判断作用也不大；道氏理论的另一个不足是它的可操作性较差。

二、股价形态理论

针对K线理论过于短线，道氏原理过于长线的不足，股价形态理论将多条K线组成上下波动的曲线，以描述股价运动轨迹，这条上下波动的曲线所表现出的图形就是股价形态。

股价形态是一段时间连续的K线所表现出来的某种形状，这种形状的出现和走势对未来股价移动的方向和变动幅度有着重要的分析意义。下面介绍几种经典的股价形态，以便投资者进行分析。

（一）三角形

1. 上升三角形

将一段时间内股价的高位连结起来，得到一条横线；将大部份的低位连结起来，得到一条上升的变动线；将两条线连起来，形成三角形的走势图，称为上升三角形。

整个形态显示当股价升到一定水平，卖方开始卖出，但一方面却有多方买进，而每一次股价回降，多方一路追买，所以股价一路攀升。通常上升三角形形成一段时间后，有可能出现突破，股价再创新高，但也有可能形成突破之后，股价下跌，如图14.12所示。

2. 下降三角形

当股价从高位一路下跌，将期间的高位连结起来，得到一条下降线；将大部份的低位连结起来，得到一条横线，形成三角形的走势图，称为下降三角形。

与上升三角形相反，这次卖方占有优势，买方未有足够能力将股价拉高，因此高点一次比一次低，但可以显示出股价低位有一定的支撑，往往可以反弹突破，建议密切关注，如图14.13所示。

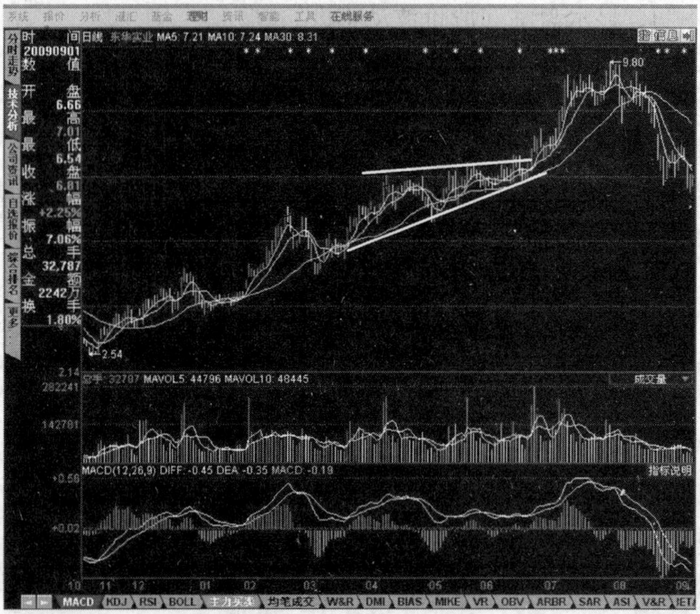

图 14.12　上升三角形

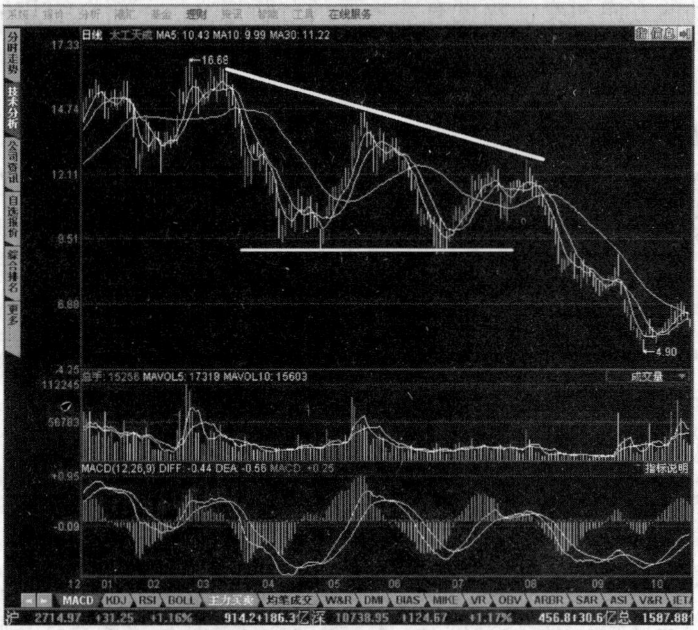

图 14.13　下降三角形

（二）反转形

1. V 型反转形状

一段时间内，股价出现大幅下挫，到达一个低点后，再出现大幅度上涨，形态与 V 字很相似，称 V 型反转形状。

出现这个形态将会是一个转势点，如图 14.14 所示。

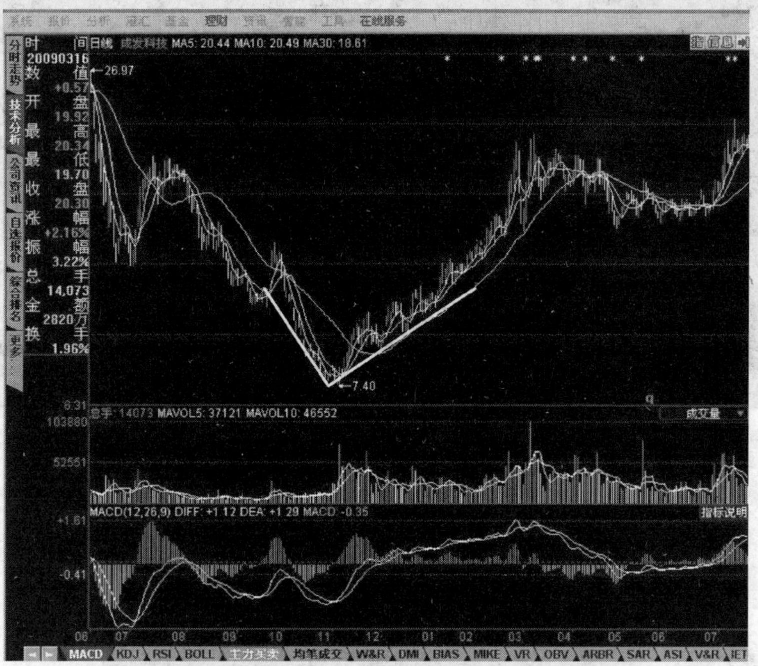

图 14.14 V 型反转形状

2. 倒 V 型反转形状

与 V 型反转刚好相反，股价先是上升，然后突然加速回降，在图形上形成一个倒 V 形，称倒 V 型反转形状。

出现这个形态将会是一个转势点，如图 14.15 所示。

（三）双重形

1. W（双底）型形状

一段时间内，股价两次下跌至某个水平再次上升，显示出该位（底）有较好的支撑力。

由于底部发挥了较好的支撑力，再加上其他利好消息，在确认到达双底之后，另一个升势可能开始，显示买入信号强烈，如图 14.16 所示。

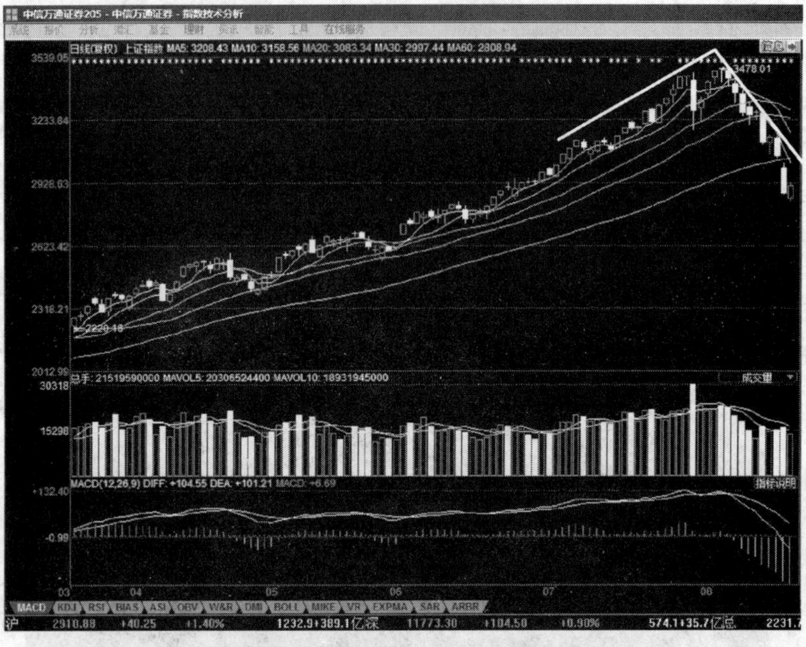

图 14.15 倒 V 型反转形状

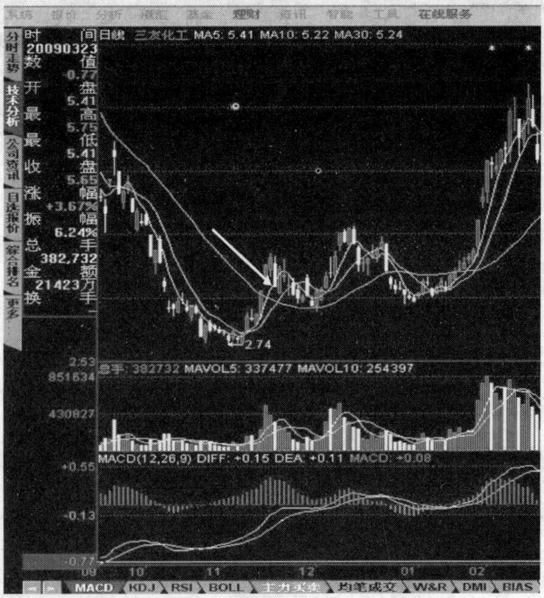

图 14.16 W（双底）型形状

2. M（双头）型形状

与双底的走势相反，其股价两次上升到达某个水平都不能突破，显示这个位置股价的压力很大，股价升势将尽，股价会有大幅下跌的可能性，因此应在双顶形成之后，应当机立断卖出，如图 14.17 所示。

图 14.17 M（双头）型形状

3. 形态分析

一只股票上升到某一价格水平时，出现大成交量，股价随之下跌，成交量减少；接着股价又升至与前一个价格几乎相等的顶点，成交量再随之增加却不能达到上一个高峰的成交量，再第二次下跌，股价的移动轨迹就像 M 字。这就是双重顶，又称 M 头走势。无论是“双重顶”还是“双重底”，都必须突破颈线（双头的颈线是第一次从高峰回落的最低点；双底的颈线是第一次从低点反弹的最高点），形态才算完成。

4. 市场含义

股价持续上升为投资者带来了相当的利润，于是他们抛售股票，这一股抛售力量令上升的行情转为下跌。当股价回落到某水平时，吸引了短期投资者的兴趣，另外较早前抛出获利的投资者亦可能在这水平再次买入补回，于是行情开始回复上升。但与此同时，对该股票信心不足的投资者会因觉得错过了在第一次的高点出货的机会而马上在市场出货，加上在低水平获利回补的投资者亦同样在这水平再度卖出，强大的沽售压力令股价再次下跌。由于高点二次都受阻而回，令投资者感到该股票没法再继续上升（至少短期该是如此），假如愈来愈多的投资者抛出股票，令股价跌破上次回落的低点（即颈线），则整个双头形态便告形成。

双底走势的情形则完全相反。股价持续的下跌使得持股者惜售，而另一些的投资者则因为新低价的吸引而尝试买入，于是股价呈现回升，当上升至某水平时，较早前短线投机买入者获利回吐，那些在跌市中持股的投资者亦趁回升时沽出，因此股价又再一次下挫。但对后市充满信心的投资者觉得他们错过了上次低点买入的良机，所以这次股价回落到上次低点时便立即跟进。当愈来愈多的投资者买入时，求多供少的力量便推动股价扬升，而且还突破上次回升的高点，扭转了过去下跌的趋势。

双头或双底形态是一个转向形态。当出现双头时，即表示股价的升势已经终结，当出现双底时，即表示跌势告一段落。通常这些形态出现在长期性趋势的顶部或底部，所以当双头形成时，我们可以肯定双头的最高点就是该股的顶点；而双底的最低点就是该股的底部。双头颈线跌破，就是一个可靠的出货信号；而双底的颈线冲破，则是一个入货信号。

5. 要点提示

（1）双头的两个最高点并不一定在同一水平，两者相差少于3%是可接受的。通常来说，第二个头可能较第一个头高出一些，原因是看好的力量企图推动股价继续上升，可是却没法使股价上升超越百分之三的差距。一般双底的第二个底点都较第一个底点稍高，原因是先知先觉的投资者在第二次回落时已开始买入，令股价没法再次跌回上次的低点。

（2）双头最少跌幅的量度方法，是由颈线开始计起，至少会再下跌从双头最高点至颈线之间的差价距离。双底最少涨幅的量度方法也是一样，双底的最低点和颈线之间的距离，股价于突破颈线后至少会升至相当长度。

（3）形成第一个头部（或底部）时，其回落的低点约是最高点的10%～20%（底部回升的幅度也相似）。

（4）双重顶（底）不一定都是反转信号，有时也会是整理形态，这要视两个波谷的时间差决定，通常两个高点（或两个低点）形成的时间相隔超过一个月。

（5）双头的两个高峰都有明显的高成交量，这两个高峰的成交量同样尖锐和突出，但第二个头部的成交较第一个头部显著减少，反映出市场的购买力量已在转弱。双底第二个底部成交量十分低沉，但在突破颈线时，必须得到成交量激增的配合方可确认。双头跌破颈线时，不须成交量的上升也应该信赖。

（6）通常突破颈线后，会出现短暂的反方向移动，称之为反抽，双底只要反抽不低于颈线（双头的反抽则不能高于颈线），形态依然有效。

（四）圆弧形

1. 圆型底形状

形态大致呈圆形，而且在底部。高价位下降一段时间之后，跌势变得缓和，然后止跌，但并不立刻上升，而是在低位慢慢上升，逐渐形成一个圆形底部，称圆型底形状。

圆底由高位下跌，在消化了卖盘之后，上升幅度往往很大。在底部徘徊时，如果成交量突然增加，投资者要密切留意，因为股价可能在很短时间内急促上升，为最佳投资时机，如图 14. 18 所示。

图 14. 18　圆型底形状

2. 圆形头形状

与圆型底相反，当股价由低上升，升至某个水平，买盘不能维持，在高位持续一段时间，开始缓慢下跌，称圆形头形状。

股价形成一个圆顶出货区，而一旦下跌，幅度可能很大，因此应在股价大幅下跌之前卖出股票，如图 14. 19 所示。

股价呈孤形上升，虽不断升高，但在每一个高点维持不了多久就回落。先是新高点

图 14.19 圆形头形状

较前点高，后是回升点略低于前点，这样把短期高点连接起来，就形成一个圆形顶。在成交量方面也会有一个圆形状。

3. 市场含义

经过一段买方力量强于卖方力量的升势之后，买方趋弱或仅能维持原来的购买力量，使涨势缓和，而卖方力量却不断加强，最后双方力量均衡，此时股价会保持静止状态。如果卖方力量超过买方，股价就回落，开始只是慢慢改变，跌势不明显，但后期则由卖方完全控制市场，跌势便告转急，说明一个大跌市快将来临，未来下跌之势将转急转大。那些先知先觉者在形成圆形顶前离市，但在圆形顶完全形成后，仍有机会撤离。

4. 要点提示

（1）当圆形头部形成后，股价并不马上下跌，只反复向横发展形成徘徊区域，称作碗柄。一般来说，碗柄很快便会突破，股价继续朝着预期中的下跌趋势发展。

（2）圆形反转在股价的顶部和底部均会出现，其形态相似，意义相反。在底部时表现为股价呈孤形下跌，初时卖方的压力不断减轻，于是成交量持续下降，但买人的力量仍畏缩不前，这时候股价虽是下跌，然而幅度缓慢和细小，其趋势曲线渐渐接近水平。在底部时买卖力量达致均衡状态，因此仅有极小的成交量，然后需求开始增加，价格随着上升，最后买方完全控制市场，价格大幅上扬，出现突破性的上升局面。成交量方面，初时缓慢地减少到一个水平，然后又增加，形成一个圆底形。这种形态显示一次巨大的升市即将到临，投资者可在圆形底升势转急之初追入。

（五）头肩型

1. 头肩顶形状

股价先发生一段持续的上升，然后见顶回落，形成左肩；但很快又强力反弹，回落后形成头顶；续而再次发生强度略低的反弹并回落，形成右肩。这样最终形成有左右两个肩部、中间一个高头的头肩顶形态。这个时候，若股价在右肩处跌破颈线，则为行市大跌的明确信号，如图 14. 20 所示。

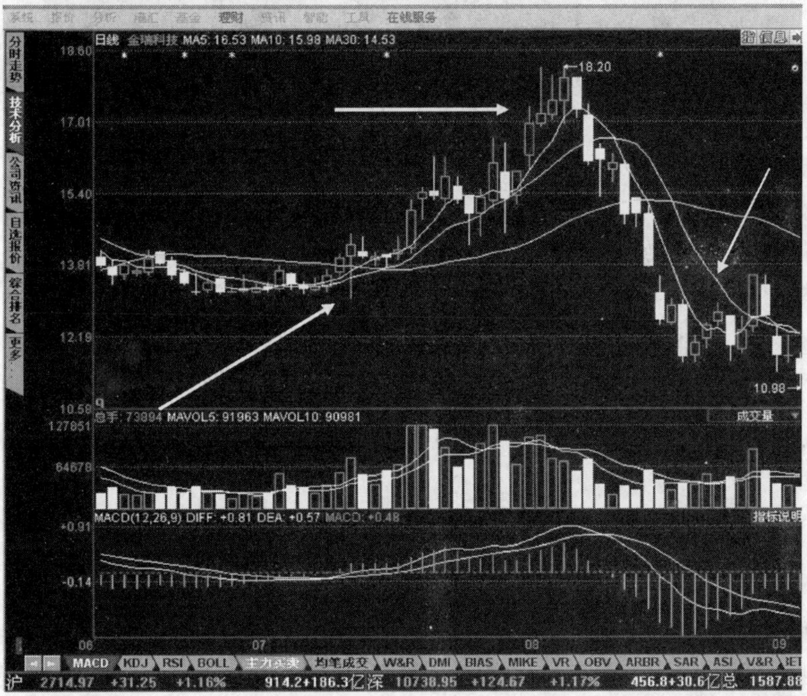

图 14. 20　头肩顶形状

2. 头肩底形状

头肩底形状的形成与头肩顶刚好相反，须在股价历经大幅下跌后方能形成。

股价由高处下落，跌至某个较低价位后上升反弹，形成左肩。但股价上升到某个价位后遇到压力，再次下跌，最低下探到较左肩更低的位置，续而反弹，形成头部。但股价反弹至左肩的压力位后仍然未能冲破而回降，形成右肩。一般地，股价在右肩处回降的幅度略小，显示买方占据优势。之后，设若股价自右肩再次发力冲破先前的颈线，头肩底形态确立。显示股价已探底，续而将有一个强力上涨的过程。因此，股价在右肩处冲破颈线是一个很好的买入时机信号，如图 14. 21 所示。

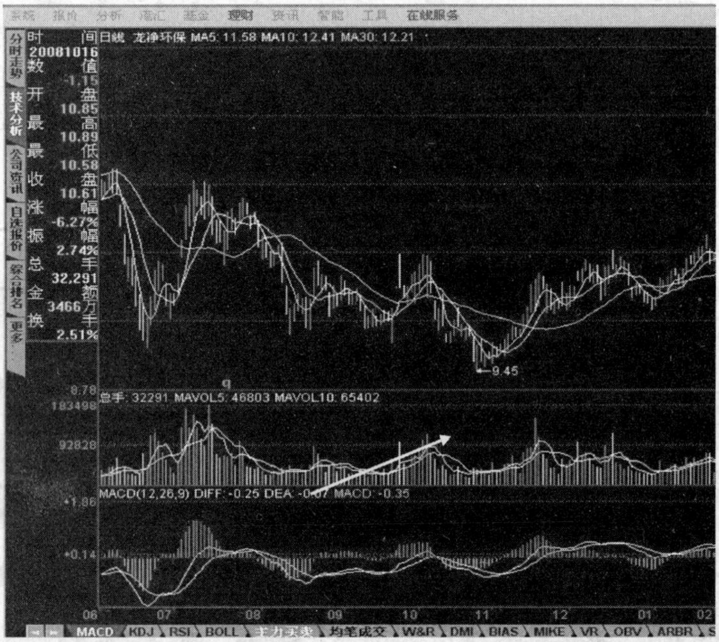

图 14. 21　头肩底形状

第三节　切 线 理 论

切线理论，是按照一定的方法，在股价运动轨迹图（如 K 线图）上画出一些直线，并据此预测和研判股价运行的未来趋势。切线理论是在道氏三种趋势划分的基础上，根据波动幅度大小和时间变化，将趋势的方向性与时间性结合分析，寻找入市的最佳时机。

一、趋势线

股价波动的趋势是有方向的，趋势线就是用来衡量股价波动的方向。由此我们可以明显地看出，股价的趋势主要有两种：上升趋势线和下降趋势线。在股价向上波动时，连接股价波动的低点形成上升趋势线；在股价向下波动时，连接股价波动的高点形成下降趋势线，如图 14. 22、14. 23 所示。

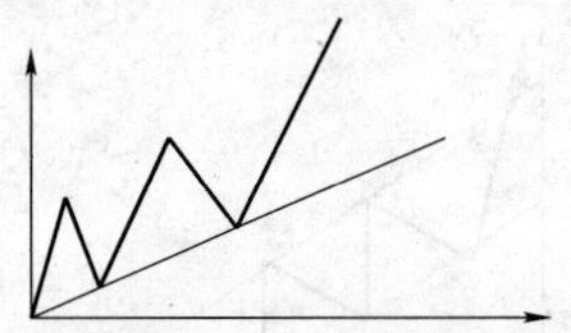

图 14.22　上升趋势线

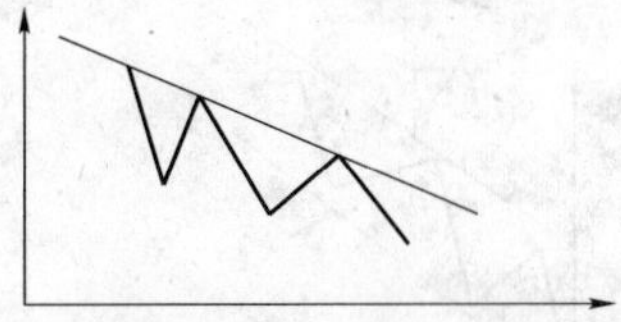

图 14.23　下降趋势线

注：所画的直线必须经第三点确认后才成为真正的趋势线。所画的直线被触及的次数越多，其作为趋势线的有效性越被得到确认。

趋势线的两种作用：

（1）对股价以后的趋势起约束作用，使股价总保持在这条趋势线的上方或下方，实际上，就是起到支撑和压力的作用。

（2）趋势线被突破后，说明股价的下一步走势将要反转，被突破的趋势线原来所起的支撑和压力作用将交换角色。

趋势线画好以后，可以从以下几方面验证它的有效性：

（1）趋势线被触及的次数。股价趋势中触及趋势线的次数越多，趋势线越可靠，趋势线的支撑及压力效用越强，一旦被突破后市场反应也越强烈。

（2）趋势线的倾斜度。趋势线的斜率越大，可靠性越低，压力作用和支撑作用也越弱，以后很容易被突破或修正。股价变动形成初期，如果出现斜率很大的趋势线，即使突破也不会改变股价趋势方向，可视为修正。

（3）趋势线的时间跨度。趋势线跨越的时间越长，可靠性越高，支撑或压力效力越大。

二、轨道线

轨道线又称为通道线或管道线，是基于趋势线的一种方法。在已经得到趋势线后，通过第一个峰和谷能做出这条趋势线的平行线，这两条平行线就是轨道线，如图 14.24、14.25 所示。

与趋势线类似的是，轨道线被触及的次数越多，延续的时间越长，其可靠程度越高。

与趋势线不同的是，对轨道线的突破并不是趋势反转的开始，而是趋势加速的开始，即如果原来的趋势是上升或者下降，被突破后的方向仍为上升或者下降。此外，趋势线还可能出现趋势反转的警示。

如果在一次波动中，未触及轨道线，离得很远就开始掉头，这往往暗示趋势将要改变，市场已经没有力量维持原有的上升或下降趋势了。

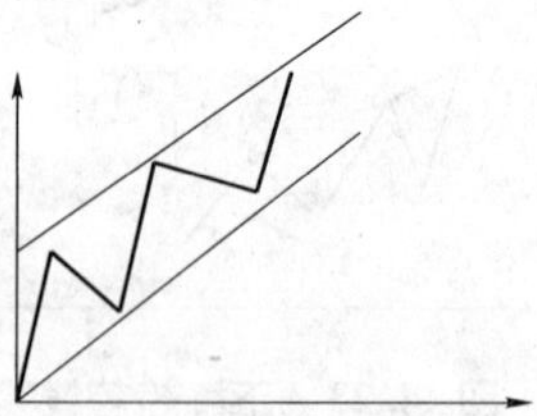

图 14.24　轨道线

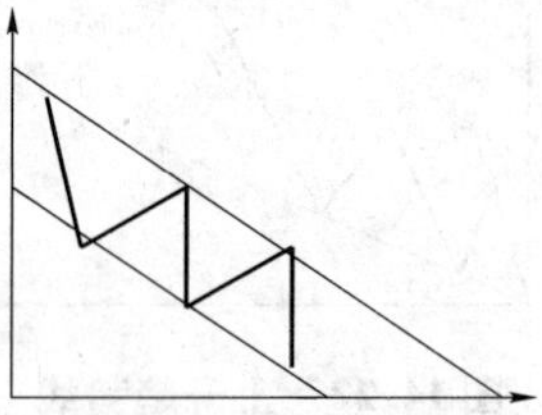

图 14.25　轨道线

三、支撑线和压力线

支撑线又称抵抗线。当股价跌到某个股价附近时，股价停止下跌，有可能上升，这是由于多方在此买入造成的。支撑线起阻止股价继续下跌的作用。

压力线又称阻力线。当股价上涨到某个股价附近时，股价会停止上涨，甚至回降，这是卖方在此抛出造成的。压力线起阻止股价继续上升的作用，如图 14.26、14.27 所示。

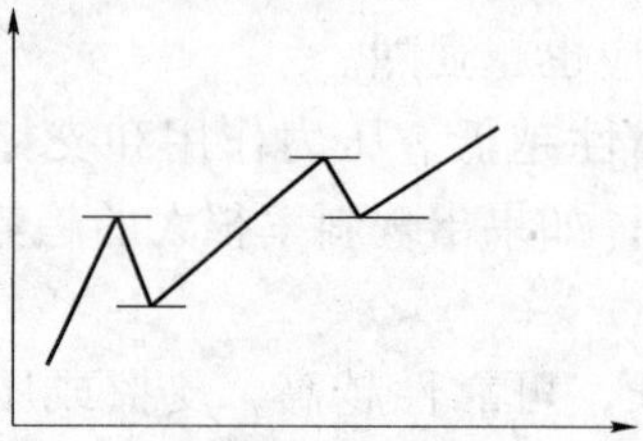

图 14.26　支撑线

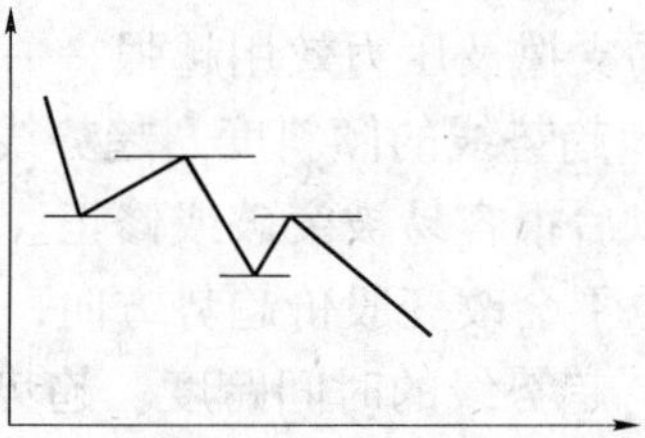

图 14.27　压力线

投资者也许会误认为只有在下跌行情中才会有支撑线，只有在上升行情中才会有压力线。其实不是这样的，在下跌行情中也会有压力线，在上升行情中也会有支撑线。

支撑线与压力线的分析要点：

（1）支撑线与压力线的突破是有效突破

当股价上升到压力线遇到压力而未跌落，在压力线附近盘整，伴随着大成交量而越过压力线，这是决定性的突破，表明股价将有上涨行情。反之，当股价下降至支撑线附近未能反弹，跌破支撑线可视为向下有效突破。

（2）支撑与压力的原意就是支撑能止住回落，压力会止住反弹

一个上升趋势的回档回到支撑线附近将止跌回稳，而下降趋势跌至支撑线附近也可得到支撑不再进一步下跌。一个下跌趋势的反弹上升到压力线附近将受阻回落，而上升趋势升至压力线附近也会被止住继续上升的势头。一旦形成了支撑与压力，投资者可在

一定时间内预期未来股价的涨跌。

（3）支撑线与压力线有互换性

压力线一旦被突破就转变成上升行情的支撑线，即将来股价回落到此将止跌回稳。支撑线一旦被突破就转变为下跌行情的压力线，将来股价反弹到此将受阻回落。

（4）支撑线与压力线的突破是观察中长期趋势的重要信号

通常股价突破次级支撑或压力，可视为中级行情反转的第一信号，而突破中级支撑与压力，可视为长期趋势反转的第一信号。

三、黄金分割线

在进行行情分析时，黄金分割线是较为常用的一种分析工具，其主要是运用黄金分割率预先给出股指或个股的支撑位或压力位，以便做出买入或卖出的选择。

黄金分割法是根据0.618黄金分割率原理计算出的点位，这些点位在股票股价上升或者下跌过程中表现出较强的支撑和压力效果。计算方法是依据上升或者下跌的0.618及黄金分割率的倍率来确定支撑或者压力点位。其中0.382、0.618、1.382、1.618最为重要，股价很容易在由这四个数字产生的黄金分割线处产生支撑或压力。0382和0.618是反映股市变化的重要转折点。当股价下跌趋势趋近或达到38.2%和61.8%时，反弹的可能性很大。

举例说明：当下跌行情结束前，某股的最低价10元，那么股价反转上升时，投资者可以预先计算出各种不同的反压股价，也就是10×（1+19.1%）=11.9元，10×（1+38.2%）=13.8元，10×（1+61.8%）=16.2元,10×（1+80.9%）=18.1元，10×（1+100%）=20元，10×（1+119.1%）=21.9元。

反之，上升行情结束前，某股最高价为30元，那么股价反转下跌时，投资者也可以计算出各种不同的持股价，也就是30×（1－19.1%）=24.3元，30×（1－38.2%）=18.5元，30×（1－61.8%）=11.5元，30×（1－80.9%）=5.7元。

四、百分比线

百分比线是利用百分比率的原理进行分析，可使股价前一次的涨跌过程更加直观。百分比线是将上一次行情中重要的高点和低点之间的涨跌幅按1/8、2/8、1/3、3/8、4/8、5/8、2/3、6/8、7/8、8/8的比率生成百分比线。在各比率中，4/8最为重要，1/3、3/8及5/8、2/3四条距离较近的比率也十分重要，往往起到重要的支撑与压力位作用。实际上，上述5条百分比线的位置与黄金分割线的位置基本上是相互重合或接近的。

五、扇形线、速度线、甘氏线

三条线共同特点是找到一点（通常是下降低点或上升终点），然后以此点为基础，向后画出若干条射线，这些直线未来极有可能成为支撑线和压力线。

（一）扇形线

在趋势线基础上，随着股价波动（即高点或低点的出现），连续进行切线调整而画出的三条直线，形如一把展开的扇子，故得名“扇形线”。

（二）速度线

速度线既吸收扇形线的一些方法，也会随股价的高点或低点出现作相应的调整；同时也融合了百分比思想，它将每个上升或下降的幅度分成三等份进行处理。

（三）甘氏线

甘氏线是将百分比思想与几何角度思想结合的产物，也是从一个点出发依一定角度画出若干条直线（上升角度线与下降角度线），并据此获得支撑位和压力位。

六、应用切线理论应注意的问题

支撑线、压力线有被突破的可能，它们的价位只是一种参考，不能把它们当成万能的工具；影响价格波动的因素很多，支撑线、压力线只是其中的一方面。多方面考虑才能提高正确的概率。

第四节 波浪理论

所谓波浪理论，是由美国人艾略波特命名的一种技术分析理论。其理论基础包括三个部分：经济周期理论、道氏形态理论、费波纳基数列，其哲学基础来自思维的三分法。

一、理论基础

（一）经济周期

波浪理论是以经济周期为基础的，股价波动与经济周期现象一样，具有周而复始的周期循环的内在规律。

（二）道氏形态理论

波浪理论不仅符合道氏理论的长期趋势、次级趋势与短暂趋势三种股市趋势移动，而且找到了移动所发生的时间与位置。

（三）费波纳基数列

波浪理论以意大利数学家费波纳基的数列理论为依据确定股市趋势中的波浪数目。

二、波浪理论

波浪理论主要包括三个部分的内容：波浪的形态，浪与浪之间的比例关系，波浪之间的时间间距。

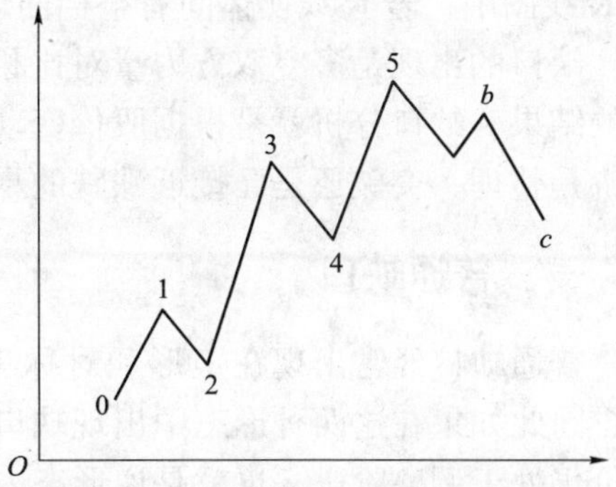

图 14.28　波浪结构的基本形态图

波浪理论认为，不论行市趋势的层级大小，均遵循着五波上升、三波下降的基本节奏。其中，五波的上升趋势又可分为三个推动波以及二个修正波，如图 14.28 所示。三个推动波分别为第 1、3 及 5 波，而修正波则为第 2 及 4 波；而三波下降趋势波则分为 a、b、c 三波。

上述上升及下降的八波形成一个完整的周期，并且普遍存在于各种时间刻度，从而形成各种大小的波浪。即每一个波都可包含了更小规模的波动，并且每一个波也都被另一个更大刻度的波所包含。

波浪理论认为，第一浪和第三浪不会是三个驱动浪（第一、三、五浪）当中最短的一个浪。而且通常第三浪最具有爆炸性，经常会成为最长的一个浪。

第二浪和第四浪都属于逆势行走的调整浪。尽管调整浪的形态有许许多多种子类型，但第二浪和第四浪的底部分别不可以低于第一个浪的底部和顶部。而且如果在整个浪形循环中，第二个浪以简单的形态出现，则第四浪多数会以较为复杂的形态出现。

三、波浪理论应用应注意的问题

（1）波浪理论最大的不足是应用上的困难，也就是学习和掌握的困难。

（2）第二个不足是面对同一个形态，不同的人会产生不同的数法，而且，都有道理，谁也说不服谁。

（3）波浪理论只考虑了价格形态上的因素，而忽视了成交量方面的影响，这给人为制造形状的人提供了机会。

第五节　缺口理论

缺口是指股票股价在大幅度上升或下跌的过程中，有一段股价没有发生交易而在股价变动图上表现为一个空档的现象。

缺口的形成必是当日开盘价出现跳空高开继续走高或是跳空低开继续走低的结果。

在K线图中，若K线实体间有空档而影线相连的情况不能称为缺口。

缺口的出现是多空双方力量对比相差大的表现，而缺口的封闭则是双方力量发生转化的结果。缺口分析就是根据股价变动形成缺口的位置及大小，预测股价的走势，判断股价是整理、突破还是已接近涨跌的尽头。下面主要介绍缺口的几种类型。

一、普通缺口

普通缺口经常出现在矩形和对称三角形中。由于矩形和对称三角形多半是整理形态，因此如果在这两种形态中出现缺口，股价还未摆脱形态上升或下降，可判断短期内股价仍处于调整阶段，也就是说形态内的缺口并不影响股价在短期内的走势。由于股价在某一形态内振幅有限，所以普通缺口一般会在几天之内被封闭，几乎没有什么操作上的意义，如图14.29所示。

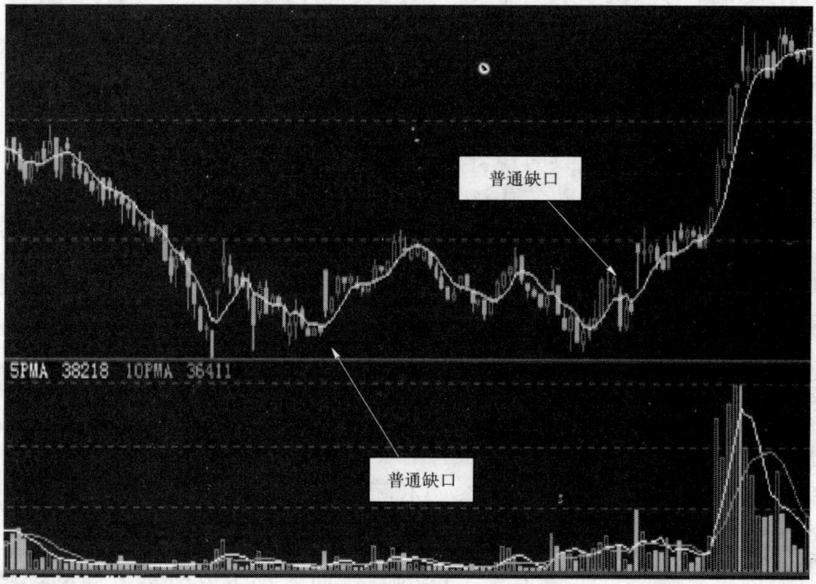

图14.29 普通缺口

二、突破缺口

突破缺口是股价跳出形态而产生的缺口。当股价跳出交易密集区并产生一个缺口，表明股价走势已突破盘整阶段，这是真正意义的突破。股价一旦跳出交易密集的形态，则原来的形态就成了支撑地带。通常导致突破缺口的K线是非常有力的长阳线或长阴线，表示多空双方的力量对比发生了明显的变化。突破缺口越大，表示未来行情变动的力度越大。突破缺口向上突破必须有大的成交量的配合，表明股价上升的能量很大，缺口不会在短期内被封闭，突破的有效性增强。股价向下突破成交量不放大，也可确信它的有效性，如图 14. 30 所示。

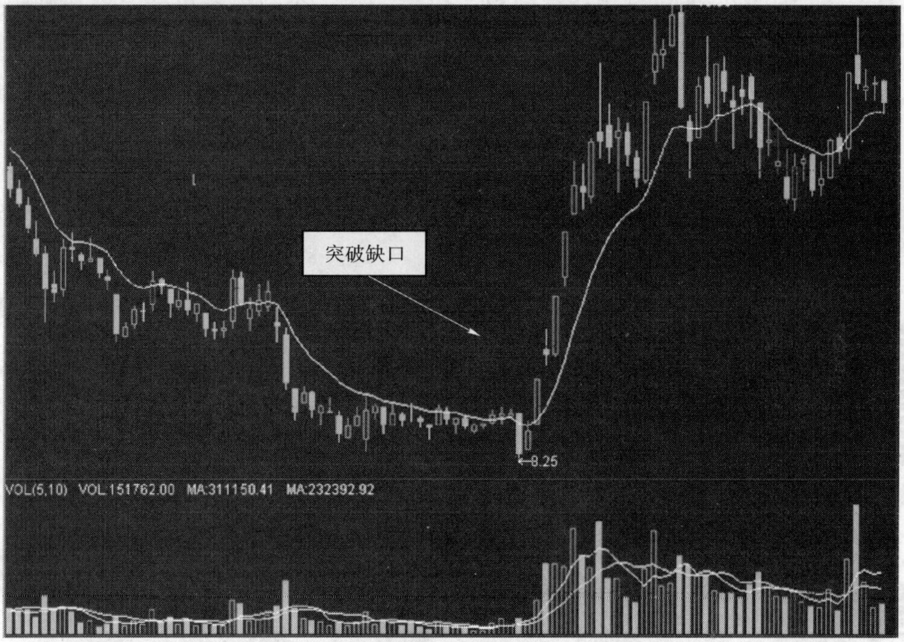

图 14. 30　突破缺口

三、持续缺口

又称逃逸缺口，是股价突破形态后在大幅加速直线运行的途中产生的缺口，表明买卖双方力量对比大，股价还会有上升或下跌行情，缺口一般不会在短期内被封闭。如果在行情加速移动过程中出现两个缺口，则未来股价变动的中点就在这两个缺口之间，因此可以预测将来股价变动的终点股价。

持续缺口出现的机会较少，判断它的方法是在股价突破形态后快速运动过程中的第一个缺口一般是持续缺口。

四、终止缺口

又称竭尽缺口，是股价已快到达终点，即将进入一个反转或整理形态而产生的缺口。由于终止缺口是多头市场或空头市场已近尾声的信号，股价在近日内会跌落或上升，因此大多在 3 ~5 日内被封闭。判断终止缺口的依据是在上升行情中出现缺口的当日或次日成交量较大，预计将来一段时间内不可能出现比这个更大的成交量，在下跌行情中出现缺口的当日成交量较小。股价已快速运行了一段时间，已远离密集成交区后，股价跳出形态后的第一个缺口是持续缺口，以后的每一个缺口都可能是终止缺口。如果缺口出现后的第二日股价有当日反转情况，而收盘价停在缺口边缘，那么是终止缺口的可能性很大。终止缺口清晰地告诉投资者原来的上升或下跌行情已经结束，如图 14. 31 所示。

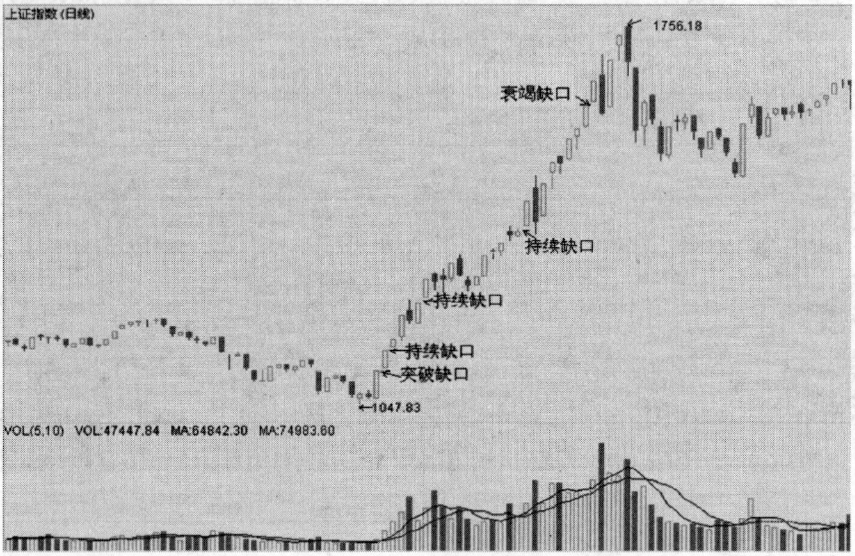

图 14. 31　终止缺口

五、岛形缺口

股价在同一股价区发生两个缺口，即股价上升或下降行情出现终止缺口后，股价盘整了一段时间，然后向相反方向变化，在先前终止缺口股价跳空下跌或上升，形成突破缺口，由于两个缺口发生在相同股价区，盘整密集区看上去像一个小岛，因此称为岛形缺口。岛形反转的出现通常表示一个中长期行情的终结，如图 14. 32 所示。

六、缺口的应用

股价如果在某一形态内盘整很长时间，尤其是在多空双方僵持的尾声，当股价突然

图 14.32 岛形缺口

放出大成交量向上突破形成缺口时，可判定为突破缺口。在以后股价的直线快速上升过程中，每出现一个缺口，投资者都要先判断是持续缺口还是终止缺口。如果是持续缺口，可继续持有股票，并根据持续缺口位置预测行情终点；如果是终止缺口，应该卖出股票。当出现当日反转缺口或岛形反转时，投资者应该果断卖出。

第六节 其他技术分析理论简介

一、随机漫步理论（Random walk）

随机漫步理论认为，证券价格的波动是随机的，像一个大广场上行走的人一样，价格的下一步将走向哪里是没有规律的。

二、循环周期理论

循环周期理论认为，无论什么样的价格活动，都不会向一个方向永远走下去。价格的波动过程必然产生局部的高点和低点，这些高低点的出现，在时间上有一定的规律。

三、相反理论

相反理论的出发点是基于这样一个原则：证券市场本身并不创造新的价值，没有增值，甚至可以说是减值的。正因为如此，不可能多数人获利，要获得大的利益，一定要同大多数人的行动不一致。

复习思考题

1. 简述 K 线组合的基本形态及其一般理解。
2. 简要分析支撑线与压力线的作用及其研判技巧。
3. 简述波浪理论的基本原理。

第十五章

技术分析主要技术指标

本章摘要

技术指标是应用一定的数学方法，对原始数据进行处理而得出的指标值。技术指标大体分为趋势型指标、超买超卖型指标、人气型指标和大势型指标等类型。本章较为详细地解析了一些主要技术分析指标的计算方法。

关 键 词

移动平均线（MA，Moving Average） 平滑异同移动平均线（MACD，Moving Average Convergence and Divergence）

第一节 移动平均线（MA）

移动平均线（MA）是现有技术分析方法中最重要、最有效的分析工具。其主要思想是：通过计算股价移动平均数的方法来消除那些影响股价波动的临时、偶然性因素的影响，保留影响股价变动的主要、长期因素的影响，借以发现股价变动的基本趋势。

一、移动平均线的计算

所谓股价的移动平均线，就是根据一定的移动平均数计算方法计算股价的移动平均数，进而将连续一段时间内的平均收盘价（或收盘指数）连接而成的线。

移动平均线的计算方法包括算术移动平均数法、加权移动平均数法、指数平滑移动平均数法等。通常采用简便的第一种方法。其计算公式为：

$$MA = (C_1 + C_2 + C_3 + \cdots\cdots + C_n)/n$$

其中，C 为每日收盘价，n 为计算周期。

N 一般被定为 5 日、10 日、20 日、30 日或 60 日等。但最常用的是五日、十日和三十日的移动平均线。

根据计算期的长短，MA 线可分为短期移动平均线、中期移动平均线和长期移动平均线三种类型。通常情况下，以 5 日、10 日线观察证券市场的短期趋势，称为短期移动平均线；以 20 日、30 日、60 日观察中期趋势，称为中期移动平均线；以 13 周、26 周判断长期趋势，称为长期移动平均线。如图 15. 1 分别显示了盘江股份 5 日、10 日和 30 日 MA。

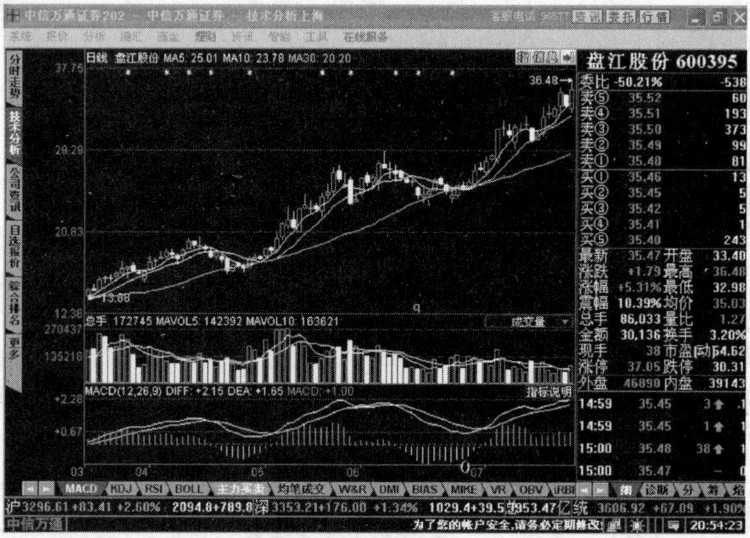

图 15. 1 移动平均线

二、移动平均线的使用方法

一般地，移动平均线分析法总是将数条移动平均线与一条股价线（例如 K 线）结合在一起使用。

1. 跟踪行市的趋势

如果移动平均线的计算周期太短，则不能完全消除偶然性的影响；但计算周期太长，则又会导致移动平均线的变动过于滞后。一般认为，30 ~ 120 日之内的移动平均线比较适合跟踪趋势。

如果数条移动平均线（例如三条）与一条股价线（例如 K 线）齐头并进，则说明既有的行市趋势仍将维持不变。具体地，在上涨的行情中，K 线、短期移动平均线、中期移动平均线、长期移动平均线自上而下依次排列。这种排序也是上涨行市得以延续的重要标志。而在下跌行情中，长期移动平均线、中期移动线、短期移动平均线、K 线自上而下依次排列。这种排序被作为下跌行情会继续延续下去的可靠标志。

2. 助涨与助跌功能

在上涨行情中，当股价过分远离移动平均线时，短期获利回吐盘的涌出会促使股价线（例如K线）回跌，迅速向移动平均线靠近。设若行市上涨的预期不变，则当股价跌至移动平均线的位置时，投资者便会买入，促使股价上升，股价线又将快速反弹向上偏离移动平均线而去。这个时候，移动平均线具有助涨的功能，相当于支撑线。

反之，在下跌行情中，当股价过分远离移动平均线时，短线投机资金的涌入会促使股价线（例如K线）反弹，迅速向移动平均线靠近。设若行市下跌的预期不变，则当股价回抽至移动平均线的位置时，短线投机者便会获利回吐或解套盘会乘机涌出，促使股价结束反弹并转而下跌，股价线又快速向下偏离移动平均线而去。这个时候，移动平均线具有助跌的功能，相当于阻力线（或称压力线）。

3. 行市逆转的信号

在行市上涨的过程中，如果K线首先掉头向下，依次跌破短期移动平均线、中期移动平均线和长期移动平均线，则上涨行市终结的信号功能一个比一个强烈。如果短期移动平均线又依次跌破中期移动平均线和长期移动平均线，中期移动平均线也有掉头向下的倾向，则行市的大跌几成定局。

在行市下跌的过程中，如果K线首先掉头向上，依次冲破短期移动平均线、中期移动平均线和长期移动平均线，则下跌行市终结的信号功能一个比一个强烈。如果短期移动平均线又依次冲破中期移动平均线和长期移动平均线，中期移动平均线也有掉头向上的倾向，则行市的大涨几成定局。

第二节　平滑异同移动平均线（MACD）

移动平均线是用来反映市场行情趋势变动的重要曲线。其道理就在于移动平均线剔除了那些暂时、偶然的因素对行市的影响。不过，计算周期的不同会影响到移动平均线展现长期、基本的因素对行市影响的效果。显然，计算周期越长，越能相对彻底地剔除掉那些临时、偶然因素对行市的影响。

逆向地思维，由于短期移动平均线仍残留有短期因素的影响，所以当市场行情的趋势发生变化的时候，相对短期的移动平均线总是较先发生趋势的逆转；而相对长期移动平均线趋势的变化则要明显地滞后。这样一来，在行市上涨的时候，较短期移动平均线总是位于长期移动平均线的上方，且与长期移动平均线的距离经常会出现先拉大、再缩短的现象。而在行市下跌的时候，较短期移动平均线总是处于长期移动平均线的下方，且与长期移动平均线的距离也会出现先拉大、再缩短的现象。由此，移动平均线之间相对距离的远近以及移动平均线相交现象的发生都是用来判断行市是否发生逆转的重要信号。

MACD 就是利用短期移动平均线与长期移动平均线之间的这种聚合与分离，来判断买卖时机的技术指标。

一、MACD 指标的计算方法

一般地，MACD 的计算基于两条移动平均线。一条移动平均线（记为 EMA1，Exponential Moving Average 1）相对短期（或称快速）；一条移动平均线（记为 EMA2）相对长期（或称慢速）。下面，我们以 EMA1 的时间周期参数为 12 日，EMA2 的参数为 26 日，DIF（Difference）的参数为 9 日为例，来具体说明某股票 MACD 指标的计算过程。

1. 计算股票价格的移动平均值（EMA）

（1）12 日 EMA 的算式为：

EMA(12) = 前一日 EMA(12) ×11/13 + 今日收盘价 ×2/13

（2）26 日 EMA 的算式为：

EMA(26) = 前一日 EMA(26) ×25/27 + 今日收盘价 ×2/27

2. 计算离差值（DIF）

DIF = 今日 EMA(12) * 今日 EMA(26)

3. 计算 DIF 的 9 日移动平均值（DEA，Difference Exponential Moving Average）

DEA = 前一日 DEA ×8/10 + 今日 DIF ×2/10

一般认为，在持续的涨势中，12 日 EMA 线在 26 日 EMA 线之上，其间的正离差值（+DIF）会越来越大；反之，在跌势中，离差值可能变为负数（-DIF），且其绝对值也会越来越大，而在行情开始好转时，正负离差值将会缩小。指标 MACD 正是利用正负离差值（±DIF）与离差值的 N 日平均线（N 日 EMA）的交叉信号作为买卖的依据。

另外，在一些行情分析软件中，还增设柱状线（BAR）作为 MACD 指标的辅助分析工具。其公式为：

BAR = 2 ×(DIF - DEA)

狭义的 MACD 就是指的这个 BAR。在分析软件中，正数的柱线用红色表示。负数的柱线用绿色表示。我们便可以利用 BAR 柱状线的颜色变换或收缩状况来决定买卖时机。

二、MACD 指标的使用方法

（一）观察 MACD 线的相对位置

1. 当 DIF 和 DEA 均大于 0（即在图形上表示为它们处于零线以上）并向上移动时，一般表示为股市处于多头行情中，可以买入或持股。

2. 当 DIF 和 DEA 均小于 0（即在图形上表示为它们处于零线以下）并向下移动时，一般表示为股市处于空头行情中，可以卖出股票或持币观望。

3. 当 DIF 和 DEA 均大于 0（即在图形上表示为它们处于零线以上）但都向下移动时，一般表示为股票行情处于退潮阶段，股票将下跌，可以卖出股票或持币观望。

4. 当 DIF 和 DEA 均小于 0 时（即在图形上表示为它们处于零线以下）但向上移动时，一般表示为上涨行情即将启动，可以买进股票或持股待涨。

（二）观察 DIF 和 DEA 的交叉现象

（1）当 DIF 与 DEA 都在零线以下，而 DIF 向上突破 DEA 时，表明股市将变得强势，可以加码买进股票或持股待涨，这就是 MACD 指标所谓“黄金交叉”的一种表现形式。

（2）当 DIF 与 DEA 都在零线以上，而 DIF 却向下突破 DEA 时，表明股市即将由强势转为弱势，这时应卖出而不能买进股票，这就是 MACD 指标所谓“死亡交叉”的一种表现形式。

（三）MACD 指标中的柱状图分析

（1）当红柱状持续放大时，表明股价将继续上涨，这时应持股待涨或短线买入股票，直到红柱无法再放大时才考虑卖出。

（2）当绿柱状持续放大时，表明股价将继续下跌，这时应持币观望或卖出股票，直到绿柱开始缩小时才可以考虑少量买入股票。

（3）当红柱状开始缩小时，表明股市牛市即将结束（或要进入调整期），股价将下跌，这时应卖出大部分股票而不能买入股票。

（4）当绿柱状开始收缩时，表明股市的大跌行情即将结束，股价将止跌向上（或进入盘整），这时可以少量建仓而不要轻易卖出股票。

（5）当红柱开始消失、绿柱开始放出时，表明股市的上涨行情（或高位盘整行情）即将结束，股价将开始加速下跌，这时应开始卖出大部分股票而不能买入股票。

（6）当绿柱开始消失、红柱开始放出时，表明股市的下跌行情（或低位盘整）已经结束，股价将开始加速上升，这时应开始加码买入股票或持股待涨。

三、应用实例

MACD 买入分析：DIF 与 DEA 在 0 以上，大的趋势属于多头市场。DIF 向上突破

DEA 时形成买入信号，即黄金交叉点。当柱状线在 0 线以下开始变短，为买进信号，如图 15.2 所示。

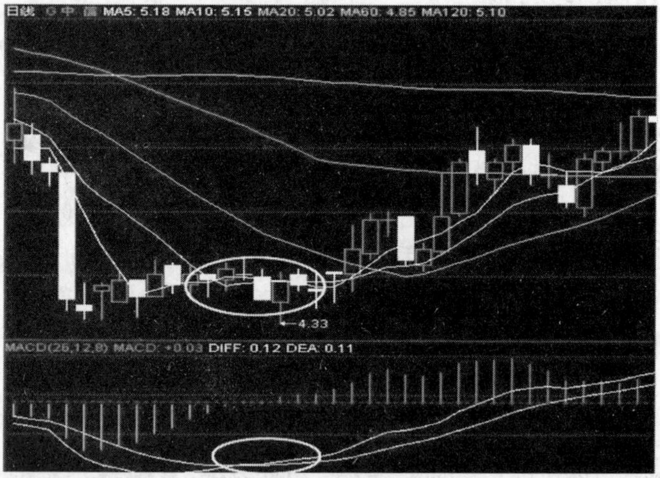

图 15.2 买进信号

MACD 卖出分析：DIF 与 DEA 在 0 以下，大的趋势属于空头市场。DIF 向下跌破 DEA 时形成卖出信号，即死亡交叉点。当柱状线在 0 线以上由大变小，为卖出信号，如图 15.3 所示。

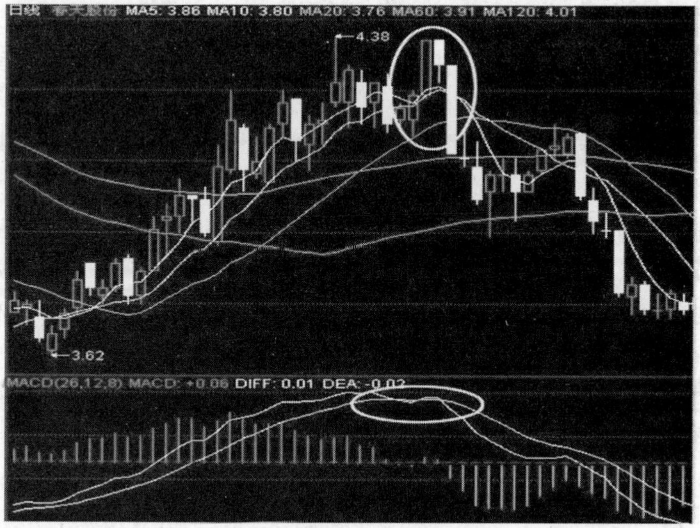

图 15.3 卖出信号

第三节　相对强弱指数（RSI，Relative Strength Index）

相对强弱指数（简称 RSI），也称相对力度指数，是通过比较一段时期内某股票的涨跌幅度（或某个市场指数的涨跌幅度）来分析多空双方力量相对强弱的变化，从而判断未来市场走势的一种技术指标。

一、计算方法

一般地，某股票的相对强弱指数是通过比较一定时期内该股票的收盘价格而计算出来的。RSI 理论认为，收盘价的高低是买卖双方力量博弈的结果。假若当日收盘价格较昨日收盘价上涨，则可视为当日买方力量占优；反之，假若当日收盘价格较昨日收盘价下跌，则可视为当日卖方力量占优。而在一定时期内买卖双方力量总起来的相对消长变化，则是判断行市未来走向的重要依据。

当然，也可以基于市场指数计算 RSI。这里，我们以某种股票为例来具体说明 RSI 的计算方法。

（1）确定计算周期。

目前比较常用的 RSI 的计算周期为 6 日、9 日、12 日或 24 日。

（2）在既定计算周期内，逐日比较两个相邻交易日收盘价的相对高低，计算两个收盘价的差额。

将所有当日收盘价高于前日收盘价的差额相加，所得结果记为 U。将所有当日收盘价低于前日收盘价的差额相加，取绝对值，所得结果记为 D。

（3）求出 RSI。

$$RSI = [U \div (U + D)] \times 100$$

二、使用方法

（1）不论股价如何趋势，强弱指标的值均在 0 到 100 之间，即 $0 \leqslant RSI \leqslant 100$。

（2）$RSI > 80$ 为超买；$RSI < 20$ 为超卖。

三、实例分析

如图 15.4 所示，RSI 指标超卖，是很好的买入信号。

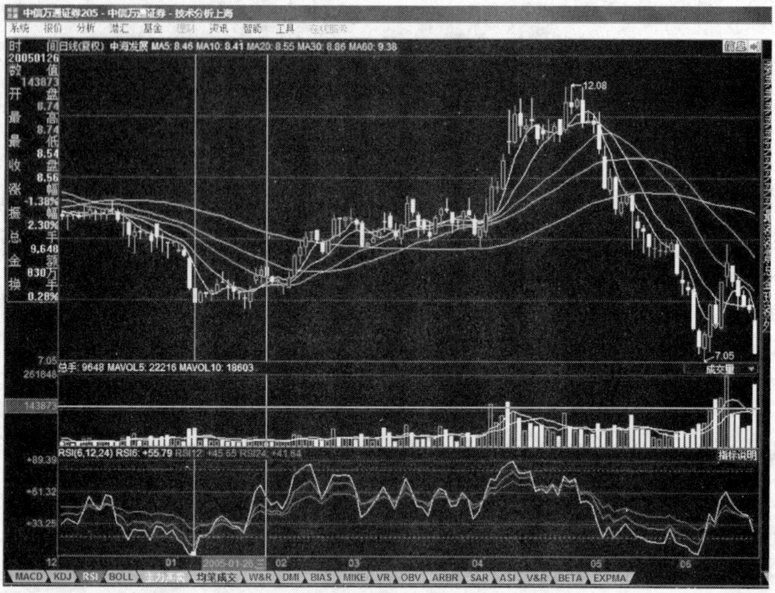

图 15.4　RSI 指标超卖

第四节　超买超卖线（OBOS，Over Bought Over Sold）

OBOS 是超买超卖指标，即是根据一段时间内上涨和下跌股票家数的差距来反映当前股市多空双方力量的对比和相对强弱的变化。

一、OBOS 的计算公式如下

$$OBOS(N) = \sum NA - \sum ND$$

式中，$\sum NA$、$\sum ND$ 分别表示 N 日内每日上涨股票家数的总和与每日下跌股票家数的总和；天数 N 为 OBOS 的参数，一般选 N = 10。

OBOS 的多空平衡位置是 0，也就是 $\sum NA = \sum ND$ 的时候。当 OBOS > 0 时，多方占优势；当 OBOS < 0 时，空方占优势。

二、OBOS 的应用法则

(1) 根据 OBOS 的数值判断行情。

当 OBOS 的取值在 0 附近变化时，市场处于盘整时期；当 OBOS 为正数时，市场处于上涨行情；当 OBOS 为负数时，市场处于下跌行情。

当 OBOS 达到一定正数值时，大势处于超买阶段，可择机卖出；反之，当 OBOS 达到一定负数时，大势超卖，可择机买进。至于 OBOS 超买超卖区域的划分，需考虑上市股票总的家数、计算周期参数的选择等因素。例如，若不考虑其他因素的影响，则周期参数选择的越大，OBOS 一般越平稳。

（2）当 OBOS 的走势与指数背离时，是采取行动的信号，大势可能反转。

（3）形态理论和切线理论中的结论也可用于 OBOS 曲线。

（4）当 OBOS 曲线第一次进入发出信号的区域时，最好保持耐心，静待 OBOS 的走势能进一步地确认判断，不要急于做出买卖决策。

如图 15.5 所示，OBOS 处于调整中，从负数变为正数，一旦 OBOS 又变为负数，则趋势处于下跌状态。

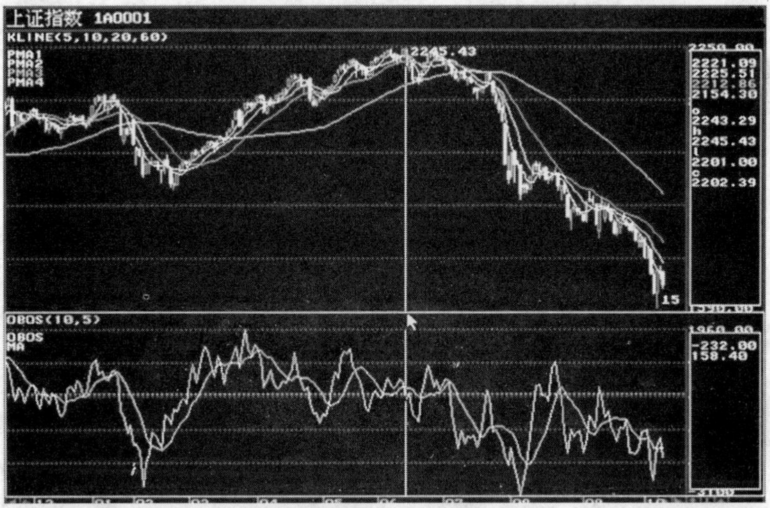

图 15.5　OBOS 调整

第五节　能量潮

（OBV，On Balance Volume）

能量潮是为数不多的主要基于成交量的技术分析指标。能量潮指标理论认为，股价的波动与成交量的变化之间存在密切的联系，市场股价的变化必须有成交量的配合。这一指标的基本思路是：将股价上升和下降时的成交量分别加以考虑，将上升时的成交量视为买方推动力量所引起，将下降时的成交量视为卖方推动力量所引起，而 OBV 就是体现双方力量的累计数值。

一、计算方法

逐日累计每日上市股票的总成交量，当天收盘价高于前一日时，其成交量为正值；反之，为负值；，若平盘，则设定成交量为零。即：

当日 OBV = 前一日的 OBV ± 今日成交量

二、运用原则

OBV 线的基本理论是基于股价趋势与成交量值间的相关系数，成交量值为股价趋势的先行指标，短期股价的波动与公司业绩并不完全吻合，而是受市场买卖人气的影响，因此从成交量的变化可以预测股价的波动方向。

（1）当股价上涨而 OBV 线下降时，表示能量不足，股价可能即将回落。

（2）当股价下跌而 OBV 线上升时，表示买气旺盛，股价可能即将止跌上升。

（3）当 OBV 线暴升，不论股价是否暴涨或回落，表示能量即将耗尽，股价可能止涨反转。

（4）股价一顶比一顶高，而 OBV 一顶比一顶低，暗示头部即将形成。

（5）股价一底比一底低，而 OBV 一底比一底高，暗示底部即将形成。

如图 15.6 所示，股价已经在高位，当能量线急速上升时，是较好的卖出信号。

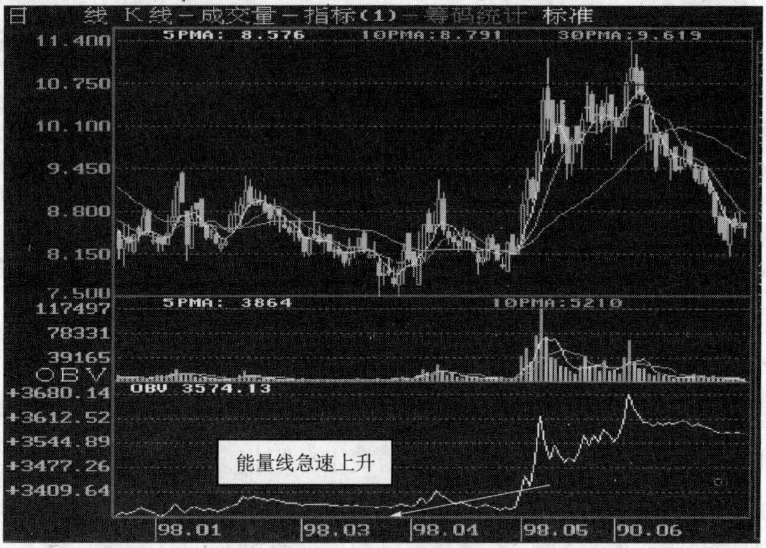

图 15.6 能量线急速上升

第六节　随机指数（KDJ）

随机指数通过对比最近数日的最高价、最低价及收盘价之间的差距来判断股价走势的强弱趋势，借以发现超买超卖现象，从中判断恰当的买卖时机。

一、计算方法

（1）对每一交易日求 RSV（未成熟随机值）：

RSV =（当日收盘价 - 最近 N 日最低价）/（最近 N 日最高价 - 最近 N 日最低价）×100

（2）分别计算 K 线、D 线和 J 线：

K 线：亦即 RSV 的 M1 日移动平均数的联线；

D 线：亦即 K 值的 M2 日移动平均数的联线；

J 线：亦即依据式 3D - 2K 所计算出来的那些点的联线。

其中，参数、M1、M2 一般分别取 9、3、3 天。

二、运用原则

（1）KD 在 0～100 的区间内波动，50 为多空均衡线。如果处于多方市场，50 是回档的支持线；如果处于空方市场，50 是反弹的压力线。

（2）K 线进入 90 以上为超买区，10 以下为超卖区；D 线进入 80 以上为超买区，20 以下为超卖区，投资者应注意把握买卖时机。

（3）K 线在低位上穿 D 线为买入信号，K 线在高位下穿 D 线为卖出信号。

（4）高档区 D 线的 M 形走向是常见的顶部形态，第二头部出现时及 K 线二次下穿 D 线时是卖出信号。低档区 D 线的 W 形走向是常见的底部形态，第二底部出现时及 K 线二次上穿 D 线时是买入信号，若与股价走向发生背离，分别称为顶背离和底背离，买卖信号可信度高。

（5）J 指标值为依据 KD 买卖信号是否可以采取行动提供可信判断。通常，当 J 值大于 100 或小于 0 时被视为采取买卖行动的时机。

如图 15.7 所示，当 KDJ 处于 80 以上的超买形态，股价预示反转，股价经过上涨，使 KDJ 处于 80 以上。

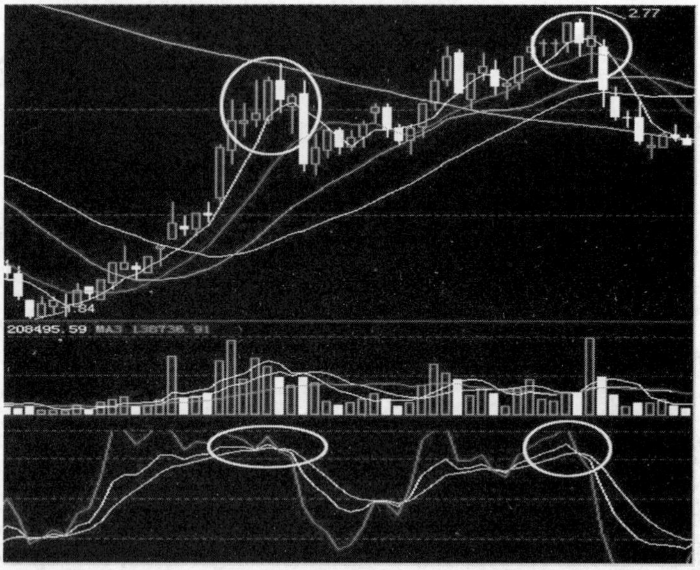

图 15.7　KDJ 处于 80 以上

如图 15.8 所示，出现 KDJ 指标的底背离，标志 b 处的股价明显低于 a 处的股价，而 KDJ 指标 b 处明显高于 a 处，显现出了很好的买入时机。

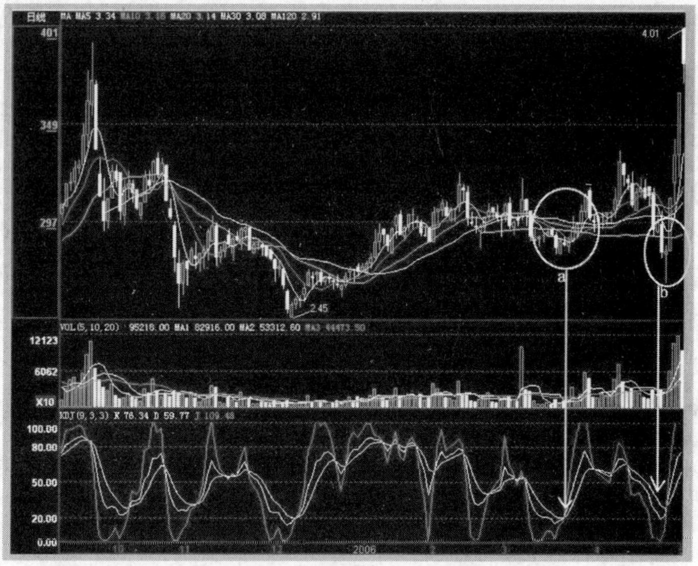

图 15.8　KDJ 指标的底背离

第七节 乖离率（BIAS）

乖离率（BIAS），又称Y值，是用来反映股价指数（或个股）的收盘指数（或收盘价）对其相应的移动平均线的偏离程度的技术指标。它是对移动平均线理论的重要补充。其目的就是经由测算股价在变动过程中与移动平均线的偏离程度，来判断是否存在股价指数（或个股）的波动因偏离移动趋势过远而可能出现回挡和反弹的机会。

乖离率指标BIAS认为，在不存在重大利好或利空信息的前提下，如果股价偏离移动平均线太远，不管是股价在移动平均线之上，还是在移动平均线之下，都不会保持太长的时间，从而随时会有反转行情的发生，以促使股价再次趋向移动平均线。

一、乖离率的计算公式

Y值 -（当日收盘价 - N日内移动平均收盘价）/N日内移动平均收盘价 ×100

其中，N日为参数，一般分定为6日，12日，24日和72日，也可按10日，30日，75日设定。

由于所对应的移动平均线计算周期的不同，乖离率指标包括N日乖离率指标、N周乖离率、N月乖离率和年乖离率以及N分钟乖离率等很多种类型。不过一般地，分别与长期移动平均线、中期移动平均线和短期移动平均线相对应，乖离率指标经常由三条线组成。

二、运用原则

（1）若股价在平均线之上，为正乖离。若股价在平均线之下，为负乖离。而当股价与平均线相交时，乖离率为零。

正的乖离率愈大，表示短期获利愈大，则获利回吐的可能性愈高。负的乖离率愈大，则空头回补的可能性也愈高。投资者可根据长期观察来总结行情波动与乖离率指标变化之间的关系。

（2）当短、中、长期BIAS曲线始终围绕着0度线，并在一定的狭小范围内上下运动时，说明股价处于盘整格局中，此时投资者应以观望为主。

（3）当短、中、长期BIAS曲线开始摆脱前期低位窄幅盘整的区间并同时向上快速运动时，说明股价已经进入强势拉升行情，投资者应坚决入市或持股待涨。如图15.9所示，跌势中BIAS < -10，属于较好的买入信号。

（4）当短、中、长期BIAS曲线开始摆脱前期相对高位窄幅盘整的区间并同时向下快速运动时，说明股价已经进入下跌行情，投资者应坚决离场或持币观望。如图15.10

所示，BIAS 跌破支撑线，属于较好的卖出信号。

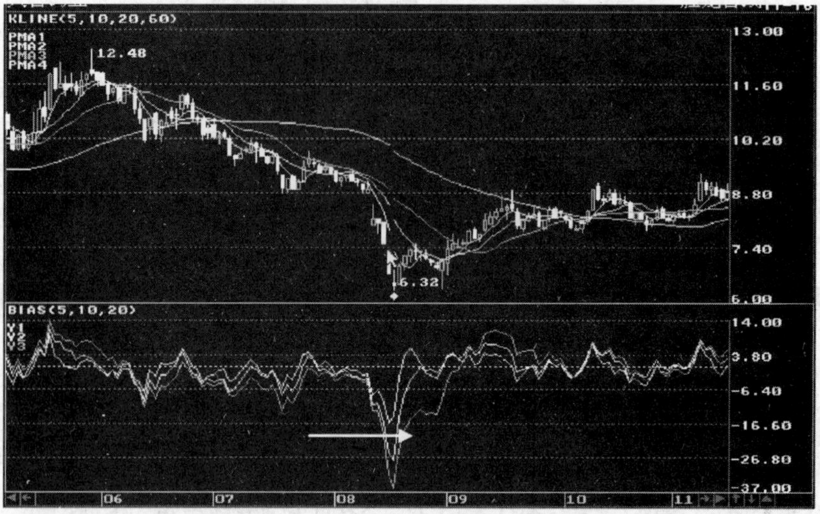

图 15.9　跌势中 BIAS < －10

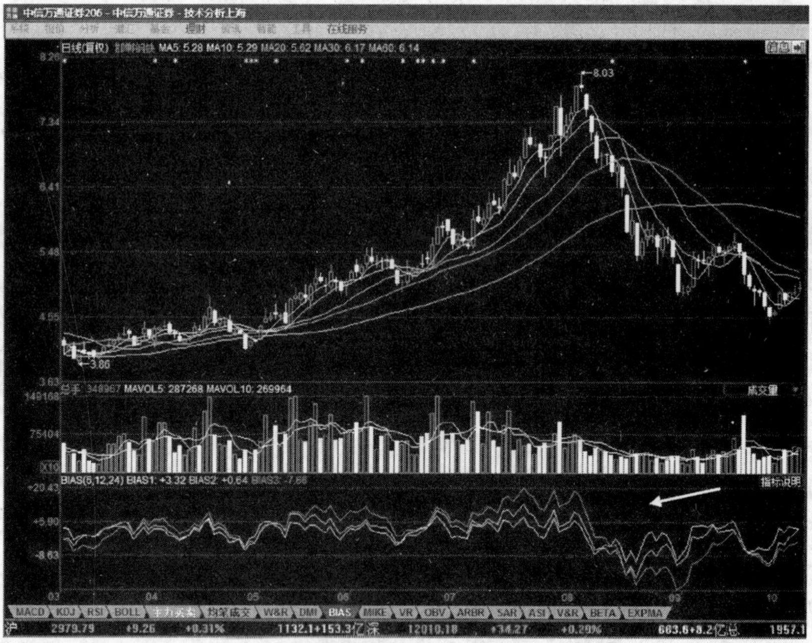

图 15.10　BIAS 跌破支撑线

第八节　动向指数
（DMI，Directional Movement Index）

动向指数又称趋向指数或移动方向指数，可用于判断行市的短期趋势。动向指数通常指的是下列三条线的组合：上升动向指标线，下降动向指标线和平均动向指数线。三条线的设定计算周期天数通常为14天。

一、动向指数的计算方法

（1）比较每日股价的最高价、最低价和收盘价，计算出每日股价波动的真实波幅TR。

一般地，真实波幅TR取下列三种股价差额绝对值的最大者：

1）当日最高价与当日最低价之间的价差。

2）当日最低价与上日收盘价之间的价差。

3）当日最高价与上日收盘价之间的价差。

（2）计算当日动向值

当日动向值分上升动向、下降动向和无动向三种情况。一般地，每天的当日动向值只能是下列三种情况中的一种：

1）上升动向（+DM）

当日最高价高于上日最高价的部分为当日上升动向值（即+DM值）。不过，该上升动向值必须大于当日最低价减去上日最低价的绝对值，否则+DM=0。

2）下降动向（-DM）

当日最低价低于上日最低价的部分为当日下降动向值（即-DM值）。不过，该下降动向值必须大于当日最高价减去上日最高价的绝对值，否则-DM=0

3）无动向

无动向代表当日动向值为“零”的情况，即当日的+DM=0，且-DM=0。

有两种股价波动情况可能出现无动向的情景：当日最高价低于上日最高价并且当日最低价高于上日最低价时；或上升动向值正好与下降动向值相等时。这两情况±DM值均为零。

（3）计算N日（例如14日）的TR、+DM和-DM（例如TR14、+DM14、-DM14）

动向指数一般以14日为计算周期的天数。由此，14日的TR（即TR14）为最近14天的TR之和；14日的±DM（即±DM14）为最近14天的±DM之和。

（4）计算 N 日的上升指标（+DI）和下降指标（-DI）（例如 +DI14、-DI14）

$$+DI\ 14 = (+DM14)/(TR14)$$
$$-DI\ 14 = (-DM14)/(TR14)$$

（5）计算 N 日的动向指数（DX）（例如 DX14）

$$DX14 = [(+DI14) - (-DI14)]/[(+DI14) + (-DI14)] \times 100\%$$

（6）计算 N 日的平均动向指数（ADX，Average Directional Indicator）（例如 14 日的 ADX）

$$ADX14 = (DX1 + DX2 + \cdots + DX14)/14$$

为简化运算，在计算出第一个 ADX14 后，平均动向指数的计算公式可改为：

当日 ADX14 =（上日 ADX13 + 当日 DX）/14

在计算得出 +DI，-DI 和 ADX 后，可将它们绘制在动向指数图上。动向指数图一般绘于股价走势图下方，横轴表示时间。绘制时要与股价走势的时间相对应，以便分析研判。纵轴为百分比数值单位，三个动向指标的数值单位均在 0 - 100 之间。

在一些行情分析软件中，还会计算 ADXR（Average Directional Moving Rating），并将其与 +DI，-DI 和 ADX 结合使用。这样一来，动向指标就由四条线组成。

ADXR =（当日 ADX + 前日 ADX）/2

显然，ADXR 较 ADX 的波动要相对平缓些。由此可作为衡量 ADX 线相对波动幅度的基准参照。

二、动向指数的应用方法

（1）当 ADX 线递增时，可判断行情仍将维持原有的上升趋势。如果 +DI 和 -DI 同时增加，则表明当前上升趋势将十分强劲。

（2）当 ADX 值递减时，可判断行情仍将维持原有的下降趋势。如果 +DI 和 -DI 同时减少，则可进一步确认当前的跌势将延续。

（3）一般地，当行情在一定区域内小幅盘整时，ADX 值会出现递减情况。由此当 ADX 值降至 20 以下，且呈横向窄幅移动时，可以判断行情为牛皮盘整，上升或下跌趋势不明朗，投资者应以观望为主。

（4）当 ADX 值在高点由升转跌时，预示行情即将反转。

（5）在 ±DI 相交，从而发出买卖信号后，若 ADXR 又与 ADX 相交，则是最后的出入市机会，如图 15.11 所示。

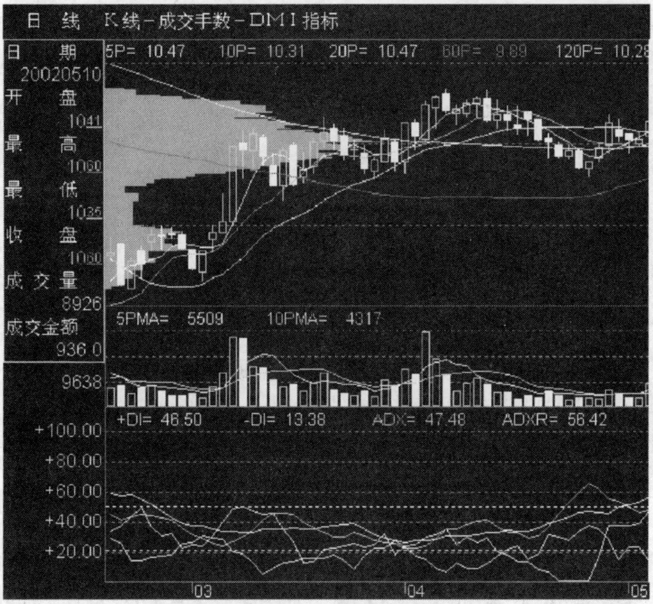

图 15－11　动向指数

第九节　抛物线转向指标（SAR，Stop and Reverse）

抛物线转向也叫停损点改变。SAR 是为了避免过分贪心或犹豫而设置的一种技术指标。它的基本思想是：一旦满足了所预设的条件，就必须果断地买入或卖出，不能犹豫或贪心更低或更高的价位。它具体有两层含义：

一是“stop”，即停损、止损之意。这就要求投资者在买卖股票之前，先要设定一个止损价位，以减少投资风险。而且这个止损价位不应固定不变，投资者应随着股价的波动随时调整止损点的位置。

二是“Reverse”，即反转、反向操作之意。亦即当价格达到止损价位时，投资者不仅要对前期买入的股票平仓，同时也可以进行反向的做空操作，以谋求收益的最大化。或者一是在股价向下跌破止损价位时及时抛出股票、持币观望，二是当股价向上突破 SAR 指标显示的股价时，及时买入股票或持股待涨。

可见，在常见的技术指标中，SAR 的设计思想较为别致。一般的技术指标都是在当天行情出来后给出当天的指标，指标晚于行情，故是追随性的。而 SAR 则是在收到今天的数据后给出明天的停损点，投资人第二天可以在盘中盯着这个点，一旦被突破立刻止损，从而做到“心中有数”，保持操作的主动性，这就避免了其他指标被动追随行市变化的缺点。

一、计算方法

一般地，在行市上涨的过程中，SAR 应该越来越高，但在总体上应位于价格线的下方；而在行市下跌的过程中，SAR 应越来越低，且总体上应位于价格线的上方。

（1）先选定计算周期 N（通常为四天）。然后观察周期内行市上涨或下跌的状况。

（2）若是上涨行情，则第一天的 SAR 值必须是近期内的最低价；若是下跌行情，则第一天的 SAR 值必须是近期的最高价。

（3）自第二日起，每日 SAR 的递推公式如下：

$$SAR(t)=SAR(t-1)+AF[EP(t-1)-SAR(t-1)]$$

式中，SAR（t）为第 t 日的 SAR 值；SAR（t－1）为第（t－1）日的 SAR 值；AR 为加速因子；EP 为极点价。若是上涨行情，则 EP（t－1）为这段期间（最近 N 日）的最高价；若是下跌行情，则 EP（t－1）为这段期间的最低价。

依上述公式可依次计算出未来一日的 SAR。

（4）加速因子的引入主要是基于股价在上涨或下跌的时候经常会出现的加速度波动的现象。加速因子第一次取 0.02。在上涨行情下，假若当天的最高价比前一天的最高价还高，则在计算来日 SAR 的时候，加速因子应增加 0.02，若无新高则加速因子沿用前一天的数值。但加速因子最高不能超过 0.2。反之，在行情下跌的时候，加速因子的选择方式可类推。

（5）在行市上涨期间，设若所计算出的某日（例如 t 日）的 SAR 比当日（例如 t－1 日）或前一日的收盘价高，则表示行情转为看空，应卖出股票。这个时候，应在当日（t 日）将近期（N 日）内的最高价作为该日的 SAR。而在此后 SAR 的计算中，应将 EP 的选择由近期的最高价改为最低价，亦即应转而依据行市下跌时的算法来确定 SAR 的值。

同理，在行情下跌的过程中，设若某（t－1）日所计算出来的 SAR（t）低于当日或前一日的收盘价，则 SAR 的计算方法需再转换为看涨行情所适用的公式。

二、运用原则

（1）股价曲线在 SAR 曲线之上时，为多头市场。

（2）股价曲线在 SAR 曲之线下时，为空头市场。

（3）股价曲线由上向下跌破 SAR 曲线时，为卖出信号。

（4）股价曲线由下向上突破 SAR 曲线时，为买进信号。

如图 15.12 所示，如果价格线位于 SAR 线的下方，则 SAR 线以绿色圆圈的联线表示。如果价格线位于 SAR 线的上方，则 SAR 线以红色圆圈的联线表示。而当收盘股价由下往上穿越绿色的 SAR 时，电脑界面就会立即在明天的股价位置显示一个红色的圈，代表股价已经翻红，为买入信号。此后的 SAR 线转为红色。当收盘股价由上往下穿越红色的 SAR 时，电脑界面就会立即在明天的股价位置显示一个绿色的圈，代表股价已经转为下跌，为卖出信号。此后的 SAR 线亦转为绿色。

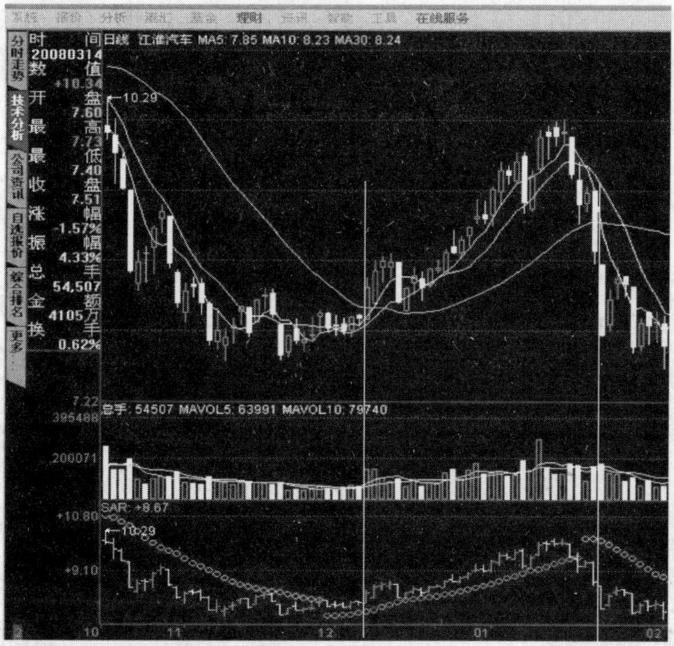

图 15.12　抛物线转向指标

第十节　心理线
（PSY，Psychological Line）

心理线企图研究投资人的心理倾向，并设法将某段时间内投资者的买卖倾向转化为量化数值，进而据以判断行情的走向。

一、计算方法

PSY =［N 日内的上涨天数］/N100

一般地，N 设定为 12 日或 24 日。

二、运用原则

（1）一般认为，介于 25 – 75 的心理线数值是合乎情理的变动范围。

（2）设若心理线指标值超过 75 或低于 25，则可认为存在超买或超卖的可能，行情回落的可能性较大。如图 15.13 所示，在 PSY > 75 时，属于较好的卖点。

（3）心理线主要用于反映市场的超买或超卖，因此当心理线指标的取值在常态区域上下移动时，一般应持观望态度。

（4）设若心理线指标的取值在高点位置密集地出现两次，则为强烈的卖出信号；设若心理线指标的取值在低点密集出现两次，则为买进信号。

（5）心理线和 VR（Volume Ratio）配合使用的效果更好。

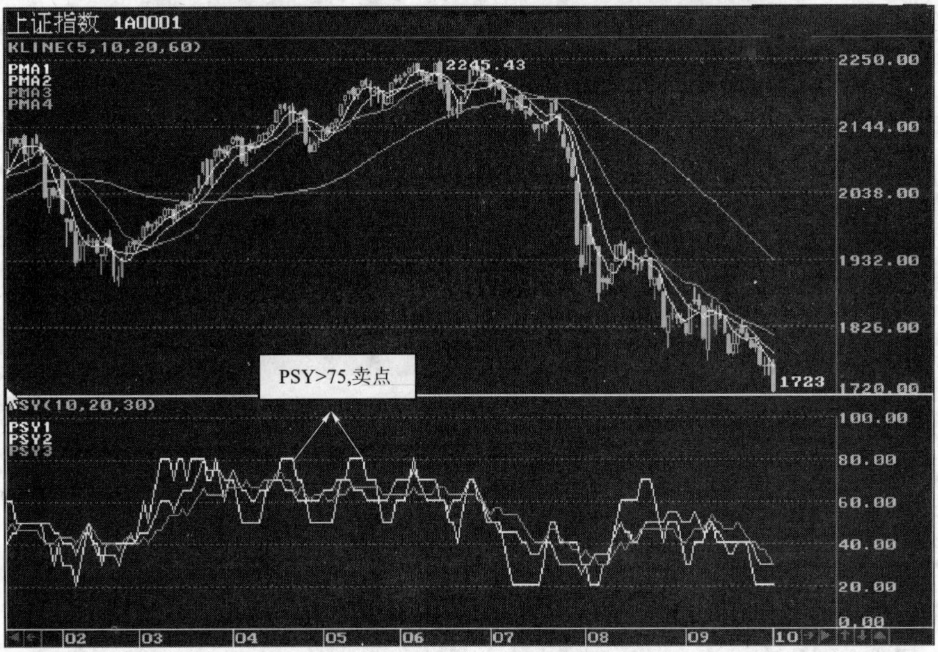

图 15.13　心理线

第十一节　成交量比率 (VR，Volume Ratio)

成交量比率（简称 VR），是一项通过计算、分析股价上升日的成交额（或成交量）与股价下降日的成交额（或成交量）之间的比值，借以判断市场买卖气势的技术指标。其理论基础是道氏理论的“量价同步”、“量须先于价”以及“以成交量的变化来确认买卖时机”等观点。

一、计算公式

VR = [N 日内股价上升日的成交额总和 =/[N 日内股价下降日的成交额总和]

其中，N 日一般设定为 26 日。

二、运用原则

（1）依据 VR 取值的大小，将其划分为不同区域，以确定买卖的时机。例如，低价区域 40 – 70 可以买进；安全区域 80 – 150 可以持有股票；获利区域 160 – 450 获利了结；警戒区域 450 以上等待时机卖出。

（2）当成交额先萎缩后放大，而 VR 值也从低区向上递增时，是买进的时机。如图 15.14 所示。若 VR 值在低价区逐步增加，而股价仍横向盘整，则可考虑伺机买进。

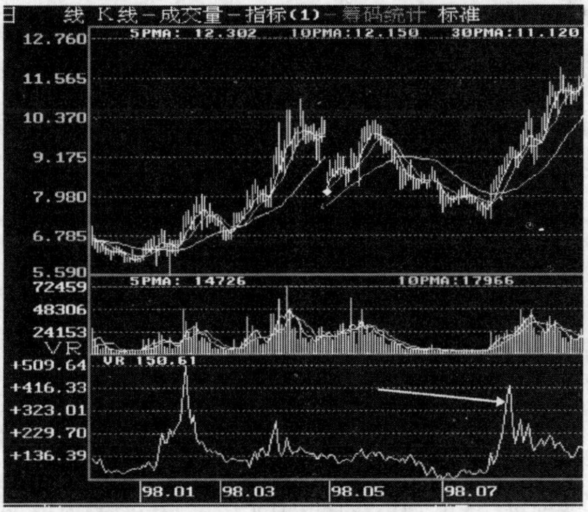

图 15.14　VR 值走势

(3) 若 VR 值在获利区逐步提高，而股价亦不断上涨时，则应把握好高位出货的时机。如图 15.15 所示。

(4) 一般情况下，在低价区，VR 值的买入信号可信度较高。

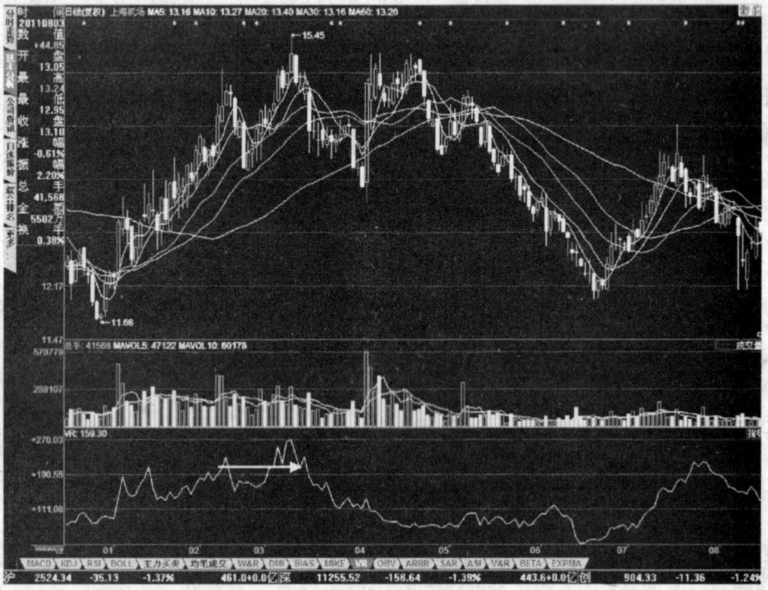

图 15.15 VR 值走势

第十二节 威廉指标 (Willian's% R，W&R)

威廉指标 W&R，又叫威廉超买超卖指标，是目前股市技术分析中比较常用的短期判断指标。

一、W&R 指标的计算方法

W&R 指标的计算主要是利用分析周期内的最高价、最低价及周期结束时的收盘价三者之间的关系展开的。以日威廉指标为例，其计算公式为：

$$W\&R = (HN - C) \div (HN - LN) \times 100$$

其中，C 为计算日的收盘价，LN 为 N 周期内的最低价，HN 为 N 周期内的最高价。

公式中所选定的时间参数 N 一般为 4 日、6 日、10 日或 14 日。以时间周期为 14 日为例，其计算过程如下：

$$W\&R(14\text{日}) = (H14 - C) \div (H14 - L14) \times 100$$

其中，C 为第 14 天的收盘价，H14 为 14 日内的最高价，L14 为 14 日内的最低价。

可见，威廉指数与随机指数 KDJ 中的 RSV 的计算方法很相似。W&R = 1 - RSV。因此在几何图形上，威廉指数线与随机指数线之间具有对称、相互颠倒的特点。

威廉指标实质上反映的是当天的收盘价在过去一段时间里的最大波幅中所处的相对位置。因此 W&R 值应当位于 0 至 100 之间。越接近 0 值，表明目前的价位越接近过去 14 日内的最低价，意味着买气孱弱；越接近 100 值，表明目前的价位越接近过去 14 日内的最高价，意味着买气浓郁。

二、W&R 指标的使用方法

W&R 指标的一般判断标准主要是围绕 W&R 的数值大小、W&R 曲线形状等方面展开的。

1. W&R 数值的大小

和 KDJ 指标一样，W&R 的数值范围为 0 - 100。不同的是，W&R 指标以 0 为顶部，以 100 为底部。一般来说，当 W% R 取值很小时，说明股价相对过高，应注意风险，是卖出信号；当 W% R 取值很大时，说明股价相对过低，是买入信号。

（1）当 W&R 在 20 - 0 区间时，是 W&R 指标的超买区，表明市场处于超买状态，股票股价已进入顶部，可考虑卖出。W&R = 20 这一横线一般为卖出线。

（2）当 W&R 进入 80 - 100 区间时，是 W&R 指标的超卖区，表明市场处于超卖状态，股票股价已近底部，可考虑买入。W&R = 80 这一横线一般为买入线。

（3）当 W&R 在 20 - 80 区间时，表明市场上多空取得平衡，股票股价处于整理期，可考虑持股或持币观望。

（4）当威廉曲线向下跌破 20 超买线而进入超买区运行时，表明股价进入强势拉升行情，这提醒投资者要密切关注行情的未来走势。只有当 W&R 曲线反复向下突破 20 线时，才为投资者提出预警，为投资者提供卖出的信号。

（5）同样，当威廉曲线向上突破 80 超卖线而进入超卖区运行时，表明股价的强势下跌可能已到尽头，这是提醒投资者准备建仓的信号。但只有当 W&R 曲线反复向上突破 80 线时，投资者才可真正短线买入。

2. W&R 曲线的形状

（1）当 W&R 曲线向上爬升，超过 80 这条超卖线时，说明行情可能逆转向上突破，是开始买入的信号。但须反复确认，最好形成头肩顶并跌破肩线，如图 15. 16 所示。

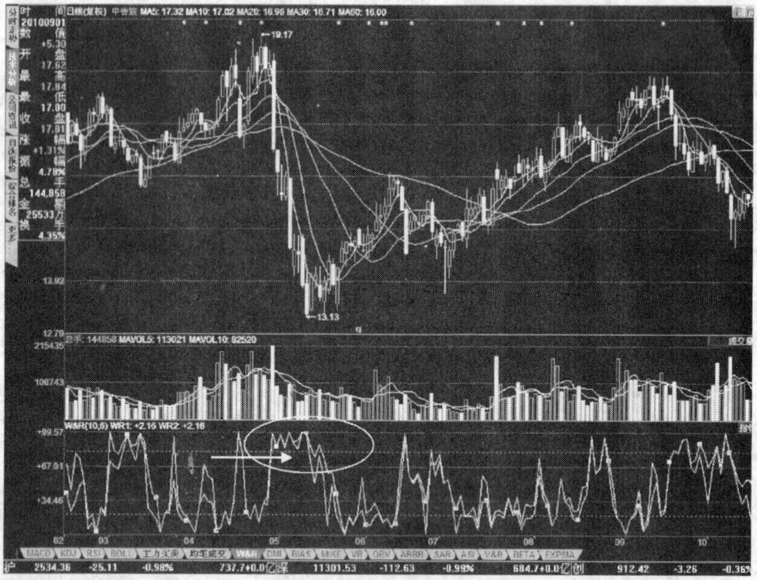

图 15.16　威廉曲线在超卖区反复确认并跌破超卖线后方可确认行市逆转

（2）当 W&R 曲线向下回落，跌破 20 这条超买线时，说明行情可能向下反转，是开始卖出的信号。但亦须反复确认，最好形成头肩底并冲破肩线，如图 15.17 所示。

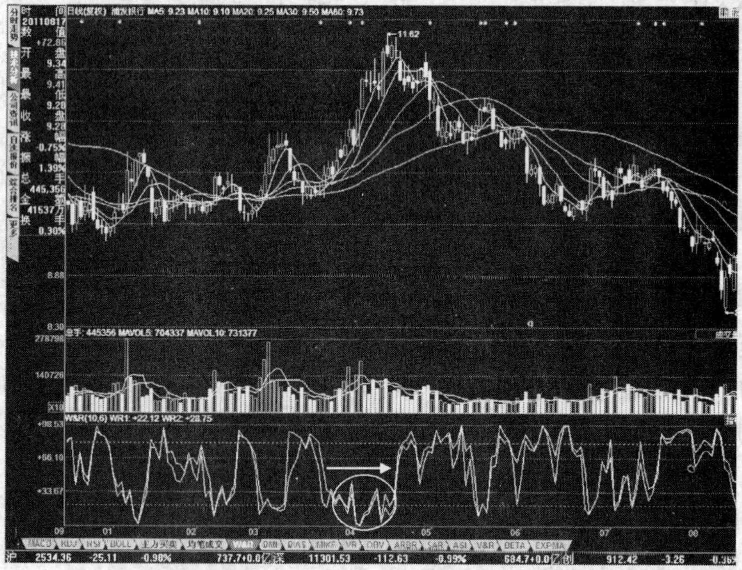

图 15.17　威廉曲线在超买区反复确认并冲破超买线后方可确认行市逆转

（3）50 是 W&R 的中轴线，当 W&R 值从 80 向下穿破 50 后，说明股价处于上升阶段，一旦接近 20 以下时，应考虑卖出。

（4）反之，W&R 从 20 向上趋近 50 时，说明股价开始下跌，一旦穿过 50，接近 80 以上时，再建仓。

第十三节　布林线指标（BOLL，Bolinger Bands）

BOLL 指标又叫布林线指标，通常形成三条相关的轨线，是用于判断股价运动趋势的技术分析工具。

一、BOLL 指标的计算方法

基于选用的计算周期不同，BOLL 指标可以划分为不同的类型。下面以 N 日 BOLL 指标为例，说明其计算方法：

1. 与 N 日 BOLL 指标相关的三条趋势线

中轨线 MB：N 日的移动平均线；

上轨线 UP：中轨线＋两倍的标准差；

下轨线 DN：中轨线－两倍的标准差。

2. N 日 BOLL 指标的计算过程

（1）计算 MA（N）

MA(N)＝N 日内的收盘价之和÷N

（2）计算标准差 MD

先求 N 日的（C－MA）的二次方之和，再求平方根，最后再除以 N，所得结果即为 MD。其中 C 为当日的收盘价。

（3）计算 MB、UP、DN 线

MB：即为（N－1）日的 MA 的联线；

UP：即为 MB＋2MD

DN：即为 MB－2MD

一般地，与 BOLL 指标有关的三条线应与股价线（例如 K 线）结合在一起使用。

二、BOLL 指标的一般判断标准

1. BOLL 指标上、中、下轨线的意义

（1）BOLL 指标中的上、中、下轨线形成股价通道。正常情况下，股价应始终处于股价通道内运行。如果股价脱离股价通道运行，则意味着行情处于极端的状态。

（2）在 BOLL 指标中，上轨线、中轨线和下轨线都可以对股价的运行起到支撑作用；而上轨线和中轨线有时则会对股价的运行起到压力作用。

（3）一般地，当股价在中轨线的上方运行时，表明股价相对强势；当股价在中轨线的下方运行时，表明股价相对弱势。

三、BOLL 指标上、中、下轨线之间的关系

1. 当上、中、下轨线同时向上运行时，表明股价强势特征非常明显，股价短期内将继续上涨，投资者应持股待涨或逢低买入。

2. 当上、中、下轨线同时向下运行时，表明股价的弱势特征非常明显，股价短期内将继续下跌，投资者应持币观望或逢高买出。

3. 当上轨线向下运行，而中轨线和下轨线仍依势向上运行时，如果股价已经长期上升，则表明股价将强势整理，投资者可以持股观望或逢低短线买入；如果股价已经长期下跌，则表明股价将弱势整理，投资者应持币观望或逢高减仓。

4. 当上、中、下轨线几乎同时横向运行时，则要进一步地观察股价目前的走势：

（1）若股价前期一直处于长时间的下跌行情，则表明股价处于构筑底部阶段，投资者可以着手建仓。一旦三条线上冲则可加大买入力度。

（2）若股价前期处于小幅上涨的行情，则表明股价处于上升阶段的整理行情，投资者可以持股待涨或逢低短线吸纳，一旦三条线上冲则可短线加码买入。

（3）若股价下跌的力度不大或时间不长，则可能为下跌阶段的整理行情，投资者应以持币观望和逢高减磅为主，一旦三条线向下发散则坚决清仓离场。

如图 15. 18 所示，当布林线轨道很长一段时间的底位窄幅水平运动后，一旦股价 K 线带量向上突破布林线的上轨，同时原本狭窄的布林线通道突然开口向上时，说明股价即将脱离原来的水平运行通道、进入新的上升通道之中，这也是 BOLL 指标发出的买入信号。

当布林线轨道一段时间的高位窄幅水平运动后，一旦股价 K 线向下突破布林线的下轨，同时原本的布林线通道开口向下时，说明股价即将脱离原来的水平运行通道、进入新的下降通道中，这是 BOLL 指标发出的卖出信号，如图 15. 19 所示。

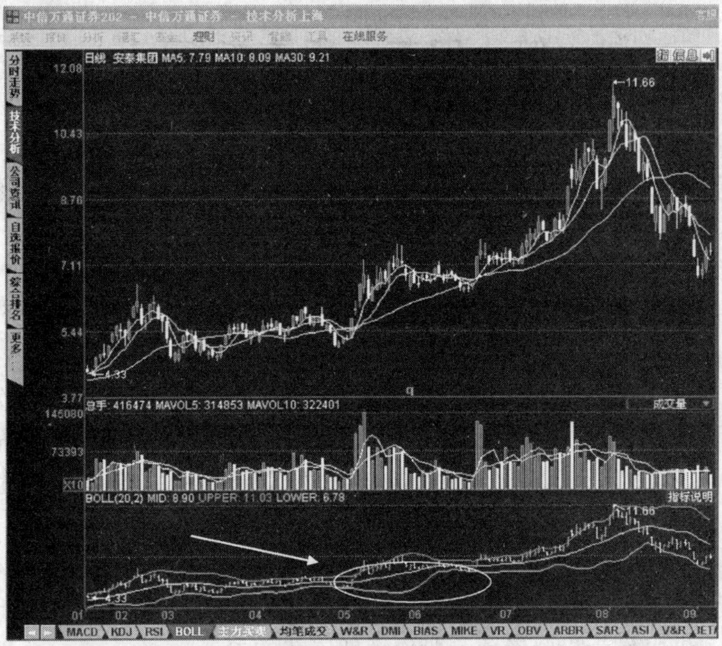

图 15.18　买入信号

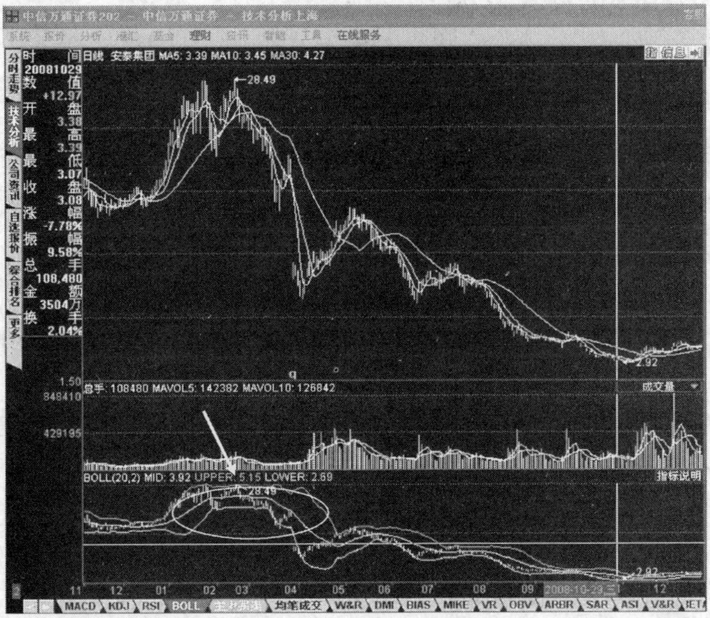

图 15.19　卖出信号

第十四节　麦克指标（MIKE，Mike Base）

MIKE 指标又叫麦克指标，是一种专门刻画股价所面临着的压力或支撑力的大小程度的技术分析工具。

归纳目前常见的技术分析指标，除了利用股票的既有实时价格走势来预测其未来的趋向之外，大多数技术分析方法都是利用股票的开盘价、收盘价、最高价、最低价来预测其未来的趋向。不过，开盘价、收盘价、最高价、最低价都不能完全准确地反映股价在某一时期的真正走势。比如，我们经常发现某一股票的尾市行情突然发生剧烈的波动，或者尽管在开盘时大幅度地跳空，但很快就回归昨日的趋势。很显然，这种开盘价或收盘价并不能代表股价的基本走势，据以所做出的趋势判断也就失去了准确性。

为了弥补那些基于开盘价、收盘价、最高价、最低价的技术指标在行情研判上的缺陷，MIKE 指标设定了一个起始价格（Typicalprice，TYP）作为基准，来确定股价的支撑或压力价位，借以作为投资者预测股价短期走势的参考。

一、MIKE 指标的计算方法

由于选用的计算周期的不同，MIKE 指标也有不同的类型。我们以 N 日 MIKE 指标的计算为例，介绍 MIKE 指标线的形成过程：

1. 计算起始价（TYP）

$$TYP = (H + L + C) \div 3$$

式中，H 为当日的最高价，L 为当日的最低价，C 为当日的收盘价，TYP 为当日的起始价。

为体现 H、L 和 C 对行情走向的不同作用，有的股市分析软件还采用加权方法计算起始价。

MIKE 指标利用起始价位计算出股价的弱、中、强三个压力价位和三个支撑价位，借以预测股价未来的走势。

2. 计算股价的三个压力价位

MIKE 指标中的三个压力价位分别为：初级压力（WR）、中级压力（MR）和强力压力（SR）。它们的计算公式分别为：

$$WR(N\text{日}) = TYP + (TYP - LN)$$